普通高等教育"十一五"国家级规划教材

车用发动机电子控制技术

第 2 版

林学东 编著

机械工业出版社

本书为普通高等教育"十一五"国家级规划教材。

本书主要以汽油机电控技术和柴油机电控技术为主，讲述车用发动机电控系统的结构原理及控制方法。全书内容包括车用发动机的发展历史，车用发动机电控技术的发展背景，发动机的控制计算模型，电控汽油喷射系统的结构及工作原理，传感器及其测量原理和信号处理方法，不同电控汽油喷射系统喷油量的控制方法及特点，点火时刻以及EGR、怠速、可变进气系统等辅助控制系统的控制原理，汽油机稀薄燃烧的基本原理，车用柴油机电控技术的特点、喷油量的控制原理及标定方法、高压共轨喷射系统喷油量的控制策略、泵喷嘴喷射系统及单体泵喷射系统的结构特点及控制原理，电动汽车的结构特点和控制原理以及混合动力汽车的控制策略等。

本书为能源与动力工程、车辆工程及汽车类专业本科生和研究生的教材，也可供从事汽车发动机控制方面研究开发的工程技术人员参考。

图书在版编目（CIP）数据

车用发动机电子控制技术/林学东编著. —2版. —北京：机械工业出版社，2019.8（2024.6重印）

普通高等教育"十一五"国家级规划教材

ISBN 978-7-111-63148-4

Ⅰ.①车⋯　Ⅱ.①林⋯　Ⅲ.①汽车-发动机-电子系统-控制系统-高等学校-教材　Ⅳ.①U464

中国版本图书馆CIP数据核字（2019）第131744号

机械工业出版社（北京市百万庄大街22号　邮政编码100037）
策划编辑：蔡开颖　责任编辑：尹法欣　王　荣　王保家
责任校对：潘　蕊　封面设计：张　静
责任印制：邓　博
北京盛通数码印刷有限公司印刷
2024年6月第2版第2次印刷
184mm×260mm・20.25印张・496千字
标准书号：ISBN 978-7-111-63148-4
定价：52.00元

电话服务　　　　　　　　网络服务
客服电话：010-88361066　　机　工　官　网：www.cmpbook.com
　　　　　010-88379833　　机　工　官　博：weibo.com/cmp1952
　　　　　010-68326294　　金　书　网：www.golden-book.com
封底无防伪标均为盗版　　　机工教育服务网：www.cmpedu.com

第2版前言

随着节能和排放法规要求的日趋严格，汽车动力源已向多元化发展。电动汽车、混合动力汽车及压缩天然气（CNG）等代用燃料发动机技术都得到相应的发展，新能源发动机或动力系统的发展对传统燃料发动机是一种严峻的挑战。从"井到车轮"角度全面评价能源生命周期时，电动汽车虽然在行驶过程中能实现零排放，但其所利用的电能是二次能源，在生产电能过程中发电厂的能源消耗及对环境的污染，以及使用后的废电池对地质环境的污染，是其所面临的更严峻的问题。混合动力汽车虽然有效地改善了内燃机汽车对环境的污染，但离不开传统燃料发动机及其控制；CNG等代用燃料发动机则是基于传统燃料发动机的基础上开发的。这就是说，虽然新能源汽车有其发展前景，但今后一定时期内不同动力源汽车按一定比例共存，而传统燃料发动机仍然占重要的地位。随着汽车低碳化的发展，传统燃料发动机的控制策略，如低温燃烧、HCCI/PCCI、全负荷领域SI（CI）-HCCI-SI（CI）燃烧模式转换控制、汽油机缸内直喷稀薄燃烧等已发生了重大变化，而这种控制策略更依赖于电控技术。所以传统燃料发动机的电控技术已成为进一步完善传统发动机性能并使其适应低碳化要求的重要手段，也是现代内燃机理论的重要组成部分。因此，本书在沿用第1版体系的基础上，主要修订了以下内容：

1）第一章根据现代车用发动机电控技术的发展趋势补充了汽车内部通信协议的发展趋势。

2）第三章补充了输入、输出电路的特点，如A-D转换器及A-D转换的基本过程，D-A转换器的组成、基本原理及类型等。

3）第1版第四章的第四节和第五节合并为第四节温度、压力传感器，补充了压力传感器的类型和测量原理，并增加了宽域氧传感器及其测量原理和A-D转换器的类型、特点及其性能指标。

4）第五章补充了可变惯性谐振复合增压进气系统和4气门机构及可变进气涡流控制内容。

5）将第七章第二节电控柴油机的基本控制内容改为喷射方式的控制、可变进气系统控制、EGR的控制、可变增压器与EGR阀的协调控制、极限速度的控制，并补充了相应的内容；第五节完善了博世（BOSCH）公司的CR型高压共轨电控喷射系统的内容；第六节增加了高压共轨喷射系统喷油量的控制策略。

6）修改了第1版各章节文字描述不当的部分。

本书为高等院校能源与动力工程、车辆工程及汽车类专业本科生和研究生的教材，也可供从事汽车发动机控制方面研究开发工作的工程技术人员参考。

由于本书涉及面广，内容新颖，加之作者水平有限，缺点和错误在所难免，恳请广大读者批评指正。

作 者

第1版前言

内燃机于19世纪80年代问世，为汽车文化的发展做出了巨大贡献，有力地推动了人类社会文明的发展。但是，随着世界汽车工业的迅猛发展，巨大的石油能源消耗以及汽车尾气排放对大气造成的污染日趋严重，已成为21世纪地球资源和环境保护刻不容缓的两大问题。伴随着节能与排放控制而发展起来的汽车发动机电子控制技术，由于成为解决这两大问题的核心技术而得到广泛应用，电子控制系统已成为车用发动机不可缺少的重要部分。

近年来，国内有关汽车电子技术特别是电控技术方面的书籍较多，为相关研究提供了不少参考资料，但作为专业教材的书籍尚不多见。

编者根据多年来为本科生、研究生以及企业多次讲授有关发动机电控技术课程及专题讲座的经验和体会，撰写了本书，期望为能源与动力工程、车辆工程及汽车类专业的本科生、研究生提供一本理论体系比较完整的汽车发动机电控技术的教材。本书有幸被评为普通高等教育"十一五"国家级规划教材。

全书共八章，介绍发动机及其电控技术的发展史，发动机的控制计算模型，电控汽油喷射系统的结构及工作原理，传感器及其测量原理和信号处理方法，不同电控汽油喷射系统喷油量的控制方法及特点，点火时刻以及EGR、急速、可变进气系统等辅助控制系统的控制原理，汽油机稀薄燃烧的基本原理，车用柴油机电控技术的特点、喷油量的控制原理及标定方法，电动汽车的结构、特点和控制原理以及混合动力汽车的控制策略等。

本书由吉林大学林学东教授编写第一、二、三、五、六、七章和第八章部分内容，长春工业大学王霆副教授编写第四章和第八章的部分内容；吉林大学汽车工程学院钱耀义教授和于秀敏教授详细审阅了本书，并提出了许多宝贵意见，作者在此深表谢意。

在编写过程中，我们也参考了大量国内外的文献资料，在此，作者向所参考文献的作者致以诚挚的谢意。

本书为能源与动力工程、车辆工程及汽车类专业本科生和研究生的教材，也可供从事汽车发动机控制方面研究开发的工程技术人员参考。

由于本书涉及面广，内容新颖，加之作者水平有限，缺点和错误在所难免，恳请广大读者批评指正。

作　者

目 录

第 2 版前言
第 1 版前言
第一章　绪论 …………………………………… 1
　第一节　车用发动机的发展历史 ………………… 1
　第二节　汽车电子技术的发展史 ………………… 8
　第三节　汽车电子控制技术概况 ………………… 9
第二章　发动机的控制计算模型 ……… 17
　第一节　发动机转矩的计算模型 ……………… 17
　第二节　进气压力的计算模型 ………………… 19
　第三节　燃料喷射量的数学模型 ……………… 21
　第四节　发动机角速度的计算模型 …………… 23
　第五节　发动机的控制逻辑 …………………… 25
第三章　电控汽油喷射系统 …………… 30
　第一节　电控汽油喷射系统分类 ……………… 30
　第二节　电控汽油喷射装置的空气供给
　　　　　系统 ……………………………………… 32
　第三节　燃料供给系统 ………………………… 39
　第四节　控制系统 ……………………………… 47
　第五节　控制系统与 CAN 总线接口
　　　　　技术 ……………………………………… 63
第四章　传感器及信号处理 …………… 68
　第一节　进气流量传感器 ……………………… 69
　第二节　节气门位置传感器 …………………… 73
　第三节　转速-曲轴位置传感器 ………………… 75
　第四节　温度、压力传感器 …………………… 78
　第五节　氧传感器 ……………………………… 81
　第六节　传感器输出信号的预处理 …………… 85
　第七节　数据采集 ……………………………… 87
　第八节　A-D 转换后的数据处理技术 ………… 93
　第九节　传感器的基本特性及数学模型 ……… 96
　第十节　传感器信号处理 ……………………… 100

第五章　电子控制汽油喷射系统的
　　　　控制方法 …………………………… 103
　第一节　集中控制及其控制内容 ……………… 103
　第二节　喷油器目标喷油量的确定 …………… 105
　第三节　质量流量式电控汽油喷射系统
　　　　　喷油量的控制 ………………………… 106
　第四节　速度-密度（进气压力）式电控
　　　　　汽油喷射系统喷油量的控制 ………… 119
　第五节　空燃比的几种控制方法 ……………… 125
　第六节　燃油泵控制 …………………………… 148
第六章　电控汽油喷射的辅助控制 … 151
　第一节　点火控制 ……………………………… 151
　第二节　怠速转速控制 ………………………… 169
　第三节　进气系统控制 ………………………… 178
　第四节　EGR 的控制 …………………………… 190
　第五节　稀薄燃烧系统 ………………………… 194
第七章　柴油机的电控技术 …………… 206
　第一节　柴油机的排放和电控系统 …………… 206
　第二节　电控柴油机的基本控制内容 ………… 214
　第三节　分配泵电控喷射系统 ………………… 238
　第四节　直列式喷油泵的电控技术 …………… 244
　第五节　高压共轨电控喷射系统 ……………… 257
　第六节　高压共轨喷射系统喷油量的
　　　　　控制策略 ……………………………… 273
　第七节　电控泵喷嘴和单体泵 ………………… 283
第八章　电动汽车技术 …………………… 288
　第一节　电动汽车发展史 ……………………… 288
　第二节　电动汽车的基本结构 ………………… 291
　第三节　电动汽车输出转矩的控制 …………… 303
　第四节　混合动力汽车的控制策略 …………… 308
参考文献 ………………………………………… 314

第一章 绪论

发动机作为动力装置的总称,是人类在认识自然、利用自然的实践活动中,经过科学家们艰辛而无畏的探索而发明的。它的发明与发展,把人类从过去繁重的体力劳动中彻底解放出来。汽车发明以后,替代了传统的马车。交通工具的更新大大缩小了社会空间,方便了交流,促进了流通,改变了世界结构,加快了人类社会的向前发展。

可以说,20世纪的最大发明就是汽车。而汽车的概念及其文明的发展是从蒸汽机的发明与应用开始的。蒸汽革命改变了人们对自然的认识。自然界是可以被人类认知且可以利用的。正是基于这种理念,科学家们不懈地探索与研究,才使科学技术得以发展,才有今天辉煌的科学技术成果。

回顾汽车发展史,作为汽车心脏的发动机,在如何使其小型化、轻量化、高功率化的要求下,也经历了从蒸汽机发展到电动机以及内燃机的过程。随着社会发展的不同年代,针对不同社会的要求,在进一步提高热效率、改善经济性和降低有害排放物的过程中,内燃机得到了不断完善,已发展成集现代技术于一体的高科技机电一体化的现代动力机械装置。

在人类社会历史文明的发展过程中,能源利用及其动力机械的发明与发展,有力地推动了汽车事业的发展。而汽车事业的发展历史又与人类社会文明与科学技术的发展历史紧密相关。在人类历史发展过程中,科学技术的发展不仅为推动人类社会文明的发展发挥了重要的作用,而且成为把汽车融入人类社会的重要手段。

随着汽车事业的蓬勃发展,汽车保有量不断增加,能源紧缺和汽车尾气排放对大气环境的污染以及交通安全等问题已成为全球性的社会化问题。可以说,汽车的发展历史是和人类社会文明协调发展的历史。

第一节 车用发动机的发展历史

从 1673 年荷兰物理学家惠更斯的内燃机草图问世开始,经历了 1712 年纽可门蒸汽机的发明和 1781 年瓦特发明蒸汽机而引发的蒸汽革命,以及后来蒸汽汽车的广泛应用,人类社会逐渐从被动地受自然界束缚的生活方式中解脱出来,进入认识自然、利用自然、创造动力、改造世界的新的人类社会模式。如果人类没有能源的意识,或许就没有发动机这种动力机械装置的创造,也就没有今天的汽车文化。如今,汽车的普及带来了能源危机、环境污染、交通堵塞、交通安全等一系列社会问题。

汽车发动机的电控技术，正是在这样的认识能源、利用能源并不断适应越来越严格的社会环境要求的过程中，基于发动机技术、电子技术、控制技术以及传感器技术等相关技术发展的前提下得到发展的。而发动机电子控制技术的发展又进一步促进了电子技术、传感器技术和控制技术的发展。所以，回顾发动机以及电子技术的发展历史很有必要。

一、发动机的发展史

16 世纪末，波尔塔（1535—1615）进行了蒸汽压力实验。17 世纪中期，托里拆利（1608—1647，流体力学奠基人）和帕斯卡进行了大气压力实验，格里克（1602—1686）进行了真空作用实验。以这三大著名实验为背景，1673 年荷兰物理学家惠更斯在法国凡尔赛宫庭院及运河的灌溉用水过程中希望借助机械力来代替笨重体力劳动的意识中创造性地构想出来的内燃机草图，为早期蒸汽动力技术的产生奠定了牢固的实验科学基础。

从惠更斯内燃机草图的构想开始，法国物理学家、工程师帕潘（Denis Papin，1647—1712）从欧洲当时炼铁厂广泛使用的活塞式风箱中受到启发，利用蒸汽压力、大气压力、真空的相互作用，发明了带有活塞的蒸汽泵；英国机械工程师萨弗里（T. Savery，1650—1715）利用波尔塔的蒸汽压力原理，当蒸汽从锅炉经管路进入气缸后被冷却，所形成的真空把矿井中的水经吸水管吸出来，再将蒸汽注入气缸，由此把水从排水管中排出去，这样就由气缸和锅炉构成了蒸汽泵；以及 1712 年托马斯·纽可门（Thomas Newcomen）在萨弗里所设计的蒸汽泵的基础上进行改进，把冷却水通过一个细小的龙头向气缸内进行喷溅，不让冷却水直接进入气缸，并引入帕潘的活塞装置，这样通过蒸汽压力、大气压力和真空度的相互作用推动活塞做往复式运动的蒸汽机的三次技术革新，形成了初期的蒸汽机，并向人类社会预告即将兴起的第一次工业革命的信息——蒸汽时代即将到来。纽可门蒸汽机的诞生，使得英国的煤矿工业从如何排出地下水的困惑中解脱出来，产量迅速增加，迎来了英国的（工业）产业革命，有力推动了英国经济的发展。

蒸汽机的问世激发了许多科学家认识自然、战胜自然、利用自然的斗志和创造性的思维。1764 年，当时负责修理格拉斯哥大学实验教学仪器的机械师瓦特在修理纽可门蒸汽机的过程中，通过故障分析，发现纽可门蒸汽机存在着两大缺点，即燃料消耗量大、热效率低，同时它只能做往复直线运动。而其热效率低的主要原因就是蒸汽在气缸内冷凝造成的。针对这些问题，瓦特从 1765 年至 1784 年，用 20 年的研究时间，对纽可门蒸汽机进行改进，前后发明了冷凝器、带有齿轮和拉杆的机械联动装置、带有飞轮齿轮联动装置和双向进排气气缸的高压蒸汽机综合装置等，并获得多项发明专利，由此完成了瓦特蒸汽机发明的全过程。

在前人科学研究成果的基础上，瓦特在蒸汽机上的这些重大技术改进，使得蒸汽机作为动力机械在工厂和交通运输等方面得到了广泛应用；使得动力机械的潜能逐渐发挥出来，最终迎来了蒸汽技术革命。

瓦特蒸汽机虽然大大提高了当时的劳动生产率，促进了手工业向大工业的迅速过渡，直接推动了 18 世纪伟大的第一次工业革命，但仍然存在着体积庞大、效率低等问题。要克服蒸汽机的这种致命缺点，必须解决锅炉与气缸的分离问题。为此，许多科学家在这方面进行了不懈的探索研究。英国的 W. L. 莱特（Wright）等人最早开始研究直接利用燃烧压力来获得动力的发动机。此时的发动机已与现在的内燃机结构很相近了。到 1838 年，英国的威廉·巴尼特（William Barnett）提出了在点火之前压缩混合气有利于提高热效率的观点，由此发明了压缩式发动机，同时研究了用火焰点燃的点火装置。1842年，美国的A.德雷克（Drake）、1855年英国的A. W. 牛顿（Newton）制造出热管点火式发动机。直到此时为止，发动机仍然处于试验研究阶段。虽然研究工作获得了很大的成功，但还没有达到实用化的水平。1860年，法国的雷诺（Lenoir）首先发明了将煤气和空气吸入气缸后进行混合并在气缸内燃烧的无压缩过程的实用性煤气机，并推出市场。这种煤气机由气缸、活塞、连杆、飞轮等组成，是内燃机的初级产品。由于压缩比为零（无压缩过程），所以热效率很低，只有4.5%。但当时在英国和法国很盛行。此时，社会上开始承认早在1838年威廉·巴尼特提出的观点，即如果在点火之前压缩混合气，则有利于提高热效率。1862年，法国的彼奥德罗萨斯（M. A. Beau deRochas）立志要"站在瓦特的肩膀上"，彻底改进蒸汽机的缺点。他分析认为，当时内燃机的热效率还不如蒸汽机的主要原因，在于这种无压缩内燃机在设计方案上存在缺少提高热效率的有效途径。他开始构想提高内燃机热效率的方案。经理论研究分析，他认为高效率的内燃机必须具备两个必要的条件：第一，点火前要高压；第二，燃料必须迅速膨胀，达到最大膨胀比。为了满足这两个条件，他提出了提高内燃机热效率的具体设想，即把活塞运动分成四个冲程：活塞下移，进燃气；活塞上移，压缩燃气；点火，气体迅速燃烧膨胀，活塞下移做功；活塞上移，排出废气。这一理论成为现在四冲程发动机最基本的理论。这对当时无压缩发动机引入压缩冲程是一个创举，为内燃机以后的发展奠定了坚实的理论基础。但是，彼奥德罗萨斯只是一个理论家，缺少动手制作的能力，最终未能迈出关键的一步。

当时作为商人的德国人奥托，从蒸汽机的广泛应用中看到内燃机的发展前途，因而一直关注着内燃机的研制情况。他利用透明的气缸和手动活塞以及侧式进排气管制作试验模型，并把香烟的烟气放入进气阀，反复观察，终于研究出空气与煤气的添加方法。奥托受到雷诺煤气机的启发，认为如果用液体燃料，其用途将大大地增加，为此设计了汽化器。1862年2月，奥托制造出一台四冲程样机。但在实用化过程中遇到了点火装置方面的困难，便把它搁置一旁，去研究发明"常压发动机"——一种新的二冲程煤气发动机，并于1863年获得专利权，在1867年的巴黎世界博览会上获得金奖。在报纸上看到彼奥德罗萨斯设计的内燃机的报道后，奥托看到了内燃机的希望。于是，奥托对彼奥德罗萨斯的设计方案反复研读，深刻领会其设计思想，全身心地投入四冲程内燃机的研制工作。1872年，他聘请了才华非凡、管理经验丰富的工程师戈特利布·戴姆勒（G. Daimler）协助研发发动机。1876年，根据彼奥德罗萨斯提出的四冲程理论创立了由四个行程构成一个工作循环的奥托循环，首次实现了四冲程发动机，并成立了德国气体发动机制造公司。最初发动机的压缩比只有2.5左右，热效率仅为10%~12%。同年，奥托又设计出一个点火系统的改进方案，研制出第一台四冲程内燃机，翌年获得专利权。这种煤气内燃机基本上克服了蒸汽机的缺点，终于跨出了彼奥德罗萨斯无法跨出的最后一步。此后，英国科学家对奥托的四冲程内燃机进行了改进，在一台内燃机上增加一个气缸而变成多缸机，从而使发动机输出的转矩更加均匀。

二、内燃机汽车的问世

虽然奥托发明了奥托循环，在内燃机上实现了四冲程理论，为内燃机汽车的发展奠定了坚实的基础。但作为商人的他在成功之后却很保守,未能把成果进一步推向汽车领域,以取得更辉煌的成就。

曾在奥托气体发动机制造公司担任技术工作,为奥托内燃机研制做出重要贡献的戴姆勒认为,奥托内燃机虽然体积大而重、转速低,但只要稍加改进就可以安装在汽车上。然而奥托却不同意改进,只热衷于蒸汽机的生产。为此,戴姆勒与奥托之间出现了严重的意见分歧,于是1881年,戴姆勒与同公司就职的迈巴赫一起辞掉公司的一切职务,办起了当时第一家汽车工厂,专门研究一种轻便又快速的内燃机。当时要解决的最关键的问题就是如何在气缸内形成可燃混合气并使之燃烧,实现热功转换。为此,他们在继承和总结雷诺等人研究成果的基础上,根据当时已使用的雾化器的原理,于1883年发明了化油器,并研制出世界上第一台轻便又快速的内燃机——汽油机。该发动机采用了热管式点火方法,并于1885年将其安装在二轮车上,同年试制了三轮车。在此之前,发动机的最高转速只有200r/min,而戴姆勒制造的发动机一下子把转速提高到1000r/min。1886年,戴姆勒将1.1hp(1hp=745.700W)的发动机安装在四轮车上(图1-1a)。到1887年,汽油机已作为车用和船用发动机而开始使用。

与此同时,另一位德国人卡尔·奔驰(Karl Benz),也热衷于制造一种无轨道、不需马拉的车。通过艰难的研究工作,他终于在1879年试验成功了一台二冲程发动机。1885年,他利用电池和线圈发明电点火方法,并将此方法应用于二冲程汽油机上,制造出具有实用性的现代意义的三轮汽车(图1-1b),并成立第一家奔驰汽车公司,开始生产汽车。到1900年为止,奔驰汽车制造公司已成为世界上最大的汽车制造厂。

图1-1 戴姆勒汽油机和奔驰三轮车

a)戴姆勒汽油机 b)奔驰三轮车

1—燃烧室 2—活塞 3—喷灯 4—热管 5—油箱 6—进气阀

第一次世界大战德国战败,给其经济带来了沉重的打击。戴姆勒汽车公司也陷入了经营上的困境,故于1926年与奔驰汽车公司合并,成为现在的戴姆勒-奔驰汽车公司。

作为内燃机的另一个典型代表的柴油机是由德国工程师鲁道夫·狄塞尔(Rudolf

Diesel)发明的。他针对当时发动机热效率低、着火困难等问题,从热力学角度进行全面分析,希望从根本上提高循环热效率,实现卡诺循环。早在1878年,狄塞尔在慕尼黑工业学校念书时,其恩师林德教授在一次热力学课程中解说卡诺循环时讲到,蒸汽机仅仅是将从燃料中获得的热量的6%~10%转化为有效的机械功,如果气体燃料能实现等温燃烧过程,则有可能将所供给的全部热能转变为机械功。这句话给狄塞尔留下了很深刻的印象,他在课堂笔记上写道:"去研究从实用角度能否具体实现等温过程",从此将具体实现卡诺循环作为人生的追求。当时改善蒸汽机热效率的主要途径就是通过过热蒸汽。大学毕业后,作为冷冻机技术员的狄塞尔对氨蒸气比较熟悉。所以,他着眼于利用正常运转条件下凝点远比水蒸气高而且对气缸冷却作用不敏感的过热氨蒸气替代水蒸气,并在巴黎的林德制冰会社建立实验室,专门进行有关过热氨蒸气和氨溶液的基础研究,以及配备进排气装置的小型氨气发动机的设计制造。通过研究确认,为更好地利用过热蒸汽所具有的热量,必须使过热蒸汽为高压状态,而在高压下过热蒸汽几乎成为气态。在这种研究过程中逐渐产生一种新的思想,即将氨气替换成高压高温的空气,在其中逐渐导入已微粒化了的燃料,使之燃烧加热空气,并使之尽可能膨胀而对外输出功。为实现这一想法,狄塞尔进行了无数次的试验研究。从蒸汽机的过热蒸汽状态到独特的燃烧过程,狄塞尔从热力学角度细致全面地进行理论分析和验证,并把研究结果写成《合理的热力发动机理论和构造》一书公开出版,于1893年获得关于内燃机工作方式及其实施形态的第一个专利。

这里值得提出的是,从理论到实际发动机的开发研究过程中,狄塞尔通过实际发动机中存在的机械损失,认识到卡诺循环的热效率仅仅是理论上的,它只取决于温度,而对实际发动机而言,并非最高温度而是最高压力起决定性作用。因此,在实践中为了获取更高的升功率和机械效率,他勇于放弃自己在理论研究过程中所提出的等温过程,于1895年获得了关于"具有在压力变化过程中可变燃料导入时期的内燃机"的第二个有关柴油机发明的专利。其基本思想是:

1)通过发动机气缸内活塞的机械压缩将纯空气压缩加热至远超过燃料的自燃点。

2)将微粒化的燃料导入到缸内高温高压的空气中燃烧,由此推动活塞做功。

3)对非安全气体燃料,在气缸内从压缩空气向燃料提供汽化热开始,随活塞的位移需要逐渐气化。

狄塞尔由此创造性地创立了压缩自燃发动机的工作模式,其特点是燃料的自行着火。而由提高压缩比来达到提高压缩压力的目的,就是使上止点附近喷射的燃料能可靠地自行燃烧。因此,这种燃烧方式中,压缩程度成为自行着火的必要条件。

从1893年到1897年通过多次样机的试制、失败、改进,并通过试验验证的过程,狄塞尔终于在1897年研制成功具有实用价值的柴油机,当时热效率就达到38.6%。

柴油机以使用廉价的低级燃料获得高热效率的特点,而广泛应用于四冲程和二冲程发动机上。后经过改进其热效率高达46%,成为热效率最高的热力发动机。但是柴油机真正用于汽车上,是从其发明起近40年后的1936年,由戴姆勒-奔驰汽车公司首先认可,并安装在梅赛德斯-奔驰牌260D型轿车上,使其成为第一台柴油轿车。

汽油机和柴油机的发明,以其体积小、质量轻、效率高以及续驶里程远的特点,确定了其作为车用发动机的牢固地位,同时有力地推动了汽车事业的迅速发展。1903年,美国的福特（Ford）汽车公司开始生产 A 型汽车，1910 年又推出了世界著名的 T 型福特汽车（图 1-2），揭开了汽车批量生产的序幕，使汽车走向大众化的道路。

图 1-2　福特汽车公司的早期车型
a）A 型车（1903 年）　b）T 型车（1910 年）

三、内燃机汽车发展的几个阶段

20 世纪初期，汽车结构已基本完成，社会上普遍形成了汽车概念。特别是从第二次世界大战之后汽车工业的复兴至今，汽车的发展过程经历了提高性能、主动安全、被动安全、环境保护、节能等几个阶段。

第二次世界大战后，人们对汽车的要求越来越高。对汽车性能方面的要求主要体现在车速更快、操作方便、价格便宜。高速化的要求主要是针对当时盛行的赛车；而驾驶性和价格的要求是针对大众化的汽车。但是汽车的大众化发展，给社会带来了新的问题，即交通拥堵、交通事故、环境污染以及石油能源紧张等。

随着社会经济的高度发展，汽车工业也得到了迅速发展。伴随汽车保有量的急剧增加，交通事故也大幅度增加，成为社会问题，甚至当时一些国家称汽车为"行驶的凶器"。为汽车洗清这一称号的唯一手段就是增强安全措施。伴随汽车大众化的发展，各汽车公司开始纷纷开发研究汽车的安全技术。汽车安全技术包括主动安全技术和被动安全技术。所谓主动安全技术，就是为了预防事故的发生而采取的一系列措施，如制动系统的开发与完善，判断行驶路面状态和驾驶人状态的感知、判断支援系统，减轻操作力和疲劳强度，帮助驾驶人控制操作运行的辅助行驶支援系统，考虑人的反应时间等人和汽车的协调控制技术；而被动安全技术则是指当发生事故时，用来保护乘客和驾驶人的技术措施和安全装置，包括以缓和车辆冲撞而吸收能量为目的的车辆结构上的技术措施，以及保险杠、安全带、安全气囊等安全装置。直到如今，安全技术措施在主动和被动两方面仍在继续深入研究，且通过采用电子控制技术和自动控制技术使之更加完善。

从国家法律形式控制汽车排放是从 1943 年 9 月在美国洛杉矶发生的光化学烟雾事件开始的。当时，整个洛杉矶市被一层烟雾遮住，给市民带来催泪、呼吸系统疾病等灾难。美国联邦和加利福尼亚州政府对该烟雾事件进行调查的结果表明，造成这种烟雾事件的主要元凶就是汽车尾气排放物中的碳氢化合物（HC）和氮氧化物（NO_x）。于是，美国于 1960 年首次制定了防止汽车尾气污染物的法案，并于 1965 年开始实施。所以从 20 世纪 60 年代后半期开始到 70 年代的十几年间，汽车排气净化的新技术得到迅速发展。其中典型的技术就是转子发动机和稀薄燃烧技术。转子发动机是于1967年实现批量生产的,其特点是燃烧温度低,所以NO_x排放量少;而稀薄燃烧技术是于1972年由日本本田技研工业首先发明的。在稀薄混合气下燃烧时,一氧化碳(CO)和HC生成量少,又由于空气相对比较多,所以在排气管内也继续氧化。而且由于空气的冷却作用燃烧温度也低,故NO_x的排放量也低。之后出现了废气再循环(Exhaust Gas Recirculation,EGR)技术、电控汽油喷射技术、三效催化转换装置等。

除了安全和尾气排放污染问题之外,对汽车发展影响比较大的还有石油能源危机。1945年和1972年的两次石油危机,促使世界上各汽车制造企业大力开发研制有关节能技术。在整车上,如美国通用(GM)汽车公司采用减小外形尺寸来减轻整车质量;而福特汽车公司则通过提高铝等轻合金以及塑料等氧化树脂材料的使用率,达到减轻整车质量的目的。在整车布置上,采用发动机前置前轮驱动方式,或发动机后置后轮驱动方式等,通过直接传动驱动轴,以提高传动效率,同时减轻传动系统的质量;为了减小发动机室空间,提高发动机单位质量输出的功率(比功率),采用V形4缸机、V形6缸机。奔驰、奥迪汽车公司开发的直列5缸机,日本大发汽车公司开发的直列3缸机等,都是针对节能问题而开发的产品,由此降低发动机的比质量(单位输出功率的整机质量),有效地改善了燃油消耗率。同时,整个汽车行业在改善发动机燃烧过程、应用电控技术、改善汽车空气阻力特性等方面,也进行了深入的研究。在节能和排放控制,以及安全等整车性能控制方面,电子技术、控制技术以及汽车发动机的电控技术及其发展起着决定性的作用,电控技术作为汽车必备的部分,在现代汽车领域占据了不可或缺的重要位置。

随着节能要求的不断提高,柴油机以其独有的热效率高、油耗低以及耐久性好的特点,不仅广泛应用于货车上,而且在轿车上也得到应用。柴油机的工作粗暴、振动噪声大、起动性差等缺点,通过柴油机电控技术及其燃烧系统的改进,已得到大幅度的改善。在欧洲,柴油机在轿车上的应用已比较普及。但目前柴油机的微粒排放和NO_x排放仍然是尚未很好解决的问题。为此,人们正广泛深入研究和应用电控高压喷射、EGR中冷、增压中冷、后处理技术以及均质充量压燃(Homogeneous Charge Compression Ignition,HCCI)等新技术。

四、汽车动力三足鼎立时期

自蒸汽机发明直到1887年,人们已经充分认识到人类社会活动中汽车的重要性。从19世纪后期到20世纪初,车用动力源有蒸汽发动机、汽油机及电动机三种类型。而当时三种动力汽车的竞争非常激烈。其中,蒸汽机首先应用在汽车上。1895年6月在法国举行的巴黎—波尔多—巴黎汽车拉力赛,使人们不仅认识到汽车在生活中的重要性,同时通过参赛的各种车型如蒸汽车、汽油车、电动车以及马车的比较,也开始认识到车身质量越轻优势越大的现实意义,而且充气式轮胎也得到了充分的肯定。在这次汽车拉力赛中,也发现了各种车型所存在的问题。当时,对汽车所关心的主要问题并不是能源与排放,而是燃料的能源密度和一定量燃料所能达到的续驶里程。当时对三种动力车和马车的行驶特性进行对比分析的结果为:蒸汽车每行驶10mile(1mile=1609.344m)需加一次水,电动车每行驶30mile需充一次电,汽油车每行驶150mile需加一次油,马车既无车速也无续驶里程概念。对于任何一种马车,一般每天至多只能行走15~20mile,所以机动车取代马车已成为必然趋势。而当时内燃机驱动的车辆，尽管在热效率、起动性、排气噪声以及车速等方面与蒸汽车相比并不占优势，但是在续驶里程方面汽油车具有其他车种无法相比的绝对优势。后来由马克西姆发明了消声器，1899 年克莱德·科尔曼（Clyde Coleman）设计出电动起动装置，继而查尔斯·富兰克林·凯特林（Charles Franklin Kettering）于 1912 年使之进一步完善，使得汽油机的优势逐渐明朗化。进入 20 世纪以后，石油被世界公认为机动车的主要燃料，由此确立了汽油车的主导地位。

第二节　汽车电子技术的发展史

电子技术、控制技术，包括现在汽车的电子控制技术等的发展，都离不开电的发明。人类在社会实践活动中逐渐发现自然界中存在着电和磁现象，并在此基础上发明电磁效应。基于这样的实践基础，电磁学逐渐发展起来，带动了相关的技术，为现代科学技术的发展及社会的发展奠定了牢固的技术基础。

作为汽车电子技术，最初于 1861 年爱蒂恩斯·雷诺（Ettience Lenoir）利用伦科夫（Runmkorff）在 1851 年发明的电磁感应线圈发明了一种电子线圈点火装置，并用于煤气机上。1866 年卡尔·奔驰发明一种带传动的永磁发电机，1886 年又利用电池和线圈点火方法，开发出汽车点火装置，并第一次用于奔驰车上。

19 世纪末到 20 世纪初，汽车电子技术主要用来开发和完善汽油机的点火系统和发电机及蓄电池充电系统。例如，1887 年博世（Bosch）发明的低电压永磁发电机应用于固定式汽油机上；1889 年乔治·伯顿（Georges Bouton）发明线圈点火系统用断电器，第一次调整汽油机的点火装置；1895 年埃米尔·摩尔斯（Emile Mors）利用带驱动直流发电机第一个成功地实现蓄电池的充电系统；1897 年博世和西门子发明由"H"形电枢制成的用于汽车点火系统上的低压永磁发电机；1901 年兰彻斯特（Lanchester）制造出第一台飞轮式永磁发电机；1902 年博世制造出高电压永磁发电机；1905 年汉斯·雷特（Hans Leitner）和 R. H. 卢卡斯（R. H. Lucas）发明了三刷直流发电机；1908 年 C. A. 万德弗（C. A. Vandervll）发明了电子点火装置；1912 年查尔斯·富兰克林·凯特林改进他曾在开发研制现金出纳机时开发过的小电机，发明了起动装置，并第一次应用于由亨利·马代恩·利兰（Henry Martyn Leland）设计制造的凯迪拉克汽车上；1920 年美国开发研制出蓄电池-线圈式点火装置；1939 年在点火分电器上安装点火自动提前装置等，由此完成了经典的汽油机点火系统、电起动装置和发电充电系统。

1948 年晶体管的发明和 1958 年集成电路（Integrated Circuit，IC）的发明，使得汽车电子技术又有了新的飞跃性的发展。1951 年德国的博世公司率先开发了汽油喷射技术，并于 1954 年在轿车上采用了燃油喷射技术。1960 年半导体器件开始应用于汽车上，最初是在交流发电机整流器上采用硅二极管，之后在调压器、晶体管点火系统上得到广泛应用。同年交流发电机开始替代直流发电机，并于 1965 年发明了电控防抱死制动系统（Antilock Brake System，ABS）。

1966 年，美国加利福尼亚州首次制定了关于汽车尾气排放的法规，进一步有力地推动了汽车电子技术及控制技术的发展。1967 年，博世发明的 Jetronic 质量流量式燃油喷射系统已开始投入生产，而 IC 技术是在 1967 年后才逐渐应用于汽车上的，如 IC 化电压调节器、IC 化点火模块等。在这一段时间内，已开发出模拟电路式汽油喷射装置、定车速装置、变速器控制装置等，但由于成本高的原因而未能普及。

1970 年后，基于美国发布的关于安全、排放、油耗的三大法规，以及 1971 年微机的问世，车用电子技术得到了迅速发展。针对安全法规，要求开发若不系安全带就不能起动的系统。这就是说，关闭点火开关，安全带控制系统仍然能用电。为此需开发耗电量少的 IC，以尽可能降低蓄电池的放电量。1974 年，在汽车上首次应用无触点式电子点火装置。

微机问世 5 年后的 1976 年，通用（GM）汽车公司将微机控制技术首先应用于汽车点火控制上。这标志着汽车电子控制技术已进入新的数字化控制阶段。从 20 世纪 70 年代后期到 80 年代，排放法规和油耗法规进一步强化。为了适应这种不断强化的法规要求，必须在有效降低汽车排放的同时，改善发动机的动力性和经济性。为此，所采取的技术措施主要包括：改进发动机的结构，点火时刻的最佳控制，进一步提高空燃比的控制精度，以及怠速转速的低速化控制等，使控制技术向集中控制化方向发展。

电子技术的发展也促进了传感器技术和控制技术的发展，这使得汽车电控技术更加成熟和完善。1977 年，日本日产和丰田汽车公司实现了氧传感器反馈控制的汽油喷射系统。1980 年，三菱电机公司推出卡门涡式空气流量计。1981 年，博世公司、日立制作所推出了热线式空气流量计。

1980 年以后，尖端技术的发展、用户要求的多样化以及微机的普及和数字化控制的发展，使电子技术应用于整车控制上，并使整车综合控制技术得到全面发展。

可以说，20 世纪 60 年代，伴随着半导体技术的发明与发展，汽车电子控制技术处于开发研制阶段；及至 20 世纪 70 年代，随着集成电路及传感器技术的发展，汽车电子控制技术处于不断成熟的阶段；20 世纪 80—90 年代，伴随着微机技术的发展与应用，汽车电子控制技术全面进入数字化控制和集中控制阶段。

进入 21 世纪后，实现了半导体技术大规模集成化（Large Scale Integration，LSI），传感器向智能化发展、微机技术不断完善，同时引入模糊控制、神经网络、自适应控制、最优控制等新的现代控制理论，以及利用全球定位系统（Global Positioning System，GPS）的导航系统，使得汽车动力传递控制及车辆驾驶安全等综合控制技术得到进一步完善。

第三节　汽车电子控制技术概况

随着微机的应用以及数字化控制技术的发展，电控技术在汽车整车控制上得到广泛应用和发展。图 1-3 表示目前在整车范围内电控技术的应用概况。

一、汽油机的电控技术

1. 汽油喷射

化油器和汽油喷射是汽油机混合气形成的两种主要方式。1883 年，戴姆勒发明的化油器实现了将液体燃料在气缸内燃烧的汽油机。但是由于化油器式混合气形成方式是通过气体流动中在化油器喉管部节流所形成的压差进行喷油，流经喉管部的高速气流再将已喷入的燃

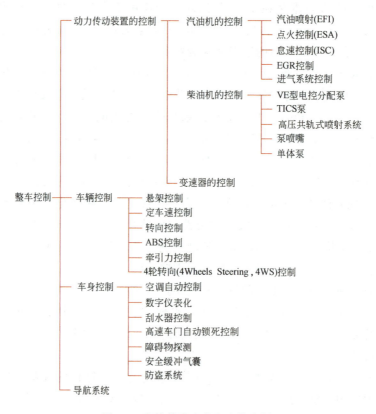

图 1-3　电控技术在整车上的应用

油冲散实现雾化、蒸发而形成可燃混合气的,所以进气流动损失增加,同时在喉管因压力下降而易结冰。这对于航空用发动机来说是一个致命的缺点。

1930 年,针对化油器结冰等缺点,在航空用发动机上首先开发研究出汽油喷射系统。第二次世界大战后期,根据战争的需要,汽油喷射装置开始应用于军车上,以克服化油器的上述缺点。

1950 年到 1953 年,Goliath、Gutbrod 两公司在二冲程二缸汽油机上采用了机械式汽油喷射系统。1957 年,奔驰(Benz)汽车公司在四冲程发动机上也采用了机械式汽油喷射系统。机械式汽油喷射系统采用了柱塞式喷油泵(模仿柴油机的喷油泵),增加了汽油机燃料系统的成本,且安装不方便。所以到 20 世纪 50 年代末,机械式汽油喷射系统仅用于赛车上。

2. 电控汽油喷射

汽油喷射作为汽油机的燃料供给系统,是在与化油器相互竞争过程中发展起来的。它经历了从机械式喷射到电子控制喷射的发展过程。

早在 1953 年,Bendix 公司已开始着手研究电控汽油喷射器。鉴于当时电子技术尚落后,晶体管虽早已发明,但均为锗晶体管,价格高、可靠性差。因此,开发当时采用的是真空管,及至 1957 年研究成功晶体管后才勉强实用化。因此,当时在汽车上采用电控技术未免过早。

但是,汽油喷射系统与化油器相比较,其优点是明显的。当时归纳出以下几点:①进气阻力小、充气效率高;②各缸分配均匀性好;③无结冰、气阻现象;④加减速响应性好;

⑤起动性好。

汽油喷射系统的主要缺点是：①安装性差，为安装必须改变机体；②成本高。

当时开发电控汽油喷射技术的主要目标，受当时技术水平的限制只考虑安装性。而对进气流量及混合气浓度的控制精度高等优点未能做出评价。

所以，当时开发电控汽油喷射技术的主要目标就是在发动机结构改动量最小的前提下，安装喷射系统。

但是，到20世纪50年代中期，由于汽车排放对大气污染日趋严重，因此引起一些国家对排放污染问题的重视。1957年到1960年上半年，美国联邦和加利福尼亚州政府发布了污染调查报告书，并强烈要求汽车厂家采取排放控制措施；1960年，加利福尼亚州制定了排放法规，并于1965年7月开始实施。作为排放控制技术之一，就是提高空燃比的控制精度。而当时电子技术已得到了相应的发展，锗晶体管已被硅晶体管所取代，不仅成本降低，而且提高了可靠性，已达到可作为车用部件的程度。半导体技术的发展，有力地推动了电控汽油喷射技术的发展，由此汽油喷射的优点才真正体现出来。

1962年，博世公司着手开发电控汽油喷射系统，并于1967年研制出D-Jetronic（速度-密度）型第一代电控汽油喷射系统（图1-4）。

1972年，博世公司又开发了质量流量式（板式空气流量计）电控间歇喷射的L-Jetronic型系统（图1-5），取代了D-Jetronic型系统，以适应排放法规的要求。同时也开发了质量流量式连续喷射的机械式K-Jetronic型系统（图1-6），在欧洲得到广泛应用。

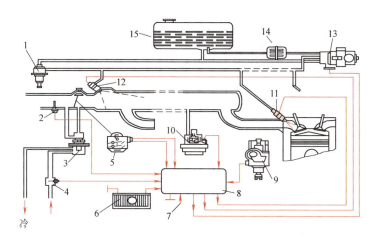

图1-4 D-Jetronic型电控汽油喷射系统

1—调压器 2—进气温度传感器 3—空气阀 4—冷却液温度传感器 5—节气门位置传感器
6—蓄电池 7—(接)起动开关 8—ECU 9—分电器 10—进气压力传感器
11—喷油器 12—起动喷油器 13—燃油泵 14—滤清器 15—油箱

1976年，通用（GM）汽车公司将微机应用于点火时刻的控制（MISAR）上，表示已开始进入（微机）数字化控制阶段。此时，晶体管已IC化，模拟控制向数字控制方向发展。进入数字化控制后，电控汽油喷射技术在以下4个方面得到显著的发展：

1) 控制集中化。所谓集中控制，就是针对发动机同一工况的信息，同时控制各子控制系统，使发动机达到最佳状态。通过集中控制可改善发动机的动力性、经济性、排放性以及

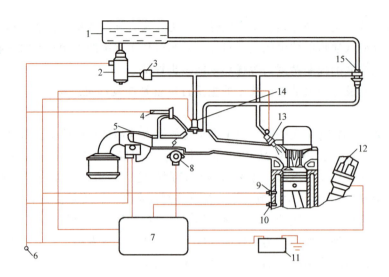

图 1-5 L-Jetronic 型电控汽油喷射系统

1—油箱 2—燃油泵 3—滤清器 4—空气阀 5—空气流量计 6—(接)起动开关
7—ECU 8—节气门开关 9—冷起动喷射定时开关 10—冷却液温度传感器
11—蓄电池 12—分电器 13—喷油器 14—冷起动喷油器 15—调压器

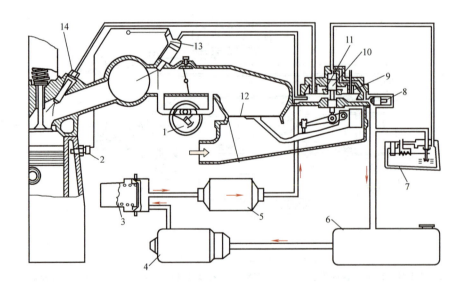

图 1-6 K-Jetronic 型机械式汽油喷射系统

1—空气阀 2—冷起动喷射定时开关 3—蓄能器 4—燃油泵 5—滤清器 6—油箱 7—缓冲控制装置
8—压力调节器 9—定压差阀 10—柱塞 11—燃料计量孔 12—空气计量板
13—冷起动喷油器 14—喷油器

行驶性。

2) 通过反馈控制和学习控制技术的应用,进一步提高控制精度。1981 年丰田汽车公司实现了氧传感器的反馈控制和学习控制,由此消除了因不同发动机以及汽油喷射系统零部件的差别和使用时间的变化而引起的空燃比的偏差。

3)速度-密度控制方式的开发。微机的应用实现了复杂的控制和控制自由特性。所以,根据发动机转速和进气压力,可细致地调节汽油喷射量,使得速度-密度方式与质量流量方式的空燃比控制精度达到同等的水平。

4)可实现独立喷射。1984年,丰田汽车公司开发了独立喷射方式的稀薄燃烧系统,进一步改善了经济性和排放特性。

随着油耗、排放法规的不断强化,化油器式汽油机逐渐被电控多点汽油喷射式汽油机所替代。尽管单点喷射作为从化油器过渡到多点喷射的过渡产品而投入市场,但市场上仍以多点喷射占主流。汽油机通过电控多点喷射技术和三效催化转换技术的应用,已将其排放控制在很低的水平。图1-7为现有汽油喷射方式的种类。

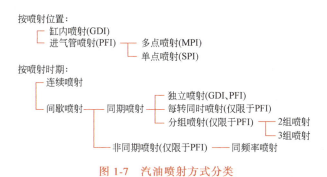

图1-7 汽油喷射方式分类

另一方面,为了进一步节能,减小对地球产生温室效应的二氧化碳(CO_2)的排放量,目前已开发研制缸内直接喷射(Gasoline Direct Injection,GDI)式电控汽油喷射系统,并逐渐投放市场。缸内直接喷射方式一方面通过缸内喷射雾化吸热,降低缸内进气温度,提高充气效率,由此改善动力性;另一方面,更主要的是利用稀薄燃烧技术,在改善油耗的同时有效地降低了CO_2和NO_x的排放量。

二、柴油机的电控技术

柴油机的电控技术是在汽油机电控技术成功之后的20世纪80年代中期开始发展的。由于柴油机具有使用功率覆盖面大、热效率高、CO_2排放量少等优点,广泛应用于轻型、中型以及重型车,因此柴油机的电控技术按不同类型得到发展。例如,以VE型分配泵为主的柴油机电控技术广泛应用于轻型车用柴油机上;而中、重型柴油机用直列泵柴油机的电控技术主要以TICS泵为代表。这两种类型的电控系统,是在保留原机械式喷射系统结构特点的基础上,进行适当改进而成的。

位置式电控分配泵是在原机械式VE型分配泵的基础上,将油量控制滑套的控制方式,由机械式调速器改为线性比例电磁阀的控制方式,所以其供油和泵油原理以及结构特点与机械式VE型分配泵基本相同。只是在油量控制机构和喷油时刻的控制机构上进行了稍微改动,取消了原机械式调速机构,增设了转速传感器、控制油量控制滑套位置的比例电磁阀、油量控制滑套位置传感器、控制喷射时期的电磁阀以及喷射定时器位置传感器等,其最高喷射压力可达到 70MPa（1997 年）。时间控制方式电控 VE 型分配泵则是在其泄油通路上设置了高速电磁阀，由此直接控制喷油，所以取消了 VE 型分配泵原有的溢油环。电磁阀的关闭时刻决定喷射始点，电磁阀关闭持续时间决定喷射量。为了提高电磁阀的响应特性，一般采用多圈线圈和大面积的电枢。电磁阀的响应速度受电源电压的波动、环境温度和机械部件磨损等因素的影响，因此必须进行相应的修正。与位置控制方式相比，时间控制方式的泵体结构紧凑、控制电路更简单。

以喷油正时和喷油率控制系统（Timing and Injection rate Control System，TICS）为代表的电控式直列泵（TICS 泵），是在原 P 型直列泵的基础上进行改进的。用电子控制式步进电动机替代原机械式调速器来控制喷射量，同时将原固定式柱塞套改为相对柱塞可滑动的滑阀并用旋转式步进电动机来控制滑阀机构，以任意控制滑阀相对柱塞的位置，通过控制柱塞开始供油和回油时刻来控制供油定时（参见第五章）。

20 世纪末，中、重型柴油车上广泛采用了 TICS 泵。这种直列式电控系统也经历了三代。第一代产品是 1987 年投入市场的。当时的 TICS 泵的喷射压力仅为 70MPa，出油阀采用回吸式。第二代产品是在第一代产品的基础上，通过采用等压阀、出油阀和小喷孔直径的组合，提高了 TICS 泵的泵油控制能力，使 TICS 泵的喷射压力提高到 120MPa。第三代产品是通过特制的凸轮形线、柱塞长圆回油孔等手段控制喷射率，达到实现先导喷射控制，并使喷射压力达到 140MPa。

TICS 泵的主要缺点是：由于受该系统结构的限制，在通过滑阀机构控制喷射时刻时直接影响喷油规律（供油规律）。

上述 VE 型电控分配泵和 TICS 型电控直列泵，虽然有效地改善了原机械式喷油泵无法实现的供油规律、供油定时的自由控制，但结构上仍然采用原机械泵系统，因此控制功能及自由度受限制，无法实现灵活、柔性控制。

随着社会环境及能源问题的日趋严峻，对柴油车的低公害、高输出、低油耗、低噪声要求也不断提高，所以对柴油机喷射系统提出了以下要求：

1）喷射量、喷射时刻能够自由控制。
2）喷射压力高压化。
3）喷射率实现最佳控制。

从 20 世纪 90 年代中后期开始，特别是进入 21 世纪以后，对汽车排放开始实施欧Ⅲ法规，并逐步实施欧Ⅳ、欧Ⅴ等更严格的法规，同时一些先进国家从 2005 年开始实施有关控制油耗的节能法规。针对这种更严格的法规要求，上述两种以原机械式喷油泵为基础改进的电控喷射系统已力不从心了。

为了适应这种日趋严格的法规要求，在车用柴油机上已开始开发应用新型喷射系统，如单体泵、高压共轨及泵喷嘴等高压喷射系统。这种高压喷射能促进向喷雾内导入空气，使得喷雾内的混合气浓度变稀；而且高压喷射又能促进燃料喷注的微粒化，使油滴平均粒径减小，因此有利于燃料的蒸发和燃烧；此外，高压喷雾自身具有很大的运动能量，这一能量随喷雾转移到空气中时产生很强的空气湍流，以促进燃烧过程。同时，车用柴油机喷射系统采用这种新型电控系统以后的主要特征还表现在以下几个方面：

1）控制自由度提高。

2）控制精度高，直接检测控制对象并进行反馈控制。
3）增设自诊断系统和故障应急机能，以提高维修性和安全性。
4）增设数据通信技能，提高总体系统的功能。
5）只需改变电子控制单元（Electronic Control Unit，ECU）程序，就可以开发各种控制机能。

高压共轨式喷射系统由高压油泵、共轨及喷射装置、各种传感器等构成。高压共轨式喷射系统的特点是高压油泵和喷油器功能相互独立，互不影响，所以控制自由度高而灵活，而且其喷射压力与发动机转速无关，在整个运转范围内保持一定的喷射压力。这与转速降低时喷射压力随之减小的直列型泵相比是最大的优点，而且在同样的喷射压力下共轨式的驱动转矩也小，这有利于改善油耗。正是由于高压共轨式喷射系统具有提供高喷射压力的能力和高精度的控制自由度，因而很受业内重视，并逐渐得到广泛应用。高压共轨系统的喷射压力经过四代，从第一代的120MPa依次升高到第二代的160MPa和第三代的180MPa，第四代的喷射压力已提高到300MPa，同时喷油器从电磁阀式改为压电式。这种高压共轨式喷射系统存在的主要缺点就是结构上仍然采用泵-管-嘴的形式，即高压油泵和喷油器之间设有高压油管和共轨（蓄压室），因此对管路的高压密封提出了更高的要求。

泵喷嘴高压喷射系统针对高压共轨系统的缺点，在泵和喷油器之间取消了高压油管等，直接将高压油泵和喷油器一体化，因此结构相对比较简单，控制灵活，易实现高压，目前最高喷射压力已达到250MPa，但驱动机构复杂。

单体泵系统（Unit Pump System，UPS）是一种通过发动机凸轮轴驱动设置在发动机内部的喷油泵柱塞部，经短喷射管向喷射器供油的喷射系统。单体泵也要求高压化，现已改良成喷射压力可达到200MPa的水平。为控制喷射量、喷射时刻，对单体泵电子化的要求很高。这种电控式单体泵适用于4气门、喷射器中央布置的中小型柴油机。

三、控制技术的发展

从控制系统的引入和控制技术的变化过程，可将控制技术的发展过程划分为三个阶段：

20世纪六七十年代为控制技术的第一阶段，即摇篮期。此时，已开始应用电子技术，如采用二极管、晶体管、IC等半导体器件，构成独立的控制系统，是作为发动机及其电器设备的主要器件而实用化的阶段，由此替换原发动机的控制性能。此时，虽然也开发了燃料喷射、变速器控制以及2轮ABS控制等技术，并实现了实用化。但由于是以模拟技术为中心的年代，所以在演算精度以及控制自由度等方面约束很多，而且硬件、软件可靠性的提高成为重要的课题。

20世纪80年代为控制技术的第二阶段，是控制技术的普及期或成长期。此时，LSI以及微机技术已开始应用，半导体技术及电控技术已成熟。为对应排放法规和低油耗化的要求，在发动机控制领域里，电子技术发挥了作用，同时可靠性得到大幅度的提高，并研制出一系列高精度的执行器，利用高的演算精度和复合判断机能实现多自由度控制，构成最大限度发挥整车运动性能的复合控制系统。

同时，在这一阶段，现代控制理论、多参数控制、数字化控制得到应用，控制理论也得到进展，使得硬件和软件都得到很大的改善并发挥重要的作用。

从 1990 年开始进入了控制技术的第三阶段。在这一阶段，主要解决伴随第二阶段的急速发展所出现的诸多问题，期望控制系统的综合化、信息的共有化、机能的智能化等控制技术在本质上有大的改革，同时要求降低成本。所以，要求开发与以往有区别的新概念的控制技术。

电子技术已经广泛应用于汽车的各个领域，特别是进入 21 世纪后，随着半导体技术、大规模集成化（LSI）技术、传感器技术以及微机技术等的不断完善，以及全球定位系统（GPS）的开发应用，使得汽车在安全、节能、环保、舒适、导航等各方面都有很大的改善。目前，汽车电控技术发展动向包括，智能控制方法的引入（自适应控制、模糊控制、神经网络控制、鲁棒控制、自适应控制、最优控制等）；控制系统开发方式的革新（车载 CAN 网络的采用、现代开发工具 dSPACE 的运用、层次化系统结构、X-By-Wire 控制方式开发等）；控制系统单元技术的发展（半导体、多重通信、情报信息共享与相互故障诊断支持、ECU 软件开发系统等），从而形成汽车电子技术中信息处理部分的集中化，控制处理部分的分散化（危险分散、功能分散）等分层控制思想的发展趋势。

随着汽车各领域实现全面电子控制，使得一台汽车上用有多个 ECU，在汽车内部构成局域网，成为现代汽车控制的神经网络节点，ECU 数量的多少也代表着汽车数字化控制的程度，所以一辆汽车能否正常运行，取决于这些 ECU 之间工作是否配合融洽。1983 年由博世集团发布的 CAN（Controllers Area Network）总线，是目前常见的一种汽车内部通信协议，是神经网络各个节点（ECU）之间对话的语言，1986 年，美国汽车工程师学会（SAE）正式发表 CAN 协议标准。CAN 协议的普及，车载诊断（On-Board Diagnostic，OBD）接口是最直接受益者。为了严格管理汽车尾气排放，美国政府于 1996 年强制推行 OBD 检修接口，通过采集 CAN 总线的各种数据对车辆运行状态进行更精确的评估。

但 CAN 总线并非是唯一的车用通信协议。随着汽车内部控制数据量的增加，CAN 总线有时也力不从心。为了弥补 CAN 协议的不足，人们又研发出 LIN、MOST、FlexRey、以太网等其他通信协议。

与 CAN 相比，LIN 的带宽更小，承载数据量更少，但成本低，可用于车窗升降控制等简单 ECU。MOST 是一种高速多媒体传输接口，专门为汽车内部的一些高码率音频、视频提供传输。FlexRey 是一种高速协议，不仅限于多媒体传输，还用于自动驾驶系统。以太网原本是计算机局域网的协议标准，属于物理层标准，与上述协议相比其传输速度更快。按照带宽划分为标准以太网（10Mbit/s）、快速以太网（100Mbit/s）以及 10G 以太网（10Gbit/s）三种。

在车上通过采用不同协议分别处理不同级别的数据，但总线采用局域网架构，所以说，"20 世纪的汽车是靠燃料跑，而 21 世纪的汽车是靠信息跑"。

第二章 发动机的控制计算模型

影响发动机控制的主要外界因素有启动空调负荷、照明灯、制动灯以及驱动各种执行器的电气载荷等。这些因素直接影响发动机的性能,特别是怠速特性。

现在的发动机控制逻辑,主要是由探索性或启发性的方法构成,并不完全是基于物理模型或控制理论推导出来的。但为了便于说明,本书尽可能从基本的物理法则推导出其数学模型,由此说明发动机控制逻辑的基本概念。

在设计发动机控制逻辑中所采用的数学模型,就是简便地描述操作量和控制量之间的关系式。这并不要求像结构设计上的模拟计算那样,根据物理现象和结构常数高精度地去求得发动机的状态。倒不如说,控制逻辑是在模型和实际现象并不一致的前提下构成的。

将物理模型中的有关参数用实验数据来取代,与直接用结构常数或物理常数求得的参数相比,其精度大有改善,所以常用这种方法。另外也有将操作量和控制量之间的关系假设为二次响应关系来求得与实测数据相一致的参数的方法。

在控制模型中,比预测精度更重要的是,由上述方法求得的控制逻辑参数的易调整性和简易性。

本章主要介绍比较典型的几种计算模型。

第一节 发动机转矩的计算模型

一、假设条件

对汽油机,设燃烧过程在上止点瞬间完成;膨胀、压缩行程为绝热过程;进气行程中气缸内的压力等于进气管内压力;排气行程中气缸内的压力等于排气管内压力。

在这种假设条件下,一个工作循环中由热能所转换的机械能,可通过积分气缸压力求得,即

$$W = \oint p dV \tag{2-1}$$

式中,p 为气缸压力;V 为气缸容积。

设进气道和排气道压力分别为 p_{in}、p_{ex},并假设成无限大容器。当活塞在下止点时气缸容积为 V_a,在上止点时气缸容积为 V_c,等熵指数为 k。由于假设燃烧是在上止点瞬间完成,

所以燃烧所释放热量为 Q，则

$$W = \int_{V_c}^{V_a} p_{in}\mathrm{d}V + \int_{V_a}^{V_c}p_{in}\left(\frac{V_a}{V}\right)^k\mathrm{d}V + \int_{V_c}^{V_a}\left\{p_{in}\left(\frac{V_a}{V}\right)^k + (k-1)\left(\frac{Q}{V_c}\right)\left(\frac{V_c}{V}\right)^k\right\}\mathrm{d}V + \int_{V_a}^{V_c}p_{ex}\mathrm{d}V \tag{2-2}$$

在式（2-2）中与 V 有关的项，积分一个循环时为常数，令 a_{w1}、a_{w2}、a_{w3} 分别为与 p_{in}、Q、p_{ex} 相关的积分常数，则式（2-2）可简化成

$$W = a_{w1}p_{in} + a_{w2}Q + a_{w3} \tag{2-3}$$

发热量 Q 受空燃比的影响，即与燃料量成正比。可以根据 CO、H_2、CO_2、H_2O、O_2 等5个成分在 2000K 温度下的化学平衡计算来初步确定。燃烧温度一般在空燃比等于 14 左右时达到最高，而所获得的机械能由于相对分子量的变化在空燃比等于 12.5（功率混合气）附近时达到最大值。如今，由于强调低排放，所以在整个负荷范围内混合气要稀薄化。但为了防止排气温度过高而损坏排气系统，以及防止催化装置的劣化，或者以耐久性、安全性及防止爆燃为目的时，混合气要加浓。在稀薄混合气时，虽然相对单位燃料量所产生的热能基本一定，但由于在有利于燃烧的空燃比范围内泵气损失降低，所以随空燃比的增大所能获得的机械能有所增加。

二、进气量和进气压力的关系

假设进气过程缓慢进行，则进气行程中气缸内的压力等于进气压力 p_{in}。设进气门开启时的气缸容积为 V_{io}，进气门关闭时的气缸容积为 V_{ic}，气缸内吸入的空气的质量流量为 q_{mcf}，废气再循环量（EGR）的质量流量为 q_{mcE}，等熵指数 k 一定，进气系统混合气体的气体常数为 R_i，进气温度为 T_i，忽略气缸壁的热传递损失，则由能量守恒原理得

$$\frac{1}{k-1}p_{in}V_{ic} - \frac{1}{k-1}p_{ex}V_{io} = \frac{k}{k-1}R_iT_iq_{mcf} + \frac{k}{k-1}R_iT_iq_{mcE} - \int_{V_{io}}^{V_{ic}}p_{in}\mathrm{d}V \tag{2-4}$$

式（2-4）左边表示进气行程开始到终了时的气缸内的内能变化，式（2-4）右边表示进气流入时的流动功和 EGR 流入时的流动功以及活塞所做的负功的代数和。

实际上，气缸壁的传热等现象影响进气量，而且残留气体以及 EGR 气体的混合作用，使气缸内气体组成以及等熵指数均发生变化，这些变化直接影响到实际进气量的大小。所以当考虑这些因素的影响时，气缸内的进气流量可表示为

$$q_{mcf} + q_{mcE} = \left\{\frac{1}{k}(p_{in}V_{ic} - p_{ex}V_{io}) + \frac{k-1}{k}(V_{ic} - V_{io})p_{in}\right\}/(R_iT_i) \tag{2-5}$$

这里，定义 EGR 率 E 为

$$E = \frac{q_{mcE}}{q_{mcf} + q_{mcE}} \times 100\% \tag{2-6}$$

进入气缸内的新鲜气体量随所实施的 EGR 率相应地变化，但在稳定工况 EGR 率一定（E 为常数），而且进气量与平均进气压力成正比，即 $q_{mcf} = a_{m1}p_{in}$（a_{m1} 为常数），所以再循环 EGR 流量也常数，即 $q_{mcE} = a_{m2}$，则总进气量可表示为

$$q_{mcf} + q_{mcE} = a_{m1}p_{in} + a_{m2} \tag{2-7}$$

所以，进入气缸的新鲜空气流量为

第二章 发动机的控制计算模型

$$q_{mcf} = (1-E)(a_{m1}p_{in} + a_{m2}) \tag{2-8}$$

进入气缸的 EGR 流量为

$$q_{mcE} = E(a_{m1}p_{in} + a_{m2}) \tag{2-9}$$

如果假设空燃比为 $A/F = \alpha$,则进入气缸的燃料流量为

$$q_{mf} = q_{mcf}/\alpha$$

三、平均输出转矩

假设燃烧所产生的热量 Q 与所供给的燃料量成比例,则由式(2-3)和式(2-8)得

$$Q = H_u(1-E)(a_{m1}p_{in} + a_{m2})/\alpha \tag{2-10}$$

$$W = \left[a_{w1} + \frac{H_u(1-E)a_{m1}a_{w2}}{\alpha}\right]p_{in} + \left[a_{w3} + \frac{H_u(1-E)a_{m1}a_{w2}}{\alpha}\right] \tag{2-11}$$

式中,H_u 为燃料的低热值。

令发动机输出转矩为 T_{tq},曲轴转角为 θ,则

$$W = \int_0^{4\pi} T_{tq} \, d\theta \tag{2-12}$$

$$T_{tq} = p_c \frac{dV}{d\theta} \tag{2-13}$$

$$V = V_c + A[(r+l) - \sqrt{l^2 - (r\sin\theta)^2} - r\cos\theta] \tag{2-14}$$

式中,A 为气缸横截面积;r 为曲柄半径;l 为连杆长度。

设气缸数为 i,各缸所做的功 W 相等,则一个循环平均输出转矩 T_{tqm} 为

$$T_{tqm} = \frac{iW}{4\pi} \tag{2-15}$$

所以,有

$$T_{tqm} = \frac{i[a_{w1} + H_u(1-E)a_{w2}a_{m1}/\alpha]}{4\pi}p_{in} + \frac{i[a_{w3} + H_u(1-E)a_{w2}a_{m1}/\alpha]}{4\pi} \tag{2-16}$$

由此可知,在空燃比 $A/F = \alpha$ 大的稀薄混合气中,p_{in} 增大,意味着泵气损失减小;若增加 EGR 率,p_{in} 亦增大,所以泵气损失也降低。

在实际控制逻辑中,当用 p_{in} 推测进入气缸的空气量时,首先通过台架试验确定各种不同转速和进气压力下的进气量,以制取二维进气量脉谱(MAP)图 $[q_{mcf} = f(p_{in}, n)]$。然后,在实际控制过程中,通过 ECU 检测进气压力和发动机转速,在二维进气量 MAP 图中读取相应的进气量值。如果实际工况点的进气压力值和发动机转速并不是 MAP 图上的节点时,可通过实际工况点周围的 4 个节点值进行两次线性插值计算求得。

第二节 进气压力的计算模型

发动机的进气现象可用一维纳维-斯托克斯方程以足够的精度进行精确描述。作为模型,将进气管内流动设为一维流动,而作为边界条件的气缸容积以及进气歧管等设为集中常数系统来近似。但是这种模型用来构成控制系统时显得太复杂。为了构成控制逻辑系统,需要更

简单的进气模型。主要的简化近似方法是将发动机的间歇性工作过程按进气行程进行时间平均,并用集中常数系统来代替实际进气系统。

计算进气压力的进气系统模型如图 2-1 所示。对进气室内的空气质量,由质量守恒定律,有

$$\frac{\mathrm{d}m_{if}}{\mathrm{d}t} = q_{mtf} - q_{mcf} \tag{2-17}$$

$$\frac{\mathrm{d}m_{iE}}{\mathrm{d}t} = q_{mtE} - q_{mcE} \tag{2-18}$$

式中,m_{if}、m_{iE} 分别为进气室内的新鲜气体量和 EGR 气体量;q_{mtf} 为流经节流阀空气的质量流量;q_{mtE} 为流经 EGR 阀的 EGR 气体的质量流量;q_{mcf} 为流入气缸的新鲜空气的质量流量;q_{mcE} 为流入气缸的 EGR 气体的质量流量。

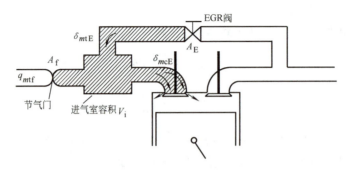

图 2-1 进气压力计算模型

流经节流阀体的新鲜气体的质量流量可表示为

$$q_{mtf} = A_f \sqrt{2p_a\rho_a}\, \Phi \tag{2-19}$$

同理,流经 EGR 阀的 EGR 气体的质量流量为

$$q_{mtE} = A_E \sqrt{2p_E\rho_E}\, \Phi \approx A_E \sqrt{2p_a\rho_a}\, \Phi \tag{2-20}$$

其中

$$\Phi = \begin{cases} \sqrt{\dfrac{k}{k-1}\left[\left(\dfrac{p_{in}}{p_a}\right)^{\frac{2}{k}} - \left(\dfrac{p_{in}}{p_a}\right)^{\frac{k+1}{k}}\right]}, & \left(\dfrac{p_{in}}{p_a}\right) > \left(\dfrac{2}{k+1}\right)^{\frac{k}{k-1}} \\ \left(\dfrac{2}{k+1}\right)^{\frac{1}{k-1}} \sqrt{\dfrac{k}{k+1}}, & \left(\dfrac{p_{in}}{p_a}\right) \leqslant \left(\dfrac{2}{k+1}\right)^{\frac{k}{k+1}} \end{cases}$$

式中,p_a、ρ_a 分别表示节气门处的气体压力和密度;p_E、ρ_E 分别表示 EGR 阀处的气体压力和密度;A_f、A_E 分别表示节气门和 EGR 阀的流通面积。

式 (2-20) 已清楚地表达了实际进气现象和控制的思维方法,而且实际应用精度足够。

EGR 率 E 取决于式 (2-19) 和式 (2-20) 的精度。但实际上,通过 A_f 和 A_E 来确定 EGR 率 E 使之与实测值相一致,而系数 Φ 作为理论上的误差可忽略不计。

设发动机的转速为 n,气缸数为 i,则

$$q_{mcf} = \frac{i(1-E)(a_{m1}p_{in} + a_{m2})}{4\pi} n \quad (\text{循环平均值}) \tag{2-21}$$

$$q_{mcE} = \frac{iE(a_{m1}p_{in}+a_{m2})}{4\pi}n \quad \text{（循环平均值）} \quad (2\text{-}22)$$

当节气门开度为 θ_f 时，有

$$A_f = C_f A_{f0}(1-\cos\theta_f) \quad (2\text{-}23)$$

$$A_{f0} = \frac{\pi D^2}{4}$$

式中，D 为气缸直径；C_f 为流量系数。常用实验测定的 q_{mtf} 反算来求得 C_f 和 A_f。

设进气系统的气体质量、密度、压力以及容积分别用 m_i、ρ_i、p_i、V_i 表示，则

$$m_i = \rho_i V_i \quad (2\text{-}24)$$

当进气过程为绝热变化时

$$p_i \rho_i^{-k} = \text{常数} \quad (2\text{-}25)$$

$$\frac{dp_i}{dt} = \frac{kp_i}{\rho_i}\left(\frac{d\rho_i}{dt}\right) \quad (2\text{-}26)$$

令声速为 c，有 $c^2 = (kp)/\rho_i$，则与 $p_i = p_{if} + p_{iE}$ 有关的微分式可表示为

$$\frac{dp_{if}}{dt} = \frac{c^2}{V_i}\left[A_f\sqrt{2\rho_a p_a}\Phi - \frac{i(1-E)(a_{m1}p_i+a_{m2})n}{4\pi}\right] \quad (2\text{-}27)$$

$$\frac{dp_{iE}}{dt} = \frac{c^2}{V_i}\left[A_E\sqrt{2\rho_a p_a}\Phi - \frac{iE(a_{m1}p_i+a_{m2})n}{4\pi}\right] \quad (2\text{-}28)$$

整理式（2-27）和式（2-28）得

$$\frac{dp_i}{dt} = \frac{c^2}{V_i}\left[(A_f+A_E)\sqrt{2\rho_a p_a}\Phi - \frac{i(a_{m1}p_i+a_{m2})n}{4\pi}\right] \quad (2\text{-}29)$$

第三节　燃料喷射量的数学模型

电控汽油喷射式汽油机的燃烧过程，主要取决于汽油喷射后在气缸内混合气的形成方式。一般多点汽油喷射系统在进气道上所喷射的燃料，一部分直接进入气缸，而另一部分却附在进气道内壁及进气门表面形成燃料油膜后，逐渐蒸发而流入气缸内（图2-2）。所以，在加速工况时，即使根据进入气缸的空气量进行喷射量的控制，气缸内所形成的混合气也会变稀；而减速工况时混合气反而变浓。因此，确定进气道上残存的燃料量，对改善汽油机过渡工况的性能以及空燃比的精确控制都具有很重要的意义。式（2-30）和式（2-31）表示一种按每循环计算残存在进气道上的燃料量 m_{fw} 的数学模型。

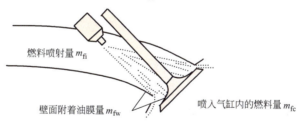

图 2-2　燃料喷射模型

$$m_{\text{fw}}(k+1) = \tau m_{\text{fw}}(k) + r m_{\text{fi}}(k) \tag{2-30}$$

$$m_{\text{fc}}(k) = (1-\tau) m_{\text{fw}}(k) + (1-r) m_{\text{fi}}(k) \tag{2-31}$$

式中，m_{fw} 为形成油膜的燃料量；m_{fi} 为燃料喷射量；m_{fc} 为喷入气缸内的燃料量；τ 为油膜燃料残存率；r 为喷射燃料附着率；k 为循环数。

τ 和 r 的值随使用燃料、进气门表面附着状态以及发动机运转条件而变化。当挥发性差以及在进气门表面附着的量越多时，燃料喷雾的响应性就越慢，τ 和 r 值增大。因此，在冷却液温度较低的怠速暖机状态下 τ 和 r 值增加。实际模拟计算是非常困难的，故常用试验数据来确定与燃料喷射数学模型有关的参数。在式（2-30）和式（2-31）中消除 m_{fw}，得

$$m_{\text{fc}}(k+1) - m_{\text{fi}}(k+1) = \tau [m_{\text{fc}}(k) - m_{\text{fi}}(k)] - r [m_{\text{fi}}(k+1) - m_{\text{fi}}(k)] \tag{2-32}$$

当改变燃料喷射量 m_{fi} 时测定排气中的氧浓度，并用 m_{fc} 推测气缸内的瞬时空燃比（$m_{\text{fc}} = m_{\text{cf}}/\alpha$），则按式（2-33）求得式（2-32）的误差为

$$e(k) = [m_{\text{fc}}(k+1) - m_{\text{fi}}(k+1)] - \tau [m_{\text{fc}}(k) - m_{\text{fi}}(k)] + r [m_{\text{fi}}(k+1) - m_{\text{fi}}(k)] \tag{2-33}$$

设评价指标函数 J 定义为

$$J = \sum_{k=0}^{n} [e(k)]^2 \tag{2-34}$$

则用最小二乘法令 J 最小，由此确定 τ 和 r 的值。

这种预测方法，实际上受氧传感器的响应特性和由于排气流动所引起的时间滞后以及 m_{fc} 的计算精度的影响。为了修正这些因素的影响，设置专用的滤波器，将发动机怠速暖车时的 τ 和 r 的参数值，用逐次最小二乘法实时处理的方法来预测，并根据这样预测的参数使控制法则逐渐适应状态的变化。这种控制方法叫作间接适应控制，常用于排气中的氧传感器不能活化而不能进行空燃比反馈控制的怠速等排气温度低的小负荷工况。目前在汽车发动机控制中所用的氧传感器的启动温度一般在 350℃ 以上。从发动机起动开始到氧传感器达到启动温度为止，需要通过排气或电热塞等进行加热，所以存在不能实施反馈控制的运行状态。

不经过由控制误差预测的模型参数而直接改变控制法则的控制方法叫作直接适应控制。

在怠速工况下提高空燃比的控制精度是很困难的，需要预测怠速时进气门表面的油膜附着状态以及燃料喷射量，以提高发动机怠速时的空燃比控制精度。根据式（2-30）和式（2-31）可以求得目标空燃比的控制量。设目标空燃比为 α_{r}，进入气缸空气的质量流量的推测值为 $q_{m\text{cf}}$，则气缸内的目标燃料量 m_{fcr} 为

$$m_{\text{fcr}}(k) = \frac{m_{\text{cf}}}{\alpha_{\text{r}}} \tag{2-35}$$

根据式（2-31），为达到目标空燃比 α_{r}，应喷射的燃料量为

$$m_{\text{fi}}(k) = \frac{m_{\text{fcr}}(k) - (1-\tau) m_{\text{fw}}(k)}{1-r} \tag{2-36}$$

式（2-35）和式（2-36）是燃料喷射量计算式（2-30）和式（2-31）的反计算。

另一方面，如果按照如图 2-3 所示的控制模型求出 f，使得 $|\tau + r| < 1$，并对控制器内部的模型进行反馈控制，可获得模拟的逆数学模型，以此代替由式（2-35）和式（2-36）构成的计算模型，这样就可以避免由于 τ 和 r 值引起的不稳定现象，并根据任意目标 m_{fcr} 值来设定

燃料喷射量。此时的燃料喷射量为

$$m_{fi}(k) = f_1 m_{fw}(k) + f_2 m_{fcr}(k) \tag{2-37}$$

式中，f_1，f_2 均为常数。

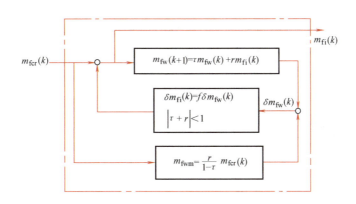

图 2-3　计算燃料喷射量的数字模型

第四节　发动机角速度的计算模型

建立发动机角速度计算模型的目的是为了求得怠速控制方程。

由运动学可知，单位时间内发动机曲轴旋转的角速度变化量为

$$\frac{d\omega}{dt} = T_i - T_l - T_f \tag{2-38}$$

式中，T_i 为发动机的指示转矩；T_l 为外带负载转矩；T_f 为机械损失转矩。

机械损失转矩与角速度的关系为

$$T_f = a_{f1}\omega^2 + a_{f2}\omega + a_{f3} \tag{2-39}$$

当废气再循环的 EGR 率和空燃比一定时，由式（2-16）得

$$T_i = a_{t1} p_i + a_{t2} \tag{2-40}$$

代入式（2-38），得到发动机角速度的动态特性，即

$$\frac{d\omega}{dt} = a_{t1} p_i + a_{t2} - T_f - T_l \tag{2-41}$$

在怠速时停止 EGR，而且进气压力在临界压力以下，又因式（2-20）右边项 Φ 为一定，于是由式（2-29）改变系数后得到以下的怠速控制逻辑式，即

$$\frac{dp_i}{dt} = a_{p1} A_f - (a_{p2} p_i + a_{p3})\omega \tag{2-42}$$

这里，因 $\dfrac{d\omega}{dt} = \dfrac{\omega d\omega}{d\theta} = \dfrac{1}{2}\dfrac{d\omega^2}{d\theta}$，所以，由式（2-38）得

$$\frac{d\omega^2}{d\theta} = 2a_{t1} p_i + 2a_{t2} - 2T_f \tag{2-43}$$

若令 $T_f \approx A_{f1}\omega^2 + A_{f3}$，则对一个循环积分式（2-43），得

$$[\omega(k+1)]^2 = a_{a1}[\omega(k)]^2 + a_{a2}p_i(k) + a_{a3} \tag{2-44}$$

对一个循环积分式（2-42），得

$$p_i(k+1) = a_{a4}p_i(k) + a_{a5}\frac{A_f(k)}{\omega(k)} + a_{a6} \tag{2-45}$$

由于系统是多输出，所以对式（2-44）和式（2-45）适用最佳线性二次型（Linear Quadratic，LQ）调节器，则得到以下的控制方程，即

$$a_{a5}\frac{A_f(k)}{\omega(k)} = f_{s1}[\omega(k)]^2 + f_{s2}p_m(k) + f_{s3}[\omega_r(k)]^2 \tag{2-46}$$

式中，ω_r 为目标怠速转速；f_{s1}、f_{s2}、f_{s3} 为常系数。

最终的怠速控制方程为

$$A_f(k) = \frac{1}{a_{a5}}\{f_{s1}[\omega(k)]^2 + f_{s2}p_m(k) + f_{s3}[\omega_r(k)]^2\}\omega(k) \tag{2-47}$$

这种方法称为严密的线性化方程。

在实际控制中，通过线性二次型积分（Linear Quadratic Integral，LQI）控制，在式（2-47）的控制方程上加积分控制项（图2-4）。

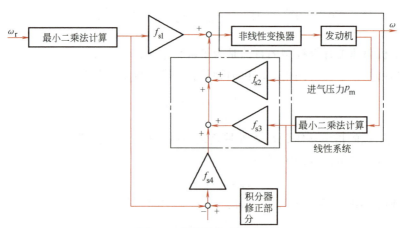

图 2-4 非线性怠速控制

$f_{s1} \sim f_{s4}$—常系数

由于发动机转速的控制可改变进入气缸的空气量，所以相应地改变燃料喷射量来调节发动机的输出转矩。因此，发动机的输出转矩不仅取决于进入气缸的空气量，而且与喷入气缸内的燃料量有关。结果，怠速转速实际上受燃料喷射控制逻辑的影响。而这种怠速控制逻辑式就是基于物理模型的控制界限。

通过模型推导控制方程的过程，实际上就是求出控制误差 e，并对所求得的误差进行微分处理的过程。对连续系统，令 $\frac{de}{dt} = -ae$（$a>0$）；而对离散系统，则取 $e(k+1) = ae(k)$（$|a|<1$），由此求得操作量。

综上所述，根据反模型推导出作为开环和闭环控制的最基本的比例控制模型。当这种控制方法得不到满意的控制性能时，有必要修正积分器或利用频率整形稳定控制和自适应控制的方法去解决。

第二章　发动机的控制计算模型

第五节　发动机的控制逻辑

从 20 世纪 70 年代后期到 80 年代前期，广泛研究和应用最小分散控制以及 LQ 最优化控制等基于模型的控制方法。但是由于控制理论和实际现象相差深远，所以在批量生产汽车上几乎没有得到应用和普及。

近年来，作为发动机的控制逻辑，为适应不断强化的节能和降低排放的要求，低排放化控制和低油耗、高性能控制两种控制方法得到发展。

一、低排放化控制

目前汽车排放控制及排气净化的主要技术措施，是采用精密控制空燃比的电控燃油喷射系统结合有效应用可同时净化 HC、CO、NO_x 的三效催化装置。所以，排气净化系统控制的关键，在于将空燃比精确地控制在理论空燃比上。为此，需要精确地测量进入气缸空气的质量流量 q_{mcf}。目前比较常用的测量方法有：用空气流量计直接测量进气质量流量的进气流量法和通过发动机转速和进气密度推测进气流量的进气密度法。

进气流量法是根据设在节气门上游的空气质量流量计测量的质量流量 q_m 和发动机转速 n（或角速度 ω），求得每循环实际进入气缸的空气质量流量；而进气密度法则是根据设在进气系统中的进气压力传感器测量的进气压力 p_{in} 和温度以及发动机转速 n（或角速度 ω），推算每循环进入气缸的总空气质量流量 q_m，然后按式（2-48）求得每一气缸每循环实际进气的质量流量，即

$$q_{mcf} = \frac{4\pi q_m}{i\omega} \qquad (2\text{-}48)$$

式中，i 为气缸数。

进气流量法在稳定工况下可以精确地求得进入气缸空气的质量流量，但在过渡工况时却误差较大，往往造成加速工况时混合气变稀，而减速工况时混合气变浓的现象。而且在高负荷领域进气脉动大，也影响测量精度。

用进气密度法对进入气缸空气的质量流量进行测量的精度，由于受排气压力和进气温度的影响，所以与进气流量法相比精度不高。但其特点是良好地反映过渡工况下进入气缸空气的质量流量的变化。若用进气下止点附近的压力来推算进入气缸空气的质量流量时，进气脉动的影响很小。而采用氧传感器的反馈控制时，可修正低频侧的控制误差，所以可获得足够的空燃比的控制精度。

在进气行程中喷射燃料时，有可能导致燃烧恶化，所以在进气行程中进行喷射的方式中，已普遍采用燃料喷射微粒化技术和改善燃烧的一系列技术。一般在进气行程之前完成燃料的喷射过程，所以必须在相对进气终了之前的很早时刻确定燃料喷射量。为此需要预测进气压力以及从进气流量的测量时刻开始一直到进气终了为止的进气压力的变化量。

在空燃比的控制精度方面，一般进气流量法更有利于修正燃料的滞后现象，因此其空燃比的控制特性好。但是由于这种方法空气流量计的响应特性快，能补偿过渡工况下所测量空气的质量流量和进入气缸内的进气量的动态效应，这样反而恶化了过渡工况下的空燃比的控

制精度。因此，不管是进气流量法还是进气密度法，为了提高空燃比的控制精度，首先需要提高气缸内进气量的测量精度，并需要修正燃料的滞后现象。

由于流经节气门的空气质量流量为 $q_{mtf}=q_m$，所以根据式（2-9）和式（2-48），有

$$A_E(A_f+A_E) = E_0 \tag{2-49}$$

则

$$\frac{dq_{mcf}}{d\theta} = -\frac{a_{m1}ic^2}{4\pi V_i}q_{mcf} + \frac{a_{m1}(1-E)c^2 q_m}{(1-E_0)V_i}\frac{}{\omega} \tag{2-50}$$

式中，E_0 为相对 A_f 和 A_E 稳定状态下的 EGR 率。

令式（2-50）微分方程式的初值为 $q_{mcf}(k)$，并取在 $\Delta\theta$ 曲轴转角内的曲轴转角 $\theta(k)$ 为一定，则求得 $\Delta\theta$ 之后的进气流量为

$$q_{mcf}(k+1) = \exp\left(-\frac{a_{m1}ic^2}{4\pi V_i}\Delta\theta\right)q_{mcf}(k) + \left[1-\exp\left(-\frac{a_{m1}ic^2}{4\pi V_i}\Delta\theta\right)\right]\frac{a_{m1}(1-E)c^2 q_m(k)}{(1-E_0)V_i\omega(k)} \tag{2-51}$$

当用进气压力来推测进入气缸内空气的质量流量时，由式（2-29）（其中 $p_i=p_{if}+p_{iE}$）求出 $A_f p_{iE}-A_E p_{if}$ 的预测值，并通过解上述联立方程求得 p_{if} 和 p_{iE} 的预测值。将式（2-29）离散化，得

$$\frac{d(p_i)}{\frac{A_f+A_E}{\omega}\sqrt{2p_a\rho_a}\,\Phi\left(\frac{p_i}{p_a}\right) - \frac{iM_c(p_i)}{4\pi}} = \frac{c^2}{V_i}d\theta \tag{2-52}$$

这里，令左边项（不定积分）为 $H(A_f, \omega, p_i)$，且从 $p_i(k_c)$ 经 $\Delta\theta$ 曲轴转角后的进气压力为 $p_i(k_c+1)$，则

$$H\left[\frac{A_f(k_c+1)+A_E(k_c+1)}{\omega(k_c+1)}, p_i(k_c+1)\right] - H\left[\frac{A_f(k_c)+A_E(k_c)}{\omega(k_c)}, p_i(k_c)\right] = \frac{c^2}{V_i}\Delta\theta \tag{2-53}$$

在实际过程中，由于 $(A_f+A_E)/\omega$ 变化，式（2-52）左边项的积分很困难，因此实际预测时令 $(A_f+A_E)/\omega$ 为某一常数，然后进行积分。理论上 A_f 和 A_E 只是节气门开度的函数，但实际上又受到进气流速以及进气脉动的影响，所以需要考虑流量系数的变化。

调整 A_f 和 A_E 使得稳定状态下的进气压力 p_i 与发动机转速和节气门开度状态相一致，这样可求出相对 (A_f+A_E) 和 ω 一定时的 p_i，并从测量开始时刻的 p_i 逐渐向稳定状态下的值逼近。逼近速度需要根据 A_f+A_E、ω 和 p_i 的变化来进行相应的调节。在实际控制中，关键在于如何以最简单的控制逻辑实现这一过程。

设 ω 和 p_i 为一定，则将式（2-29）进行离散化后，有

$$A_E(k_c+1)p_{if}(k_c+1) - A_f(k_c+1)p_{iE}(k_c+1)$$
$$= \exp\left\{-\frac{ic\omega(k_c)}{4\pi V_i}\left[a_{m1}+\frac{a_{m2}}{p_i(k_c)}\right]\right\}[A_E(k_c)p_{if}(k_c) - A_f(k_c)p_{iE}(k_c)] \tag{2-54}$$

在实际控制中，对由节气门开度和发动机转速构成的进气流量的二维数据谱，实施过渡状态的修正和零部件公差的修正等各种学习修正控制。

此外，在实际控制中需要将预测的误差和实测的 p_i 的差值反映在下一次的预测值上，由此修正模型误差。

空燃比的控制逻辑系统如图 2-5 所示，一般由开环控制部分和闭环控制部分组成。在开环控制部分，根据所推算的气缸内的进气流量，由式（2-35）确定基本喷射量，使气缸内的空燃比达到理论空燃比。除式（2-35）以外，还可以通过式（2-55）和式（2-56）确定，即

$$m_{fi}(k) = m_{fcr}(k) + \Delta m_{fi}(k) \tag{2-55}$$

$$\Delta m_{fi}(k+1) = \frac{\tau - r}{1-r}\Delta m_{fi}(k) + \frac{r}{1-r}[m_{fcr}(k+1) - m_{fcr}(k)] \tag{2-56}$$

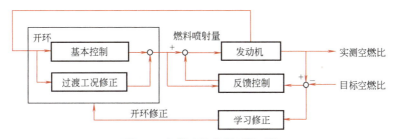

图 2-5 空燃比的控制逻辑系统

这里，从实用角度出发要尽可能减少与发动机运转条件相关的 τ 和 r 的数据谱。

在闭环（反馈）控制部分，主要通过氧传感器对开环控制中不能修正的空燃比的控制误差进行反馈修正。近年来在汽车上应用比较多的空燃比控制系统中，普遍采用在三效催化装置的上游和下游均设置氧传感器的双重反馈控制方法。这是因为在催化装置的上游，由于在排气中的非平衡成分的存在，氧传感器的理论空燃比的检测精度有所下降，所以通过催化装置下游的氧传感器对此进行修正。

速度-密度式电控汽油喷射系统采用转速和进气压力来推算进入气缸内空气的质量流量，但这种方法受温度等的影响，故预测精度不高；而质量流量式电控汽油喷射系统采用进气流量传感器来检测进气质量流量，但这种传感器受进气脉动的影响且还存在传感器本身的误差。此外，喷油器对喷油量的控制精度相对三效催化装置所要求的精度来说还不够。所以，氧传感器的反馈控制的作用就是修正这一系列的误差。由于氧传感器能定量地测量排气中的氧的分压，所以可实现空燃比的反馈控制，以获得有效降低排放的效果。一般空燃比的反馈控制是根据式（2-57）和式（2-58）所表示的燃料喷射量的偏差计算模型求出控制量的，即

$$e_\omega(k+1) = \tau_{E\omega}(k) + r_{Ei}(k) \tag{2-57}$$

$$e_c(k) = (1-\tau)e_\omega(k) + (1-r)e_i(k) \tag{2-58}$$

在排气系统中存在各种扩散现象，所以当微小区间内的平均空燃比接近或等于理论空燃比时，瞬时空燃比的误差就被修正掉。如果在一定的行驶区间内，空气质量流量的积分值和燃料质量流量的积分值之比相对理论空燃比小（混合气浓），就意味着 HC 和 CO 排放量增加。同样，如果比理论空燃比大（混合气稀）时，就可以假定 NO_x 的排放量增大。因此，关键是将空气质量流量的积分值和燃料质量流量的积分值之比控制在理论空燃比上，其控制效果可用由式（2-59）表示的指标函数来评价。实际上，求出使式（2-60）中的状态参数渐近地稳定于 $[0,0]^T$ 的控制方程就可以，即

$$x(k) = \sum_{i=0}^{k} e_i(i) \to 0 \tag{2-59}$$

$$\begin{pmatrix} e_\omega(k+1) \\ x(k+1) \end{pmatrix} = \begin{pmatrix} \tau & 0 \\ 1-\tau & 1 \end{pmatrix} \begin{pmatrix} e_\omega(k) \\ x(k) \end{pmatrix} + \begin{pmatrix} r \\ 1-r \end{pmatrix} e_i(k) \tag{2-60}$$

如果采用 LQI 最适调节器，所求得的控制方程为

$$e_i(k) = f_{s1} e_\omega(k) + f_{s2} x(k) + f_{s3} \sum_{i=0}^{k-1} x(i) \tag{2-61}$$

由于 e_ω 是不能测量的参数，所以根据式（2-58），将式（2-61）改写为

$$e_\omega(k) = \frac{e_c(k) - (1-r) e_i(k)}{1-\tau} \tag{2-62}$$

在实际过程中，为了消除噪声，采用低通滤波器，所以按下式进行推算，即

$$e_\omega(k+1) = \hat{a} \hat{e}_\omega(k) + \hat{b} \hat{e}_c(k) + \hat{j} \hat{e}_i(k) \tag{2-63}$$

最终的控制方程为

$$e_i(k) = f_{s1} e_c(k) + f_{s2} e_i(k-1) + f_{s3} x(k) + f_{s4} \sum_{i=0}^{k-1} x(i) \tag{2-64}$$

式（2-64）右边第 3 项是将发动机运转范围划分成几段，每段保持一定值。

由于空燃比是根据排气中的氧浓度来推算的，所以未燃 HC 和非平衡 H_2 成为空燃比测量误差的主要因素，也是降低净化效率的主要原因。因此，在催化装置的出口处检测空燃比的时间滞后较大，易产生周期性波动，但通过催化装置下游的氧传感器，可以检测出催化装置的劣化程度。

二、低油耗、高性能控制

提高发动机经济性的措施主要有两方面。一方面是提高燃烧效率，即通过组织气缸内的气流特性等改善燃烧过程，并实现高压缩比化；另一方面是通过采用 EGR、可变气缸数的控制系统，以及进排气门配气相位可变控制、增压等措施来降低泵气损失。

改变凸轮和曲轴转角相位的可变配气定时系统，其结构比较简单，实用性高。但是，如果为了提高低速转矩特性将进气门关闭时刻提前，而开启时刻设定在无气流回流（或回流量不变）程度的位置时，整个进气角度变小，影响高速性；反之，为了保证高速性，将整个进气相位角（作用角）设定为足够大时，低速时产生的回流现象增加，这就不利于低速转矩特性。如果进气相位角也同时可变，则在低速和高速区均能获得最佳的进气配气相位角，从而达到提高最大转矩又改善高速性的目的。

可变进气定时系统除了控制进气量以外，也可以控制 EGR 量，由此可以降低 NO_x 排放量和泵气损失。配气相位可变系统的关键是，在急速时通过进气相位的设定减小内部 EGR，由此保证燃烧稳定性；而在低中负荷时通过配气相位的控制进行适当的内部 EGR，以降低 NO_x 排放量并改善燃油消耗率；在高速时，通过调整配气相位角以提高高速动力性。

通过连续改变进气门关闭时刻的进气定时控制系统，可有效地降低泵气损失。进气门早关闭的控制方式，是在气缸内进入必要的空气量（设定值）的时刻关闭进气门，之后进行绝热膨胀，在下止点之后沿示功图 p-V 曲线变化，所以泵气损失趋于零；进气门晚关的控制方式，是在进气下止点后气缸内存有必要的空气量的时刻关闭进气门。

第二章 发动机的控制计算模型

可变气缸数的控制是对多缸机停止部分气缸工作的控制系统。对一定的输出转矩，停止部分气缸工作后，由于工作气缸所要输出的转矩增加，所以节气门开度增大，进气压力提高，泵气损失降低。停缸方法有切断燃料、锁死进排气门、只锁死进气门等几种方式。其中，锁死进排气门方式的泵气损失的降低效果最明显。气缸数可变控制系统的主要缺点是，由于发动机转矩变动增加而造成车辆的振动。

用液压或电磁阀直接驱动进排气门的控制方式，可以实现上述几种功能，是比较理想的控制系统，但是降低其驱动消耗功以及气门开启和落座时敲击声的控制比较困难。

第三章 电控汽油喷射系统

作为汽油机燃料供给方式的电控汽油喷射系统，与传统的化油器式相比较有如下的主要特点：

1）发动机设计自由度高。电控汽油喷射系统一般由进气系统、燃料系统、控制系统等组成。各系统的功能相互独立，所以安装性好，且进气系统可按动力性自由设计，充分利用进气波动效应，以最大限度地提高充气效率。同时，由于取消了喉管而无节流损失，所以进气阻力减小。

2）提高了空燃比的控制精度。这主要体现在多点喷射及各缸喷油器相互独立喷射的顺序喷射方式上，各缸分配均匀性高；而且在氧传感器反馈控制的基础上，追加学习控制，进一步提高了空燃比的控制精度，并随大气环境变化，可以修正空燃比。

3）加减速等过渡工况响应性好，起动、暖车性能好。

4）提高了经济性。这主要体现在根据各工况只供给各缸所必要的燃料量，不供给多余的量，从而易形成稀薄燃烧过程。

5）可净化尾气排放。由于电控汽油喷射可以使空燃比精确地控制在理论空燃比上，所以能充分发挥三效催化转换器的效应，使 HC、CO、NO_x 的排放控制在很低的水平。

由于电控汽油喷射系统具有以上诸多优点，因此目前得到了广泛应用，已成为车用汽油机燃料供给系统的主流。

第一节 电控汽油喷射系统分类

由于各生产制造厂家的特色不同，目前在市场上广泛应用的电控汽油喷射系统所采用的进入气缸的空气流量的测量方式以及喷射方式都不一样，大体上可分为图3-1所示的几种类型。

按空气流量测量方式的不同，电控汽油喷射系统可分为质量流量式、速度-密度式、节气门-速度式。其中，质量流量式是通过空气流量计直接测量进入气缸的空气流量。根据所用空气流量计的不同，质量流量式又分为热线式（热膜式）、板式和卡门涡式。速度-密度式是通过发动机转速和进气压力推算进入气缸的空气量。节气门-速度式是根据节气门开度和

图3-1 按空气流量的测量方式分类

发动机转速来推算进入气缸的空气量的。

对上述三种电控汽油喷射系统，根据喷射位置的不同又可分为图3-2所示的气缸内喷射（GDI）式和进气管内喷射式。气缸内喷射式是将喷油器安装在气缸盖上直接向气缸内喷射燃料的方式，所以喷油器直接受燃气高温、高压的影响，而且在结构设计以及布置上需要保证喷油器的安装空间。通过这种喷射方式易组织稀薄燃烧。但目前市场上主要采用的多数是进气管内喷射式，这种喷射方式根据喷油器的安装位置又分为单点喷射（SPI）式和多点喷射（MPI）式两种。

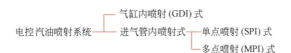

图3-2 按喷射位置分类

单点喷射系统是指在节气门体上安装一只或两只喷油器，向进气总管进行喷射而形成可燃混合气的方式。这种喷射系统的发动机性能介于化油器式发动机和多点喷射式发动机之间，是从化油器式到电控多点喷射系统的过渡产品。其特点是由于喷油器的安装位置离气缸距离较远，喷油器工作时受温度影响较小，不易产生气阻现象，而且成本也低。但是，进气管设计自由度受限制，不能有效地改善各缸均匀性，所以目前基本不采用。

多点喷射系统是在每缸的进气支管上都安装一个喷油器，各缸喷油器互相独立，因此进气管设计自由度大，又能保证各缸均匀性。但是，由于喷油器安装位置离气缸近，所以受气缸温度的影响而易产生气阻现象。

根据喷油器的喷射方式，汽油喷射系统又可分为连续喷射式和间歇喷射式（图3-3）。

图3-3 按喷射方式分类

连续喷射式与化油器类似，是根据进入气缸的空气流量，按一定的配比（混合比）连续地供给燃料的喷射方式。其特点是喷油器为开口式，将空气流量的变化转换成机械位移变化量，并在油路中设置的计量孔前后压差一定的条件下，对应位移的变化量改变计量孔的流通面积，以调节供油量，达到控制空燃比的目的。这种喷射方式主要应用于机械式进气管喷射的质量流量式。

目前已经普及应用的电控汽油喷射方式，主要采用间歇喷射式。间歇喷射式的特点是喷油器为封闭式，当需要喷油的时刻，开启喷油器针阀进行喷射，并通过喷油器针阀开启持续时间来调节喷油量。间歇喷射式根据喷油器的喷射时刻又分为同期喷射式和非同期喷射式。所谓同期喷射是指根据转速传感器信号的输入特点来确定喷射时刻对应的曲轴转角位置的方式，如60-2缺齿齿轮的曲轴位置传感器每转输入58（即60-2）个脉冲信号（产生每6°曲轴转角信号），由此任意控制喷射时刻。因此，这种喷射方式不管发动机转速如何变化都是在一定的曲轴转角位置上进行喷射,喷射时刻始终与发动机转速同步。同期喷射式包括独立(顺序)喷射式、同时喷射式和分组喷射式。非同期喷射式的喷射时刻与曲轴转角位置无关,是在起动、怠速等工况下根据进气频率喷射的方式,由此提高过渡响应特性。

所谓独立(顺序)喷射式,是将每次燃烧所需要的燃料量,在每一个气缸最合适的喷射时刻按各缸发火顺序依次独立喷射的方式。这种喷射方式可以扩大稀薄燃烧的空燃比界限,由此可提高经济性。但由于各缸独立控制,需要气缸判别信号和与气缸相同数目的喷油器驱动电路,所以结构相对复杂。

同时喷射式是每工作循环各缸所有喷油器同时喷射的喷射方式。这种喷射方式只限于进气管内喷射式,不需要气缸判别信号,且喷油器驱动电路可以共用,所以结构简单。但对4缸汽油机,每缸喷油器在每一工作循环均喷油4次,其中3次喷油为无效喷油,故对油耗及HC排放不利。

分组喷射式是按发动机工作顺序对各缸分组进行喷射的方式。如4缸机的4个缸分成2组,每次每组两缸同时喷射。其性能介于独立喷射式和同时喷射式之间。

喷射方式按喷射压力分为高压喷射式和低压喷射式。当喷射压力相对进气管压力大于200kPa时称为高压喷射式;当喷射压力相对进气管压力小于200kPa时称为低压喷射式。高压喷射式的特点是不易形成气阻现象,但要求燃油系统有一定的耐压强度,而且由于输送高压油,所以油泵的耗电量增加,结构也变大。高压喷射式主要用于多点喷射。与之相反,低压喷射式容易产生气阻现象,但是燃油系统的耐压要求低,所以结构可以简化且易于实现轻量化和小型化。低压喷射式主要用于喷油器工作温度低的单点喷射上。表3-1表示了不同喷射方式对发动机性能影响的比较。

表3-1 不同喷射方式对发动机性能影响的比较

类型	基本性能					其他性能			安装性	成本
	功率	空燃比精度	响应性	EGR的影响	可靠性	高海拔修正	对增压的影响	氧传感器的必要性		
卡门涡式	较好	好	较好	好	好	一般	较好	较好	一般	一般
热线式	较好	好	较好	好	较好	好	较好	较好	较好	一般
节气门-速度式	好	一般	较好	一般	一般	一般	一般	差	好	好
速度-密度式	好	一般	较好	一般	好	较好	一般	差	好	较好

第二节 电控汽油喷射装置的空气供给系统

电控汽油喷射装置主要由空气供给系统、燃料供给系统和控制系统组成。不同喷射方式的主要区别在于空气供给系统不同,而燃料供给系统和控制系统在硬件结构上基本相同。空气供给系统的主要作用是根据发动机不同工况的要求,调节或控制进入气缸的适应该工况燃烧所必要的空气量,并准确地计量。

一、空气供给系统的总体布置

电控汽油喷射装置的空气供给系统与化油器式发动机不同之处在于它取消了喉管,并专门设置了推算或测量进入气缸空气流量的设备及调节进气量的节气门和空气阀。如前所述，由于电控汽油喷射系统对进入气缸的空气流量的检测方式不同，空气供给系统的总体布置有所区别。图 3-4 分别表示质量流量式和速度-密度式电控汽油喷射系统的空气供给系统组成。其中，质量流量式空气供给系统主要由空气滤清器、空气流量计、节气门体、空气阀以及稳压箱等组成。

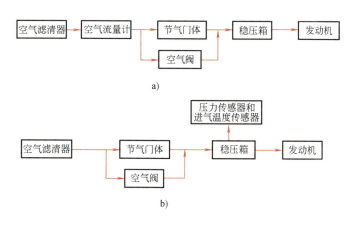

图 3-4 空气系统的组成
a）质量流量式 b）速度-密度式

轿车发动机用空气滤清器的作用，不仅仅是滤清空气以保证清洁的空气进入气缸，而且对进气噪声起消声的作用，所以在结构上与纯滤清器不同，带有较为复杂形状的消声室。空气流量计的作用是准确而及时地测量进入气缸的空气流量，这是控制汽油喷射技术的基础，空气流量的测量精度直接影响空燃比的控制精度，所以空气流量的准确测量是很重要的。

车用汽油机节气门（体）是适应汽车行驶要求调节其负荷的主要操纵机构，直接与驾驶人操纵的加速踏板相连接。随着汽车驾驶性能及整车性能要求的不断提高，节气门已向全电控方向发展，可以根据道路行驶条件的变化，最佳控制发动机输出转矩的大小，由此使汽车牵引力的大小适应其行驶的要求，达到牵引力最佳控制的目的。

对非电控节气门的电控汽油喷射系统，基本上都设有与节气门并联的空气阀，目的是由此提供在冷起动后进行快怠速所必要的超出正常怠速所需要的空气量。常用蜡式和双金属片式两种空气阀。对电控节气门来说，不必专门设置这种空气阀，通过节气门最小开度可直接控制怠速及快怠速所必需的空气量。这种质量流量式电控汽油喷射系统的主要特点，就是通过空气流量计直接检测包括怠速工况在内的进入气缸的空气流量。

稳压箱的作用是保证各进气支管的进气压力相对稳定，这有利于各缸压力的均匀性，同时也是各缸进气过程中波动效应的共同边界。

速度-密度式与质量流量式空气系统的不同点只是在稳压箱上设置了进气压力传感器和进气温度传感器，由此替代空气流量计（图 3-4b）。其特点是通过压力传感器和发动机转速推算进入气缸的空气流量。而节气门-速度式空气供给系统则直接通过发动机转速和节气门开度来推算进入气缸的空气流量。

二、空气流量计的作用及分类

质量流量式电控汽油喷射系统根据空气流量测量方式（传感器）的不同，如前所述又分为热线式、卡门涡式和板式。虽然这三种流量计的测量方式不同，但都以不同方式直接测量进入气缸空气的质量流量。

热线式流量计如图3-5所示，主要由热线、温度传感器、定温差控制电路以及采样管等组成。热线布置在进气道内，用温度传感器检测进气温度，并通过专用定温差控制电路来控制流经热线的电流，以保证热线与流经进气管的空气温度之差为常数。

根据热线式传感器的安装位置不同可分为全流式和分流式。全流式空气流量计是将热线式传感器安装在进气主流道上，直接测量进入气缸的整体流量；而分流式空气流量传感器是将热线式传感器安装在与主进气道旁通的进气道上，根据主流道和旁通气流道的几何流通截面积的比值，通过测量流经旁通气道的部分气流流量来计算总进气流量。

卡门涡式流量计的主要作用是通过层流速度和卡门涡频率之间的关系来测量进气体积流量，然后再经过进气密度修正转换为质量流量，详细测量原理见第四章。图3-6所示的是一种由涡发生体、导压孔、反射镜等构成的卡门涡式流量计。进气温度传感器用来根据进气温度的变化修正空燃比。

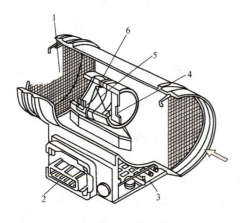

图3-5　热线式流量计的整体结构

1—防止回火栅　2—插座　3—定温差控制电路
4—温度传感器　5—热线　6—采样管

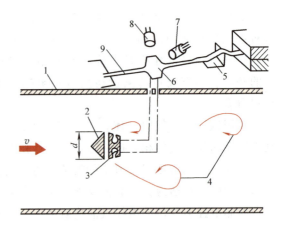

图3-6　卡门涡式流量计

1—测量管　2—涡发生体　3—导压孔　4—卡门涡
5—板弹簧　6—反射镜　7—光电晶体管
8—LED　9—支撑杆

板式空气流量计作为电控汽油喷射系统空气流量计的初期产品，首先是由德国博世（Bosch）公司在第二代质量流量式L-J型电喷系统中采用的，主要是利用流体流动动能改变测量板的位移，通过进气质量流量和测量板开度位移之间的关系，用电位计检测测量板位移来测量质量流量的。后来由于热线式以及卡门涡式等新型质量流量计的开发应用，板式空气流量计逐渐被淘汰。

三、节气门体

节气门体的作用是用来调节进入气缸的空气量，以控制负荷（量调）的大小，主要由节气门、节气门开度传感器、节气门缓冲机构、怠速通道及其调节螺钉等构成，如图3-7所示。一般在节气门体上设置冷却水路，由此加热节气门体，以防发生结冰现象。

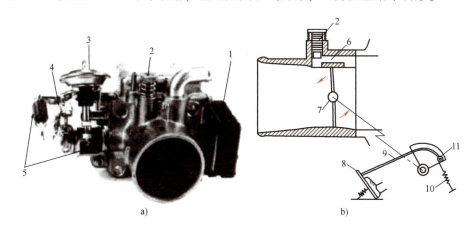

图3-7 节气门体

a）外形　b）基本结构

1—节气门开度传感器　2—旁通空气调节螺钉　3—节气门缓冲机构　4—控制拉杆　5、10—回位弹簧
6—旁通空气道　7—节气门转轴　8—加速踏板　9—节气门拉索　11—节气门拉杆

当发动机正常运行时，通过加速踏板控制节气门开度，以改变进气通道的开启面积，由此调节进气量，控制发动机的输出功。节气门开度的状态通过节气门开度传感器来检测，并由ECU进行判断控制。节气门的关闭是靠回位弹簧，该弹簧的弹力要克服节气门转轴的摩擦阻力和传动系的摩擦阻力，并要减轻驾驶人的负担。在设计节气门体时要考虑节气门开度与加速踏板行程之间的变化特性，使得发动机性能与车辆性能达到最佳匹配，以保证良好的驾驶性。一般采用节气门开度随加速踏板行程呈线性变化特性。但是大功率发动机则采用了如图3-8所示的非线性节气门开度特性。因为大功率发动机的节气门直径较大，所以少量的开度变化，也会造成急加减速变化，而且急加速时，由于输出转矩过大，往往使车轮空转。

节气门的缓冲机构用来在急减速时松开加速踏板后使节气门在全关闭之前缓慢关闭。这是因为在急减速时突然松开加速踏板的话，节气门在其回位弹簧力的作用下迅速关闭，造成进气量迅速减少，使发动机输出功率急剧降低，引起车辆行驶时驾驶人的不舒适感。

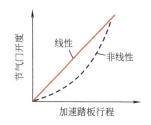

图3-8 节气门开度特性

随着汽车电子技术的不断发展、控制功能的不断加强，发动机管理系统也由传统的管理系统向基于转矩控制的发动机集中控制管理系统发展。基于转矩控制的发动机管理系统和传统的发动机管理系统最显著的区别，在于进气量控制即节气门的控制上。在基于转矩控制的控制系统中，加速踏板的输入信号只是反映驾驶人对转矩的需求，而不直接控制节气门。发动

机管理系统根据汽车实际行驶所需牵引力换算对应的发动机转矩,由此计算出必需的进气量、喷油量和点火正时,根据计算得到的气缸进气量确定相应的目标节气门开度,并把与此开度相对应的控制信号传给节气门开度控制执行器,实现"电驱动节气门"。传统的机械式节气门已经不能满足现代汽车发展的需要,电子节气门控制系统应运而生,成为发动机电控系统中的一个重要部件。

电子节气门控制(Electronic Throttle Control, ETC)系统如图 3-9 所示,由加速踏板模块、ECU 以及节气门体等组成,是在传统电控汽油喷射系统的节气门机构中,去掉一些附属补偿装置,取消加速踏板和节气门之间的机械连接,增设驱动电路、驱动电动机以及减速齿轮传动机构等而构成。其开度在任意工况下都通过 ECU 直接由电动机驱动。ECU 通过控制算法实现节气门开度的精确控制,从而对应发动机不同工况能够精确地控制进气量。由于喷油量是通过 ECU 根据进入气缸空气的质量流量精确控制的,因此 ECU 可随着发动机工况的变化配置出一个最佳的混合气,以提高发动机输出功率,降低排放,同时具有良好的急速、加速及减速等工况的过渡性能。另外,在混合动力汽车的研究中,ETC 作为动力总成控制器可量化控制发动机输出转矩的有效途径,对整个动力系统的协调控制起着相当重要的作用。

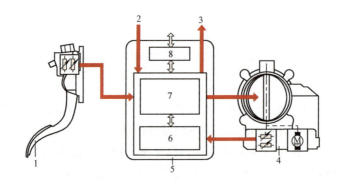

图 3-9 电子节气门控制系统

1—加速踏板模块 2—各种传感器信息 3—控制信号 4—节气门体 5—ECU
6—检测模块 7—微处理器 8—存储器

图 3-10 所示为全电控节气门的外形及结构原理。节气门是通过驱动电动机经齿轮减速机构来驱动的,节气门开度位置及变化情况用节气门位置传感器精确测出,ECU 根据驾驶人对加速踏板的操作,针对实际车辆运行情况,通过驱动电动机的反馈控制精确控制对应该运行工况的最适合的节气门开度。所以,全电控节气门有以下优点:

1) 提高节气门开度的控制精确。由 ECU 对应于驾驶状况计算出最佳的节气门开度,对节气门开度进行反馈控制。

2) 集成多种控制功能。全电控节气门作为发动机控制的一个功能模块,除了维持发动机正常运转所进行的加速、急速等控制以外,还可以完成与进气控制有关的巡航控制、牵引力控制、防抱死制动控制、车辆稳定控制以及换档缓冲控制等,实现信息共享和节气门开度的综合控制。

3) 最佳操作稳定性控制。在接到驾驶人踩加速踏板的指令时,并不会直接将节气门全

  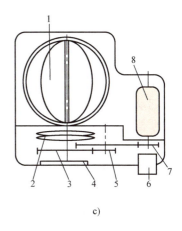

a)　　　　　　　　b)　　　　　　　　c)

图 3-10　全电控节气门的外形及结构原理

a）外形　b）齿轮传动　c）结构原理

1—节气门　2—回位弹簧　3—减速齿轮　4—节气门位置传感器　5—小齿轮
6—接线头　7—驱动齿轮　8—驱动电动机　9—扇形齿轮

开，而是根据发动机的负荷及转速增加的速度，节气门先打开一个基本角度，然后逐渐增加开度。这种渐进式的开启方式可以减轻因发动机转速突变带来的振动，并得到最有效的进气控制，从而使发动机加速更柔顺、快速、省油。

4）改善整车排放特性。由于在各种情况下对混合气浓度的精确控制，使得燃烧更加完全，在怠速时又只允许极小的开度来增进稳定燃烧，因此提高了燃油经济性，排放也得到改善。

5）便于高海拔补偿。在高原地区，由于空气密度稀薄而使吸入发动机的空气量减少，所以降低了发动机的有效转矩。为了弥补这种性能损失，全电控节气门可以根据压力传感器信号来增加节气门开度，从而获得与平原地区一样的行车性能。

为了保证汽车性能，要求这种全电控节气门所用的传感器和电动机有极高的精确性和响应速度，使得成本变高；而且为了保证系统失效后发动机仍能运转，需要回位弹簧使节气门保持在一个微小的开度，这就需要一个非线性弹簧，因而使控制算法变得比较复杂。

四、快怠速及空气阀

快怠速的目的是为了在冷起动后使发动机冷却液温度在短期内迅速升高，实现快速暖车，以提高车辆的使用效率，同时降低怠速排放和油耗。实现快怠速的主要手段，就是根据冷却液温度及其变化，有效控制发动机转速，通过有效提高发动机怠速转速，提高单位时间内气缸和冷却液之间的热交换速率，由此有效缩短暖车时间，实现快速暖车。对一定的环境温度，如果怠速转速过高，则燃油消耗率增加；反之，如果怠速转速过低，不仅怠速暖车时间长，而且HC等排放增加，则总的燃料消耗率也增加。因此，要求适应冷却液温度的变化控制最适合的发动机怠速转速。为此，现代车用发动机均设置快怠速系统。常见的快怠速系统有与节气门并联布置的旁通式空气阀装置和由节气门开度直接控制的电控节气门式两种。

后一种根据冷却液温度的变化，由发动机控制单元按事先设定的节气门最小开度随冷却液温度变化的控制脉谱直接控制节气门开度来实现。而前一种是非电控式自动控制怠速转速的快怠速控制装置。随着节气门体的全电控化，这种空气阀式快怠速控制装置已被逐渐淘汰，但是作为一项控制技术，有必要了解和掌握。所以这里以空气阀式快怠速装置为主，介绍快怠速的控制原理。

起动后快怠速暖车运转时，旁通空气阀的主要作用是供给克服发动机内部因快怠速而增加的摩擦力和快怠速暖车所必需的空气量。空气阀的位置设在与节气门并行布置的快怠速通道上（图3-11）。当发动机起动后，冷态下打开空气阀，空气经流量计测量后通过空气阀进入气缸，由此提高发动机的怠速转速，实现快速暖车。空气阀的开度随冷却液温度的升高而逐渐减小。当冷却液温度提高到指定温度（暖车结束）后，空气阀被自动关闭而进入正常的怠速状态。快怠速暖车时的空气流量特性如图3-12所示。

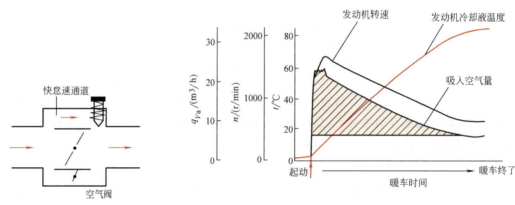

图3-11　快怠速空气阀的布置　　　　图3-12　快怠速暖车特性

快怠速暖车时，进入气缸的空气量等于流经怠速系统的怠速进气量和流经旁通空气阀的进气量之和，即通过旁通空气阀额外地增加了快怠速所必需的进气量，由此有效地缩短了怠速暖车时间。常见的快怠速空气阀有蜡式和双金属片式两种。

蜡式空气阀如图3-13所示，主要由热敏元件、弹簧以及伞形控制阀等组成。当冷却液温度增加时，石蜡受热膨胀，推动推杆向右移动，并压缩弹簧4，使伞形控制阀逐渐关小，使流经空气阀的空气量减少；当冷却液温度达到或超过设定的温度值（如60℃）时，由于石蜡膨胀量的增加，使伞形控制阀完全关闭，进入正常的怠速状态，此时正常怠速所需的进气量由怠速系统和最小节气门开度来控制；当冷却液温度降低时，石蜡收缩，在弹簧4的作用下，伞形控制阀克服内弹簧3的弹力逐渐开启。冷却液温度越低，石蜡收缩越多，伞形控制阀开度就越大，则流经空气阀进入气缸的空气量就越多。由于这些进气的质量流量都是通过空气流量计测量的，发动机控制单元根据所测得的进入气缸空气的质量流量控制喷油量，故实际进入气缸的可燃混合气量增加，由此实现快怠速暖车过程。

双金属片式空气阀如图3-14所示，主要由不同线膨胀系数的双金属片、加热线圈、快门式控制阀以及回位弹簧等组成。当接通起动开关时，加热线圈导通，双金属片被加热，并使之受热膨胀。由于双金属片的线膨胀系数不同，所以当受热膨胀时产生变形，使快门式控制阀绕其中心轴转动而关闭阀门。冷却液温度越低，双金属片受热变形量就越小，快门开启

第三章 电控汽油喷射系统

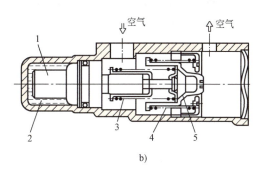

图 3-13 蜡式空气阀
a) 外形　b) 结构
1—热敏元件　2—冷却液　3、4—弹簧　5—伞形控制阀

的通路面积就越大，使进气量增多，发动机起动或怠速转速就会升高。起动后随发动机冷却液温度的升高，双金属片的变形量增大，快门逐渐被关闭，控制进气量减小，使发动机怠速转速降低，一直到进入正常的怠速状态为止。

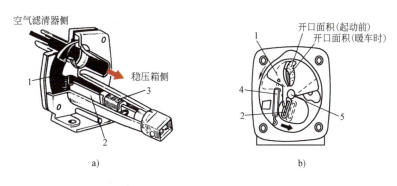

图 3-14 双金属片式空气阀
a) 结构　b) 阀门结构原理
1—快门式控制阀　2—双金属片　3—加热线圈　4—回位弹簧　5—转动轴

第三节　燃料供给系统

电控汽油喷射燃料供给系统的作用是根据对发动机各种工况所测得的进入气缸的空气量，由 ECU 发出的控制指令，按一定的喷射压力定时地向进气道喷射最佳喷油量，以精确控制目标空燃比。图 3-15 所示为电控汽油喷射燃料供给系统的组成框图，主要由燃油箱、燃油泵、滤清器、调压器以及喷油器组成。与传统的化油器式燃料供给系统不同，燃油泵的作用不仅仅是将燃油箱内的燃料输送到喷油器，而且必须保证规定的喷射压力，也即要求一定的输出压力和泵油能力，因此采用专用的转子式或涡流式燃油泵。同时，为了减小燃油泵的泵油阻力，将传统燃料供给系统设在燃油箱和燃油泵之间的燃油滤清器改设在燃油泵的输出端之后，靠供油压力使燃料通过滤清器。这种布置方式对供油量一定时有利于减小燃油泵的耗电量。由于燃料是通过喷油器喷入气缸的，为了保证喷油器工作可靠，避免发生喷孔被

堵塞现象，对燃料滤清器提出了更高要求，所以一般采用特制的细滤芯。滤清器的使用寿命取决于滤清器的结构特性和燃料的品质，需定期更换。

图 3-15 燃料供给系统的组成框图

一、燃油泵

燃油泵的作用是将燃料从燃油箱中吸出并按一定的压力和流量向喷油器供油。燃油泵根据其安装位置不同可分为安装在燃油箱内的湿式（又叫作隐式或箱内式）和安装在燃油输送管路上的干式（又叫作显式）两种。根据燃油泵的结构特点，又可分为转子式和涡流式两大类。其中，涡流式燃油泵只安装在燃油箱内，而转子式燃油泵可安装在燃油箱内或燃油输送管路上。

涡流式燃油泵如图 3-16 所示，主要由泵体、直流电动机以及溢流阀等组成。泵体由叶轮、泵壳和泵盖组成。在叶轮双边缘设有交替分布的斜槽，由直流电动机驱动叶轮旋转。溢流阀（又叫减压阀）设在泵体内，其作用是当管路输出油压超过 540kPa 时被打开而泄油，以防止由于某种原因使泵的出口下游被堵塞时继续强制泵油造成油管破损而发生漏油现象。残压阀（又叫保持阀）也设在泵体内，是一种与溢流阀对称布置的单向阀。其作用是用来保持油管中一定的残压，以免供油系统压力过低造成气阻现象。一般当燃油温度升高时容易产生气阻现象，导致油路堵塞而不能正常供油，影响发动机高温再起动性。因此，当发动机停机、油泵停止供油时，迅速关闭残压阀以保持残压，从而保证发动机的高温再起动性。

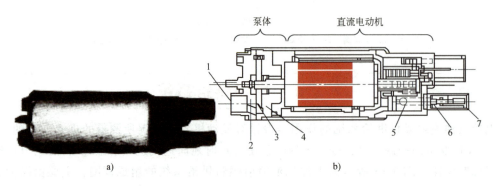

图 3-16 涡流式燃油泵
a）外形 b）结构
1—入口 2—泵盖 3—叶轮 4—泵壳 5—溢流阀 6—残压阀 7—出口

图 3-17 所示为涡流式燃油泵的泵油原理。当直流电动机带动叶轮旋转时，在叶轮外缘的叶轮槽部前后由于动能转换为压力能而产生压差。通过多个叶轮槽不断地将燃油甩向外围

而升压,继而对外泵油。这种燃油泵的特点是转子(叶轮)和泵壳之间非接触,所以振动噪声低、摩擦损失小、可靠性好;而且无容积变化,所以泵油时输出端压力脉动小,不需要压力脉动衰减器;又因采用叶轮式,所以电动机为低转矩、高转速型,易于小型化和轻量化。这种燃油泵又适合于安装在燃油箱内,所以不易发生气阻,即使漏油也无损失,对泵的供给特性要求低。带动叶轮的直流电动机的两端电压为12V,所消耗的电流小于5.5A。泵油输出压力可达300kPa,输出的体积流量可超过80L/h,而叶轮(转子)转速为7600r/min。泵油流量 q_V 和所消耗的电流 I 与施加在泵两端的电压和输出压力有关。图3-18所示为当燃油泵两端电压为12V时,泵油流量 q_V 和所消耗的电流 I 随输出压力变化的特性。

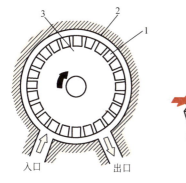
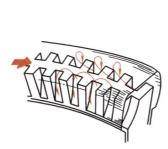
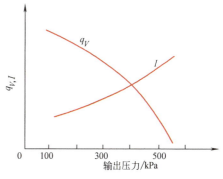

图3-17 涡流式燃油泵的泵油原理
1—叶轮槽 2—泵壳 3—叶轮

图3-18 涡流式燃油泵的特性

图3-19所示为转子式燃油泵的结构,主要由直流电动机和转子组成。而转子则由内转子和外转子构成。直流电动机主要驱动内转子转动。作为转子式燃油泵的附属机构有压力脉动阻尼器、溢流阀以及残压阀等。在内转子外缘设有5个槽,槽内安装滚针,用来密封内、外转子之间形成的空间,并将内、外转子之间的空间分割为5个区。内转子由直流电动机驱动,而外转子(隔板)与内转子偏心布置,并由内、外转子之间安装的滚针的摩擦力来驱动。压力脉动阻尼器用来衰减泵油压力的脉动量。当直流电动机带动内转子旋转时,滚针在其离心力的作用下沿外转子内壁滑动,并靠滚针的摩擦力带动外转子平面转动。由于外转子偏心布置,所以在其转动过程中由内外转子、滚针所形成的空间体积发生变化。在体积增大处设有进油孔,由此进油,并在旋转过程中通过泵腔体积的变小而压油。出口设在体积减小处,并经压力脉动阻尼器和调压器后向喷油器供油。这种转子式燃油泵的两端电压为12V,所消耗的电流小于5A。泵的输出压力为250kPa,流量 q_V 大于100L/h。流量 q_V 和消耗的电流 I 取决于电动机的两端电压。由于这种转子泵在泵油时,转子每转一圈,产生与滚针数相同次数的压力脉动,直接影响喷油精度,所以必须靠压力脉动阻尼器进行衰减。压力脉动阻尼器如图3-20所示,由弹簧和膜片等构成,主要吸收压力脉动,并降低噪声。当无压力脉动阻尼器时,压力脉动幅值可达15kPa;通过压力脉动阻尼器衰减后,脉动幅值可降低到2kPa,达到与涡流式燃油泵同等的水平。

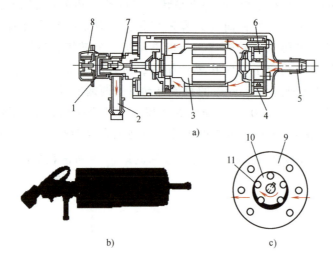

图 3-19 转子式燃油泵

a) 结构 b) 外形 c) 转子

1—膜片 2—出口 3—直流电动机 4—溢流阀 5—入口 6—泵壳 7—残压阀
8—压力脉动阻尼器 9—外转子 10—内转子 11—滚针

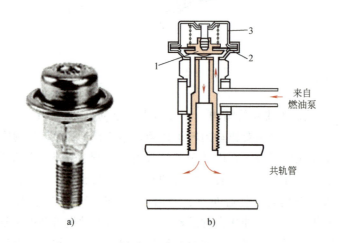

图 3-20 压力脉动阻尼器

a) 外形 b) 结构

1—阀 2—膜片 3—弹簧

二、调压器

调压器是用来保证供给喷油器的燃油压力与进气管压力之差为一定值。在电控汽油喷射系统中，ECU 是通过喷油器的通电脉宽来控制喷射量的。即使喷油器的通电脉宽一定，如果燃油压力不同，则喷射量也不同。所以，为了使喷射量只取决于喷油器的通电脉宽，以便通过 ECU 单参数控制喷油量，需要通过调压器保证燃油压力和进气管压力之差为常数。调压器的结构如图 3-21 所示，主要由膜片、弹簧及单向阀等组成。膜片将调压器内部空间分为燃料室和弹簧室两部分。固定在膜片上的单向阀设在燃料室出口处,并在膜片弹簧作用下关闭燃料室出口,而弹簧室接于进气管的负压。因此,单向阀在膜片弹簧力与燃料室内油压和作用于弹簧室内的进气管真空度的作用下完成开关动作。当燃料的供油压力和进气管压力之差超过设定值时,膜片克服其弹力而向上凸起,打开单向阀而泄油。当发动机正常工作时,为了保证不同工况下各缸所必需的喷油量,一般燃油泵的供油量大于各缸喷油器喷油量的总和,即以足够的供油压力供油,所以单向阀总处于开启状态,其开启压力一般设定为250~300kPa。

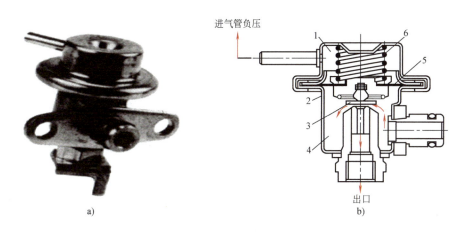

图 3-21 调压器的结构
a) 外形 b) 结构
1—弹簧室 2—外壳 3—单向阀 4—燃料室 5—膜片 6—弹簧

三、喷油器

喷油器的作用是将 ECU 的控制信号转换成针阀的位移,通过针阀的开启时间来控制喷油量,并同时进行雾化。多点喷射系统将喷油器安装在各缸的进气支管上,并向进气门方向进行喷射,所以喷雾角常设为 10°~40°。目前市场上使用比较多的是轴针式喷油器,但也有使用多孔式喷油器的车辆。在双进气道发动机上则采用双孔喷油器,以便提高双进气道发动机各进气道内燃油分配的均匀性。

喷油器的结构根据燃料的供给方式不同分为顶部供给式和底部供给式。顶部供给式是燃料从喷油器上部进入喷油器,底部供给式则是燃料从喷油器底部进入喷油器。图 3-22 所示为顶部供给式喷油器的结构,主要由针阀体、线圈、铁心、回位弹簧和挡板等组成。针阀体与铁心固定在一体,针阀靠回位弹簧落座。针阀的最大升程 h_{max} 由针阀上部的台肩与设在针阀体上的挡板之间的距离来确定。

当线圈导通时,铁心被线圈所产生的磁场吸引,针阀升起而开始喷油。喷油器的喷射量取决于喷孔面积、针阀升程以及喷孔前后的压差(即燃油压力与进气压力之差)和喷油器的通电脉宽。当前三个条件一旦确定,喷射量就只取决于针阀的开启持续时间,即取决于喷油器线圈的通电时间 T_i。图 3-23 所示为喷油器的驱动脉宽和针阀升程之间的关系。由于针阀具有惯性质量,所以通电后经历 T_o 时间才能达到最大升程,然后维持不变。断电后由于

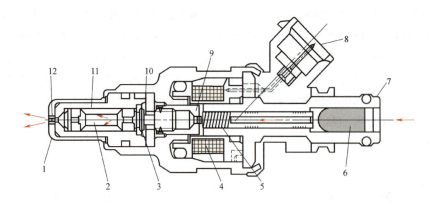

图 3-22　喷油器的结构

1—阀罩　2—针阀　3—台肩　4—线圈　5—回位弹簧　6—滤网　7—接头　8—电插座　9—铁心
10—喷油器体　11—针阀体　12—喷口

磁场有滞后现象，所以经历 T_c 时间才关闭。针阀在开启到最大升程和落座时都有振动，经一定时间后才能稳定。

在发动机运行时任意工况所需要的燃料量，是由 ECU 算出后向喷油器发出相应的控制信号，即喷油器的通电脉宽 T_i 来控制实际喷射量的。喷油器的基本喷射量特性常用静态喷射量 q_{mfv} 和动态喷射量 m_{Ti} 表示。所谓静态喷射量特性，是指在规定的喷射压力下，针阀升程在最大位置时，单位时间内所喷射的燃料量随喷油器通电脉宽 T_i 的变化规律，其单位为 cm^3/min。所谓动态喷射量特性，是指喷油器的动态喷射量 m_{Ti} 随喷油器通电脉宽 T_i 的变化规律，即 $m_{Ti} \propto T_i$。动态喷射量 m_{Ti} 是指在某一通电脉宽的喷射量。一般用通电脉宽为 T_i = 2.5ms 时针阀工作一个行程所喷射的燃料量来表示，其单位为 $mm^3/行程$。动态喷射量 m_{Ti} 随 T_i 的变化规律为线性，如图 3-24 所示。所以有

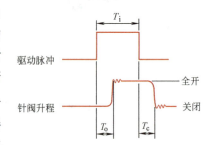

图 3-23　驱动脉宽和针阀升程之间的关系

T_i—通电脉宽　T_o—开启时间
T_c—关闭时间

$$m_{Ti} = \frac{q_{mfv}}{60}(T_i - T_v) \qquad (3\text{-}1)$$

式中，T_v 为喷油器的无效喷射时间。

对确定的喷油器，都有其最小喷射量和最大喷射量，这一喷射量的范围可用喷油器的量程表示，是喷油器喷射能力的评价指标，并作为选用喷油器的主要技术参数。喷油器的量程主要取决于喷油器的最大喷射脉宽 T_{imax} 和最小喷射脉宽 T_{imin}。由于喷油器是通过通电脉宽控制针阀的开启持续时间，由此控制喷射量，而针阀的开启时刻相对控制信号有滞后现象，同时针阀是按一定加速度开启到最大升程的，关闭

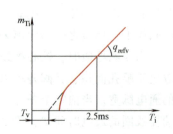

图 3-24　喷油器喷射量特性

时同样以一定加速度落座,所以到达最大升程或落座时均有不稳定的振动。这种振动现象限制喷油器的最大喷射脉宽和最小喷射脉宽。所以不同类型的喷油器由于其针阀结构和惯性质量不同,其最大喷射脉宽和最小喷射脉宽也不一样,直接影响其量程大小。

在结构上,当喷油器针阀按一定速度升启到最大升程或落座时,均与相应的金属件相撞而振动,直到稳定需要一定时间。在确定最大喷射脉宽时,为了使针阀能可靠工作,以保证精确控制喷油量,需要一定的时间等待针阀落座后停止振动,稳定后再开始下一次的喷射过程。即在相邻驱动脉宽之间需要一段停顿时间 T_{rest},如图 3-25 所示。一般停顿时间 T_{rest} 需要 0.6ms 左右。所以,当驱动脉宽周期为 T_z 时,最大喷射脉宽可表示为

$$T_{imax} = T_z - T_{rest} \tag{3-2}$$

式中,T_z 为喷油器控制信号的脉宽周期;T_{rest} 为相邻脉宽之间的停顿时间。

对应于最大喷射脉宽 T_{imax} 的喷射量称为最大喷射量 q_{max}。

喷油器的最小喷射脉宽 T_{imin} 是由针阀开启第一次达到最大升程后直到振动停止至稳定所需要的时间来决定的,如图 3-26 所示。由于针阀的惯性质量,从喷油器驱动脉冲输入开始到针阀达到最大升程需要一定时间,这一段时间叫作针阀的开启时间 T_o。针阀达到最大升程后与挡板相撞而振动,直到振动稳定也需要一定时间,此段时间叫作针阀稳定时间 T_{Bo}。所以,最小喷射脉宽 T_{imin} 可表示为

$$T_{imin} = T_o + T_{Bo} \tag{3-3}$$

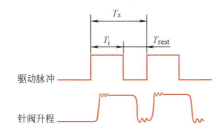

图 3-25 最大通电时间脉宽

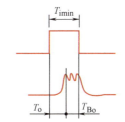

图 3-26 最小喷射脉宽

最小喷射脉宽 T_{imin} 随喷油器种类而不同,并受电源电压的影响,一般在 1.2~1.8ms 之间。对应于最小喷射脉宽 T_{imin} 的喷射量称为最小喷射量 q_{min}。

喷油器的量程(喷射量的范围)常用最大喷射量和最小喷射量之比,即 q_{max}/q_{min} 来表示。由式(3-1),得

$$\frac{q_{max}}{q_{min}} = \frac{q_V(T_{imax} - T_v)}{q_V(T_{imin} - T_v)} = \frac{T_{imax} - T_v}{T_{imin} - T_v} \tag{3-4}$$

为了统一评价不同喷油器的量程,把 $T_z = 10ms$ 时的 $[q_{max}/q_{min}]_{10ms}$ 称为喷油器的动态喷射量范围,是评定喷油器性能的指标参数。可根据此动态喷射量范围选择喷油器或判定所选喷油器是否满足所用发动机负荷变化范围的要求。

一般喷油器根据其线圈阻抗的大小分为高阻抗喷油器和低阻抗喷油器两种。高阻抗喷油器的线圈阻抗值为 12~17Ω,可以认为是内藏附加电阻的喷油器,具有成本低、安装方便等

特点。低阻抗喷油器的线圈阻抗值为 0.6~3Ω。由于喷油器线圈的阻抗不同，所以所采用的驱动电路也不同。高阻抗喷油器一般采用电压驱动方式；而低阻抗喷油器则采用电流驱动方式，或设置附加电阻后也可以采用电压驱动方式（图 3-27）。

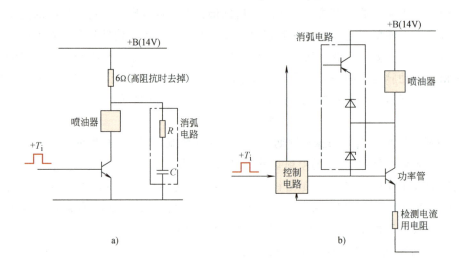

图 3-27　喷油器的驱动电路
a）电压驱动回路　b）电流驱动回路

当采用电压驱动电路时，对低阻抗喷油器，考虑到喷油器的自身响应特性而减少线圈匝数以降低电感，所以当电流增加时易发热。为此必须添加 6Ω 左右的附加电阻，以防止线圈发热而短路。其结果是使整个电路的阻抗增加，流经喷油器线圈的电流降低，所以影响了喷油器的动态喷射量范围。对于高阻抗喷油器，由于其线圈的阻抗较大，不需要附加电阻，所以采用电压驱动电路，可使电路简化。但其缺点是喷油器的响应特性差一些。

电流驱动电路只用于低阻抗喷油器。由于此时不带附加电阻，电路构成相对复杂一些，整个驱动电路的阻抗小，电流的动态反应快，所以喷射量的动态范围宽；但是需要限制最大电流，以防止喷油器线圈过热。

在驱动电路中，当切断驱动脉冲信号时，在喷油器线圈中产生感应电动势，直接施加在功率管上，使喷油器针阀不能及时关闭。为了保护功率管，同时缩短针阀的关闭时间 T_c，一般在驱动电路中设有消弧电路。对电压驱动方式，为了保证喷油器的响应特性，通常采用如图 3-27a 所示的 CR 型消弧电路。但在电流驱动方式中，为了改善电路本身的响应特性，而采用又省空间又降低成本的稳压二极管式消弧电路（图 3-27b）。

图 3-28 所示为电压驱动方式和电流驱动方式的驱动电流波形的比较情况。对电流驱动电路，当针阀全开后电流控制电路起作用，并将驱动电流 I 限制在保持电流 I_h 上，防止电流过大而造成线圈过热。电流驱动电路的特点是电流 I 的变化速度快，所以针阀开启速度快，有利于扩大喷油器的动态喷射量范围。

喷油器的动态喷射量还随喷油器驱动电源电压而变化。当电源电压升高而其他条件不变时，喷油量也增加。反之，当电源电压降低，喷油量减小。这是因为，当电源电压升高时流经喷油器线圈的电流增大，其结果磁场力（吸引力）增大，使喷油器针阀的开启时间 T_o 缩短。

第三章 电控汽油喷射系统

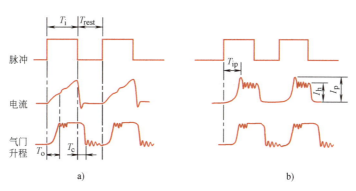

图 3-28 两种驱动电路的驱动电流波形比较
a) 电压驱动 b) 电流驱动
I_p—电流峰值 I_h—保持电流 T_{ip}—到达 I_p 的时间

因此,在一定的通电脉宽 T_i 下,相当于延长了针阀全开状态的持续时间,使喷射量增加。

由于车用电源电压在使用过程中并不稳定,所以为了避免电源电压的变化所造成的喷射量的变化,需要根据电源电压的变化来修正通电脉宽。

第四节 控 制 系 统

电控汽油喷射装置的控制系统如图 3-29 所示,主要由传感器、ECU、执行器等部分组成。传感器的主要作用是感知发动机运行中的各种状态,并把感知的信息传递给 ECU 进行判断处理,是 ECU 控制的主要依据。不同的信息用不同的传感器感知,根据不同传感器测量的信号特点,将传感器的信号分为模拟信号和数字信号。由于 ECU 只认 0~5V 范围内的数字信号,所以通过输入电路将模拟信号进行 A-D 转换并调幅处理后再输入到 ECU 中,而数字信号则经过调幅处理后直接输入 ECU。ECU 根据各种传感器输入的信息,判断发动机运行的实际状态,由此算出适应该工况的最佳喷射量和点火时刻等控制参数,并向执行器发送控制指令,以完成实际控制过程。由于执行器一般都是靠模拟电路工作,并需要一定的功率来驱动,所以将 ECU 发送的数字控制指令通过专门的输出电路进行 D-A 转换,同时通过

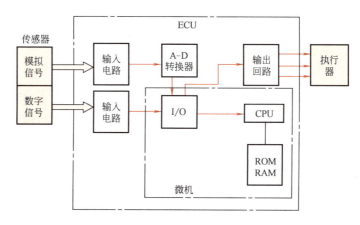

图 3-29 控制系统组成

功率放大器进行放大。

一、传感器

电控汽油喷射装置中常用的传感器有冷却液温度传感器，氧传感器，进气温度、进气压力传感器，进气流量传感器，转速-曲轴位置传感器，节气门位置传感器，大气压力传感器等。其中，进气温度传感器和大气压力传感器用来检测发动机温度和压力等工作参数，以便根据不同的工作条件，对喷油量等控制参数进行修正；进气流量传感器是质量流量式电控系统必带的测量进入气缸空气量的专用传感器，是ECU控制喷射量的主要依据；转速-曲轴位置传感器和节气门位置传感器是ECU用以正确判断发动机运行工况，并对控制参数进行演算处理的重要传感器；氧传感器是汽油机排放控制中进行空燃比反馈控制的重要元件。因此，正确了解各种不同传感器在发动机控制过程中的不同作用是很有必要的。各种传感器的测量原理在第四章介绍。

1. 转速-曲轴位置传感器

为了判定发动机工况，需要精确测定发动机的转速。在独立喷射或分组喷射系统中，为了更充分地发挥喷射方式的特点，需要选择喷射时期，即在某一曲轴转角位置下进行喷射，所以需要曲轴转角位置信号。另外，电控汽油喷射系统中的控制单元（ECU），根据发动机每一工作循环进入气缸的空气量来控制燃料喷射量，使混合气达到最佳空燃比，所以根据空气流量计测量的结果计算出每循环平均进气量。但是，空气流量计所测量的信号是单位时间内所流过的空气量，需要换算到每循环空气流量，这就需要测出发动机转速。因此，在电控汽油喷射系统中，转速-曲轴位置传感器是一个很重要且必不可少的传感器之一。

转速-曲轴位置传感器是将转速和曲轴位置信号用某种方式转换为电信号来进行测量的。根据其测量原理不同，常用转速-曲轴位置传感器分为电磁式传感器、霍尔式传感器及光电式传感器三种。

2. 节气门位置传感器

对汽油机这种"量调"发动机，节气门是控制其负荷大小的关键部件。为了适应车辆各种不同行驶工况对发动机输出转矩的要求，需要精确控制节气门开度。现代车用电控汽油机上都安装节气门位置传感器（Throttle Position Sensor），以在进行节气门开度反馈控制的同时，也作为发动机控制单元用来判定发动机工况并相应地进行各种喷油量、点火正时等参数控制的最基本而重要的传感器之一。到目前为止，常用的节气门位置传感器有线性节气门位置传感器、开关式节气门位置传感器两种类型。

3. 氧传感器

汽油机的尾气排放物种含有CO、HC和NO_x等有害气体，已成为城市环境的主要流动污染源之一。为此，世界范围内已制定汽车尾气排放控制法规，以限制汽车有害气体的排放，而且排放法规在不断强化。汽油机控制CO、HC和NO_x排放的有效技术措施，就是采用三效催化转换器。三效催化转换器可以同时净化汽油机排气中的CO、HC和NO_x三种主要污染物。它的主要化学反应原理为

$$2CO+O_2 \longrightarrow 2CO_2$$
$$CO+H_2O \longrightarrow CO_2+H_2$$

$$2C_xH_y+(2x+0.5y)O_2 \longrightarrow yH_2O+2xCO_2$$
$$2NO+2CO \longrightarrow 2CO_2+N_2 \tag{3-5}$$
$$2NO+2H_2 \longrightarrow 2H_2O+N_2$$
$$C_xH_y+(2x+0.5y)NO \longrightarrow 0.5yH_2O+xCO_2+(x+0.25y)N_2$$
$$NO+2.5H_2 \longrightarrow NH_3+H_2O$$

上式反应式中，最后一个生成氨的反应式是不希望的，需要通过催化剂材料的合理选择加以避免。三效催化转换器同时净化三种排放物的效果，只有在理论空燃比（过量空气系数 $\phi_a=1$）的前提下才能实现。因为 NO_x 在催化剂上还原时需要 H_2、CO 和 HC 等作为还原剂，当空气量过大（$\phi_a>1$）时，这些还原剂首先与氧反应，所以 NO_x 的还原反应就无法正常进行；当空气量不足（$\phi_a<1$）时，CO 和 HC 就不能完全氧化。图 3-30 所示为三效催化剂对 CO、HC 和 NO_x 的转化效果与汽油机理论空燃比的变化关系。可见，三效催化剂的转化效果是在理论混合气

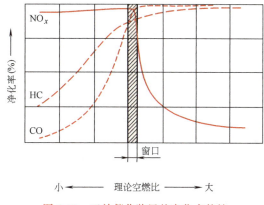

图 3-30 三效催化装置的净化率特性

（$\phi_a=1$，或空燃比 $A/F=14.7$）附近的很窄范围内有效。因此，为了充分发挥三效催化转换器的净化特性，需要用氧传感器的反馈控制等措施将混合气浓度精确地控制在靠近理论空燃比的很窄范围以内。一般在排气管中设置氧传感器，以检测排气中的 O_2 浓度，由此求得这一工作循环气缸内的实际混合气浓度，以便进行理论空燃比的反馈控制。到目前为止，广泛应用的氧传感器有二氧化锆（ZrO_2）氧传感器和二氧化钛（TiO_2）氧传感器两种类型。

二、ECU

在汽车的电控系统中，ECU 是核心部分。其主要作用是：将由传感器传过来的信息经输入接口电路进行 A-D 转换和相应的处理，使之转换成微机能接受的二进制代码，并经微机进行判断、演算、分析处理后，将结果变成控制指令而输出，再由输出接口电路将控制指令转换成被控对象的信息，以实现控制目的。根据控制对象的不同，ECU 的控制机能有所不同，而且各控制对象所要求的控制精度、灵敏度以及输入输出的信息也都不相同。但所有控制系统的 ECU 内部的各种处理电路的构成却基本相似。

随着半导体技术和电子技术的不断发展，目前在车用电子控制单元中已广泛使用集成电路（IC）。所谓集成电路，就是两个以上的电子元器件如二极管、晶体管、电阻以及电容等集成在一个基板上构成的电路。集成电路根据其所体现的功能，分为模拟集成电路和数字集成电路。模拟信号是随时间连续变化的，而任意瞬间信号的强弱，都代表其所具有的特定的信息含义。处理这种连续变化的信号的集成电路叫作模拟集成电路。模拟集成电路的输入信号，经其电路特性按一定量的比例关系进行处理后输出。输出信号随输入信号直线变化的集成电路称为线性集成电路。具有代表性的模拟集成电路有集成运算放大器、集成比较器、集

成稳压器等。随时间间歇变化的信号叫作数字信号。数字集成电路一般处理二进制数字信号，如将电压的高低分别用二进制数字参数"1"和"0"表示。由于数字集成电路即使信号发生一些变化，只要能区分"1"和"0"就可以，所以对噪声的抵抗能力强。输入这种二进制参数来确定某种输出特性的元件称为逻辑元件。现已有的基本逻辑电路包括与（AND）、或（OR）、或非（NOR）、与非（NAND）、异或（EXCLUSIVE OR）等。根据其制造工艺不同，集成电路又可分为单片集成电路和混合集成电路两种。单片集成电路的集成程度很高，在一个集成芯片上可集成数十万个以上的电子元件。混合型集成电路是在陶瓷或玻璃基板上由厚膜或薄膜技术形成的电阻以及二极管、晶体管、电容和单片集成电路等组合而构成的集成电路。混合集成电路的生产量虽只占集成电路总生产量的百分之几，但在汽车控制电路中应用得比较多。其原因是因为将复杂而大规模的电路小型化，而且在短期内开发出来。由于混合型集成电路可以将由不同电路组成的部分集成化，因此已成为一种高电压输入处理电路以及以高速获得大电流电路集成化的技术。

车用发动机的电子控制单元（ECU）如图 3-29 所示，主要由输入/输出（I/O）接口电路、A-D 转换器、D-A 转换器以及微机等组成。其中，输入电路是将各种传感器的信息经 A-D 转换或相应的处理，使之变换成微机能接受的二进制代码之后传输给微机；微机根据外部信息，用内存的程序及数据进行演算、判断、分析、处理，将结果变为控制指令或数据信息传输到输出电路，由输出电路将微机的控制指令转换成被控对象的信息，从而完成整个控制过程。图 3-31 所示为汽车发动机控制程序流程图。其中，燃料喷射量、点火时刻以及怠速控制阀（ISCV）开度等的演算是在子程序中进行的；而燃料喷射量信号、点火时刻信号以及 ISCV 开度等实际输出的控制信号，则需要与发动机转速和时间同期控制，所以通过中断子程序来处理。中断子程序是这样进行的，如当燃料喷射量演算过程中需要输出点火时刻的控制信号时，就暂时中断燃料喷射量的演算，优先处理点火时刻信号输出处理程序，处理终了后重新回到中断点继续进行燃料喷射量的演算。通过这种中断处理，可以以最佳时刻控制多个输出信息。各种开关状态的读取以及 A-D 转换也可以通过中断处理方式进行。

如前所述，向 ECU 传送信息的传感器的信号有两种类型：一种是模拟信号，如空气流量计的输出信号和冷却液温度传感器的输出信号等；另一种是数字（脉宽）信号，如节气门位置传感器和转速-曲轴位置传感器的输出信号等。由于向 ECU 输入的信号形态不同，ECU 对输入信号的处理方式也不同。所以，来自各传感器的信号，在输入到 ECU 之前，必须先通过输入电路进行前置处理。对数字信号经输入电路进行前置处理使之调节成 TTL 电平后，再输入到微机中；而模拟信号则需要经输入电路进行前置处理后，再经 A-D 转换器进行 A-D 转换。

（1）输入电路　输入电路的作用是将来自各种传感器的输出信号进行前置处理，即消除干扰，将正弦波信号转换成矩形波，并对输入电平进行调节使之达到 ECU 所需求的电平。由于微机不能直接处理模拟信号，所以对模拟信号需要用 A-D 转换器进行 A-D 转换。A-D 转换器种类比较多，按分辨率分为 4 位、6 位、8 位、10 位、14 位、16 位等多种；根据转换速度又分为超高速（转换时间≤330ns）、次超高速（转换时间 330~3.3μs）、高速（转换时间 3.3~333μs）、低速（转换时间>330μs）等。对车用发动机控制用模拟信号，要求精度要高，且具有高分辨能力，所以常采用精度高的 8~16 位 A-D 转换器。A-D 转换时间必须要

第三章 电控汽油喷射系统

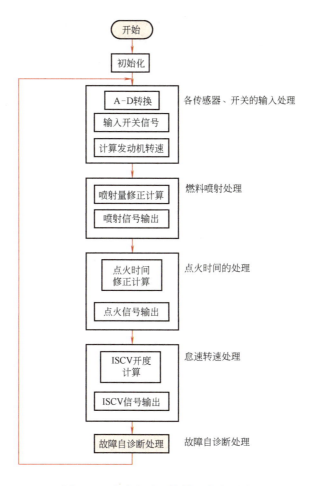

图 3-31 汽车发动机控制程序流程图

充分响应输入信号的变化速度,为此如每 4ms 转换一次。图 3-32 所示为 A-D 转换处理的正时图。A-D 转换值为

$$\text{A-D 转换值}(10 \text{ 位}) = \frac{U_\text{S}}{U_\text{C}} \times 2^{10} \tag{3-6}$$

式中,U_S 为传感器输出信号电压;U_C 为基准电压。

A-D 转换器是相对模拟信号用基准电压(U_C)保持一定比例关系进行转换的,也就是说即使来自传感器的模拟电压 U_S 变化,只要 U_S/U_C 比一定,A-D 转换结果不变。所以,当电源电压变低时也能精确地进行 A-D 转换。

A-D 转换过程一般包括采样、保持、量化及编码 4 个步骤。采样是从时间轴上

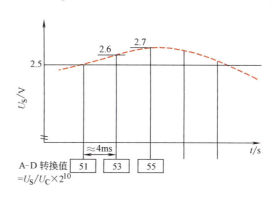

图 3-32 A-D 转换处理正时图

分割模拟量并使之离散化。在实际采样时,在采样周期 T 内以采样频率(或采样脉宽)对模拟输入信号进行采样,得到时间轴上离散化的信号。当模拟输入信号的最高频率为 f_{0max} 时,采样频率 f_s 应至少大于 $2f_{0max}$,只有这样才能不失真,一般取 $f_s>(8\sim10)f_{0max}$。量化是对采样的瞬时值以适当的单位(量化单位为 q,如坐标轴的最小刻度单位)进行整量化的过程。在量化过程中存在四舍五入误差,其大小为 $\pm q/2$。当输入的模拟信号缓慢时,不需要保持,但是对变化速度快的模拟输入信号进行采样时,需要保持,即在采样开关后加电容。这样采样开关接通到断开过程中,采样的是接通时的量。编码就是把已转换的数字量再转换成二进制量的过程。

(2)微机 微机是 ECU 中的核心部分,其主要功用是对来自传感器的信号进行判断、分析、演算、处理之后,向输出电路输出相应的控制指令。如图 3-33 所示,微机主要由用来与外部传感器和执行器进行信息交流的输入/输出(I/O)接口和用于保存控制程序和数据的存储器(ROM 和 RAM)以及读解指令并进行数据处理的 CPU 等组成。其中,CPU 是由用来进行数据算术运算和逻辑运算的运算器(ALU)和设在 CPU 内部用来暂时性存储数据的寄存器,以及根据内部程序控制各部分之间信息传送等的控制器构成。存储器一般由只读存储器(Read Only Memory,ROM)和随机可读写存储器(Random Access Memory,RAM)组成,具有存储程序和数据的功能。ROM 一般采用遮蔽式,一旦写入内容就不能再变更。即使切断电源,ROM 内所写入的内容也不会消失,所以主要用于保存程序和固定的数据。也有通过紫外线照射消除所写内容,从而改写内容的可擦除编程只读存储器(Erasable Programable ROM,EPROM)。RAM 可以读取任意地址上的所有存储的数据,也可以将数据写入任意地址上。但是,一旦切断电源,所写入的内容就全部消失,所以只用来保存处理过程中所出现的暂时性数据。I/O 是根据 CPU 的指令与外部传感器和执行器传递信息的输入/输出接口。

如图 3-33 所示,存储器(ROM 和 RAM)和 I/O 通过总线与 CPU 连接。总线有传送数据的数据总线、指定存储器地址并传送地址的地址总线和传送控制指令的控制总线三种。此外,微机为了控制定时,利用晶振控制微机的所有定时。在实际应用中,根据微机在控制系统中所承担的功能、控制检测的参数和时序关系来确定 CPU,并根据传感器和执行器的特点确定有效的输入/输出通道。

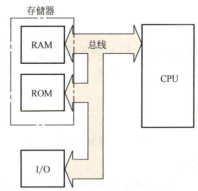

图 3-33 微机的组成

根据芯片的结构特点,微机又可分为单片机和单板机。单片机是在一个大规模的集成电路芯片上装入 CPU、存储器以及 I/O;而单板机是由不同功能的芯片组合在一个电路板上。由于单片机与单板机相比,其性能价格比高,所以用得比较多。

从半导体制造技术上,一般微机中多采用金属-氧化物-半导体(Metal Oxide Semiconductor,MOS),是一种场效应晶体管。MOS 场效应晶体管如图 3-34 所示,有 P-MOS、N-MOS 和 C-MOS 三种。其中 P-MOS 是用得最早的一种,但与其他种类的 MOS 相比,其工作速度慢,耗电量大。目前在要求高性能的发动机控制用微机上,主要采用 N-MOS 和 C-MOS。C-

MOS 具有一定的高速性，而且耗电量小，对外部环境条件，如电源电压波动、温度变化、电干扰等的适应性强，所以目前在发动机控制用微机上占主流。

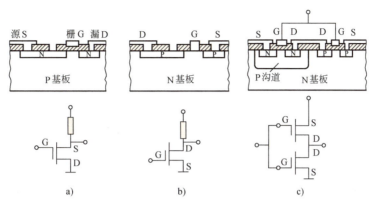

图 3-34　MOS 管种类
a）P-MOS　b）N-MOS　c）C-MOS

根据 CPU 一次处理数据的字长，微机可分为 4 位、8 位、16 位、32 位、64 位等几种。这里字长指微机内部参与运算的数的位数，不仅决定微机内部寄存器、ALU 和数据总线的位数，而且直接反映一台微机的计算精度。在早期的电控汽油喷射系统中用得最多的是 8 位微机。8 位微机的特点是指令功能比较丰富，速度较快，内存容量可扩至 64KB，且有扩大的输入/输出能力和中断、直接向存储器存取的功能，可以满足汽车发动机控制的要求。16 位微机具有更丰富的指令功能，速度也得到提高，内存容量可大于 64KB，具有很强的输入/输出能力和中断、直接向存储器存取的功能以及较好的扩展性，适用于控制精度和速度要求较高的汽车电控系统中。随着车用发动机控制功能的增加，控制信息量倍增，所以在轿车上逐渐采用性能更好、运行速度更快、内存容量更大的 32 位微机。64 位高性能微机也已推出，但其成本较高。

（3）输出电路及 D-A 转换器　微机的输出信号是 0~5V 范围的低电平数字信号，不能直接用来驱动执行器，所以需要通过必要的输出电路，将微机的输出信号变换成能驱动执行器的信号。因此，输出电路的主要作用是对微机输出的信号进行放大，并进行 D-A 变换使之转换成能驱动执行器的模拟信号。

D-A 转换器由数字寄存器、模拟电子开关电路、解码（位权）网络、求和运算放大器（Operational Amplifier，OP）以及基准电源（或恒流源）等几部分组成，其主要功能是将并行二进制数字量进行解码，即将数字码转换成与之对应的电平，形成阶梯状信号，然后进行低通滤波。

数字量是用代码按数位组合起来表示的，对二进制数每位代码都有其位权。所谓"权"就是指二进制数每一位所代表的相对值。如三位二进制数 111，右边第 1 位的"权"是 $2^0/2^3=1/8$，第 2 位是 $2^1/2^3=1/4$，第 3 位是 $2^2/2^3=1/2$，多位数依次类推。

ECU 输出的数字量以串行或并行方式输入到 D-A 转换器中，并存储于数码寄存器内。数字寄存器输出的各位数码分别控制对应位的模拟电子开关，使数码为 1 的位在位权网络上产生与其权值成正比的电流值，再由求和运算放大器对各电流值进行求和，转换成电压值。

为了将数字量转换成模拟量，必须先将每1位的代码按其位权的大小转换成相应的模拟量，然后将这些模拟量相加，得到与数字量成正比的总模拟量，从而实现 D-A 转换，即

$$u = k \sum_{i=0}^{N-1} (D_i \times 2^i) \tag{3-7}$$

式中，$\sum_{i=0}^{N-1}(D_i \times 2^i)$ 为二进制数按权位展开换成的十进制数。

D-A 转换器根据其输出特性分为电压输出型、电流输出型和乘算型三种。电压输出型 D-A 转换器一般采用内置输出放大器以低阻抗输出，也可以直接从电阻阵列输出电压的，这种直接输出电压的 D-A 转换器仅用于高阻抗负载。由于这种转换器无输出放大器部分的延迟，所以常作为高速 D-A 转换器使用。

电流输出型 D-A 转换器是将恒流源切换到电阻网络中，恒流源的内阻很大，所以连同电子开关在内，对它的转换精度影响都比较小，又因电子开关大多数都采用非饱和型发射极耦合逻辑（Emitter-Couple Logic，ECL）开关电路，由此实现高速转换，所以转换精度较高。虽然电流输出型 D-A 转换器可直接输出电流，但在实际应用中常外接运算放大器来实现电流-电压的转换。大部分 CMOS D-A 转换器当输出电压不为零时不能正确运作，所以必须外接运算放大器，因此在 D-A 转换器的电流建立时间延迟，导致 D-A 转换响应变慢。

D-A 转换器中有使用恒定基准电压的，也有在输入基准电压的基础上再加交流信号的，后者能得到数字输入和基准电压输入相乘的结果而输出，因而称为乘算型 D-A 转换器。乘算型 D-A 转换器不仅可以进行乘法运算，而且还具有对输入信号进行数字化衰减的功能和对输入信号进行调制的功能。

D-A 转换器根据电流、电压建立时间的长短分为低速 D-A 转换器、中速 D-A 转换器和高速 D-A 转换器等几种。其中，低速 D-A 转换器电信号建立时间为大于或等于 100μs；中速 D-A 转换器的建立时间在 10~100μs；高速 D-A 转换器的建立时间一般在 1~10μs；而较高速 D-A 转换器的建立时间在 100ns~1μs；超高速 D-A 转换器的建立时间则小于 100ns。

D-A 转换器的主要技术指标有分辨率和建立时间。分辨率（Resolution）是指最小模拟输出量（对应数字量仅最低位为1）与最大模拟输出量（对应数字量所有有效位为1）之比；建立时间（Setting Time）是指将一个数字量转换为稳定模拟信号所需的时间，也可以认为是转换时间。D-A 转换器中常用建立时间来描述其速度，一般电流输出型 D-A 转换器的建立时间较短，而电压输出型 D-A 转换器的建立时间较长。其他指标还有线性度（Linearity）、转换精度和温度系数等。

(4) 其他　ECU 中还包括接口电路、电源电路、继电器以及其他附加控制功能的执行器及其相关的控制电路等。

1) RS-232-C 接口。在一些电控汽油喷射用控制单元（ECU）中，为了通过微机修改 E^2PROM 上的修正系数，或者读取冷却液温度以及压力传感器等的参数，均设置了 RS-232-C 接口，其电路如图 3-35 所示。通过设置 4 个电解电容，从 5V 的电压转换成 RS-232-C 所要求的 ±10V 电源，用于 μPD4711CX 片上。

2) 电源电路。CPU 所需要的 5V 电压以及运算放大器增幅器所需要的 8V 电源，是将蓄电池电源电压通过如图 3-36 所示的专用电源电路进行调整后提供的。蓄电池的电压有两种

供给方式：一种是直接供给蓄电池电压，另一种是通过点火开关供给。由于点火开关切断以后，向 E^2PROM 写入学习值，所以设置继电器直接与蓄电池电源相连，以便在写入时自行保护。同时为了检测点火器开关的切断状态，将通过点火器开关的电源，经电压调制后再输入到 CPU 中。

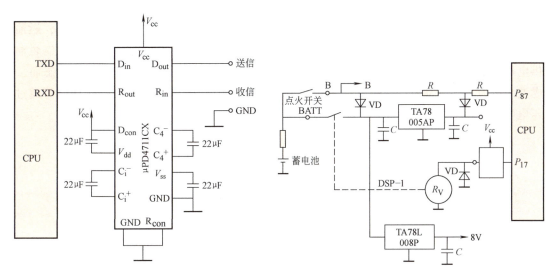

图 3-35　RS-232-C 接口电路　　　　图 3-36　专用电源电路

3）继电器。在电控汽油喷射系统中，从蓄电池向各电器零部件提供所需用电是通过继电器传递的。根据继电器的功用，分为主继电器和辅助继电器两种。

主继电器的主要作用是向 ECU 以及汽油喷射系统的其他部件提供稳定的电压，使之不受电源及电压波动的干扰。常用的主继电器一般采用柱塞式，其结构和电路如图 3-37 所示。当接通点火开关时，主继电器线圈中流通电流而在其周围产生磁场，使得设置在线圈中的与可动铁心固定成一体的柱塞，在磁场的作用下被吸引而向上移动，使触点闭合，接通汽油喷射系统各零部件的电源。当切断点火开关时，主继电器断开，切断系统各电器零部件的电源。

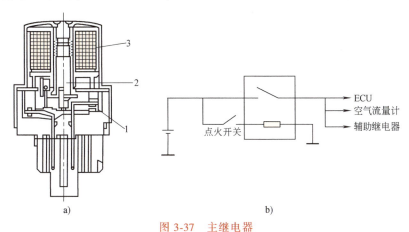

图 3-37　主继电器

a) 结构　b) 电路

1—触点　2—柱塞　3—线圈

辅助继电器是专门用来控制燃油泵的电源，通常在发动机运转时处于闭合状态。图 3-38 所示为其结构和电路。在起动发动机时，接通起动开关（S），则辅助继电器内线圈 L_2 中流通电流而在线圈 L_2 周围产生磁场，在该磁场的作用下，触点闭合而接通燃油泵电源。发动机一旦起动，根据发动机转速等信息控制继电器线圈 L_1 与电源接通，所以即使起动开关断开，继电器触点在线圈 L_1 的作用下仍然处于闭合状态。当发动机因某种原因停机时，切断线圈 L_1 的电路，使流经线圈 L_1 的电流消失，磁场也随之消失，继电器触点被断开，燃油泵停止工作。图 3-39 是在质量流量方式或速度-密度方式中所采用的设在 ECU 内的控制燃油泵供电电路。只要向 ECU 输入发动机转速信号，ECU 就立即判断出发动机的工作状态而接通燃油泵电源；当发动机处于停机状态时，控制晶体管截止，燃油泵停止工作。同时可通过降压电阻控制燃油泵的转速。

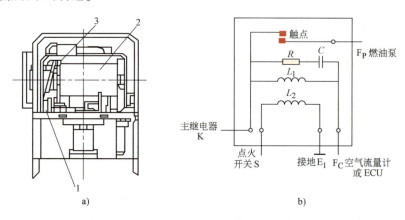

图 3-38　辅助继电器的结构与电路
a）结构　b）电路
1—触点　2—线圈　3—可动片

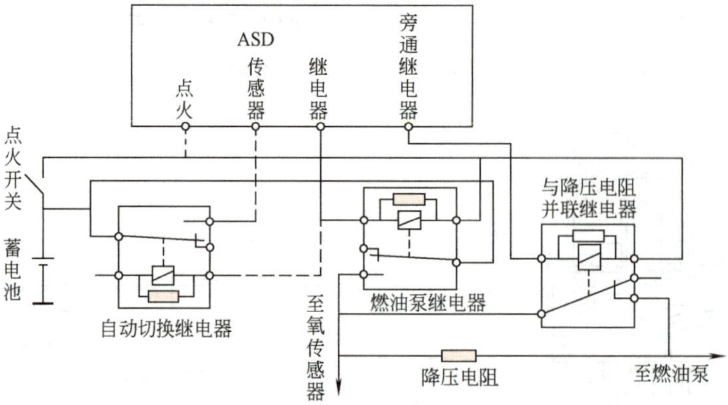

图 3-39　用 ECU 控制的燃油泵供电电路

图 3-40 所示为 4A-G 型汽油机电控汽油喷射控制单元。其中，CPU 是根据处理速度、内藏存储器 ROM 的容量、I/O 接口数、内藏定时/计数器的个数以及 A-D 转换器的分辨率等的要求来确定的。基于这些条件的要求，4A-G 型发动机上的 CPU 选择日立 H8/532 型。其特点是 16 位处理器，最小命令实效时间为 200ns，片内存储器有 32KB 的 ROM 和 1KB 的

RAM，设有 3 个与 I/O 相关的 16 位定时/计数器。此外还设有 1 个 8 位的定时/计数器、3 个 8 位脉宽调制器（PWM），以及 10 位的 A-D 转换器和连续通信接口等。

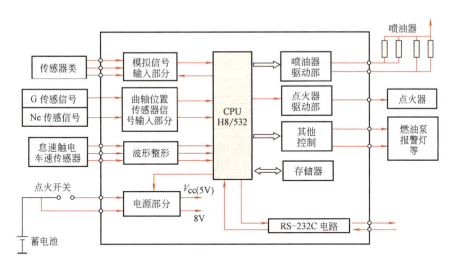

图 3-40 电控汽油喷射控制单元

用来寄存喷射量数据谱（MAP）和一系列修正系数的外部存储器采用如图 3-41 所示的 8KB 的 E^2PROM，从 8000H 地址开始编址。作为工作区的 8KB 的 RAM，从 C000H 地址开始编址。图 3-42 所示为 CPU 和存储器的电路。由于 E^2PROM 的存取时间较长，所以将其地址代码信号直接输入到 CPU 的相应接口上。

图 3-43 所示为该发动机电控系统所采用的模拟信号输入电路。由各传感器输出的模拟信号，经模拟开关切换以后输入到 CPU 内的 A-D 转换器中。对冷却液温度传感器、进气温度传感器、排气温度传感器传送的输入信号，先进行调压，并通过 CR 滤波器滤波后再输入到模拟开关中。像热敏元件，当阻抗随温度按对数规律变化时，通过施加适当的电阻对其输出电压进行调压后，从该元件两端读取输出电压信号，由此获得在较宽范围内大致线性变化的输出电压曲线，使得软件处理简单化。

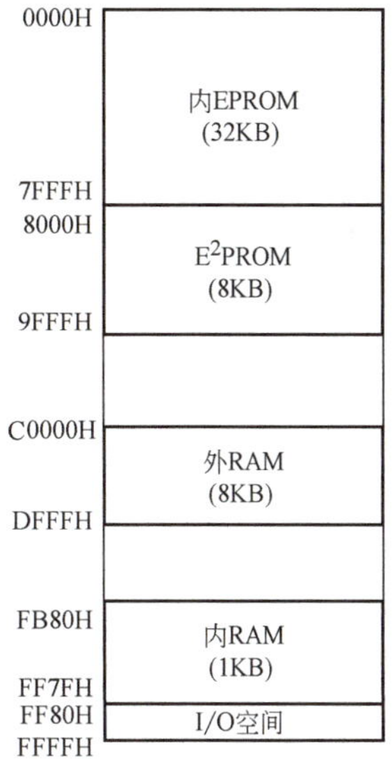

冷却液温度传感器的输出信号是经附加电阻分压以后的电压信号，如图 3-44 所示。通过附加电阻的选择使其输出电压在冷却液温度 0～80℃ 范围内近似线性变化。其他的如节气门位置传感器、压力传感器、大气压力传感器等的信号，通过 CR 滤波器后输入到模拟开关。氧传感器由于其输出阻抗高，所以经过电磁干扰（Electro Magnetic Interference，EMI）和 CR 两个滤波器后再输入到模拟开关。为了测量蓄电池电源电压，将通过附加电阻分压后的电压输入到模拟开关。通过模拟开关所选择的输入信号，经运算放大器进行电压仿真降低其阻抗后再传送到 CPU 内的 A-D 转换器中。

图 3-41 EFI 微机的存储器图

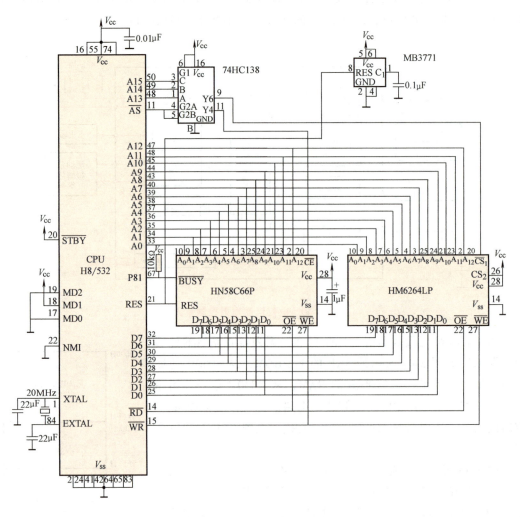

图 3-42　CPU 和存储器的电路图

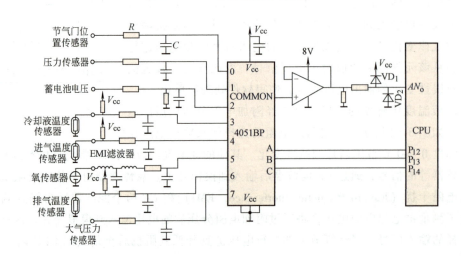

图 3-43　模拟信号输入电路

对数字（脉宽）信号，如怠速开关的 ON/OFF 信号、点火信号、曲轴位置信号等，是通过波形整形电路消除噪声并经过电平幅值变换后（TTL）再输入到微机里。因为微机的工作电压是根据 ECU 内部的电源电路提供的，是 +5V 的稳定电压，但是向 ECU 传送的传感器或开关的输入信号，有的超过此电压范围，或电压正负方向振动，或噪声大，或含有脉宽式电压。因此数字信号也需要通过输入电路，使之转换为微机能处理的信号。

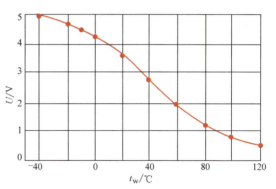

图 3-44 冷却液温度传感器的输出信号

向微机提供直流 5V 电源的电路中，一般采用具有看门狗和复位功能（通过由微机发出的看门狗脉冲间隔的差别来监视微机的异常操作，当微机异常操作时使其重新启动的功能）的定电压集成电路（IC），在宽广的车用输入电压范围（6~16V）和温度范围（-30~80℃）内保证微机稳定工作。

图 3-45 所示为多齿式 G/Ne 定时转子型曲轴转角位置传感器的输入电路，如图 3-46 所示，这种传感器中，G 信号表示曲轴转角的基准位置，Ne 信号表示每 30°的曲轴转角。

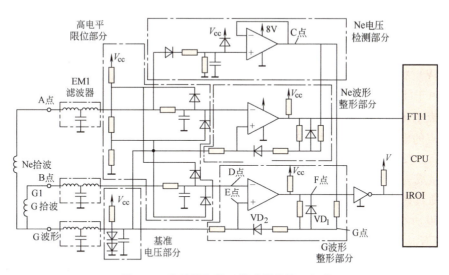

图 3-45 曲轴转角位置传感器的输入电路

由于曲轴位置传感器的输出信号是交流信号，所以需要通过波形整形转换为数字信号，但是因使用拾波线圈中所产生的感应电，所以输出电压随发动机转速变化很大。

G 与 Ne 拾波线圈的一端相连接，由 G 信号诱导出 Ne 信号，而且其振幅也随转速同步变化。采用比较器和运算放大器可使下降沿拐点的电平保持在基准电压值上，信号波动的脉宽与振幅成比例变化，故采用脉宽比较器进行波形整形。曲轴位置传感器的输入电路主要由基准电压部、极限电平部、Ne 电压检测部、Ne 波形整形部、G 波形整形部等构成。基准电压部利用二极管导通方向上的电压降使电压调整到 1.3V。极限电平部是通过二极管的电压降将电压截为 0.5~4.5V，以便使比较器的输入电压在 0~5V 范围之内。Ne 电压检测部对 Ne 信号进行整流，通过电容器使之改成平滑的直流电，然后通过运算放大器降低阻抗，所以 C 点的电压如图 3-47 所示，随发动机转速的增加而升高。在 Ne 波形整形部和 G 波形整形部中，分别将 Ne 信号和 G 信号转换成 0~5V 的数字信号。这里用 G 波形整形部分来说明其实际工作原理。

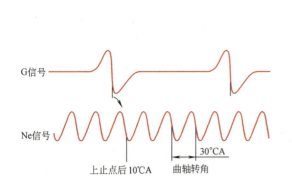

图 3-46　曲轴转角位置传感器输出信号

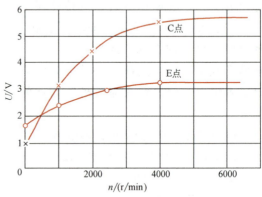

图 3-47　各点的电压随转速的变化特性

在比较器的反相输入端 D 中施加一个在极限电平部将信号振幅限制在 0~5V 的 G 信号。同相输入端 E 中施加的电压，随比较器的输出信号 F 变化。当 F 点为 "L"（≈0V）状态时，二极管 VD_1 导通，G 点的电压固定在 0.6V 左右。E 点由于通过 100Ω 的电阻，施加的电压为基准电压（1.3V），所以二极管 VD_2 截止，因此 E 点电压为基准电压。当 F 点为 "H"（≈5V）状态时，VD_1 截止，G 点的电压由 C 点电压和 F 点电压以及阻抗比（15:27）来决定。由于此时 G 点的电压比基准电压高，所以二极管 VD_2 导通，故 E 点电压等于基准电压和 G 点电压的平均值减去二极管 VD_2 导通方向上的电压降（约等于 0.6V）的值。

当 D 点的电压在上升沿时，F 点的电压应为 "H"（≈5V）状态，所以 E 点的电压比基准电压要高。反之，D 点的电压在下降沿时，则 E 点的电压变为基准电压。也就是，E 点的电压变化量成为滞后现象的比较对象。图 3-48 所示为各点的信号波形，图 3-49 所示为信号滞后峰值随转速的变化情况。

图 3-50 所示为在 4A-G 型发动机上采用的实际喷油器的驱动电路。每个喷油器的流通电流为 2A 左右。为了便于实现 2 组（分组）喷射，采用图 3-50 所示的两个功率管，将每组两个喷油器用一个功率管控制。

为了保护功率管，并联 CR 型消弧电路，以吸收当流经喷油器线圈的电流发生变化时所产生的感应电动势，同时与喷油器串联一个电阻，以限制流经喷油器的电流。通常，为了提高喷油器的响应特性，减小其线圈的匝数以降低电感。但是，减小线圈匝数，则其电阻也变小（1~2Ω），使得流经线圈的电流过大。所以，为了防止线圈过热保护喷油器，需要限制流经喷油器电流的最大值。图 3-51 所示为除喷油器以外其他执行器的驱动电路。一些新型车上，通过输入 0~5V 的电压来控制点火线圈的闭合角和稳定电流，所以只需要通过晶体管将 CPU 的输出信号进行缓冲处理就可以。同理，燃料泵以及报警灯的控制信号也都经过晶体管进行缓冲处理后再输出。

第三章 电控汽油喷射系统

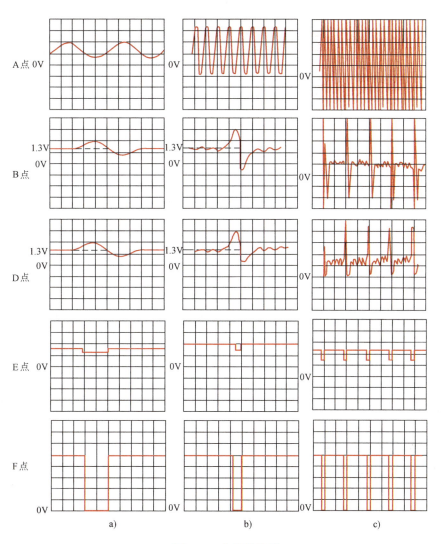

图 3-48 各点的波形
a) 200r/min b) 1000r/min c) 3000r/min

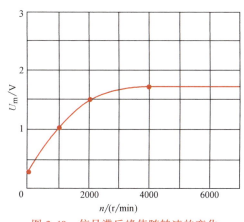

图 3-49 信号滞后峰值随转速的变化

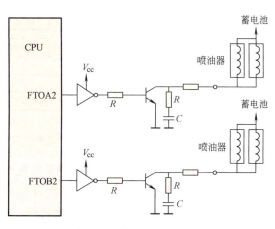

图 3-50 喷油器的驱动电路

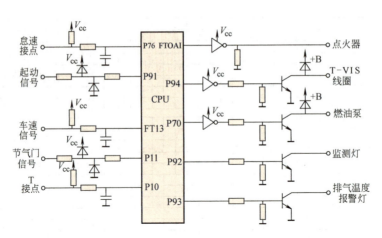

图 3-51 其他执行器的驱动电路

三、控制软件的基本结构

电控汽油喷射控制软件大体上可分为与发动机转速同期处理的程序和非同期处理的程序两大部分。

与发动机转速同期进行处理的内容,有进气管压力等的模拟输入信号和转速的测量,利用这些测量值计算进入气缸的空气量以及各修正系数、演算喷射脉宽和点火时刻、驱动喷油器和点火器等。与转速非同期处理的内容,有理论空燃比的反馈控制、学习控制以及燃油消耗率的控制等。

与发动机转速同期处理的控制程序,根据发动机转速 Ne 信号进行中断处理,而与转速非同期处理的程序,则对每项控制内容制作任务程序块,以简单多项任务的操作系统(Operating System,OS)来进行定时中断处理,同时控制任务块之间的相互作用。

如图 3-52 所示,控制程序块中包括空燃比反馈控制程序块、燃油消耗率程序块、E^2PROM 控制以及通信控制等几部分,各部分相互独立控制。

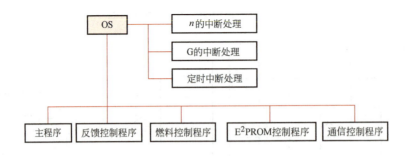

图 3-52 电控汽油喷射控制软件包

与转速同期处理方式,是采取对应发动机转速 Ne 的输入信号按顺序进行各项处理的方法。Ne 信号是曲轴每转一圈时输入 12 次(每 30°曲轴转角输入一次)信号脉宽,所以将每转的处理过程分成如表 3-2 所示的 12 块进行。

Ne 信号与内部定时器的输入端口相连,由此记录信号输入瞬间的定时器的计数值,并与其前两次的计数值进行比较,这样可正确地计算出发动机的转速。若采用该输入信号之前的计数值,则计算转速的时间就延长,这直接影响控制误差。

表 3-2 Ne 信号输入（FTI1）处理对应表

Ne	曲轴转角	起动时(2 或 3)	急速(状态 4)	行驶时(状态 5)
1	-10°	关闭 IGt("L"),测量蓄电池电压,计算无效喷射时间,喷射开始		
2	20°	测量外界大气压,移动平均处理		
3	50°	测量冷却液温度,Ne 的学习处理		
4	80°	转速计算	转速计算,设定接通 IGt 为止的计数器,测量节气门位置,非同期喷射处理	
5	110°	进气温度测量,断油处理,计算 K_d		
6	140°	接通 IGt("H")	测量排气温度	
7	170°	关闭 IGt("L")	测量氧传感器的电压	
8	200°	测量节气门位置,非同期喷射处理,计算 K_p,计算 K_a		
9	230°	测量进气管压力,Ne 的学习处理		
10	260°	转速计算	转速计算,设定接通 IGt 为止的计数器,计算 K_d,进行 T-VIS 处理	
11	290°	实效喷射时间计算	测量进气管压力,计算 K_k,计算实效喷射时间	
12	320°	接通 IGt("H")	测量节气门位置,进行非同期喷射处理	

进气管压力的测量对喷射脉宽的计算影响最大,所以每隔一定曲轴转角（60°）测几次,然后取平均值。当要求高的响应特性时,需要发动机每一转计算喷射脉宽。因此,需要准确测量喷射开始前一转的进气管压力。由于在进气管内产生与发动机转速同频率的压力波,所以需要每次在相同的曲轴转角位置进行测量,否则会产生进气管压力的测量误差。

也有一些开发制造商生产的控制单元,并不是按照曲轴转角同步处理,而是按每一定时间（数毫秒）进行测量,并把几次测量值进行平均处理。这是因为,喷射脉宽的计算是每几转进行一次,或按一定时间间隔进行计算的。

节气门位置是每隔 120° 曲轴转角测量一次,当与前一次的测量值之差超过某一设定值时,判定为急加速工况而进行非同期喷射。

假设发动机的最高转速为 10000r/min,则要求一次 Ne 信号的处理时间必须在 500μs 以内完成,所以在计算处理方法上需要下很大的功夫。

有些 8 位控制单元,只要接通电源微机就复位,复位解除后就开始执行程序。转速的演算是通过循环中断处理来检测的点火周期来进行的,而且每 80ms 读入节气门位置信号,并以该时间内的节气门变化来判断加减速状态。根据这些演算处理的结果,进行工况的判断,并根据各工况所对应的事先所设定的脉谱,读取占空比的控制值或 PI 控制权,发送到输出寄存器,以完成空燃比控制的主程序;然后执行包含在该系统的其他程序,之后再回到输入信号检测段。

第五节 控制系统与 CAN 总线接口技术

随着汽车安全性要求的提高以及节能和排放法规的日趋严格,汽车已全面向电控化发展。目前汽车电控技术已涉及发动机控制系统、悬架控制系统、制动防抱死控制系统（ABS）、牵引力控制系统、驱动轮防滑（Acceleration Slip Regulation，ASR）控制系统、仪表管理系统、故障诊断系统、中央门锁系统、座椅调节系统、车灯控制系统等各领域。伴随汽车控制单元的增多，在实际运行过程中，众多控制单元之间需要进行大量的实时数据交换。

为了管理好整个汽车控制系统以优化整车性能，车载各控制单元之间必须按一定的方式进行数据通信。这就要求汽车各电控单元，包括智能传感器和智能仪表等需要通过专门的传输数据总线以及某种通信协议相互连接起来，构成汽车控制器局域网 CAN（Controller Area Network），并根据 CAN 通信协议按规定的信息传递方式通过网络主机的网络接口分布式进行通信。因此，在设计基本电控单元时，需要考虑与 CAN 总线之间的接口问题。

一、CAN 基本原理

CAN 是一种多主方式的串行通信总线标准，CAN 总线协议定义了模型的最下面两层——数据链路层和物理层。数据链路层规定了介质上传输的数据位的排列和组织，如数据校验和帧结构。一帧信息就是一个信息包，里面包含起始位、数据位、地址位、校验位、停止位等信息，目的是使接收方能够准确接收；物理层规定通信介质的物理特性，如电气特性和信号交换的解释，主要作用是尽可能地屏蔽掉 CAN 网络中不同物理设备和传输媒体造成的通信方式的差异，使数据链路层只需要考虑如何完成本层的协议和服务，而不必考虑网络具体的传输媒体的影响。

这里，网络上主机的网络接口称为节点。CAN 网络中传输的每个信息都有唯一的目的节点地址（或信息的 ID）。网络上的节点根据信息包的地址（或信息的 ID）来确定是否接收这个信息包。每个节点都监听网上的数据，当听到网上的信息包中有自己的地址或其准备接收信息的 ID 时，节点就将此信息复制到自己的缓冲区中。

发动机电子控制系统作为整车控制系统的重要组成部分（节点），必须通过 CAN 总线控制器对其发送或接收信息进行管理控制，以此保证与其他控制系统的协调性。因此在设计电子控制系统时，作为一个 CAN 网络的节点，必须设计相应的 CAN 控制器和 CAN 收发器，以便通过 CAN 总线与其他控制单元进行信息交换。

CAN 总线分为高速和低速 CAN 总线，已成为国际标准 ISO11898（高速应用）和 ISO11519（低速应用）。低速 CAN 总线传输率为 10~125kbit/s，高速 CAN 总线传输率为 250kbit/s~1Mbit/s。对实时性要求严格的节点组成高速 CAN 通信网络，对实时性要求相对较低的节点组成低速 CAN 通信网络。在网络中需架设网关来协调高、低速不同速率的各个网络之间数据的共享，并负责各节点之间的通信。

发动机控制系统是汽车运行的核心部件，对实时性要求很严格，因此采用高速 CAN 通信网络。

二、CAN 网络接口

发动机控制单元与 CAN 总线之间的接口由 CAN 总线控制器、收发器以及隔离器等组成，主要用来管理电控单元与总线之间的信息传递，所以在此把此接口称为 CAN 节点。图 3-53 所示为采用 Philips 公司制造的 SJA1000 型 CAN 芯片的基本节点原理图。微处理器

W78E51 主要负责 SJA1000 的初始化，通过控制 SJA1000 实现数据的接收和发送。SJA1000 是应用于汽车和一般工业环境的独立 CAN 总线控制器，具有完成 CAN 通信协议所要求的全部特性，经过简单总线连接可完成 CAN 总线的物理层和数据链路层的所有功能，其硬件与软件设计可兼容基本 CAN 模式（BasicCAN）和新增加的增强 CAN 模式（PeliCAN），符合 CAN2.0B 协议。PCA82C251 型 CAN 收发器用来直接将符合 CAN 标准的信息送到总线上或从总线接收信息。

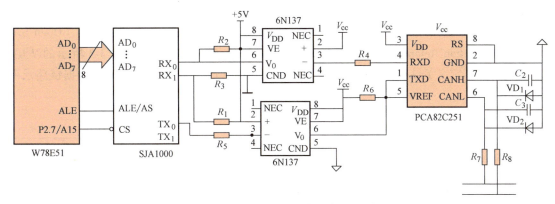

图 3-53　CAN 芯片的基本节点原理图

为保证系统不受网络影响，需要在 CAN 控制器和 CAN 收发器之间采用 6N137 型或 TLP113 型高速光耦合器进行电气隔离，以满足在最高速率 1Mbit/s 下的电气响应。为了提高控制系统抗干扰能力，电路中采用隔离型 DC/DC 电源模块向收发器电路供电，常采用定电压输入、隔离非稳压、单输出型 DC/DC 模块等，隔离电压大于 1000V。

此外，为使 CAN 控制器实时地管理控制单元与 CAN 总线之间的信息传递，还需要相应的控制软件。该控制软件应按以下几个模块进行设计：

1）SJA1000 初始化模块。SJA1000 初始化在复位模式下进行，主要包括工作方式的设定、接收屏蔽寄存器和接收代码寄存器的设置、总线时序寄存器的设置、输出模式寄存器和中断寄存器的设置等。初始化设置完成后，SJ1000 就可以进入工作状态，进行正常的通信工作。

2）SJA1000 接收数据模块。该模块主要负责节点报文的接收，可通过中断方式和查询方式接收。

3）SJA1000 发送数据模块。该模块主要负责节点报文的发送，发送时只需将待发送的数据按特定的格式组合成一组数据送入 SJA1000 的发送缓冲区，然后起动 SJA1000 发送即可。

4）SJA1000 错误处理模块。该模块主要按 CAN 协议进行错误管理。

5）其他系统任务模块。包括主程序、按键扫描模块及显示模块等，主程序完成系统各功能模块的协调与调度，实现整个系统的功能；按键扫描模块主要控制发送及工作状态；显示模块主要显示总线接收状态。

以上各功能模块的设计必须按照所要求的网络通信协议进行编写，其中 SJA1000 的接收数据模块和发送数据模块是程序设计的重点。

三、CAN 协议

网络协议是为进行网络中的数据交换而建立的规则、标准或约定，主要由以下三个要素组成：
1) 语法，规定数据与控制信息的结构或格式。
2) 语义，确定需要发出何种控制信息，完成何种动作以及做出何种应答。
3) 同步，规定事件实现顺序的详细说明。

由此描述设备之间的信息传递方式。

CAN 网络协议结构采用分层式，各层之间相互独立，每一层功能非常明确。但若分层数太少，就会使每一层协议太复杂；层数过多又会在描述和综合各层功能的系统工程任务时遇到较多的困难。由国际标准化组织（ISO）提出的开放系统互联基本参数模型（Open System Interconnection Reference Model，OSI/RM），将协议体系结构划分为表 3-3 所示的 7 层，而 CAN 的规范定义了该模型最下面的数据链路层和物理层。表 3-4 所示为此数据链路层和物理层的结构。

表 3-3　ISO 提出的开放系统互联模型

层次	名称	功能
7	应用层	最高层用户软件网络终端等之间用来进行信息交换
6	表示层	将两个应用不同数据格式的系统信息转化为能共同理解的格式
5	会话层	依靠底层的通信功能来进行数据的有效传递
4	传输层	两通信节点之间数据传输控制操作
3	网络层	规定了网络连接的建立、维持和拆除的协议
2	数据链路层	规定了在介质上传输的数据位的排列和组织
1	物理层	规定通信介质的物理特性

表 3-4　数据链路层和物理层的结构

数据链路层	逻辑控制层（LLC） 接收滤波 过载通知 恢复管理 媒体访问控制（MAC） 数据封装/拆装 帧编码（填充/解除填充） 媒体访问管理 错误检测 错误标定 应答 串行化/解除串行化
物理层	物理信令（PLS） 位编码/解码 位定时 同步 物理媒体附属装置（PMA） 驱动器/接收器特性 媒体相关接口（MDI）

为了使 CAN 中的数据链路层不致过于复杂，将数据链路层又划分为媒体访问控制（Medium Access Control，MAC）和逻辑链路控制（Logical Link Control，LLC）两个子层。MAC 子层的主要功能是：①将上层传下来的数据封装成帧进行发送（接收时进行相反过程，将帧拆卸）；②实现和维护 MAC 协议；③位差错检测；④寻址。LLC 子层的主要功能是：①建立和释放数据链路层的逻辑连接；②提供与高层的接口；③进行差错控制；④给帧加上序号。

CAN 高层的协议数据单元传到 LLC 层，加上适当的首部就构成 LLC 子层的协议数据单元 LLC PDU。LLC PDU 再向下传到 MAC 层时，加上适当的首部和尾部，就构成了 MAC 子层的协议数据单元 MAC 帧。

如果 CAN 上任一节点的输出是"0"，则在一个位时期网络上的位就是逻辑"0"；只有当所有节点的输出都是"1"时，网络上的位才是逻辑"1"，CAN 的 MAC 协议就采用了这个特性的优点。

CAN 的 MAC 协议是一个带有冲突检测的载波侦听多路存取（CSMA/CD）协议，即有信息包发送的节点要等待，直到它听到网络空闲时才开始传输该信息包的 ID。同时，这个节点保持监听状态，一旦听到网络上的一个"0"而它自己正在传输"1"时，该节点就中断自身的传输。用此方法解决网络竞争，有利于在所有竞争的信息包中具有最小 ID 的信息包。这样一来，每个消息流中信息包的 ID 成为其优先级，ID 越小优先级就越高。信息包按照其优先级进行不可抢占的传输。用针对固定优先级调度的方法就可对信息进行有效的调度，从而实现信息的准确传输。

到目前为止，CAN 是唯一有国际标准的现场总线，具有多主节点、开放式架构，以及错误检测及自恢复能力等优势，同时其短帧数据结构、非破坏性总线仲裁技术以及灵活的通信方式，使其具有高的传输速率和实时性、可靠性及抗干扰性。当两个节点间距离在 40m 以内时，CAN 可提供高达 1Mbit/s 的数据传输速率，这使实时控制变得非常容易。因此，在实时性和可靠性要求高的汽车控制领域，CAN 技术逐渐得到广泛应用并已成为发展趋势。

第四章 传感器及信号处理

传感器（Transducer 或 Sensor）的主要特征是能感知和检测某一形态的信息，并将其转换成另一形态的信息。所以传感器常定义为：能感受被测量并按照一定的规律转换成可用输出信号的器件或装置，通常由敏感元件和转换元件组成；或敏感于待测非电量信息并可将它转换为与之对应的电信号的元器件或装置的总称。

发动机控制系统是一个整体，其中传感器是使其协调工作不可缺少的关键部件。它能感知系统内外影响发动机性能的工况及各种环境变化，同时将该变化转换成适当的电信号，输入到发动机控制单元中，成为控制单元进行有效控制的重要依据。

如前所述，发动机控制系统的常用传感器有温度传感器、压力传感器、转速-曲轴位置传感器、进气流量传感器、氧传感器等。表 4-1 列出了几种常用传感器。这些传感器根据其在发动机控制系统中的作用，又可分为表示发动机工作环境条件的条件传感器、表示发动机工况并用 ECU 演算基本控制量并对发动机进行控制的功能传感器以及反馈控制用传感器等三类。其中常用的条件传感器有温度传感器和大气压力传感器等，用于 ECU 根据发动机不同的工作环境条件对控制量进行修正；功能传感器包括节气门位置传感器、转速-曲轴位置传感器等；反馈控制用传感器主要是指氧传感器，用于空燃比的反馈控制。

表 4-1 发动机控制系统的常用传感器

种类	形式（原理）	应用举例
转速-曲轴转角位置传感器	电磁线圈式	1. 发动机转速传感器
	霍尔效应式	2. 曲轴位置传感器（CPS）
	光电式	3. 气缸位置传感器
		4. 车速传感器（VSS）
节气门位置传感器	可变电阻式	节气门位置传感器
温度传感器	热敏电阻式	1. 冷却液温度传感器（ECT）
		2. 进气温度传感器（IAT）
流量传感器	热线（膜）式	空气质量流量计（MAF）
	卡门涡式	
压力传感器	压容式	进气支管绝对压力传感器（MAP）
氧传感器	二氧化锆型	通过排气管中的氧浓度检测空燃比
	二氧化钛型	
	稀薄空燃比（LAF）传感器	

第四章 传感器及信号处理

本章主要介绍发动机控制系统几种常用传感器的测量原理、测量电路,传感器与控制单元的接口,电控单元(ECU)对传感器信号进行数据采集和数据处理方面的基本概念。

第一节 进气流量传感器

为了达到发动机在油耗、功率与有害物排放之间的良好平衡,需要精确控制缸内燃烧的混合气浓度。为此需要精确测量或推测进入气缸的空气流量。如第三章所述,由于进入气缸的空气流量的测量方式不同,电控汽油喷射系统分为质量流量式、速度-密度式及节气门-速度式三种。这种分类方法已明确指出电控汽油喷射系统中准确测量进入气缸的空气流量的重要地位。目前在市场上应用比较普及的质量流量式电控汽油喷射系统,就是采用空气质量流量传感器(Mass Air Flow sensor,MAF)来测量发动机燃烧所需进入气缸的空气量。MAF常安装于空气滤清器与节气门体之间的进气通道上,常见的 MAF 形式有流量板式、热线式、热膜式及卡门涡式等几种。流量板式流量传感器为早期产品,已被淘汰,在此不再介绍。

一、热线式传感器

热线式传感器又称热线式流量计,是通过控制流经热线(导线)的电流来加热热线,进而通过热线向周围环境(流体)传热时的传热量与流体的质量流量之间的关系来测量进气流量的。

图 4-1 所示为热线式流量计的测量原理。在空气流动场中放置一根发热体(热线),向周围流动的空气放热而冷却。当空气流速增加时,对热线的冷却强度增强,提高了热线向空气流的传热量。根据热线与空气流量之间的传热现象,设传热系数为 K [W/(m²·K)],则

$$K = a + b\sqrt{q_m} \quad (4\text{-}1)$$

式中,a、b 为常数;q_m 为空气质量流量(kg/s)。

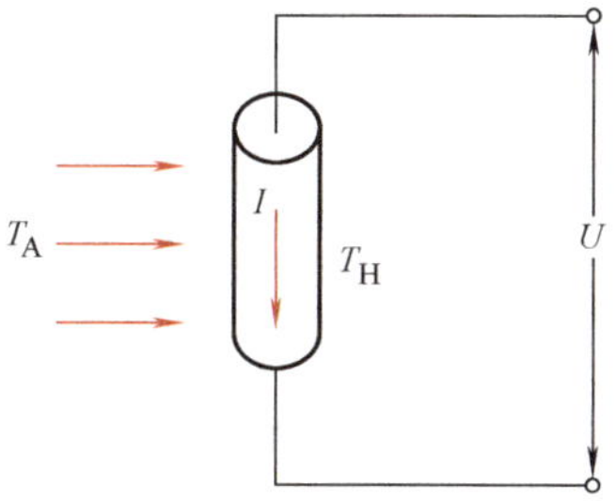

图 4-1 热线式流量计的测量原理

由热平衡关系式,对热线有

$$UI = KA(T_H - T_A) = (a + b\sqrt{q_m})A(T_H - T_A) \quad (4\text{-}2)$$

式中,A 为热线传热面积(m²);T_H 为热线温度(K);T_A 为空气流温度(K);I 为热线电流(A);U 为热线两端电压(V)。

当保持热线与空气流的温差($T_H - T_A$)为一定值时,有 $UI \propto a + b\sqrt{q_m}$,$U = IR$,所以

$$I \propto \sqrt{a + b\sqrt{q_m}} \quad (4\text{-}3)$$

即流通热线的电流大小与空气的质量流量 q_m 成正比。所以,这种测量方式不需要空气密度的修正。根据空气质量流量的变化及其散热能力,通过图 4-2 所示的惠斯通电桥控制流经热线的电流,使温差($T_H - T_A$)保持一定。图中,R_H 表示热线电阻,由厚度 70μm 的铂金(Pt)丝构成,常用正温度系数(PTC)电阻线;R_K 为温度补偿电阻,属负温度系数(NTC)热敏电阻,它只根据进气温度改变电阻值,不受流量影响。温度升高时电阻变小,温度降低时电阻变大。R_1 与 R_2 都是高阻抗电阻,其作用是维持左半边电路的固定电阻值,使 b 点电压 U_b 保持在一定范围内。R_3 是一个固定精密电阻,其两端电压降信号 U_3 可作为 ECU 判断空气流量的信号。

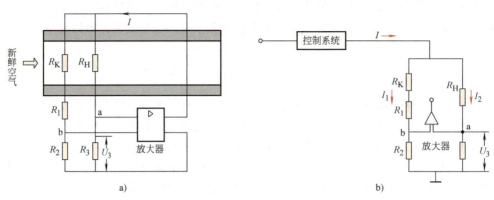

图 4-2 热线式流量计电路
a）惠斯通电桥　b）电桥等效电路

惠斯通电桥中，利用了"固定温度"的原理，由定温差控制电路控制 0.5~1.2A 的加热电流给热线，使热线保持在固定温度（如 160℃）。空气流对热线散热越强（流速越高），热线就越冷，保持固定温度所需要的加热电流也就越大。所以，随着发动机进气流量的增加，热线电阻 R_H 降低，使图 4-2 中 a 点的电位 U_a 上升，U_a 与 U_b 电位发生变化。于是有电流在电桥中流动，此电流信号经过放大器放大后，送到定温差控制系统，以增加流向热线的电流，使热线恢复到原来的温度（160℃）。电路中，由于 R_1、R_2 都是高阻抗电阻，所以电桥左边电流 I_1 很小，而 R_K 的电阻值随进气温度的变化而变化，其作用是补偿热线因受进气温度变化而造成的本身电阻值的变化量，避免由此所造成的空气流量的测量误差。

图 4-3 所示为这种热线式流量计的输出特性，输出电压信号基本上与空气质量流量呈线性关系。因此，只要在任何工况下准确地测量出流经热线的电流或施加在热线两端的电压，就可以求得进入气缸的实际质量流量。其中，热线输出电压为加热电流和精密电阻 R_3 的乘积，即 $U=I_2R_3$。

二、热膜式传感器

热膜式传感器也称热膜式流量计（Hot Film Mass Flowmete，HFM），是热线式流量计

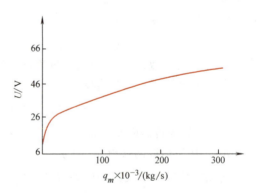

图 4-3 热线式流量计的输出特性

的换代产品，其测量原理和热线式流量计完全一样。但在结构上，热膜式流量计不使用铂丝作为热线，而是将热线电阻、补偿电阻、精密电阻等用厚膜工艺制作在同一陶瓷基片上构成热膜，由此降低制造成本，图 4-4 所示为热膜式流量计。在工作时，测量元件（发热体）不直接承受进气流动所产生的作用力，从而提高了发热体的强度，不但进一步提高空气流量计的可靠性和使用寿命，也使误差减小，测量更稳定，克服了热线式流量计在高速气流对热线冲击使其颤动而造成信号不稳定的缺点。

为了进一步提高测量精度，热膜式流量计内部设有稳压电路，以便控制热膜两端电压保

持恒定，使其不受外部电源变动的影响。由于这种流量计基于热膜表面与空气的热传导，热膜上的任何沉积物都将对输出信号产生有害的影响，因此控制电路中设有自动清洁功能，即每当发动机熄火后4s，控制电路发出控制电流，使热膜温度迅速升至高温，加热1s，将粘附于热膜表面的污染物完全烧净。

热膜式流量计具有进气阻力小、响应速度快、测量精度高、更耐用的特点，可识别进气回流，消除进气脉动对测量精度的影响，所以提高了对进气质量流量的测量精度，可更精确地控制发动机的工况，对日益严格的排放法规有更好的适应性。因此，现在车用汽油机电控系统多采用热膜式流量计。

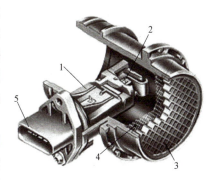

图4-4　热膜式流量计
1—控制电路盒　2—热膜　3—导入格栅
4—滤网　5—插座

热膜式流量计非常敏感，各种杂质（如灰尘或油泥）都会损害其薄膜，并导致错误的测量结果，因此需要精心维护。

三、卡门涡式传感器

卡门涡式传感器又称卡门涡式流量计，其测量原理是当层流流场中放置一个涡发生体，则在其后按一定频率产生一群涡，该涡产生的频率与层流速度之间的关系为

$$f = St \frac{v}{d} \tag{4-4}$$

式中，St 为斯坦顿数，当 $Re = 10 \sim 10^4$ 时，$St = 0.138 \sim 0.148$；d 为涡发生体的特征尺寸（m）；v 为来流速度（m/s）。

由于这种现象是卡门通过试验发现的，所以这种涡称为卡门涡群。实际流场一般都是湍流状态，所以为了满足卡门涡频率式（4-4），在发动机进气系统中先通过整流器对进气流进行整流，使其雷诺数控制在 $Re = 10 \sim 10^4$ 范围内，由此保证 St 为常数（$St = 0.138 \sim 0.148$）。这样，当测量系统结构参数一定时，卡门涡频率由式（4-4），得到

$$f \propto v \tag{4-5}$$

即通过测量卡门涡频率f，就可以计算出进入气缸的空气流速v，结合卡门涡式流量计的流通截面积，可求得空气体积流量 q_V。

另外，设在标准大气条件（p_s、T_s）下的进气密度为 ρ_s，则此时流经卡门涡式流量计的质量流量为 $q_{ms} = \rho_s q_V$。当进气压力、温度分别为 p、T（密度为 ρ）时的任意工况下，实际进入气缸的空气的质量流量为 $q_m = \rho q_V$。即进气密度的变化不影响用这种方式所测量的体积流量 q_V。所以，考虑到状态方程 $p/\rho = RT$，有

$$\frac{q_m}{q_{ms}} = \frac{\rho q_V}{\rho_s q_V} = \frac{\rho}{\rho_s} = \frac{T_s}{T} \frac{p}{p_s} \tag{4-6}$$

在标准大气条件下，p_s、T_s、ρ_s 均为常数，所以式（4-6）可改写为

$$q_m = K \frac{p}{T} q_V \tag{4-7}$$

式中，K 为常数，$K = T_s \rho_s / p_s$。

可见，只要测出卡门涡频率就可求得进气体积流量，同时测得进气压力和温度，进而求得进气质量流量。

卡门涡式流量计由涡发生体、卡门涡频率测量系统以及温度压力传感器等组成。卡门涡频率的测量方式有通过导压孔、反射镜、发光二极管/光敏晶体管等构成的测量系统和超声波测量系统两种。这里，介绍用超声波方式测量卡门涡频率的方法。图 4-5 所示为超声波卡门涡式流量计的测量原理。在进气过程中，气流流过涡发生体时，在涡发生体所在水平线为界的通道上半部和下半部分别形成转动方向相异的稳定的卡门涡群。在卡门涡通道上部侧壁的位置上装有超声波发射器，它可以发射出固定频率的超声波，而在发射器的对面通道下部，则装有超声波接收器。当发动机未起动时，由于没有空气流过进气通道，所以超声波发射器发出的超声波到达接收器所需的时间 T 是固定不变的，如图 4-6a 所示；当发动机起动后开始有空气流过涡发生体而产生卡门涡时，由超声波发射器所发送的固定频率超声波与涡发生作用，此时如果超声波在涡发生体所在水平线的上半部分遇到顺时针旋转的涡流时，接收时间开始增加，到峰值 T_1 以后又逐渐缩短，如图 4-6b 所示；然后超声波在下半部分遇到逆时针涡流时，超声波接收时间开始缩短，到最低峰值 T_2 后开始逐渐增加，如图 4-6c 所示。超声波在发射途中交替与正反涡流产生作用，造成接收时间产生如图 4-7 所示的变化曲

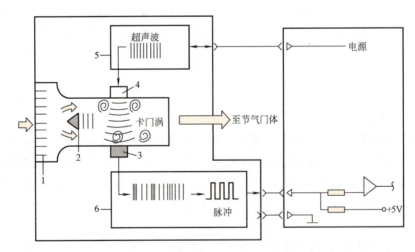

图 4-5 超声波卡门涡式流量计测量原理

1—整流器 2—涡发生体 3—接收器 4—发射器 5—放大器 6—转换模块

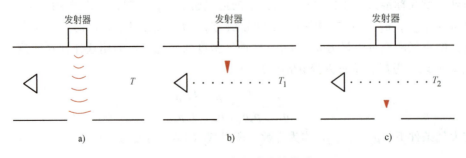

图 4-6 卡门涡与超声波的关系

a) 无涡流时 b) 正向涡流时 c) 逆向涡流时

线。接收器将此信息送到转换模块从而形成输出脉冲信号，由此求得卡门涡的频率（这里为脉冲频率）。该脉冲系列表示进气量少（进气速度低）时，脉冲频率低；进气量多（进气速度高）时，脉冲频率高。脉冲频率与进气量成正比。

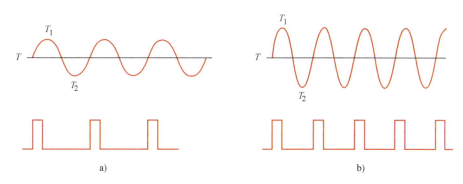

图 4-7 脉冲频率与进气量的正比关系
a）进气量少 b）进气量多

第二节 节气门位置传感器

根据将节气门开度转化为电信号的方式不同，节气门位置传感器可分为两类，一类是通过电位计将节气门开度的变化转化为电信号的可变电阻式线性节气门位置传感器，另一类是用触点的接触方式将节气门开度位置转化为电信号的开关式节气门位置传感器。

一、线性节气门位置传感器

线性节气门位置传感器（Throttle Position Sensor，TPS）的结构如图 4-8 所示，主要由两个触点（电刷）、可变电阻体以及电源等组成。其中节气门开度检测电刷（可动触点）在固定于基板上的电阻体上与节气门开度同步滑动，得到与节气门开度线性变化的输出电压，由此检测节气门开度。但是对一定节气门开度电阻体上的电阻值有一定分散度，所以要精确测量节气门开度是比较困难的。为了准确地测量节气门全关闭（怠速）状态，在线性节气门位置传感器上专门设置了另一个怠速触点，用来专门检测怠速状态，确保怠速工况的精确判断。

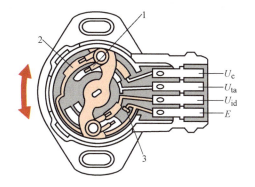

图 4-8 线性节气门位置传感器结构
1—节气门开度检测电刷（可动电刷）
2—电阻体 3—怠速电刷

在实际工作时，随节气门开度的变化两个电刷同时转动，其中可动触点在可变电阻体上滑动，其位置的变化实际上改变了电阻值，所以随节气门开度改变了其输出电压 U_{ta}。因此，通过检测此输出电压 U_{ta}，就可以测量节气门开度。而怠速电刷此时为同步空转状态，只有当节气门全关闭时才与怠速触点接通，由此准确地测量怠速状态。图4-9所示为这种节气门位置传感器的输出特性。

图4-10所示为线性节气门位置传感器的测量电路。这是一个分压电路。R_1为限流电阻，R_2为电位计，M点即为表征节气门开度的可动触点。M点可在R_2上从B'到C'之间滑动；B'表示节气门全开位置；C'表示节气门全关位置。M点的电压值由R_{BC}（B～C间的电阻值）在总电阻值（R_1+R_2）中占的比例而定，即

$$U_M = \frac{R_{BC}}{R_1+R_2}U_R \tag{4-8}$$

式中，U_M为M点处电压值；R_{BC}为B与C（搭铁）之间的电阻值，亦即可动触点与搭铁之间的电阻值；U_R为稳压器电压。

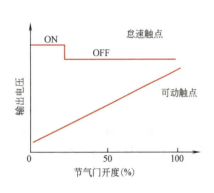

图4-9 线性节气门位置传感器的输出特性 　　图4-10 线性节气门位置传感器的测量电路

一般TPS在怠速位置时，其电阻值约为1kΩ，分压为0.5～1V；而在全开位置（Wide Open Throttle，WOT）时，电阻值约为4kΩ，分压为3.8～4.5V。

为使测量更为精确，还经常采用如图4-11所示的电路，即取消分压电阻，而多加一个带上拉电阻的电路。TPS的安装位置易受到发动机高温的影响而导致其电阻值的变化，从而影响测量精度，而带上拉电阻的电路能够补偿发动机温度对TPS电阻值所产生的影响。

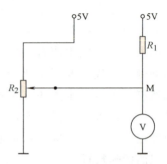

图4-11 带上拉电阻的节气门位置传感器测量电路

二、开关式节气门位置传感器

开关式节气门位置传感器的结构如图4-12a所示，主要由与节气门同轴转动的导向凸轮槽、沿导向凸轮槽滑动的可动触点、功率触点、怠速触点等组成，其中功率触点和怠速触点固定不动。开关式节气门位置传感器输出信号的测量电路如图4-12b所示。

当节气门完全关闭时，可动触点与怠速触点相接触，通过怠速触点输出的信号检测出发动机的怠速状态。在节气门开度较大（>50%）时，可动触点与功率触点相接触，通过功率

触点输出的节气门大开度信号检测出发动机大负荷状态。在节气门中小开度范围内，该结构保证可动触点与功率触点和怠速触点均不接触，所以无输出信号。这种开关式节气门位置传感器的输出特性如图 4-13 所示。这种传感器的特点是结构简单，成本低。

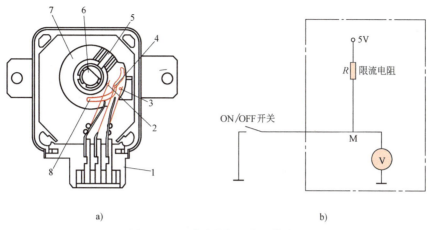

图 4-12　开关式节气门位置传感器

a）结构　b）测量电路

1—插座　2—功率触点　3—怠速触点　4—可动触点　5—传动杆　6—节气门轴　7—导向凸轮　8—导向凸轮槽

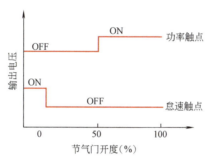

图 4-13　开关式节气门传感器的输出特性

第三节　转速-曲轴位置传感器

转速-曲轴位置传感器根据其测量原理的不同，可分为电磁线圈式传感器、霍尔式传感器和光电式传感器三种。

一、电磁线圈式传感器

电磁线圈式传感器是根据法拉第电磁感应定律，将转速变化引起的磁通量的相应变化转化成电信号来测量转速的。如图 4-14 所示，电磁线圈式传感器主要由转子、感应线圈、永久磁铁等组成，常安装在分电器轴上或直接安装在曲轴上。转子上设有凸缘，当转子（凸缘）随分电器轴（或曲轴）旋转时，凸缘和永久磁铁之间的间隙发生变化，使磁通量随之变化，于是在感应线圈中产生周期性变化的感应电动势 E，并且是阻碍磁通量变化的。因此，在电路上产生如图 4-15 所示的交流电，通过检测此交流电的波形可测量发动机的转速。实际传感器是由多齿转子和感应线圈构成，为了判断曲轴转角位置，相对感应线圈安装位置在多齿转子上对应第一缸上止点（或上止点前某一角度）位置，做成一个缺齿轮，由此可精确地检测曲轴转角位置和发动机转速。

如果把这种电磁线圈式传感器安装在分电器轴或凸轮轴上时，其输出的脉冲信号频率与多齿转子齿数和凸轮轴转速之间的关系为

$$f = \frac{zn_p}{60} \quad (4-9)$$

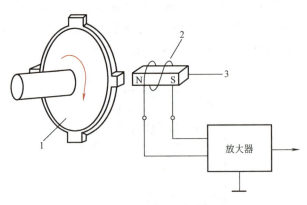

图 4-14　电磁线圈式传感器原理
1—转子　2—感应线圈　3—永久磁铁

式中，f 为感应电动势频率；n_p 为凸轮轴转速；z 为多齿转子齿数。

可见，电磁线圈式传感器输出的电压信号频率变化直接反映凸轮轴（或曲轴）的转速情况。

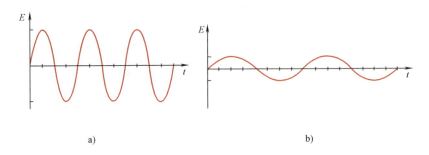

图 4-15　电磁线圈的感应电动势与转速的关系
a）转速快时，E 大 f 高　b）转速慢时，E 小 f 低

电磁线圈式传感器也可用于气缸识别传感器，即为了识别气缸，专门在凸轮轴或分电器轴上设置单齿转子和感应线圈组成的电磁线圈式传感器，通过感应线圈的安装位置保证当第一缸在上止点（或上止点前某一角度）时，单齿对应感应线圈，其输出信号作为第一气缸基准脉冲信号，并根据发火顺序可判定其他工作气缸。对柴油机，可在喷油泵凸轮轴上设置多齿触发轮，但在第一缸上止点前某一角度位置多设一个齿，多出的齿对应的输出信号作为第一气缸的基准信号。

这样，通过气缸识别信号和转速信号，针对不同转速可精确地控制各缸的喷射时刻和点火时刻等。

二、霍尔式传感器

霍尔式传感器如图 4-16 所示，主要由霍尔元件、旋转遮罩板、永久磁铁等组成。霍尔效应如图 4-16a 所示，是在流通电流 I 的导体上，垂直于电流方向施加磁通密度为 B 的磁场时，在垂直于由 I 和 B 构成的平面上将产生感应电压 U_H。感应电压 U_H 的大小可用式（4-10）表示，即

$$U_H = kBI \quad (4-10)$$

式中，k 为常数；B 为磁通密度；I 为垂直于磁场方向流动的电流。

当旋转遮罩板随曲轴旋转时，按一定频率切割磁场，使磁通密度 B 发生同步变化，所产生的感应电压 U_H 也随之而变，从而输出连续的方波信号。ECU通过检测此方波信号的频率即可计算出转速或曲轴转角位置信号。这种传感器的特点是抗干扰能力比较强，所以在车用发动机上应用比较广泛。

三、光电式传感器

光电式传感器如图4-17所示，主要由发光二极管、光栅、光电二极管等组成。图4-18所示为光电式传感器电路。将发光元件（发光二极管）发出的光束通过与曲轴同步旋转的带槽光栅盘之后，由光电二极管接收，并将光信号转换成电信号输出。光栅随曲轴同步旋转，因此通过透过光栅的光电信

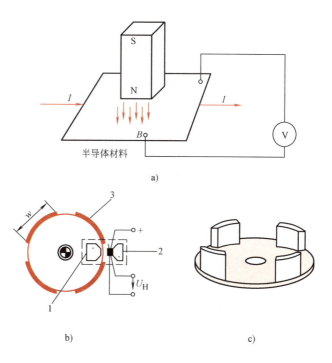

图4-16 霍尔式传感器
a）霍尔效应 b）霍尔组件 c）遮罩板
1—永久磁铁 2—霍尔元件 3—旋转遮罩板

号脉冲可测出曲轴转角位置和发动机转速。光电式传感器的优点是不受由起动机、交流发电机以及点火系统等所产生的磁场的干扰。但是为了防止灰尘等的污染，需要防尘密封装置。

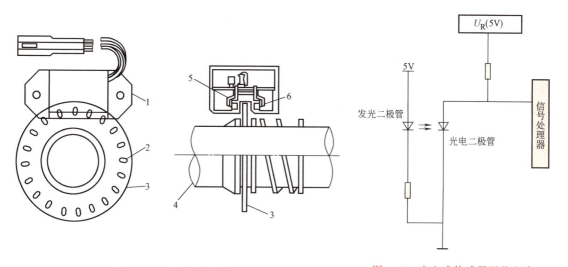

图4-17 光电式传感器
1—传感器壳 2—开口槽 3—光栅 4—转向轴
5—发光二极管 6—光电二极管

图4-18 光电式传感器测量电路

第四节 温度、压力传感器

温度和压力传感器作为检测发动机工作条件的传感器,其测量精度及响应特性直接影响ECU的控制精度和响应特性。因此,在发动机控制系统中,根据不同环境条件的变化,快速、精确地测量发动机的温度和进气压力状态,以精确控制喷油量等控制参数,对改善发动机整机性能具有非常重要的意义。发动机温度传感器主要有进气温度传感器、冷却液温度传感器和油温传感器等,而压力传感器主要有进气压力传感器。发动机的工作温度状态往往用冷却液温度来表示。当冷却液温度低时,进气温度、润滑油温度也低,直接影响燃油的雾化特性和润滑性能,所以常用冷却液温度和进气压力表示发动机的工作状态,并以此作为修正喷油量等控制参数的主要依据。

一、温度传感器

在发动机控制系统中,冷却液温度传感器常用热敏电阻式。图4-19所示为热敏电阻式传感器的基本结构。热敏电阻(Thermistor)的特点是其电阻随温度而变化。由于其电阻随温度变化的不同特性,又分为电阻随温度成正比变化的正温度系数(PTC)热敏电阻和电阻随温度成反比变化的负温度系数(NTC)热敏电阻两种。

NTC型温度传感器的结构是将氧化镍、氧化钴、氧化锰等过氧化物金属混合烧结成的反应材料,封入抗酸蚀、耐高温的金属、树脂或陶瓷等材质的封装体内,同时从体内引出信号线和搭铁线而成。也有些温度传感器直接利用传感器外壳搭铁。PTC型温度传感器的结构与NTC型基本相同,但因其烧结混合材料以陶瓷材料BaTiO₃为主要成分,因而导致其电阻随温度成正比变化。

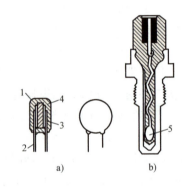

图4-19 热敏电阻式传感器的结构
a) 热敏电阻构造 b) 温度传感器
1—封闭树脂 2—导线 3—电极
4—反应材料 5—NTC热敏电阻

图4-20所示为两种温度传感器的输出特性曲线。可以看出,在发动机工作过程中,冷却液温度和进气温度变化范围内,NTC型传感器具有良好的线性度,所以常采用NTC型温度传感器来检测发动机冷却液温度及进气温度。

以冷却液温度传感器(Engine Coolant Temperature Sensor,ECTS)为例,实际应用中,如图4-21所示在温度测量电路中,ECTS常与一个限流电阻串联形成分压电路,分别接于5V电源和信号地。当发动机冷却液温度较低时,ECTS有较高的电阻,其两端输出较高的电压;而当发动机达到正常工作温度后,ECTS电阻便会下降,两端电压降低。在发动机工作温度范围内传感器两端输出0~5V之间的电压信号,将此输出信号经过滤波和A-D转换后,传输到ECU进行数据采集、处理。

为了进一步提高温度测量精度,常采用图4-22所示的NTC型双斜式温度传感器测量电路。由此,当发动机冷却液温度处于低温时,ECTS电阻值高,所以M点电位高,晶体管VT处于截止状态,此时M点的电压U_M^I如式(4-11)表示为R_1和R_{ECT}之间的分压;随着发动机温度逐渐升高，M 点的电压相应地降低，当达到设定值（例如 1.25V）时，晶体管 VT 导通，R_2 瞬间与 R_1 并联，此刻 M 点的电压突然向上跳跃，然后再随温度的升高而逐渐降低，此时的输出电压 U_M^{II} 如式（4-12）所示。图 4-23 所示为这种双斜式温度传感器的输出电压信号随冷却液温度的变化特性。

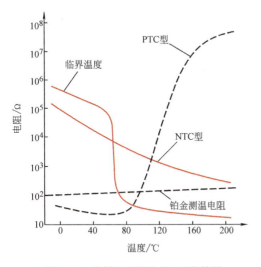

图 4-20　热敏电阻的电阻-温度特性　　　　　　图 4-21　ECTS 测量电路

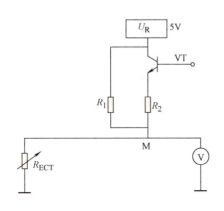

图 4-22　双斜线式温度传感器测量电路　　　　图 4-23　双斜线式温度传感器的输出特性

$$U_M^{I} = \frac{R_{ECT}}{R_1 + R_{ECT}} U_R \tag{4-11}$$

$$U_M^{II} = \frac{R_{ECT}}{R_1 // R_2 + R_{ECT}} U_R \tag{4-12}$$

显然，利用这种两段斜线式测量方式测量温度，会比只用一段斜线表示同样的温度范围更为精确，尤其对于高温段更精确。

二、压力传感器

在发动机控制系统中，进气压力传感器（Manifold Absolute Pressure Sensor，MAPS）有

压敏电阻式、可变电容式等多种，主要用来检测进气支管或稳压箱内的绝对压力及其变化量。对速度-密度式电控汽油喷射系统中，ECU 根据发动机转速和进气压力、温度信息来控制基本喷油量。

压敏电阻式进气压力传感器是利用压电效应来检测进气压力的。所谓压电效应是指单晶硅材料在受到应力作用时其电阻率发生明显变化的现象。利用硅的压电效应和微电子技术制成的压敏电阻式传感器，具有灵敏度高、动态响应好、测量精度高、尺寸小、安装方便等特点而广泛应用于车用发动机上。图 4-24 所示为压敏电阻式进气压力传感器及其测量电路，由压力变换元件和把变换元件输出信号进行放大的混合集成电路等构成。其中，压力变换元件一般采用线膨胀系数接近于单晶硅的铁镍锆合金（线膨胀系数为 $4.7×10^{-6}$℃）制成的硅膜片，具有良好的压电效应。硅膜片的一面是真空室，另一面导入进气支管压力。

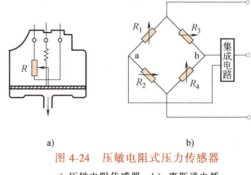

图 4-24　压敏电阻式压力传感器
a）压敏电阻传感器　b）惠斯通电桥

在可发生压力形变的硅膜片上集成如图 4-24b 所示的惠斯通电桥，当电桥平衡时，电桥交叉臂电阻的乘积相等（$R_1R_4=R_2R_3$），故 a、b 两端电压相等，电流为 0A；反之，当电桥在压力的作用下产生变形时，电桥不平衡（$R_1R_4≠R_2R_3$），a、b 端产生的电流输出到集成电路上，通过信号处理转变为电压信号，再传送至 ECU。进气管压力越高，硅膜片变形越大，从而传感器输出电压越大。为了提高传感器的灵敏度，将硅膜片中的 4 个应变电阻采用差动电桥连接方式，此时 R_2 和 R_4 在膜片变形时受到拉力，电阻随压力的增加而增大；而 R_1 和 R_3 是受到压力，电阻随压力的增大而减小。这种连接法与惠斯通电桥式和开尔文电桥式的连接法相比，分别提高为原输出电压的 2 倍和 4 倍左右。

可变电容式进气压力传感器，是用彼此平行的陶瓷材料（氧化铝）板形成电容的两个电极，中间抽成真空。图 4-25 所示为对压力产生反应的可变电容器，称为压敏电容器（Pressure Sensitive Capacitor）。当中间两极板间真空度发生变化时，两极板间隙随之变化，从而使电容器的电容也随之改变。

图 4-26a 所示为张弛振荡器电路，由 $f=1/(2\pi RC)$ 可知，电容的大小可决定电路的充放电时间，并直接决定输出方波的频率，其输出波形如图 4-26b 所示。可变电容式压力传感器就是根据此电路原理设计的。当进气压力的变化使电容发生变化时，振荡器电路的谐振频率发生相应的变化，振荡器的输出频率与进气压力成正比，其变化范围在 80~120Hz 之间。

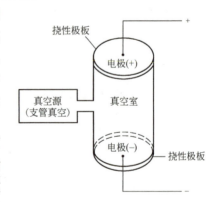

图 4-25　可变电容器

图 4-27 所示为电容式压力传感器（MAP）的测量电路，传感器送出的频率信号经过频率-电压转换后，再通过滤波、A-D 转换，然后传送到 ECU 进行采样处理。

第四章 传感器及信号处理

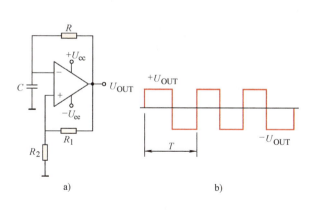

图 4-26 张弛振荡器
a) 电路 b) 输出波形

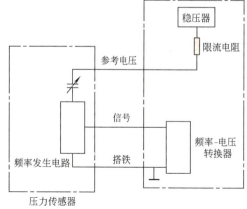

图 4-27 压力传感器的测量电路

第五节 氧 传 感 器

氧传感器作为汽油机空燃比反馈控制的重要传感器，在汽油机排放控制方面起到重要的作用。正是因为有了氧传感器，才能把汽油机工作时的混合气浓度严格控制在理论空燃比上，因而才有可能有效地利用三效催化转换装置，把汽油机的 CO、HC、NO$_x$ 三种有害排放物控制在很低的水平。可以说，氧传感器的发明和应用是在汽油机排放控制方面的一项重要创举。所以，了解和掌握氧传感器的结构特点和工作原理是很有必要的。

一、二氧化锆式氧传感器

二氧化锆（ZrO_2）式氧传感器是目前应用最多的一种，其结构如图 4-28 所示。在 U 形 ZrO_2 元件的内外壁上设置铂金电极。为了保护铂金电极并保温，在其表面上涂有陶瓷。U 形 ZrO_2 元件的内表面与氧浓度高（氧的体积分数为 20%）的大气连通，而其外表面则与氧浓度低的排气相接触。ZrO_2 元件在高温（300℃ 以上）下，其内外表面有氧浓度差时，处于游离状态的氧离子就会从浓的一侧流向稀的一侧，从而产生电动势 E，即 ZrO_2 元件所产生的电动势 E 与其内外表面的氧浓度差有关，可表示为

$$E = \frac{RT}{4F}\ln\frac{p_{O_2''}}{p_{O_2}} \quad (4-13)$$

式中，F 为法拉第常数（C/mol）；p_{O_2} 为排气中的氧分压（Pa）；$p_{O_2''}$ 为大气

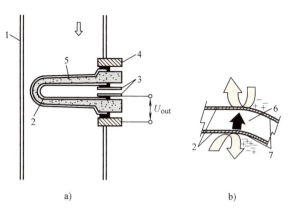

图 4-28 二氧化锆式氧传感器
a) 结构 b) 断面
1—排气管 2—铂金电极 3—触头 4—外壳 5—ZrO_2 元件
6—在 ZrO_2 元件产生的电压 7—ZrO_2 套管的表面

中的氧分压（Pa）；R 为气体常数 [J/(mol·K)]；T 为热力学温度（K）。

可见，当氧传感器内外表面的氧浓度差增大时，所产生的电动势随之增加。但是在实际燃烧过程中，即使是在理论混合气下燃烧，在排气中仍存在一定的氧浓度。如图 4-29a 所示，随着过量空气系数的增加，排气中氧浓度增加，所以产生不了足够大的电动势，这就难以准确地检测理论空燃比。解决这一问题的措施就是采用具有催化作用的铂金电极，在较浓的混合气（$\phi_a<1$）下，排气中残存的低浓度的氧在铂金电极的催化作用下，与电极附近的 CO、HC 反应使之氧化成 CO_2 和 H_2O，促使氧传感器外侧的氧浓度趋于零，从而氧浓度差剧增，产生 1V 左右的电动势；而在空气量较多的稀薄混合气（$\phi_a>1$）时，因排气中的氧浓度高，而 CO、HC 浓度低，所以尽管氧与 CO、HC 反应使之氧化成 CO_2 和 H_2O，但仍存在残存的氧，故氧浓度差较小，所以所产生的电动势 E 较小，如图 4-29b 所示，电动势在理论混合气（$\phi_a=1$）附近获得跳跃式的变化。图 4-30 所示为发动机在正常工作时二氧化锆式氧传感器输出的基本波形，当发动机工作在理论混合气附近时，传感器输出 0.45V 电压，如果混合气偏浓，输出电压突变为 0.6~0.9V；当混合气进一步变浓时，输出电压缓慢增加到 0.9V 后封顶。反之，如果混合气偏稀时传感器输出电压突变为 0.3~0.1V，当混合气进一步变稀时，输出电压缓慢降低到 0.1V 后达到谷底。因此，在 0.1~0.9V 两端过浓或过稀的混合气状态下，这种氧传感器已无法进行准确测量，只是在理论混合气（$\phi_a=1$，或空燃比 $A/F=14.7:1$）附近比较狭窄的范围内进行精确测量。

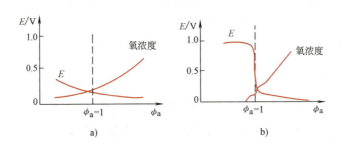

图 4-29 二氧化锆式氧传感器的输出特性

a）无铂金时 b）有铂金时

二氧化锆式氧传感器的特点是在高温下起作用，如果环境温度 T 变化，其输出特性也随之变化。二氧化锆式氧传感器的工作温度在 300℃ 以上，所以为了保证氧传感器处于高温状态下工作，除表面进行涂陶瓷保温处理外，应尽可能安装在高温处；或使用加热型氧传感器（图 4-31），即在 ZrO_2 元件内侧设置表面涂陶瓷的加热管，使之始终保持处于高温状态。

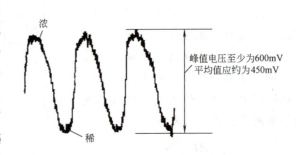

图 4-30 二氧化锆式氧传感器的输出波形

二氧化锆式氧传感器对电路电阻非常敏感，除此之外，也受其他电子脉冲源的干扰，如火花塞高压线、充电系统线路等。因此，从二氧化锆式氧传感器到控制模块间的线材，必须采用包覆性良好的绝缘材料作保护层。

二、二氧化钛式氧传感器

二氧化钛（TiO_2）式氧传感器的特点是结构简单、体积小、

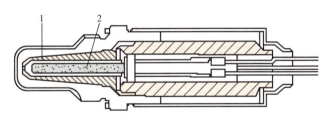

图 4-31　加热型氧传感器

1—ZrO_2 元件　2—加热管（表面涂陶瓷）

制造成本低。它与二氧化锆式氧传感器的不同点在于，二氧化锆式氧传感器是通过氧浓度差异而产生的电压输出来测量排气中的氧浓度；而二氧化钛式氧传感器则是利用其电阻随所处环境中氧浓度的变化而变化的特点来测量排气中的氧浓度。当混合气浓时，TiO_2 本身因缺氧而成为低电阻状态的氧化物；当混合比变稀时，TiO_2 吸收氧气而形成高电阻状态的氧化物。TiO_2 的阻抗变化特性与其周围氧浓度的关系可用下式表示：

$$R = A e^{\frac{E}{kT}} p_{O_2}^{l/m} \tag{4-14}$$

式中，A 为常数；T 为热力学温度；E 为活化能；l/m 为与晶格空穴有关的常数；p_{O_2} 为氧的分压；k 为玻尔兹曼常数。

当空燃比小于理论空燃比（$A/F<14.7$ 或 $\phi_a<1$）时，氧浓度很低，由式（4-14）可知，TiO_2 的阻抗值 R 很小。随着空燃比的增加，氧浓度升高，TiO_2 的阻抗也随之增大。从图 4-32 可以看出，二氧化钛式氧传感器提供了非常优异的信号转换性，在理论混合气（$\phi_a=1$）前后的电阻变化几乎是瞬时的。但这种氧传感器的缺点是随温度 T 的变化，其阻抗值 R 变化较大，所以需要相应的修正。

图 4-33 所示为二氧化钛式氧传感器的测量电路。通过加热电路，可使发动机冷起动后不久便进入二氧化钛式氧传感器的有效测量范围。但由于其电阻的变化受排气温度影响很大，故需加装温度补偿电路。

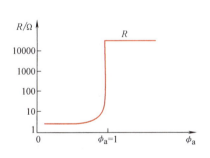

图 4-32　TiO_2 的阻抗特性

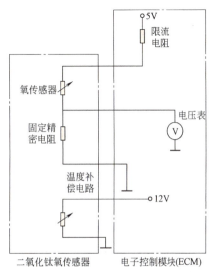

图 4-33　二氧化钛式氧传感器的测量电路

三、稀薄混合气（LAF）传感器

随着石油能源紧缺，稀薄燃烧技术作为节能的重要措施而倍受国内外重视，但其关键技术之一就是稀薄燃烧混合气浓度的精确控制。上述两种氧传感器（ZrO_2、TiO_2）的共同缺陷是只能测量理论混合气，而对稀薄混合气浓度则不能精确测量，所以专门开发研制出稀薄混合气（Lean Air Fuel，LAF）传感器，以测量更稀薄的混合气浓度。图 4-34 所示为 LAF 传感器的结构与测量原理。其中，在 U 形 ZrO_2 元件的内侧流过氧浓度一定的新鲜空气，而 U 形 ZrO_2 元件外侧始终暴露在排气中。当发动机在稀薄混合气下工作时，在 ZrO_2 元件内外侧的氧浓度差很小，无法测量混合气浓度，但是当 ZrO_2 元件内外侧两端的铂金电极上施加电压时，在其内部与排气中的氧浓度成比例的氧离子（O^{2-}）移动从而形成电流。这种电流具有随施加电压增加当达到一定值后就饱和的临界电流特性。此时临界电流值的大小与氧分压存在如式（4-15）所示的对应关系。

$$I_0 = \frac{k D_{O_2} p S}{Tl} \ln \frac{1}{1 - p_{O_2}/p} \qquad (4-15)$$

式中，k 为常数；D_{O_2} 为氧的扩散系数；p 为全压；S 为扩散层面积；T 为热力学温度；l 为扩散层的厚度；p_{O_2} 为氧的分压。

当空燃比（A/F）大于 15 时，流经 ZrO_2 元件上的电流与空燃比成比例的关系（图 4-34c）。因此只要准确测出稀薄混合气下燃烧时排气中的氧分压，就可以精确地测量稀薄混合气的空燃比。

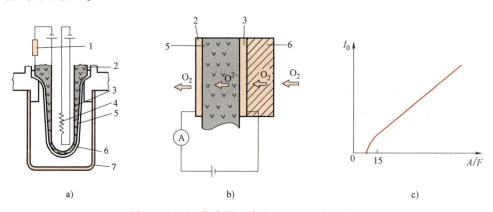

图 4-34　LAF 传感器及其测量原理和输出特性
a）LAF 传感器　b）测量原理　c）输出特性
1—检测电流电阻　2—排气侧电极　3—大气侧电极　4—加热器　5—ZrO_2 元件　6—镀层　7—保护罩

四、宽域氧传感器

随着汽车尾气排放法规的日趋严格，传统的氧传感器已不能满足节能减排要求，取而代之的是控制精度更高的宽域氧传感器。顾名思义，宽域氧传感器（Universal Exhaust Gas Oxygen Sensor，UEGOS）的空燃比（氧浓度）的测量范围宽，且能够向 ECU 提供准确的空燃比反馈信号，实现对空燃比的精确控制，最大限度地发挥三效催化器的作用，从而更有效地净化排气。

宽域氧传感器的测量原理是在传统的二氧化锆式氧传感器和稀薄混合气传感器的基础上发展的，其结构主要包括感应室（或 ZrO_2 参考电池）和泵氧元（或 ZrO_2 泵电池）两个部分，如图 4-35 所示。感应室的一面与大气接触，另一面是测试腔（扩散室），通过扩散孔与排气接触。根据 ZrO_2 的特点，当感应室两侧的氧含量不同时就产生电动势。对传统的二氧化锆式氧传感器来说，当混合气在理论空燃比附近变化时就产生突跃性变化的电动势，以此电动势作为控制单元的输入信号来反馈控制理论空燃比。而宽域氧传感器与此不同，发动机的控制单元（ECU）是要把感应室两侧的氧含量差始终保持一定值，使 ZrO_2 参考电池的电压值始终维持在 0.45V，以此作为 ECU 要实现的参考标准值，而这一参考电压值是通过泵氧元来完成的。

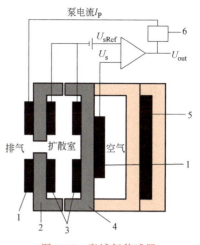

图 4-35 宽域氧传感器

1—阳极　2—泵氧元　3—阴极　4—感应室
5—加热器　6—控制器

泵氧元的一侧与排气接触，另一侧则与测试腔（扩散室）相连接。泵氧元是利用稀薄混合气传感器的原理，将电压施加于 ZrO_2 元件（泵氧元）上，造成氧离子的移动，由此将排气中的氧泵入到测试腔（扩散室）中，使感应室两侧的电压值始终保持在 0.45V。此时施加在泵氧元上的电压，就是所需要的氧含量的信号。如果混合气过浓，则排气中的氧含量降低，从而由扩散孔溢出的氧较多，感应室的电压升高。为保持参考电压，ECU 增加控制电流以提高泵氧元的泵氧效率，使测试腔的氧含量增加，由此调节感应室的电压恢复到 0.45V。反之，如果混合气过稀，则排气中的氧含量增加，此时氧从扩散孔进入测试腔，使感应室的电压降低。这时为了维持感应室的电压为 0.45V，泵氧元向外排出氧来调节测试腔中的含氧量，以保持感应室两侧的目标氧含量差。

第六节　传感器输出信号的预处理

一、开关/频率信号预处理

传感器输出的开关信号，是由高低电平表示的，只需进行简单的整形放大处理即可送给 ECU。通常为了安全起见，如图 4-36 所示，还加上信号隔离装置。

电路中，KEY-ON 为开关信号，该信号经 4049 非门（反相器）反相后进行放大，再经由光电隔离器件送到 ECU 接口线上去。

频率信号能满足 TTL 电平要求时，可直接输入 ECU 的 I/O 或中断入口；对于幅值低的开关信号或小频率信号，则应通过放大、

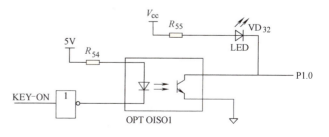

图 4-36 开关信号的处理电路

整形变换成 TTL 信号后再送入。在实际应用中，信号常伴有噪声叠加成分，为了消除噪声和改善特性，对于开关信号常接入具有迟滞特性的电路，即脉冲整形电路，如施密特触发器。施密特触发器应用很广，常用的有 TTL 电路集成施密特触发器 7413、CMOS 集成施密特触发器 CC40106 等。图 4-37a 所示为集成施密特触发器 7413 的电压传输特性，它是具有迟滞特性的脉冲方波曲线，该特性可把边缘变化缓慢的周期性信号变换为边缘很陡的矩形脉冲信号（图 4-37b）。

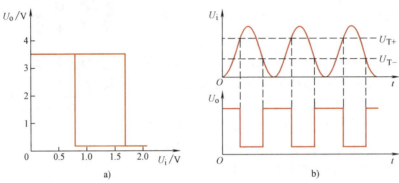

图 4-37　集成施密特触发器 7413 的输出特性及转换波形
a) 输出特性　b) 转换波形

二、模拟信号预处理

如果传感器信号输出的是模拟脉冲，一般需接脉冲限幅电路，使输出变成窄脉冲，方可使用脉冲瞬值保持电路将脉冲扩展。

如果传感器输出的是电流信号，可先通过 I-U 转换，将电流信号转换成电压信号。最简单的 I-U 转换器就是一个精密电阻。当信号电流流过精密电阻时，从精密电阻两端取出的电压就是 I-U 转换后的电压信号。对于大电流信号，如标准的 0～10mA、4～20mA 电流信号，选择合适阻值的精密电阻，就可以直接获取满足 A-D、V-F 转换要求的模拟电压信号（5V 或 10V）；对于小信号电流，通过 I-U 变换后，可再经放大器将电压放大至 A-D、V-F 转换所要求的电压值。

多数模拟式传感器输出的是模拟电压信号，幅度在毫伏或微伏数量级，信号内还夹有干扰和噪声。预处理电路的作用就在于将低电压信号放大，使之成为 A-D 转换器所要求的满量程，另一方面还要抑制干扰，降低噪声，从而保证检测的精度。

对小信号的放大一般使用单个通用放大器，对于微弱信号的放大则使用三运放测量放大器。三运放测量放大器（图 4-38）是常用的预处理电路之一。它由三个集成运算放大器组成，其中，A_1、A_2 为两个性能一致（主要指输入阻抗、共模抑制比和增益）的同相输入通用集成运算放大器，构成平衡对称（或称同相并联型）差动放

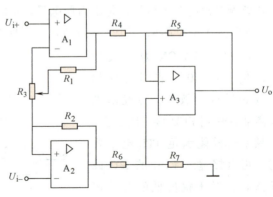

图 4-38　三运放测量放大器

大输入级；A_3 构成双端输入单端输出的输出级，用来进一步抑制 A_1、A_2 的共模信号。常用来作三运放高性能测量放大器的有 7650-CMOS 载波集成运放，其电源为 ±5V，负载的驱动能力小（一般接 10kΩ 负载），外接的 7650-C_a、C_b 电容器应选用高阻抗、磁介质、聚苯乙烯材料的优质电容。OP07 高稳定度放大器也可作三运放测量放大器。

传感器输出信号中往往含有噪声及干扰。对于数字控制系统来说，当高频干扰与有用信号一起被采样时，会使高频干扰信号折叠到低频范围，严重影响系统的输出。一般都在采样开关前加入适当的模拟滤波器，这种模拟滤波器称为抗混叠滤波器或前置模拟低通滤波器。这种滤波器通常是简单的一阶低通网络，其传递函数为

$$G_f(s) = \frac{1}{T_f s + 1} \tag{4-16}$$

式中，$T_f = 1/\omega_f$，ω_f 为滤波器的转折频率。

在选取滤波器参数时，应尽量保证在系统频带内信号幅值变化比较平坦；而在频带外，信号幅值有较大的衰减，成为较陡峭衰减的形状。多数应用中，也可以依信号在系统频带 $\omega_s/2$ 处要求衰减的百分比来确定。例如，若要求在 $\omega_s/2$ 处衰减 50%，可以求得采样周期 T 与 T_f 的近似关系为 $T = 0.16 T_f$。采用这种滤波器，可以保证对于频率高于 $\omega_s/2$ 的噪声有足够的衰减。采样后，即使发生频谱折叠，由于噪声信号已经有足够的衰减，折叠到低频部分的信号对有用信号的污染也较弱，从而达到抑制干扰的目的。

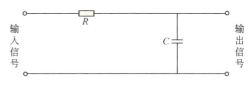

图 4-39 RC 模拟滤波器

一般的模拟滤波器常采用图 4-39 的 RC 模拟滤波器，其时间常数为 $T_f = RC$。

对于低频干扰信号，不宜使用这种滤波器，一般采用数字滤波。

图 4-40 所示为节气门位置传感器输出信号的处理电路，其中，与节气门位置对应的传感器输出的模拟电压信号，经晶体管 9012 放大，再经过以运放 LM324 为核心构成的滤波放大电路处理后，传送到 A-D 转换器进行 A-D 转换。

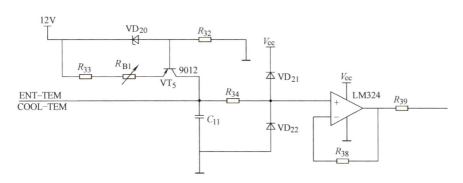

图 4-40 节气门位置传感器输出信号的处理电路

第七节 数据采集

传感器信号经预处理后，还要经过采样、量化和编码，将模拟电压信号转变为数字电压

信号，才能被微处理器读取，此过程称为数据采集。

一、数据采集的配置

典型数据采集系统的配置如图 4-41 所示，有些已实现集成化。

图 4-41a 所示为由多个传感器的预处理电路输出经滤波接入多路模拟开关，然后经过采样保持器和 A-D 转换器后进入 CPU 的典型数据采集系统配置。图 4-41b 所示为同时采集系统，用这种采集方法可保证在同一时刻获得各取样点的模拟量，特点是采样保持器设在多路模拟开关之前。在需要高速取样时，系统中就需要每个传感器都经过对应的 A-D 转换器再进入多路模拟开关，如图 4-41c 所示，这样系统价格会有所提高，但很多场合对多个模拟信号的同时实测是很有必要的。

以上几种方案的多路转换器结构全是单端的，各输入信号以一个公共点为参考点，这个公共点可能与预处理放大器和 A-D 参考点处于不同电位而引入干扰电压 U_N 造成测量误差。采用图 4-41d 所示的分时采集系统配置方式可抑制共模干扰，其特点是多路模拟开关 MUX 设在采样保持器之前，采用双输出器件即可达到目的。

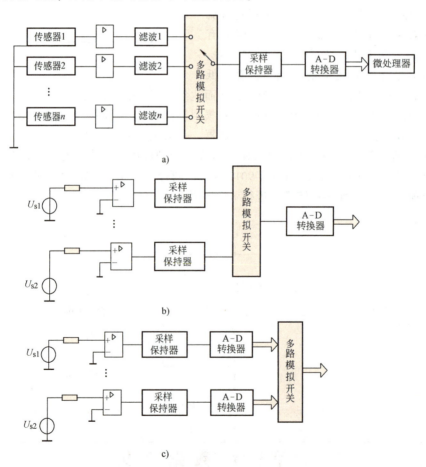

图 4-41 数据采集系统配置

a) 典型的数据采集配置　b) 同时采集系统配置　c) 高速采集系统配置

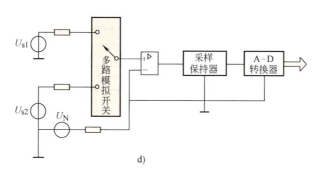

图 4-41 数据采集系统配置（续）
d）分时采集系统配置

二、采样周期的选择

对输入信号进行两次采样之间的时间间隔称为采样周期 T_s。为了尽可能保持被采样信号的真实性，采样周期不宜太长，要根据采样定理来定。即一个频带有限的信号，如果其最大频率为 f_m，则可以用时间间隔不大于 $1/(2f_m)$（即采样周期）的抽样唯一确定。

为了由采样得到的输出函数使之能不失真地恢复出原来的信号，一般使采样频率 ω_s 等于 $2.5\sim3$ 倍的输入信号最大频率 ω_{max}，有时取 $5\sim10\omega_{max}$。另一方面，采样周期的长度要大于所配置的 A-D 转换芯片的转换周期，同时还要考虑在一个采样周期内应完成全部算法的计算。较长的采样周期允许系统有更复杂的算法。但过长会使系统的性能降低，应根据实际需要而定。

三、A-D 转换器及其选择

1. A-D 转换器的类型

A-D 转换器的功能是把模拟量变换成数字量。由于实现 A-D 转换的工作原理和采用方式不同，A-D 转换器种类很多。根据 A-D 转换原理不同，A-D 转换器可分为直接式和间接式两大类。

（1）直接 A-D 转换器　直接 A-D 转换器包括逐次逼近型、并联比较型以及串并行比较型等多种，其特点是把模拟信号直接转换成数字信号。

逐次逼近 A-D 转换器包括 n 位逐次比较型 A-D 转换器，如图 4-42 所示，它由控制逻辑电路、时钟（时序产生器）、移位寄存器、D-A 转换器及电压比较器组成。这种 A-D 转换器是将输入的模拟信号与不同参考电压做多次比较，使转换所得的数字量在数值上逐次逼近输入模拟量对应的电压值。如图 4-42 所示，由启动脉冲启动控制逻辑电路后，在第一个时钟脉冲 CP 作用下，使移位寄存器的最高位置 1，其他位置 0，其输出经数据寄存器将 $1000\cdots0$ 送入 D-A 转换器。模拟输入量（v_i）首先与 D-A 转换器输出电压（$V_{REF}/2$）相比较，当 $v_i \geqslant V_{REF}/2$ 时，比较器输出为 1，若 $v_i < V_{REF}/2$，则比较器输出为 0。比较结果存于数据寄存器的 D_{n-1} 位。然后在第二个时钟脉冲作用下，移位寄存器的次高位置 1，其他低位置 0。如果最高位已存 1，则此时 $v_o = (3/4)V_{REF}$。于是 v_i 再与 $(3/4)V_{REF}$ 相比较，如果 $v_i \geqslant (3/4)V_{REF}$，

则次高位 D_{n-2} 存 1，否则 $D_{n-2}=0$；如果最高位为 0，则 $v_o=V_{REF}/4$；v_i 再与 v_o 比较，如 $v_i \geq V_{REF}/4$，则 D_{n-2} 位存 1，否则存 0……以此类推，逐次比较得到输出数字量。

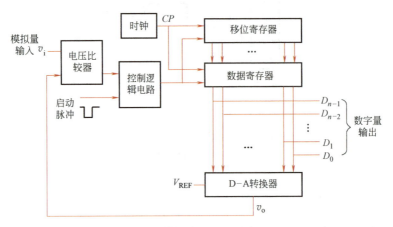

图 4-42 逐次比较型 A-D 转换器

逐次逼近型 A-D 转换器能达到较高分辨率和速度（1μs～1ms），其输出响应快，且易于用集成工艺实现，故目前集成化的 A-D 芯片多采用逐次逼近型，但其抗干扰能力较差。

近年来常用的逐次比较型 A-D 转换器大多为电容阵列式的，这种 A-D 转换器在内置的 D-A 转换器中采用电容矩阵方式，所以又称为电荷再分配型。电阻阵列 D-A 转换器中要求多数电阻的阻值必须一致，而在单芯片上生成高精度的电阻并不容易，如果用电容阵列取代电阻阵列，可以用低廉成本制成高精度单片 A-D 转换器。

并行比较型 A-D 转换器（如 TLC5510）采用多个比较器，仅做一次比较而实行转换，又称快速（Flash）型。由于其转换速率极高，n 位的转换需要 $2n-1$ 个比较器，因此电路规模很大，成本高，只适用于视频 A-D 转换器等速度特别高的领域。

TLC5510 是一种 8 位半闪速结构 A-D 转换器，其内部结构如图 4-43a 所示，包括时钟发生器、基准电压分压器、1 组高 4 位采样比较器、2 组低 4 位采样比较器、编码器、数据锁存器等。外部时钟信号 CLK 通过其内部时钟发生器可产生 3 路内部时钟，以驱动 3 组采样比较器。基准电压分压器则可用来为这 3 组比较器提供基准电压。输出 A-D 信号的高 4 位由高 4 位编码器直接提供，而低 4 位的采样数据则由两个低 4 位编码器交替提供。TLC5510 A-D 转换器的工作时序如图 4-43b 所示，时钟信号 CLK 在每一个下降沿采集模拟输入信号。当第 1 个时钟周期的下降沿到来时，模拟输入电压被采样到高 4 位采样比较器和低 4 位采样比较器中，高 4 位采样比较器在第 2 个时钟周期的上升沿确定高位数据，同时低基准电压产生与高位数据相应的电压；低 4 位采样比较器在第 3 个时钟周期的上升沿确定低位数据。高位数据和低位数据在第 4 个时钟周期的上升沿进行组合。这样，第 N 次采集的数据经过 2.5 个时钟周期的延迟之后，可送到内部数据总线上。此时如果输出使能 $\overline{OE}$ 有效，数据就被送至 8 位数据总线上。由于 CLK 的最大周期为 50ns，因此 TLC5510 A-D 转换器的最小采样速率可以达到 20MS/s，同时采用 CMOS 工艺制造，大大减少器件中比较器的数量，因而在高速转换的同时能够保持较低的功耗。

串并行比较型 A-D 转换器在结构上介于并行型和逐次比较型之间，最典型的是由 2 个

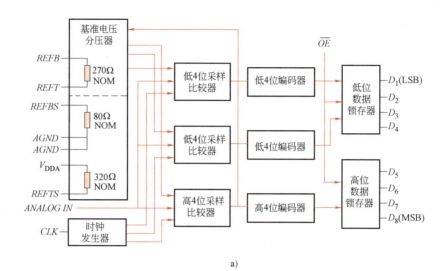

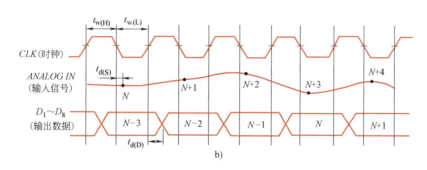

图 4-43 并行比较型 A-D 转换器（TLC5510）

a）TLC5510 的内部结构　b）TLC5510 的工作时序

$n/2$ 位并行比较型 A-D 转换器配合 D-A 转换器组成，用两次比较实行转换，所以称为半快速（Half flash）型。此外，还有分成三步或多步实现 A-D 转换的分级（Multistep/Subrangling）型 A-D 转换器，从转换时序角度又可称为流水线（Pipelined）型 A-D 转换器。这类 A-D 转换器的速度比逐次比较型高，而电路规模比并行型小。

（2）间接 A-D 转换器　间接 A-D 转换器是先把模拟量转换成中间量，然后再转换成数字量，包括积分型、电压-频率变换型以及电压-脉宽转换型等。

双积分型 A-D 转换器（如 TLC7135），是将输入电压转换成时间（脉冲宽度信号）或频率（脉冲频率），然后由定时器/计数器获得数字值。其优点是用简单电路获得高分辨率，可达 12～20 位，且抗干扰能力很强，成本低；但缺点是由于转换精度依赖于积分时间，故转换速度较慢（4ms～1s）。

电压-频率（V-F）变换型 A-D 转换器（简称为 V-F 转换器，Voltage-Frequency Converter）（如 AD650）由积分器、比较器和整形电路构成，其转换原理是首先将输入的模拟电压信号转换成相应频率的脉冲信号，其频率正比于输入电压，然后用频率计/计数器将脉冲频率转换成数字量。V-F 转换器的特点是响应速度快，抗干扰性能好，能连续转换，适用于输入信号动态范围宽和需要远距离传送的场合，其分辨率取决于采样时间，只要采样时间能够满足输出频率分辨率要求的累积脉冲个数的宽度，其分辨率就会不断提高，但转换速度较慢，且需要外部计数电路共同完成 A-D 转换。

2. A-D 转换器的主要技术指标

（1）分辨率（Resolution） 分辨率指数字量变化一个最小量时模拟信号的变化量，定义为满刻度与 $2n$（n 为位数）的比值，又称为精度。A-D 转换器的分辨率通常以其转换的数字信号的位数来表征。转换位数高，分辨率高，也即转换精度高；反之，转换位数低，分辨率低，转换精度也低。

分辨率（精度）是选择 A-D 转换器的重要性能指标参数，与系统中所测量信号范围有关。在实际应用时应考虑 ECU 中微处理器的字长，一般微处理器运算单元的字长至少应比 A-D 转换器长 4 位，而转换器位数应该比总精度要求的最低分辨率高 1 位。

（2）转换速率（Conversion Rate） 转换速率指完成一次从模拟量转换到数字量的 A-D 转换所需时间的倒数。积分型 A-D 转换器的转换时间是毫秒级，属于低速型；逐次比较型 A-D 转换器是微秒级，属于中速型；并行/串并行型 A-D 转换器的转换时间可达到纳秒级。

在选择 A-D 转换器时，应根据输入信号的最高频率来确定其转换速率。为了保证 A-D 转换器正常完成 A-D 转换，要求转换速率必须大于采样速率（Sample Rate）。转换速率的常用单位是 kS/s（Kilo Samples per Second）以及 MS/s。

（3）量化误差（Quantizing Error） 量化误差指由于 A-D 转换器的分辨率有限而引起的误差，定义为有限分辨率 A-D 转换的阶梯状转移特性曲线与无限分辨率 A-D（理想 A-D）转换的转移特性曲线（直线）之间的最大偏差，通常是 1 个或半个最小数字量的模拟变化量，表示为 1LSB、1/2LSB。

（4）偏移误差（Offset Error） 偏移误差指输入信号为零时输出信号不为零的值，可外接电位器调至最小。

3. 常用 A-D 转换器及其与 ECU 的接口方式

常用的 A-D 转换器芯片有 5G14433（8 位）、ICL7315（8 位）、ADC0809（8 位）、ADC1210（12 位）、ADC574（12 位）等，现在有许多单片机内含有 A-D 转换器，从功能上都有如下共同点：①模拟信号输入端；②数字量的并行输出端；③启动转换的外部控制信号；④转换完毕发出的转换结束信号。

有了以上的功能引脚，A-D 转换器可以在微处理器的控制下对外接的模拟信号进行数字转换，并将转换后的数字信息送到微处理器。

A-D 转换器与 ECU 的接口方式有两种，对于自带可控三态门的 A-D 转换器，其输出线可以与微处理器的数据总线直接相连，并在转换结束后利用读信号控制三态门，把数据送上总线；对于无可控三态门电路，其数据输出线不能与微处理器的系统总线直接相连，这时需通过锁存器作中介。所有型号的 A-D 转换器芯片的数据总线与地址总线几乎都是一样的，和 CPU 的连接方式基本相同，差异仅在控制信号。在改用不同的 CPU 时，只需根据 A-D 转换器的要求，变动控制信号的连接即可。图 4-44 所示为 8031 与 ADC0809 的连接图。

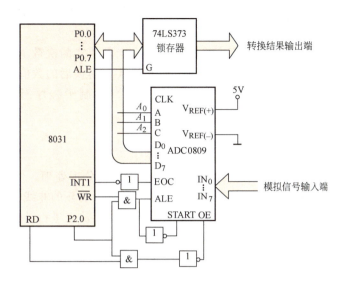

图 4-44　8031 与 ADC0809 连接图

第八节　A-D 转换后的数据处理技术

传感器的输出信号经过 A-D 转换后，所得的数字信号一般不能被 ECU 中的程序直接使用，还需进行一些必要的加工，如标度变换、非线性补偿、数字滤波等，这样的处理又叫软件处理。合理的软件处理能进一步提高传感器精度、可靠性，从而改善整个控制系统的性能。

一、标度变换技术

各种不同传感器的测量都有不同的量纲，所以被测信号经放大、A-D 转换后往往要转换成人们熟悉的工程值，如压力单位为 Pa（帕）、温度单位为 K（开）、体积流量的单位为 m^3/h 等。经 A-D 转换后的数码必须转换成直观的带有量纲的数值之后才能运算、显示或打印输出，这种转换称为标度变换。

1. 线性参数的标度变换

这种标度变换的前提条件是被测值与 A-D 转换结果之间为线性关系，其变换公式为

$$y = y_0 + (y_m - y_0)\frac{x - N_0}{N_m - N_0} \tag{4-17}$$

式中，y 为参数测量值；y_m 为参数量程最大值；y_0 为参数量程最小值；N_m 为 y_m 对应的 A-D 转换后的数字量；N_0 为量程起点 y_0 所对应的 A-D 转换后的数字量；x 为测量值 y 所对应的 A-D 转换值。

一般情况下，y_m、y_0、N_m、N_0 都是已知值，因此可将式 (4-17) 写成

$$y = a_0 + a_1 x \tag{4-18}$$

式中，a_0、a_1 两个系数在编程前可根据 y_m、y_0、N_m、N_0 这几个已知值先算出来，然后按式 (4-18) 编写程序来计算 y。

2. 非线性参数标度变换的多项式变换法

在应用中，许多传感器输出的数据与实际各参数之间呈非线性关系，且无法用一个简单

的式子表达或难以计算，这时可采用式（4-19）所示的多项式插值法进行标度变换。

$$y_i = A_0 + A_1 x + A_2 x^2 + \cdots + A_i x^i \quad (4\text{-}19)$$

在用式（4-19）进行非线性标度变换时，应先决定多项式的次数 N，然后选取 $N+1$ 个测量点数据，测出这些实际参数值 y_i 与传感器输出经 A-D 转换后的数值 x_i（$i=0\sim N$），代入式（4-19），算出 $A_0 \sim A_i$ 各项系数，再依据式（4-19）编制子程序对实测数值进行标度变换。

二、非线性补偿技术

传感器的输入-输出关系如果是线性的，很便于计算及分析处理。但实际情况往往不是这样，可能只在一段范围内呈线性关系，而在某些范围则呈明显的非线性，同时还可能有温漂、滞后等，所以要想得到更为精确的数据，还需要一些算法来进行补偿和校正。

1. 线性插值法

首先测得传感器的输入-输出特性曲线，假定如图 4-45 所示，可以将此非线性曲线分段，每一段用两端点之间的直线段近似表示，这样就可以用线性方法求出任一输入值所对应的输出值。例如，设输入值在 (x_i, x_{i+1}) 之间，则其对应的输出值 y 可由式（4-20）求得。

$$y = y_i + (x - x_i) \frac{y_{i+1} - y_i}{x_{i+1} - x_i} \quad (4\text{-}20)$$

简化后得

$$y = y_i + K_i (x - x_i) \quad (4\text{-}21)$$

式中，K_i 为第 i 段直线的斜率，$K_i = \dfrac{y_{i+1} - y_i}{x_{i+1} - x_i}$。

可见，分段越细，插值精度越高。

2. 二次曲线插值法

在对传感器的输入-输出特性分段时，会出现两插值点之间曲线很弯曲的情况（图 4-46），如采用线性插值，误差会很大。这时可采用二次曲线插值法，即将相邻三点之间作一抛物线（图中实线）来近似原曲线段，其方程一般形式为

$$y = K_0 + K_1 x + K_2 x^2 \quad (4\text{-}22)$$

其中，K_0、K_1、K_2 可由曲线的三个点的坐标代入式（4-22）求得。为了简便计算，可用另一种方程形式，即

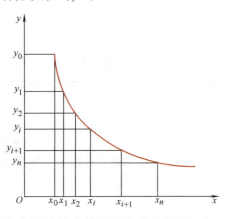

图 4-45　传感器的输入-输出特性

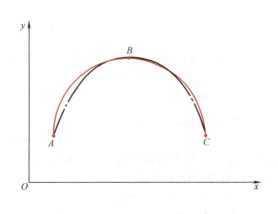

图 4-46　二次曲线插值法

$$y = m_0 + m_1(x-x_0) + m_2(x-x_0)(x-x_1) \tag{4-23}$$

这样，可利用三个已知点 A、B、C 的坐标求出系数 m_0、m_1、m_2 后，再根据某点的 x 值代入式（4-23）求出被测值。

3. 查表法

如果参数计算过于复杂，计算会占用很多机时，此时就可以采用查表法进行处理。

所谓查表法，即事先通过计算或测量的方法，建立一个被测值和检测结果的对应表，存入内存单元，待程序应用时，通过查表方法得到数据。

查表法是一种常用的非数值运算方法。在运算复杂或数学关系不清晰等情况下，采用查表法不失为一种简单而快捷的方法，一般有顺序查表法、对分搜索法等。下面仅对最为常用、速度最快的查表方法——顺序查表法做介绍。

顺序查表法是按表格的顺序，从头开始，一一进行比较，直到找到关键字为止。该法适用于无序表的查找。如果表格按一定规律排列且检测结果与表格排序本身有一定数学关系时，就可以用计算的方法求出对应地址，然后从该地址中取出检测结果。

通常，最简单、常用的是用一组连续的存储单元依次存储线性表的各个元素，这种方法称为线性表的顺序分配。若表内每个元素占一个存储单元，则表内第 i 个元素的存储地址为

$$LOC(a_i) = LOC(a_1) + (i+1) \times l \tag{4-24}$$

式中，$LOC(a_1)$ 为表内第 1 个元素的存储地址；l 为每个元素所对应的字节数。

查表时，根据表的首地址和检测值所在的序号 i，用式（4-24）计算出 a_i 的存储地址，然后按地址取出 a_i。

三、数字滤波技术

在实际测量中，由于发动机所处环境较为复杂，控制单元中的微处理器得到的传感器输出信号不可避免地会受到方方面面的干扰。为了提高系统的可靠性，除了前面提到的在数据采集之前加模拟滤波器之外，往往还在软件上采用数字滤波的技术。

数字滤波较模拟滤波，由于不需要硬件设备，故有以下优点：①不需硬件设备，只要在控制算法之前加一段数字滤波软件即可；②避免在模拟滤波电路中必须考虑的阻抗匹配问题；③数字滤波软件可作为公共程序，被多个通道调用，而模拟滤波由于受硬件实物的限制，不可能多个通道共享；④可对频率很低的信号进行滤波，而模拟滤波受电容器的限制，频率不宜太低；⑤使用灵活方便，可随时根据需要调换不同的滤波算法和参数。

但是，数字滤波要占用计算机时，速度要比模拟滤波慢。

数字滤波方法有多种，可根据不同的干扰源性质和不同测量参数来选择。常见的有以下几种。

1. 算术平均滤波法

算术平均滤波是对连续测量的若干个数据进行平均运算的值作为测量结果，即

$$y(k) = \frac{1}{N} \sum_{i=1}^{N} x_i \tag{4-25}$$

式中，$y(k)$ 为第 k 次 N 个取样值的算术平均值；x_i 为第 i 次取样值；N 为取样次数。

算术平均滤波法适用于有随机干扰的信号的滤波，特别适用于信号本身在某一数值范围

附近作上下波动的情况。由式（4-25）可知，当 N 较大时，平滑度高，但灵敏度低，即外界信号变化对测量计算结果 y 的影响较小，所以 N 不能取得太大，一般在 4~16 之间取值。

2. 滑动平均滤波法

上面的算术平均滤波法，每计算一次数据，需要测量 N 次，对于测量速度或要求数据计算速度较高的实时系统，是无法使用的。比如采用速率为 10 次/s，而每秒输入 4 次数据时，N 不能大于 2。

滑动平均滤波法解决了上面的问题，只需进行一次新的测量就能得到平均值。它将测量数据按先后次序排列，队列的固定长度为 N，在对这 N 个数据进行平均之后，丢掉队列中的第一个数，将刚算得的均值补充进来作为最后一个"新"数据，再求平均。这样，每进行一次测量，就可计算出一个新的算术平均值。

3. 加权平均滤波法

以上两种平均滤波法，对于 N 次内所有采样数据在结果中的权重是一样的。有时为了改善滤波效果，增加或减少某些取样的权重，即采用加权平均法

$$y = \sum_{i=1}^{N} C_i x_i \tag{4-26}$$

式中，C_1，C_2，…，C_N 为各次取样值的权重系数，均为常数，且满足

$$\sum_{i=1}^{N} C_i = 1 \tag{4-27}$$

权重的选取可根据具体情况而定，一般对近期取样值取较大的权值，这样可增加新的取样值在加权平均滤波法中的作用。

第九节　传感器的基本特性及数学模型

传感器技术是以材料的电、磁、光、声、热、力等功能效应和功能形态变换原理为基础，并综合了物理学、化学、生物工程、微电子学、材料科学、精密机械、微细加工、试验测量等方面的知识和技术而形成的一门科学，所涉及的内容广而离散。制造技术涉及集成技术、薄膜技术、超导技术、微细或纳米加工技术、黏合技术、高密封技术、特种加工技术、多功能化智能技术等复杂而工艺要求高的技术。所以传感器的功能优良主要体现在其功能的扩展性好、适应性强，即不仅具备视、听、触、嗅、味觉的功能，而且还能在高温、高压等恶劣的环境下可靠工作；性能好体现在传感器的量程宽、精度高、可靠性好等方面。

一、传感器的数学模型

建立传感器数学模型的主要目的是通过某种方程式或函数表征传感器的输出和输入间的关系和特征，由此了解和掌握传感器的特性，并用来指导传感器的设计、制造、校正和使用。传感器的数学模型通常从静态输入-输出关系和动态输入-输出关系两方面建立。

1. 静态模型

静态模型是指在静态信号（输入信号不随时间变化）情况下，描述传感器输出与输入量之间的一种函数关系。假设忽略蠕动效应和迟滞效应，则静态模型可用多项式表示为

$$y = a_0 + a_1 x + a_2 x^2 + \cdots + a_n x^n \tag{4-28}$$

式中，x 为输入量；y 为输出量；a_0 为零位输出；a_1 为传感器线性灵敏度；$a_2 \sim a_n$ 为非线性项的待定系数。

在静态模型中常用三种特殊形式，即

$$\left. \begin{array}{l} y = a_1 x \\ y = a_1 x + a_2 x^2 + a_4 x^4 + \cdots \\ y = a_1 x + a_3 x^3 + a_5 x^5 + \cdots \end{array} \right\} \tag{4-29}$$

其中，第一式表示传感器的输出量和输入量呈严格线性关系；后两式均为非线性关系。

2. 动态模型

动态模型是指传感器在准动态信号或动态信号（输入信号随时间变化）的作用下，描述其输出和输入信号之间的一种数学关系。常用微分方程和传递函数来描述。

描述连续变化系统（模拟系统）的一般方法是采用微分方程。绝大多数传感器都属于模拟系统。在实际建模过程中，一般采用线性时不变系统理论描述传感器的动态特性，即用线性常系数微分方程来描述传感器输出 y 和输入 x 之间的关系，即

$$a_n \frac{d^n y}{dt^n} + a_{n-1} \frac{d^{n-1} y}{dt^{n-1}} + \cdots + a_1 \frac{dy}{dt} + a_0 y = b_m \frac{d^m x}{dt^m} + b_{m-1} \frac{d^{m-1} x}{dt^{m-1}} + \cdots + b_1 \frac{dx}{dt} + b_0 x \tag{4-30}$$

式中，a_n，a_{n-1}，$\cdots$，a_0 和 b_m，b_{m-1}，$\cdots$，b_0 为与传感器结构相关的常数。传感器除 $b_0 \neq 0$ 外，一般取 $b_1 = b_2 = \cdots = b_m = 0$。

对于复杂系统，其微分方程的建立求解都很困难，但一旦求解微分方程的解就能分清传感器的暂态响应和稳态响应。为了求解方便，常用拉普拉斯变换，或用传递函数研究传感器的动态特性。

设 $y(t)$ 在 $t \leq 0$ 时，$y(t) = 0$，则 $y(t)$ 的拉普拉斯变换可定义为

$$Y(s) = \int_0^\infty y(t) e^{-st} dt \tag{4-31}$$

式中，$s = \sigma + j\omega$，$\sigma > 0$。对式（4-30）微分方程两边取拉普拉斯变换，得

$$Y(s)(a_n s^n + a_{n-1} s^{n-1} + \cdots + a_0) = X(s)(b_m s^m + b_{m-1} s^{m-1} + \cdots + b_0) \tag{4-32}$$

则定义输出 $y(t)$ 的拉普拉斯变换 $Y(s)$ 与输入 $x(t)$ 的拉普拉斯变换 $X(s)$ 之比为该系统的传递函数 $H(s)$，即

$$H(s) = \frac{Y(s)}{X(s)} = \frac{b_m s^m + b_{m-1} s^{m-1} + \cdots + b_0}{a_n s^n + a_{n-1} s^{n-1} + \cdots + a_0} \tag{4-33}$$

实际传感器被激励之前，所有储能元件均符合 $y(t)$ 在 $t \leq 0$ 时 $y(t) = 0$ 的拉普拉斯变换条件。由此可见，传递函数与输入量 $x(t)$ 无关，只与系统结构参数 a_i、b_i 有关。所以 $H(s)$ 可简单而恰当地描述传感器输出量与输入量之间的关系。

不管系统复杂程度如何，只要给系统一个激励信号 $x(t)$，便可以得到系统的响应 $y(t)$，系统特性就能确定。

二、传感器的基本特性

传感器测量的非电量有两种形式，即不随时间变化或变化极其缓慢的稳定的静态信号和

随时间变化的动态信号。由于输入量的状态不同,传感器的输入-输出特性也不同。为了降低或消除传感器在测量控制系统中的误差,传感器必须具有良好的静态特性和动态特性。

（1）静态特性　静态特性主要用以下几个指标来评价：

1）线形度或非线性误差。线形度或非线性误差是指传感器输出量与输入量之间的实际关系曲线偏离直线的程度,即

$$E = \pm \frac{\Delta_{max}}{Y_{FS}} \times 100\% \tag{4-34}$$

式中,Δ_{max} 为输出量和输入量实际曲线与拟合直线之间的最大偏差;Y_{FS} 为输出满量程值。

根据静态模型的不同,所呈现的非线性程度就不一样。仅具有奇次方多项式静态模型的传感器在较宽的输入范围内有较宽的准线性。几乎所有传感器都不具备满足式（4-29）第一式的理想线性特性。因此在使用非线性传感器时,必须对传感器输出特性进行线性处理。

2）灵敏度。灵敏度是指在稳态下输出增量 Δy 与输入增量 Δx 的比值,即

$$S_n = \frac{\Delta y}{\Delta x} \tag{4-35}$$

对于线性传感器,其灵敏度就是其静态特性的斜率,即

$$S_n = \frac{y - y_0}{x} \tag{4-36}$$

非线性传感器的灵敏度是一个变量,用 dy/dx 表示传感器在某一工作点上的灵敏度。

3）重复性。重复性表示传感器在输入量按统一方向做全量程多次测试时,所得特性曲线不一致性的程度。传感器输出特性的不重复性由传感器内部机械磨损、间隙、松动、部件的内摩擦、积尘以及辅助电路老化和漂移等因素所致。

不重复性误差一般具有随机误差性质,可以通过校准测得。根据随机误差的性质,校准数据的离散程度随校准次数不同而不同,其最大偏差也不一样。因此,重复性误差按下式计算,即

$$E_z = \pm \frac{(2 \sim 3)\sigma}{Y_{FS}} \times 100\% \tag{4-37}$$

式中,σ 为标准偏差。

4）迟滞现象。迟滞现象是指传感器在正向（输入量增大）行程和反向（输入量减小）行程期间,输出-输入特性曲线的不重合程度。对于同一大小的输入信号 x,在 x 连续增大的行程中,对应某一输出量为 y_i,而在 x 连续减小过程中,对应的输出量为 y_d。y_i 和 y_d 之间的差值称为滞环误差,这种现象叫作迟滞现象。该误差表示为

$$E = |y_i - y_d| \tag{4-38}$$

最大滞环率为

$$E_{max} = \frac{\Delta m}{Y_{FS}} \times 100\% \tag{4-39}$$

式中,Δm 为正反向行程间输出的最大差值。

5）分辨率。分辨率是指在规定的测量范围内所能检测输入量的最小变化量 Δx_{min}。

6）漂移。漂移是指在外界干扰下,输出量发生与输入量无关的、不需要的变化,包括

零点漂移和灵敏度漂移。这种漂移在规定的条件下随时间缓慢漂移时，称之为时间漂移；如果是随环境温度变化而引起的漂移，称之为温度漂移。

（2）动态特性　传感器的动态特性是指传感器对输入激励的输出响应特性。在动态的输入信号下，输出信号一般不会与输入信号具有完全相同的时间函数，这种输出与输入间的差异叫作动态误差。一般有良好静态特性的传感器，未必有良好的动态特性。这是因为在快速变化的动态输入信号下，要有较好的动态特性，不仅要求传感器能精确地测量信号的幅值大小，而且需要能测出信号变化过程的波形。动态特性的研究通常从时域或频域两方面采用瞬态响应法和频率响应法来分析。目前时域内研究传感器的响应特性时常用阶跃函数，而频率响应特性常用正弦函数来研究。因此，对应的方法称之为阶跃响应法和频率响应法。

这里，设单位阶跃函数为

$$u(t)=\begin{cases}0, & t\leq 0\\ 1, & t>0\end{cases} \quad (4\text{-}40)$$

则当给静止的传感器输入一个单位阶跃函数信号时，传感器的输出特性称之为其阶跃响应特性。衡量阶跃响应特性的评价指标如图 4-47 所示。

1）最大超调量 σ_p。最大超调量 σ_p 是指响应曲线偏离阶跃曲线的最大值，常用百分数表示。设稳态值为 1，则最大超调量为

$$\sigma_p=\frac{y(t_p)-y(\infty)}{y(\infty)}\times 100\% \quad (4\text{-}41)$$

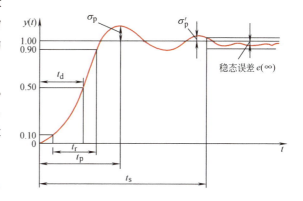

图 4-47　阶跃响应特性

最大超调量说明传感器的相对稳定性。

2）延滞时间 t_d。延滞时间 t_d 是指阶跃响应达到稳态值的 50% 所需要的时间。

3）上升时间 t_r。对无振荡的传感器，常用响应曲线从稳态值的 10% 到达稳态值的 90% 所需要的时间来表示；而对有振荡的传感器，常用从零上升到第一次到达稳态值所需要的时间表示。

4）峰值时间 t_p。峰值时间 t_p 是指响应曲线到达第一个峰值所需的时间。

5）响应时间 t_s。响应时间 t_s 是指响应曲线衰减到稳态值之差不超过 5% 或 2% 时所需要的时间，又称为过渡过程时间。

对于一个传感器，并非上述每一个时域响应指标均要提出，往往只要提出几个被认为是重要的指标就可以了。

在实际测量时，如果不注意控制传感器的这些误差，将会导致严重的测量误差。

6）频率响应特性。在定常线性系统中，取 $s=\sigma+j\omega$ 中的 $\sigma=0$，则 $s=j\omega$，即拉普拉斯变换局限于 s 平面的虚轴。根据拉普拉斯变换定义，有

$$Y(j\omega)=\int_0^\infty y(t)e^{-j\omega t}dt \quad (4\text{-}42)$$

同样，由

$$X(j\omega) = \int_0^\infty x(t)e^{-j\omega t}dt$$

则

$$H(j\omega) = \frac{Y(j\omega)}{X(j\omega)} = \frac{b_m(j\omega)^m + b_{m-1}(j\omega)^{m-1} + \cdots + b_0}{a_n(j\omega)^n + a_{n-1}(j\omega)^{n-1} + \cdots + a_0}$$

$$= \frac{Y}{X}e^{j\phi} = A(\omega)e^{j\phi} \tag{4-43}$$

式中，$A(\omega) = |H(j\omega)| = \dfrac{Y}{X}$，即

$$A(\omega) = |H(j\omega)| = \sqrt{[H_R(\omega)]^2 + [H_I(\omega)]^2} \tag{4-44}$$

称式（4-44）为传感器的幅频特性，或动态灵敏度（增益）。$A(\omega)$ 表示传感器的输出与输入的幅度比值随频率变化的大小。$H(j\omega)$ 为传感器的频率响应函数。

若以 $H_R(\omega) = \text{Re}\left[\dfrac{Y(j\omega)}{X(j\omega)}\right]$，$H_I(\omega) = \text{Im}\left[\dfrac{Y(j\omega)}{X(j\omega)}\right]$ 分别表示 $H(j\omega)$ 的实部和虚部，则频率特性的相位角为

$$\varphi(\omega) = \arctan\left[\frac{H_I(\omega)}{H_R(\omega)}\right] = \arctan\left\{\frac{\text{Im}\left[\dfrac{Y(j\omega)}{X(j\omega)}\right]}{\text{Re}\left[\dfrac{Y(j\omega)}{X(j\omega)}\right]}\right\} \tag{4-45}$$

对于传感器，通常 φ 为负值，表示传感器输出滞后于输入的相位角，而且 φ 随 ω 变化。式（4-45）称为传感器的相频特性。因相频特性与幅频特性之间有一定的内在关系，所以通常主要用幅频特性。

第十节　传感器信号处理

一般传感器的输出量与输入量之间的关系大多数是非线性的，因此需要对传感器的非线性特性进行线性化处理。线性处理方法归纳起来有硬件法和软件法两大类。

一、硬件线性化处理方法

（1）简单线性化方法　在用传感器检测非电量时，敏感元件的非线性对后级影响很大，故在可能的条件下，应尽可能线性化。

简单线性化处理的典型措施就是将两只非线性传感器连接成差动方式，使它们的非线性误差以大小相等、极性相反方向变化，这样可获得较为理想的线性输出特性。

（2）插值法或一次线性插入法　这种方法实际上就是用足够多的线性小线段模拟非线性曲线，从而减小传感器的非线性误差。将非线性部分化分成若干区间，每个区间输入输出特性用 $y = ax + b$ 作线性近似，因此，要把较严重的非线性曲线以高精度进行线性化，必须使分割区间越多越好。图4-48所示为用4条折线近似线性化的硬件电路。

二、软件线性化处理方法

（1）一次软件插值法　设传感器输入-输出特性曲线如图4-49a所示。根据精度要求把

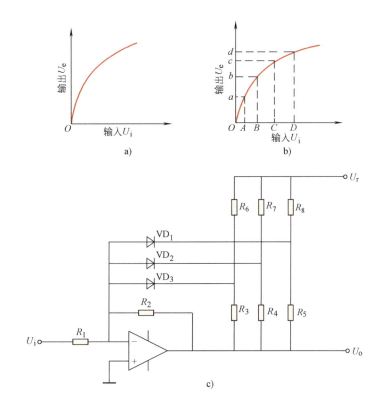

图 4-48 折线近似法及其电路

a) 非线性曲线　b) 4 条折线近似标准化　c) 线性化电路

曲线分成 n 段，得到分段点的坐标 (x_0, y_0)，(x_1, y_1)，…，(x_n, y_n)，实际检测量 x 必定会落在某一段 (x_i, x_{i+1}) 内，即 $x_i < x < x_{i+1}$。对每一段实际曲线用直线段近似代替后，进行线性插值，则通过 (x_i, y_i) 和 (x_{i+1}, y_{i+1}) 两点的直线斜率为

$$k_i = \frac{\Delta y}{\Delta x} = \frac{y_{i+1} - y_i}{x_{i+1} - x_i} \tag{4-46}$$

所以对应输入量 x 的输出量 y 的线性插值计算公式为

$$y = y_i + k_i(x - x_i) \tag{4-47}$$

(2) 高次多项式近似模拟法　一般许多传感器的特性不能用明确的数学表达式表示出来，此时就用高次多项式近似描述传感器的特性。

设传感器特性可用 $y = f(x)$ 函数表示，若函数 $y = f(x)$ 在某区间 $[0, a]$ 上有定义，则可用如下多项式近似表示，即

$$P(x) = a_1 + a_2 x + a_3 x^2 + \cdots + a_n x^{n-1} + \cdots \tag{4-48}$$

所谓泰勒展开式，就是用上述多项式前 n 项近似表示，即

$$f(x) = a_1 + a_2 x + a_3 x^2 + \cdots + a_n x^{n-1} \tag{4-49}$$

若测量若干组 x_i，y_i ($i = 1, 2, \cdots, n$) 值，就可求出多项式的系数 a_i ($i = 1, 2, \cdots, n$)，因此可得到近似表示传感器特性的数学表达式。

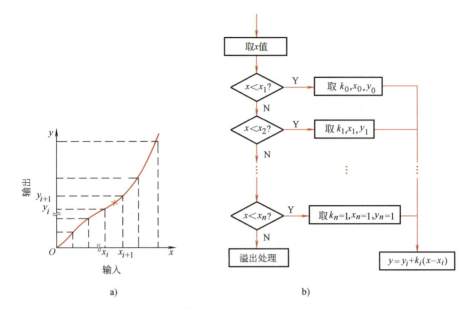

图 4-49 插值法流程

a) 输入-输出特性曲线　b) 程序流程图

第五章 电子控制汽油喷射系统的控制方法

第一节 集中控制及其控制内容

20世纪70年代末,微机在汽车发动机控制上的应用,实现了数字化控制。在这之前的控制系统,基本上都是由模拟电路构成的,因此要想追加某种功能,就必须相应地增加适合于这种功能的逻辑电路。如果要组合两种以上的功能,控制系统的结构尺寸就会变得相当大,不便于在有限空间的汽车上安装。所以,在微机问世之前,电子控制系统一般由各种功能相互独立的控制系统构成。这种按控制功能独立配备相应的控制逻辑电路的控制系统,称为独立控制系统。

微机问世后,使控制技术进入数字化控制。从此,汽车发动机的电子控制技术有了飞跃性的变化,主要体现在以下4个方面:

1)实现了复杂的控制和自由控制特性。
2)控制集中化。
3)数字化的控制特性,保证了实时控制的稳定性。
4)硬件的共用化。

电子控制技术的变化,提高了发动机的控制精度,改善了发动机的整机性能,使之更能满足不断严格化的社会环境和用户的要求。

微机控制系统(实际是前文的ECU)是根据存储在存储器中的程序来决定其控制内容的。所以,只要编制出实现某种控制功能的程序,并将此程序编译成机器语言后存储在存储器中,再加上驱动控制所必要的执行器输出接口电路,就可以完成该控制功能,且ECU可以做得非常紧凑。这样,增加控制功能变得非常容易。同时,燃油喷射控制以及点火控制等各种发动机控制系统所需要的传感器基本上都是可共用的。因此,通过控制

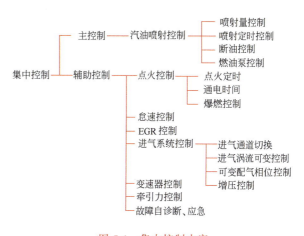

图 5-1 集中控制内容

功能的集中化，使各种不同功能的控制系统共用传感器而不必各自另设，使整个系统更简单。这种将多个控制功能集中于一个 CPU 上实现的控制系统，称为集中控制系统。目前集中控制技术已广泛地应用在汽车电子控制技术上。一般汽油机的集中控制以汽油喷射控制为主，增设了几个辅助控制系统。图 5-1 所示为以日本丰田汽车公司所采用的汽油机集中控制系统（图 5-2）为例，归纳集中控制内容的典型实例。

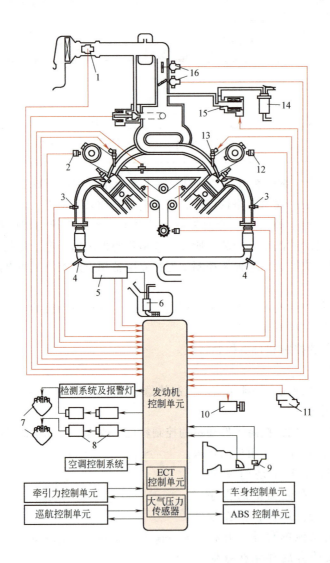

图 5-2　集中控制系统的实例

1—空气流量计　2、12—曲轴基准位置传感器　3—氧传感器　4—排气温度传感器　5—燃油泵控制器
6—燃油泵　7—分电器　8—点火线圈　9—车速传感器　10—空气压缩机　11—起动机
13—喷油器　14—活性炭罐　15—可变静子叶片（VSV）　16—主、副节气门开度传感器

本章主要介绍主控制（汽油喷射控制）中喷油量的控制方法和燃油泵的控制，其他内容将在以后介绍。

第五章 电子控制汽油喷射系统的控制方法

第二节 喷油器目标喷油量的确定

汽油机的负荷调节方式为"量调节"式,即通过节气门开度控制不同工况下进入气缸的新鲜充量,由此调节发动机的输出转矩。在电子控制汽油喷射系统,节气门开度控制的是不同工况进入气缸的空气量,而每一工况的目标空燃比(最佳混合气浓度)是确定的,因此空燃比是电控汽油喷射系统的主要控制对象。ECU 根据发动机在不同工况下进入气缸的空气量和对应该工况的目标空燃比,确定该工况所需要的燃油量以后,控制喷油器的喷油量,由此实现该工况目标空燃比的控制。

对电控汽油喷射系统,喷油器是机电一体化的产品,是通过由电磁阀控制喷油器针阀的开启持续时间(脉宽)来控制喷油量的。因此,喷油器的作用是根据不同工况实际进入气缸的新鲜空气量,控制喷油器脉宽,实现不同工况目标空燃比的精确控制。

一、目标喷油量

确定目标喷油量的条件是实际进入气缸的空气量和目标空燃比。不同工况下实际进入气缸空气量的信息,是通过空气流量计精确测量或通过发动机转速和进气密度推算得到的,而目标空燃比是根据发动机不同工况下对动力性、响应性、排气净化特性以及燃油消耗率等的要求来确定的。到目前,在多点喷射为主的电子控制汽油喷射系统中,考虑到利用三效催化转换装置同时净化 CO、HC 和 NO_x 排放物,以适应日趋严格的排放法规的要求,将目标空燃比严格控制在理论空燃比上;而以缸内直接喷射式电子控制汽油喷射(Gasoline Driect Injection,GDI)系统的目标空燃比,则取决于所能达到的稀薄燃烧控制技术水平。

喷油器的控制脉宽,即喷油量是根据一个进气行程中进入气缸的空气质量来计算的。不同电控汽油喷射系统对进入气缸的空气量的确定方法不同。质量流量方式通过空气流量计直接测量进入气缸的空气的质量流量,然后根据发动机转速换算出一个进气行程进入气缸的空气量;速度-密度方式根据进气压力传感器、进气温度传感器和发动机转速推算出一个进气行程进入气缸的空气量;而节气门-速度方式则根据节气门开度和发动机转速通过台架标定的方法确定一个进气行程进入气缸的空气量。

求出进入气缸的实际空气量以后,根据目标空燃比,可确定该循环燃烧所需要的目标喷油量,即

$$m_f = \frac{m_a}{(A/F)_T} \tag{5-1}$$

式中,m_f 为每循环燃烧所必要的燃油量(g);m_a 为一个进气行程进入气缸的空气质量(g);$(A/F)_T$ 为目标空燃比。

二、喷油器的控制脉宽

喷油器的喷油量取决于喷油器喷孔直径、喷油器针阀升程、喷射压力和喷油器的控制脉宽。当喷油器结构已确定,并通过燃料供给系统保证喷射压力为常数以后,喷油器的喷射量就与喷油器的控制脉宽 T_I 成正比。所以,根据发动机工况的变化,ECU 实际上是通过调节喷油器的控制脉宽 T_I 来控制目标喷射量的。

一般除起动等过渡工况以外，喷油器的控制脉宽是由在标准试验条件下进入气缸的空气质量和目标空燃比确定的基本喷射时间及其用来补偿实际工作条件和标准试验条件差别的修正系数，以及无效喷射时间来表示的，即

$$T_I = T_p F_c + T_v \tag{5-2}$$

式中，T_I 为喷油器的控制脉宽（ms）；T_p 为基本喷射时间（ms）；F_c 为基本喷射时间的修正系数；T_v 为喷油器的无效喷射时间（ms）。

基本喷射时间 T_p 是实现目标空燃比（一般为理论空燃比 14.7）所需要的喷射时间，而修正系数 F_c 是用来补偿由 T_p 确定的空燃比偏离目标值的修正量。所以，空燃比的控制实质上就是根据进入气缸的空气质量和发动机的运行工况，确定基本喷射时间 T_p 和修正系数 F_c，由此控制喷油器的控制脉宽 T_I。所以，喷油器的任务就是通过控制喷油器的控制脉宽 T_I，确定燃油喷射量 m_f。当以进入气缸的空气质量流量为计算喷射时间的依据时，修正系数 F_c 主要考虑以下 5 个方面的因素，即

$$F_c = f(F_{ET}, F_{AD}, F_O, F_L, F_H) \tag{5-3}$$

式中，F_{ET} 为与发动机温度有关的修正系数；F_{AD} 为加减速修正系数；F_O 为理论空燃比反馈控制修正系数；F_L 为学习控制修正系数；F_H 为大负荷、高转速修正系数。

可见，实际上发动机常用运行工况下的控制脉宽 T_I 是由 T_p 和上述 5 个修正系数来确定的。

由于发动机在起动时和起动后正常运行工况时进入气缸的空气流量信息不同，所以喷油器的控制脉宽可分为基于进入气缸的空气质量信息确定的起动后的喷射时间和与进入气缸的空气质量信息无关的起动时的喷射时间两大类。起动后的喷射时间又根据喷射定时分为同期喷射和非同期喷射。同期喷射是与发动机转速同步，在确定的曲轴转角位置上进行喷射的方式；而非同期喷射是急加速等工况下对同期喷射量进行修正的与曲轴转角位置无关的临时性喷射。

第三节　质量流量式电控汽油喷射系统喷油量的控制

汽车从起动到稳定车速运行或加减速过渡工况运行等实际行驶过程中，根据不同工况，喷油器的喷射方式，有同期喷射和非同期喷射两种。同期喷射时喷油器的喷射时刻在各种转速下始终对应每循环确定的曲轴转角位置，所以与发动机转速始终同步喷射；而非同期喷射的喷射时刻与曲轴转角位置无关，是按一定频率进行喷射的。在稳定工况下采用同期喷射，在起动工况时一般采用非同期喷射，而加减速工况时则在同期喷射的基础上通过非同期喷射的方式来修正加减速过程中同期喷射的喷油量偏离目标值的部分，以保证加减速过渡性能稳定。

一、同期喷射量的确定

起动后汽油机稳定工况的同期喷射脉宽（控制脉宽）T_I 是根据式（5-2）确定的。其中，基本喷射时间 T_p 和修正系数 F_c 的确定方法根据不同喷射方式采用不同的计算公式。

1. 基本喷射时间 T_p 的确定

质量流量式喷射方式的电控汽油喷射系统，是以空气流量计直接测量得到的进入气缸的

空气质量流量为依据来计算基本喷射时间的。由于测量用空气流量计的不同，这种方式的基本喷射时间的求法也有所不同。

（1）热线式空气流量计　由于热线式空气流量计可直接测量进入气缸的空气质量流量，故不需要进气温度和大气压力的修正，所以，与经空气流量计测量的进入气缸的空气质量流量相对应的基本喷射时间，可按下式确定，即

$$T_p = \frac{q_m/n}{K_1(A/F)_T} \tag{5-4}$$

式中，q_m 为空气质量流量（g/s）；n 为发动机转速（r/min）；q_m/n 为发动机每一转进入气缸的空气质量（g/r）；$(A/F)_T$ 为目标空燃比；K_1 为由喷油器结构尺寸、喷射压力以及气缸数确定的常数。

由于热线式空气流量计的输出信号响应特性好，故会受到进气脉动的影响。所以，为了提高控制精度，需要以比进气脉动频率更快的采样速度对空气流量计的输出信号进行 A-D 转换，并按点火间隔时间进行平均化处理，以求得进气行程中的平均输出信号。热线式空气流量计的输出电压随空气质量流量的变化关系是非线性的，所以需要先进行线性化处理，然后再求出基本喷射时间。

设线性化处理后的空气质量流量信号为 q_{m1}，则基本喷射时间 T_p 可用下式表示，即

$$T_p = K \frac{q_{m1}}{n} \tag{5-5}$$

式中，K 为常数，取 $K = 1/[K_1(A/F)_T]$。

（2）卡门涡式空气流量计　卡门涡式空气流量计输出的卡门涡频率与进气速度成正比。所以空气体积流量与卡门涡频率之间有以下关系式，即

$$q_V = C_1 A f \tag{5-6}$$

式中，C_1 为常数；A 为卡门涡测量处的流通截面积；f 为卡门涡频率。

由于卡门涡式空气流量计是体积流量计，所以相对进入气缸的空气体积流量的基本喷射时间设为 T'_p，则

$$T'_p = \frac{C}{K_1(A/F)_T} \frac{f}{n} \tag{5-7}$$

式中，K_1 为由喷油器结构尺寸、喷射压力以及气缸数确定的常数；$C = C_1 A$。

为了求得相对质量流量的基本喷射时间 T_p，需要对进气温度及压力进行修正。设在标准大气状态（293K，101kPa）下的空气质量流量为 q_{ms}，而在任意温度 T 和压力 p 下的质量流量为 q_m，则二者之比为

$$\frac{q_m}{q_{ms}} = \frac{\rho q_V}{\rho_s q_{Vs}} \tag{5-8}$$

式中，q_{ms}、ρ_s 分别为标准状态下的空气质量流量和密度；q_V、ρ 分别为任意状态下的空气体积流量和密度。

由于卡门涡产生的频率与进气温度及压力状态无关，所以，$q_V = q_{Vs}$。式（5-8）可改写为

$$\frac{q_m}{q_{ms}} = \frac{\rho}{\rho_s} \tag{5-9}$$

又由理想气体的状态方程式 $\rho = p/(RT)$，所以有

$$\frac{q_m}{q_{ms}} = \frac{T_s}{T}\left(\frac{p}{p_s}\right) \tag{5-10}$$

故进气温度和大气压力的修正量分别为

$$\frac{T_s}{T} = \frac{293}{T} \tag{5-11}$$

$$\frac{p}{p_s} = \frac{p}{101} \tag{5-12}$$

图5-3所示为进气温度和大气压力的修正图。根据式（5-7）、式（5-11）、式（5-12）可求得相对质量流量的基本喷射时间 T_p，即

$$T_p = K \frac{f}{n}\left(\frac{293}{T}\right)\left(\frac{p}{101}\right) \tag{5-13}$$

其中

$$K = \frac{C}{K_1(A/F)_T}$$

2. 修正系数的确定

由式（5-3）修正系数 $F_c = f(F_{ET}, F_{AD}, F_O, F_L, F_H)$ 可知，质量流量式

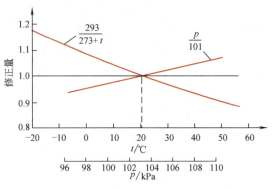

图5-3　进气温度及大气压力的修正图

电控汽油喷射系统的基本喷射时间的修正系数主要考虑以下几个方面的因素。

（1）与发动机温度有关的修正系数 F_{ET}　温度修正系数 F_{ET} 主要考虑不同的温度影响燃料喷射雾化质量而造成的对混合气形成过程的影响。特别是在低温起动时，由于燃料雾化蒸发不良，造成混合气过稀，甚至使发动机熄火；当发动机温度过高时，汽油在输送管路中易蒸发，减小实际喷射量，特别是在高温再起动时很容易产生"气阻"现象而影响正常起动。这就是说，发动机在高、低温下，按基本喷射时间 T_p 喷射的燃料量均使混合气过稀。所以必须进行加浓修正，否则使发生怠速不稳、高温再起动时易熄火以及游车等现象。

根据发动机实际运行状态，温度修正主要有以下三个方面：

1）起动后增量修正系数 F'_g。发动机在低温下起动时，着火后的数十秒内要进行增量修正。在起动过程中，发动机的温度越低，燃料蒸发条件越差，燃料增量修正量越多，修正时间就越长。这是因为刚起动时，进气门、气缸内壁等表面温度比较低，喷油器喷射后在其表面上形成的油膜蒸发汽化作用不足，引起混合气浓度变稀，所以需要加浓修正。F'_g 就是考虑进气门及气缸壁等表面温度低而影响其油膜蒸发程度的喷射量增量修正系数。在ECU中的修正过程如图5-4所示，先由起动时的发动机冷却液温度 t_w 确定修正初值 F_{g0}，起动后以此修正喷射时间。随发动机的运转，冷却液温度升高，起动修正系数 F'_g 从初值 F_{g0} 开始逐渐减小。

2）怠速暖车增量修正系数 F_I。F_I 主要用来修正起动后进气门、气缸壁的表面温度以及冷却液温度 t_w 随时间升高的过程中进气管及气门处的油膜蒸发汽化作用不足而造成混合气

偏稀的部分。与起动增量修正系数 F'_g 同样，F_I 的修正值也随冷却液温度 t_w 的降低而增加（图 5-5），并与 F'_g 同时进行修正。但是，F'_g 是在起动后数十秒内修正过程就结束；而 F_I 则一直修正到 t_w 达到规定的目标温度为止。

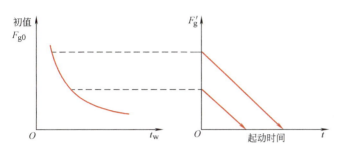

图 5-4　起动增量修正　　　　　　　图 5-5　暖车增量修正

3) 高温修正系数 F_T。高温修正工况是指汽车在大负荷高速下行驶后停车 10~30min，然后再起动的 2~3min 时间内。高温修正的原因是，汽车在高速行驶时，由于迎面风的冷却作用，一般燃油温度低于 50℃。但一旦停车后，发动机作为热源而向四周散发热量，此时发动机也停机，故无冷却风，所以发动机室内温度升高，使燃油温度达到 80~100℃，因此喷油器内的燃料沸腾，产生"气泡"现象。燃料产生气泡后，即使喷油器的控制脉宽（通电时间）T_i 一定，但喷射时因含气泡而实际喷射量明显减少，造成空燃比加大，混合气变稀，所以需要修正。修正方法是检测冷却液温度 t_w，当 $t_w \geqslant 100℃$ 时进行修正（图 5-6）。也有直接测量燃油温度进行修正的方法。

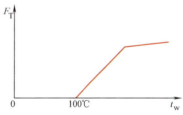

图 5-6　高温增量修正

(2) 加减速修正系数 F_{AD}　以相对进气管压力高 250~300kPa 的喷射压力进行喷射的大部分燃油，都附着在进气门背面及附近的进气管内壁表面形成油膜。这种油膜的蒸发速度受进气压力和油膜附着部分表面温度的影响。当发动机加速运行时，随着节气门开度的增大，进气量增加，进气压力也增大，使得进气管内壁表面附着的油膜汽化速度降低，造成混合气变稀；而在减速时，随节气门开度的减小进气量减少，进气压力也随之降低，使进气管内壁表面附着的油膜汽化速度加快，造成混合气变浓；当油膜附着部分的表面温度越低，油膜蒸发速度越慢，所以也影响气缸内的混合气浓度。因此，当发动机加减速运行时只靠基本喷射量，空燃比就会偏离目标值，使发动机产生回火、车辆前后方向振动（游车），而且排气中的有害成分也增加，因此必须进行修正。在进行加减速修正时，首先要正确、快速地判断加减速工况。一般加减速工况是通过节气门开度信号的变化率来判断。如由 ECU 每 80ms 读入节气门开度信号，并在该时间内的节气门开度变化率超过某一规定值时，判定为加减速状态。

1) 加速修正系数 F_{AC}。加速工况时的修正系数主要考虑发动机负荷（F_{DL1}）和冷却液温度（F_{THw1}）两个方面的影响因素，即

$$F_{AC} = F_{DL1} F_{THw1} \tag{5-14}$$

式中，F_{DL1} 为对应负荷变化量的修正系数，主要修正进气压力（负荷）升高时，汽化速度降低所造成的汽化不足的部分，负荷可用每进气行程进入的气缸空气量 q_V/n 或节气门开度表示；F_{THw1} 为对应冷却液温度的修正系数，主要修正燃油油膜附着部分的表面温度降低时，汽化速度降低所造成的汽化不足（空燃比增大）的部分。

图 5-7 所示为 F_{DL1} 随负荷变化量 $\Delta q_V/n$ 的变化特性。在一定的时间间隔内，当负荷的变化量 $\Delta q_V/n$ 超过某一设定值时就判定为加速修正工况，$\Delta q_V/n$ 越大，意味着进气压力变化量越大，对应的修正系数随之也增加。图 5-8 所示为 F_{THw1} 随冷却液温度的变化特性，说明即使是负荷变化量相同的加速工况，如果冷却液温度状态不同修正值也不一样。在相同负荷变化条件下的加速工况，如果冷却液温度越低，则加速修正系数值就越大。

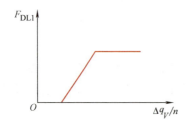

图 5-7 加速时随负荷变化量的修正　　　图 5-8 加速时随冷却液温度的修正

2）减速修正系数 F_{DC}。与加速修正系数 F_{AC} 相反，当减速时节气门开度减小，负荷降低，进气压力随进气量的减小而降低，所以油膜表面压力减轻，其汽化速度加快，使混合气变浓。减速时的修正系数也考虑负荷和冷却液温度两个因素的影响，即

$$F_{DC} = F_{DL2} F_{THw2} \tag{5-15}$$

式中，F_{DL2} 为与负荷变化量有关的修正系数；F_{THw2} 为对应冷却液温度的修正系数。

图 5-9 所示为减速时 F_{DL2} 随负荷变化的特性，其方向与加速修正过程相反。图 5-10 所示为 F_{THw2} 随冷却液温度变化的特性。

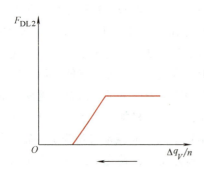
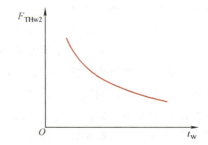

图 5-9 减速时随负荷变化量的修正　　　图 5-10 减速时由冷却液温度的修正

(3) 理论空燃比反馈控制修正系数 F_O。为了有效地降低汽车有害气体的排放，以适应日趋严格的排放法规，保护环境清洁，一般汽油车采用三效催化转换装置。这种装置是在理论空燃比下，才能对 NO_x、CO、HC 三项有害排放物同时进行有效净化。空燃比的开环控制不能满足理论空燃比的控制精度。所以，必须在排气管中安装氧传感器，以获得排气中氧含

量的反馈信息,由此检测实际燃烧过程的空燃比,并对基本喷射时间进行反馈修正,实现理论空燃比的反馈控制(闭环控制)。另一方面,在发动机实际工作过程中,当氧传感器的温度过低时,不能准确地检测空燃比。所以,在起动过程以及起动后冷却液温度 t_w 还比较低的一段时间内停止反馈控制。此外,当发动机全负荷高转速运行时,要求发动机输出最大转矩,此时为了保证汽车的大负荷行驶特性,将空燃比设定在较浓的功率混合气状态,所以也要停止空燃比的反馈控制。

图 5-11 所示为氧传感器的输出特性,在理论空燃比附近,其输出电压急剧变化。ECU 根据氧传感器的这种输出特性按图 5-12 所示的顺序进行空燃比的反馈控制。首先,ECU 将氧传感器的输出电压与表示理论空燃比的基准电压进行比较,判断混合气是浓还是稀。当混合气比理论空燃比浓时,降低反馈修正信号;反之,增加反馈修正信号。反馈控制信号是按阶梯形变化的,其目的就是改善反馈修正的响应特性,提高理论空燃比的控制精度。

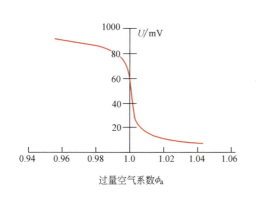

图 5-11 氧传感器的输出特性

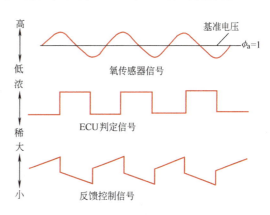

图 5-12 空燃比的反馈控制

(4)学习控制修正系数 F_L 在实际使用过程中,随着使用时间的延长,一些零部件的磨损等原因会引起反馈控制的空燃比偏离目标值的现象。为了提高理论空燃比的反馈控制精度,使反馈控制量的中心回到理论空燃比的位置上,一般均实施学习控制修正。所谓学习控制,主要由以下三个部分构成:首先,求出相对理论过量空气系数的偏差量 $\Delta\phi_a$,这一步在学习控制过程中称为学习阶段;其次,求出修正该偏差量的修正系数,并寄存,即记忆过程;最后,将所记忆的学习修正量直接反应在现行工况下的控制脉宽里,完成学习控制过程。

1)理论过量空气系数偏差量的求法(学习过程)。以怠速空气量的学习控制为例,假设过量空气系数反馈控制的偏差量符合 $\Delta\phi_a = a/q_V + b$ 的变化规律(图 5-13),其中,q_V 为进气体积流量;a、b 为待定常数。在 A 点的过量空气系数(即无反馈控制的开环控制时的 ϕ_a)相对目标过量空气系数($\phi_{aT}=1.0$)浓 10%,所以反馈修正系数的平均值为 0.9。令反馈修正系数的平均值为 ϕ_{af0},目标过量空气系数 $\phi_{aT}=1.0$,则反馈修正系数的平均值 ϕ_{af0} 偏离目标值 $\phi_{aT}=1.0$ 的偏差量表示为

$$\Delta\phi_a = 1.0 \pm \alpha_{f0} \quad (5-16)$$

根据初始条件确定常数 b 之后,由式(5-16)确定常数项 a,则空燃比反馈控制的偏差量随进气量的变化规律就可以确定。

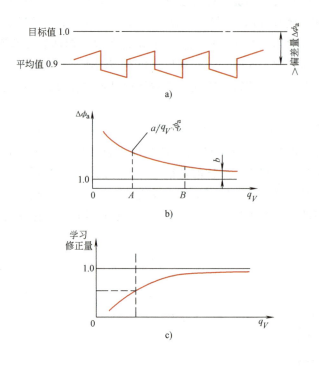

图 5-13 学习控制修正

a) A 点处反馈控制信号及偏差量 b) 偏差量的变化特性 c) 学习修正量的变化特性

2) 学习修正量的确定（记忆过程）。学习控制的目的就是将开环控制时的空燃比等于理论空燃比，所以需要求出使反馈控制的空燃比平均值等于 1.0 的学习修正量。如图 5-13 所示，在 A 点的学习修正量为 0.9，即学习修正量取与偏差量对称的值（图 5-13c），并直接反映到燃油喷射控制脉宽中。

在发动机起动开始到氧传感器的温度和冷却液温度达到规定值之前的一段时间内，不能进行氧传感器的反馈控制，此时可以通过学习控制，将空燃比控制到目标值。另外，当发动机零部件、EFI 零部件等在使用过程中因磨损等原因造成空燃比偏离理论空燃比的任一工况，都可以通过学习控制加以修正。因此，一般将学习修正量存储在即使关闭点火开关也能保存的永久性存储器中。

3) 学习修正的效果。只要发动机运转条件确定，学习修正量就直接反映在喷油器的控制脉宽里，所以可提高过渡工况下空燃比的控制精度。图 5-14 所示为在过渡工况下即使有反馈控制时，有学习控制和无学习控制时空燃比的控制过程的比较。当从 A 工况过渡到 B 工况时，若没有实施学习控制，由于反馈控制的积分速度一般为百分之几秒的数量级，所以当空燃比有偏差时，在运转条件以几十毫秒数量级变化的过渡工况下是不可能实现理论空燃比的控制的，因此在过渡过程中实际空燃比偏离理论值。当有学习控制时，因学习修正量直接反映在变化的运行工况中，所以能实现理论空燃比的控制。

（5）大负荷、高转速的增量修正系数 F_H 一般发动机在部分负荷下运行时，空燃比的控制主要考虑保证排放性能的前提下，尽量提供经济混合气，以得到最低燃油消耗量。但当

第五章　电子控制汽油喷射系统的控制方法

汽车在节气门全开的大负荷下行驶时，要求发动机输出最大的转矩。对应最大转矩的空燃比一般约为 12.5（$\phi_a=0.8\sim0.9$）。在实际控制过程中，ECU 根据节气门开度传感器的信息判断是否全负荷状态，并采用开环控制方法实现大负荷修正控制。此时，一般在基本喷射时间的基础上乘以系数 1.18 就可以实现大负荷增量修正。在实施大负荷控制时，必须停止氧传感器的反馈控制。

当发动机高转速运行即汽车高速行驶时，与大负荷行驶时一样将空燃比控制在 12.5 附近。

另外，当空燃比减小时，由于燃油的汽化热作用和燃烧效率的降低（因氧浓度不足），使燃烧温度下降，所以排温也下

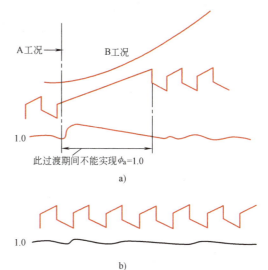

图 5-14　学习控制对空燃比的控制效果
a）无学习控制时　b）有学习控制时

降。当在空燃比为 12.5（$\phi_a=0.8\sim0.9$）下运行时，如果排气系统部件（排气管、氧传感器、三效催化转换装置）的温度超过许用温度，则将空燃比设定得更小些，由此降低排温。

3. 无效喷射时间 T_v

无效喷射时间是与喷射方式无关的用来修正喷油器针阀工作（开启或关闭）滞后的时间。喷油器在喷射过程中，由于存在针阀的惯性质量，从接通喷油器电源开始到喷油器针阀开启第一次达到最大升程为止，有一个时间滞后 T_o，称之为针阀的开启时间。同样，从切断喷油器电源开始到喷油器针阀关闭（落座）为止，也存在时间滞后 T_c。一般地，针阀的开启时间 T_o 大于关闭时的时间滞后 T_c。令 $T_v=T_o-T_c$，在整个喷射脉宽内 T_v 这一段时间喷油器不喷油，称 T_v 为喷油器的无效喷射时间。每一个喷油器都存在无效喷射时间，所以 ECU 在演算基本喷射时间的基础上，有必要加上这一段无效喷射时间进行修正。

一般无效喷射时间由蓄电池电压来修正。图 5-15 所示为无效喷射时间随蓄电池电压的变化规律。将蓄电池电压分别设定为 7V、8V、9V、10V、12V、14V、16V、18V 时所对应的无效喷射时间寄存在存储器中，由 ECU 根据检测蓄电池的实际电压进行线形插值修正，并将线性插值法求得的对应于实际电源电压的无效喷射时间 T_v 直接反映在基本喷射时间里。

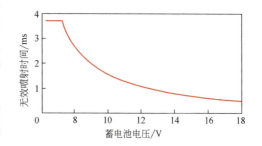

图 5-15　无效喷射时间随蓄电池电压的变化规律

二、非同期喷射

非同期喷射是指与曲轴转角位置无关的临时性喷射，也有起动后的非同期喷射和起动时

的非同期喷射（简称起动喷射，如前所述）两种。这里主要介绍起动后的非同期喷射的原理。起动后的非同期喷射主要用来修正急加速等过渡工况时同期喷射方式的喷油量不足的部分。如图 5-16 所示，当发动机急加速时，同期喷射的控制脉宽 T_A 是按节气门开度变化之前的进气量 q_{mA1} 进行计算得到的，所以只能实现与 q_{mA1} 相应的目标空燃比。但在急加速时节气门突然开大，因此第 1 缸实际进入气缸的空气质量流量为

$$q_{mA2} = q_{mA1} + \Delta q_{mA1} \tag{5-17}$$

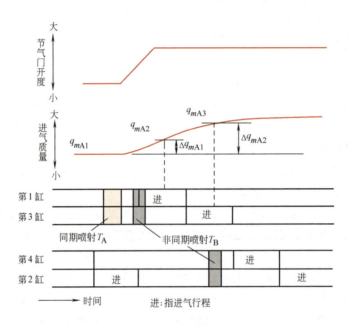

图 5-16 非同期喷射定时图

所以，对发火顺序为 1→3→4→2 的 4 缸发动机，第 1 缸相当于 Δq_{mA1} 部分的空气量缺油，混合气变稀；而第 3 缸发火时实际进入气缸的空气质量流量为

$$q_{mA3} = q_{mA1} + \Delta q_{mA2} \tag{5-18}$$

相当于 Δq_{mA2}（$>\Delta q_{mA1}$）部分的空气量缺油，所以造成加速工况车辆振动加剧直接影响加速性能。为此需采用非同期喷射的方法进行修正。非同期喷射的喷油器控制脉宽 T_B 就是用来修正 Δq_{mA1}、Δq_{mA2} 这一部分所缺的喷油量，以保证加速过程中的目标空燃比。

为了精确地确定非同期喷射量，需要尽快地检测出发动机加速状态。表示发动机加速状态的最好参数就是节气门开度的变化量。所以，非同期喷射量是按一定时间间隔（10~20ms）内的节气门开度变化量 ΔTH_A 来决定的。即当 ΔTH_A 超过某一设定值时，就判定为加速状态，并同时进行如图 5-17 所示的非同期喷射修正。节气门开度变化量越大，非同期喷射量就越多。非同期喷射量根据节气门开度的变化量以脉谱形式设定，并寄存在存储

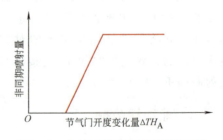

图 5-17 加速时的非同期喷射修正量

器中。

三、质量流量式电控汽油喷射系统控制原理

1. 控制单元

图 5-18 所示为一种电子控制汽油喷射控制单元的结构图，微机采用单片机。由于控制时计算处理信息较多，而且通过喷油器直接控制燃料量，所以要求微机（单片机）具有高的时间分辨率。因此，所采用的单片机的特点是：①内置 2 个 16 位程序的专用计数器；②具有可待机的 RAM，可通过供给微小电源记忆数据；③具有 16 位处理功能和 8 位×8 位的乘法运算指令。

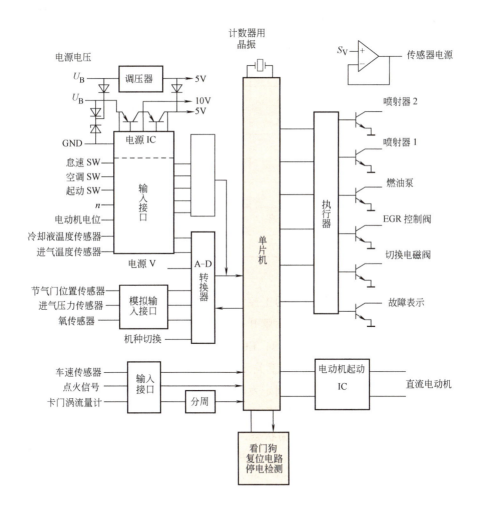

图 5-18 控制单元

冷却液温度传感器、氧传感器、进气压力传感器等表示发动机运行状态的模拟信号，在输入到 ECU 之前先通过输入电路消除噪声，然后经过 A-D 转换器进行 A-D 转换等前处理。

A-D 转换器进行 A-D 转换时，相对模拟信号的基准电压 U_{REF} 具有保持比例关系不变的

性能,即模拟电压信号 U_{in} 变化时,如果与基准电压 U_{REF} 之比 U_{in}/U_{REF} 一定,则 A-D 转换的结果不变。所以当电源电压变化(降低)时,也能精确地进行 A-D 转换。

另一方面,由 ECU 发出的各项控制信号,是通过输出电路进行 D-A 转换和增幅处理后再去驱动各执行器的。向微机提供直流 5V 电源的电路中,通过设有看门狗和复位功能(通过由微机发生的看门狗脉冲间隔的差别监视微机的异常现象,当微机出现异常时,重新启动微机的功能)的定电压集成电路(IC),保证在宽广的车用输入电压范围(6~16V)和温度范围(−30~80℃)内使微机稳定工作。表 5-1 所示为卡门涡式电控汽油喷射系统控制空燃比的修正项目。

表 5-1 卡门涡式空燃比的修正项目

修正项目	有关传感器及输入信息	修正内容
冷却液温度修正	冷却液温度传感器	增加发动机冷态时的喷射量
进气温度修正	进气温度传感器	空气流量传感器为体积流量计,故需修正空气密度
起动增量	车钥匙(起动位置) 冷却液温度传感器	起动时进行燃料增量的修正
反馈修正	氧传感器	监视排气中的氧浓度进行空燃比反馈控制以保持理论空燃比
加速增量	节气门开度传感器	加速时增加燃料量,以提高响应性
减速减量	急速开关,发动机转速	减速时减小燃料量,降低油耗同时保护催化剂
蓄电池电压修正	蓄电池电压	修正由喷油器两端电压变动而引起的空燃比变化

2. 控制原理

图 5-19 和图 5-20 所示分别为 CPU 的主控制程序流程图和空燃比控制系统框图。控制单元一旦接通电源就立即复位,复位解除后就开始执行程序。发动机转速是通过在中断处理电路上所测量的点火周期信号来进行计算的;ECU 根据发动机转速判定发动机是否处于停止状态,若发动机处于停止状态($n=0$),就关闭燃油泵的电源,否则当发动机处于运转状态时,接通燃油泵电源使之工作。之后,判定发动机的运行工况是否是起动工况。起动状态是根据点火开关位置和发动机转速来判断,当点火开关为起动位置且发动机转速是在设定的一定范围之内($n_1<n<n_2$)时,判定为起动状态,此时按起动时喷油器控制脉宽计算公式确定起动喷射量;否则,根据卡门涡流量计测量的进气流量信息确定同期喷射时的基本喷射量之后,再判定发动机运行状态,如急速工况、部分工况、大负荷工况等。对应不同的发动机运行工况分别进行相应的修正,然后再判定是否是加减速工况。如前所述,加减速工况是通过一定时间内(如 80ms)的节气门开度的变化量来判断。当发动机在加减速运行工况时,相应地进行加减速修正,最后进行冷却液温度、大气压力以及电源电压等修正,并将最终的喷射量信息(控制指令)传输给喷油器进行喷射量的控制。表 5-2 所示为在微机内实行的各控制软件程序处理所需时间(尺寸)相对整个程序处理时间的占有率。整个程序,包括 EGR 及急速转速控制程序后约为 4KB,整个处理时间为 6~7ms。

第五章　电子控制汽油喷射系统的控制方法

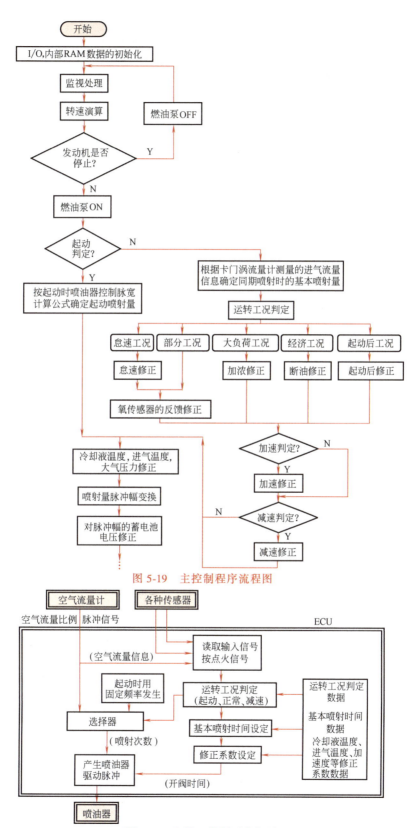

图 5-19　主控制程序流程图

图 5-20　空燃比控制系统框图

表 5-2　各控制软件程序处理时间占有率

实行内容	程序处理时间占有率(%)
初始化	6.1
S/W 定时期	3.7
自己诊断	8.3
A-D 转换器	1.9
参数计算	4.9
反馈控制	5.9
工况判定	6.6
驱动时间判定	11.3
怠速转速控制	24.0
其他的负荷控制	1.7
子程序	4.0
嵌入处理	14.3
脉谱,表格	7.3

　　发动机的工况是按一个工作循环为单位发生变化的，所以上述处理时间可以实施到发动机转速 8000r/min 为止。当发动机转速超过 8000r/min 时，程序实施所需时间相对发动机工作时间太长，控制之后发动机不能正常运行。在微机内执行主控制程序流程时，非同期中断输入的信号有点火信号（10~250Hz）和空气流量计信号（30~1500Hz），输出信号有喷油器的驱动脉冲信号（6~200Hz）。喷油器的驱动脉冲幅变化范围是 1~30ms，所以要求其分解率为驱动脉冲幅的 1/100 左右。完成这一项功能的部分就是在微机内设置的专用程序计数器，其结构框图如图 5-21 所示。专用程序计数器由以 1μs 时钟运行的 16 位自由运行计数器

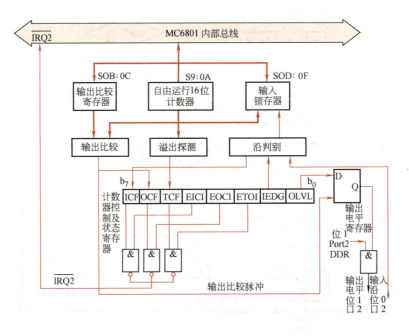

图 5-21　程序计数器的结构框图

（Free Running Counter，FRC）、当有触发输入信号时锁存 FRC 内容的输入锁存器（Input Capture Register，ICR）、经常与 FRC 的内容进行比较的输出信号比较器（Output Compare Register，OCR）、当比较结果与 FRC 一致时就输出信号的 16 位数字比较器，以及完成这些功能的控制器等组成。图 5-22 所示为用这种专用程序计数器周期地检测输入脉冲信号的示意图。在测量输入信号时，检测输入端 P_{20} 上的脉冲上升沿信号，并向 ICR 传送触发信号，此时 FRC 的内容被锁存在 ICR 中。与此同时，通过软件检测在 ICR 中被锁存内容的同时发出内部中断请求指令，进行控制程序的非同期处理。此时，由于信号输入时的 FRC 内容被锁存，所以在周期性测量时不会产生误差。

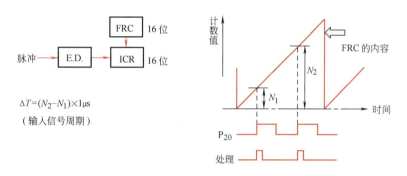

图 5-22　输入信号处理示意图

图 5-23 所示为输出一定幅宽脉冲信号时的处理示意图。处理方法与输入脉冲信号时的方式相同，所以在输出信号比较器（OCR）中对所设定内容的比较处理过程和脉冲信号的输出过程中，即使是相对演算脉冲幅宽在时间上有滞后现象，这种信号处理方式都能获得正确的脉冲输出信号。

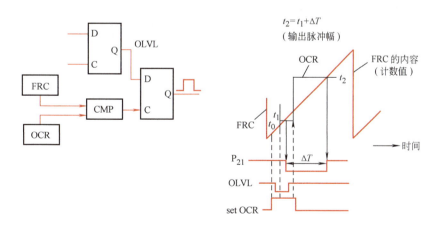

图 5-23　输出脉冲信号处理示意图

第四节　速度-密度（进气压力）式电控汽油喷射系统喷油量的控制

速度-密度方式或节气门-速度方式电子控制汽油喷射系统的喷油量的确定方式，与上述的质量流量方式基本相同，都采用式（5-2）计算。不同的是，由于速度-密度（或节气门-速度）方式是通过发动机转速和进气管压力、温度（或节气门开度）等参数来推算进入气缸的空气流量，所以基本喷射时间 T_p 的确定方法与质量流量方式不同。此外，基本喷射时间的修正系数 F_c 主要考虑以下 7 个方面的因素，即

$$F_c = f(K_a, K_w, K_k, K_p, K_s, K_f, K_i) \tag{5-19}$$

式中，K_a 为进气温度修正系数；K_w 为怠速暖车修正系数；K_k 为加减速修正系数；K_p 为节气门开度修正系数；K_s 为起动后增量修正及油耗控制修正系数；K_f 为反馈修正系数；K_i 为怠速稳定修正系数。

一、基本喷射时间的确定

由于以速度-密度方式确定进入气缸空气流量的方法与质量流量方式不同，所以其基本喷射时间的确定方法也不相同。速度-密度方式常见的基本喷射时间的确定方法有近似法和三维脉谱法两种。

（1）近似法　这是一种根据某一近似计算公式来确定基本喷射时间 T_p 的方法。在确定基本喷射时间时，首先根据外界大气压力和进气管压力，按下式求出当量进气管压力，即

$$p_e = p_{in}\left(1 + K_{ha}\frac{760-p_a}{p_a}\right) + K_{hb}(760-p_a) \tag{5-20}$$

式中，p_e 为当量进气管压力（kPa）；p_{in} 为进气管压力（kPa）；p_a 为外界大气压（kPa）；K_{ha} 为大气压修正系数；K_{hb} 为大气压修正斜率。

这种换算的目的如下：由于当大气压力下降时排气管内的压力也随之降低，气缸内的残余废气系数降低，有利于充气效率的提高，所以即使是相同的进气管压力下，实际进入气缸的空气量增加，空燃比增大（混合气变稀），需要通过大气压力的变化修正进气管压力。因此，应按式（5-20）将进气管压力换算成大气压力为 101kPa（1 个大气压）时的等价值。

基本喷射时间 T_p 和当量进气管压力 p_e 之间的近似关系式可表示为

$$T_p = k(ap_e - b) \tag{5-21}$$

式中，a 为基本喷射量的增益系数；b 为基本喷射量的基准值（初值）；k 为由喷油器决定的常数。

根据式（5-21），可求出如图 5-24 所示的基本喷射时间随当量进气管压力变化的特性。这种近似计算方法的特点是，利用了基本喷射时间大致与进气管压力呈线性变化的关系，可用少量的数据演算出基本喷射时间。

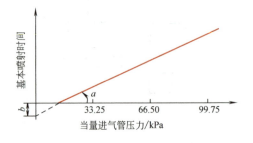

图 5-24　基本喷射时间随当量进气管压力变化的特性

在利用式（5-21）设定基本喷射时间脉谱时，式中系数 a 和 b 的值，可以按每隔 500r/min 设置不同的数值。而常数项 k，对排量为 1.6L 的 4 缸机来说，令发动机的充气效率为 1.0（相当于吸入 1 个大气压＝101kPa 的空气），并在 101kPa 的标准大气压力下，根据 $ap_e - b$ 计算确定的基本喷射时间所形成的混合气浓度达到理论空燃比的条件来确定。因此，只需要预测各转速下的充气效率，并设置 a 和 b 的值就可以确定基本喷射时间。在存储器上设定

第五章 电子控制汽油喷射系统的控制方法

的 a 值是实际值的 1000 倍（即实际值为 1.0 时，存储器上 a 值设定为 1000）。

这种方法的最大特点是需要设定的数据少，但当进气压力为设定值中间值时空燃比偏小（混合气浓）。

（2）三维脉谱法 假设进气管内的空气密度一定，则每进气行程中进入气缸的空气质量 m_a（kg）可用下式表示，即

$$m_a = \rho V_h \eta_v \tag{5-22}$$

式中，ρ 为进气管内的空气密度（kg/m³）；V_h 为气缸工作容积（m³）；η_v 为充气效率。

由理想气体状态方程 $\rho = p/RT$ 得

$$m_a = K \frac{p}{T} \eta_v \tag{5-23}$$

式中，K 为常数，$K = V_h/R$；R 为气体常数；p 为进气管内压力（kPa）；T 为进气管内的空气温度（K）。

由式（5-23）可知，如果已知充气效率 η_v，则可以通过进气管内的气体压力和温度求出进入气缸的空气质量。充气效率 η_v 是与发动机转速、负荷、配气定时、排气压力以及废气再循环（EGR）量等多参数有关的函数。在这些参数中，大部分在汽车行驶过程中都是发生变化的，所以 η_v 随发动机工况的变化特性较复杂。但是随着微机控制技术的应用，已经能够精确地修正这些参数的变化特性。因此，可事先通过试验的方法确定对应发动机各种工况下的充气效率 η_v。在 η_v 确定以后，根据发动机转速和进气管压力，就可以确定对应各种工况的基本喷射时间 T_p 的脉谱（图 5-25）。

图 5-25 基本喷射时间的三维脉谱

在设定基本喷射时间的三维脉谱 $T_p = f(n, p)$ 时，首先也要与近似法同样先算出当量进气管压力。然后，根据当量进气管压力和转速确定三维的基本喷射时间脉谱。当基本喷射时间脉谱的设定工况点和充气效率数据脉谱的节点工况不相同时，可利用 4 点插值法求出对应基本喷射时间脉谱设定的工况点上的充气效率。从脉谱图获得的数据乘以 760，再乘上喷油器的常数项 k，即可求出基本喷射时间。

当发动机实际运转工况在基本喷射时间脉谱节点之间时，则如图 5-26 所示，用该点周围的 4 个节点数据进行二次线性插值计算求得该工况点的基本喷射时间。即 E 工况点的基本喷射时间 T_{pE}，按以下步骤进行插值计算求得：

根据 E 工况点周围的 4 个节点，先找到与 E 点转速相同的两个不同负荷 F 点和 G 点，并分别在负荷一定的条件下按转速对基本喷射时间进行第一次线形插值，得

$$T_{pF} = \frac{\overline{FB}T_{pA} + \overline{AF}T_{pB}}{\overline{AB}} \tag{5-24}$$

$$T_{pG} = \frac{\overline{GD}T_{pC} + \overline{CG}T_{pD}}{\overline{CD}} \tag{5-25}$$

在求得与所求的 E 点相同转速、不同负荷的 F、G 两点的基本喷射时间 T_{pF}、T_{pG} 后，在转速一定的条件下按负荷进行第二次线形插值，得

$$T_{pE} = \frac{\overline{EG}T_{pF} + \overline{EF}T_{pG}}{\overline{FG}} \tag{5-26}$$

当发动机实际运行工况点在脉谱图的设定转速线或负荷线上时，就一次插值即可求得该工况的基本喷射时间。

将基本喷射时间 T_p 的三维空间脉谱按 p、n 的变化分别进行整理，得 $T_p \propto p$ 近似呈线性关系；而 $T_p \propto n$ 的变化规律依赖于 $\eta_v \propto n$ 的变化规律，所以呈非线性的复杂曲线关系。

用三维脉谱法设定基本喷射时间的特点是，需要设置的数据较多，但可以比较细致地设定数据谱，而且通过空燃比的反馈控制和学习控制，可进一步提高空燃比的控制精度。脉谱节点的设置如

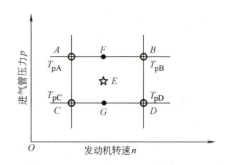

图 5-26 4 点插值法

下：每相邻节点之间的进气管压力变化量为 6.7kPa，可设 16 个点；而每相邻节点之间的转速变化量为 500r/min，可设 18 个点，所以设定控制节点数据的总数为 288 个。脉谱上设定的数值是 16B 数据，所设定的值为 10000 时相当于充气效率为 1.0。

二、修正系数的确定

速度-密度喷射方式的基本喷射时间的修正系数由式（5-19）确定，主要考虑 7 个方面的因素，其中包括与发动机温度有关的修正系数、加减速修正系数等。其修正原理与质量流量方式类似，但由于这种速度-密度方式进入气缸的空气流量的确定方式与质量流量方式不同，所以其修正系数的具体确定方法有所差别。

（1）进气温度修正系数 K_a 基本喷射时间是在进气温度为 20℃ 的基准下确定的，所以当进入气缸的空气温度发生变化时，需要适应空气密度的变化对基本喷射时间进行修正。速度-密度方式的进气温度修正量，理论上按式（5-27）确定。但是随着温度的变化也受到燃油密度变化的影响，所以实际应用时需取偏小的值。

$$K_a = \frac{293}{(t_a + 273)} \tag{5-27}$$

式中，t_a 为进气温度（℃）。

图 5-27 所示为进气温度修正系数的特性曲线。当进气温度为 20℃ 时修正系数为 1.0，并每间隔 20℃ 设定的数值按线性插值来求得各种工况下的修正系数。

（2）怠速暖车修正系数 K_w 速度-密度方式的怠速修正原理与质量流量方式相同，是用来修正当发动

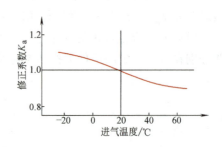

图 5-27 进气温度修正系数的特性曲线

机冷却液温度低时燃油油膜汽化滞后的部分。K_w 的特性曲线如图 5-28 所示，冷却液温度在 -30~90℃ 范围内，每隔 20℃ 设定一个修正系数，并以脉谱形式储存在寄存器中。当发动机实际工作时的冷却液温度在脉谱节点之间时，可用线性插值法求得对应的修正系数。当冷却液温度超过 90℃ 或低于 -30℃ 时，修正系数保持不变。一般地，当冷却液温度在 70℃ 以上时，修正系数设定为 1；而当冷却液温度为

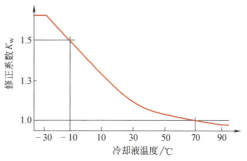

图 5-28 急速暖车修正系数的特性曲线

30℃ 时，修正系数设定在 1.2 左右；冷却液温度为 -10℃ 时，修正系数设定在 1.5 左右。

(3) 加减速修正系数 K_k　速度-密度方式的加减速修正原理与质量流量方式基本相同，是用于发动机急加速或急减速的过渡状态下修正空燃比偏离目标值的修正系数。对速度-密度方式，可同时监测发动机每转的进气压力和节气门开度位置的变化量。当其中某一项（或进气压力或节气门开度）变化量的绝对值超过其设定值时，就根据超过设定值的该参数来确定修正系数。当进气压力和节气门开度的变化量同时超过设定值时，两者修正系数之间取大值作为修正量（图 5-29）。实际应用时，修正值按发动机的每一转以一定比例减小。

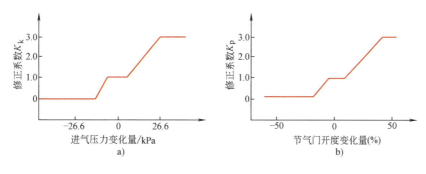

图 5-29 加减速修正系数

a) 进气管压力加减速修正系数　b) 节气门开度加减速修正系数

(4) 节气门开度修正系数 K_p　在相同的进气压力条件下，充气效率随节气门开度而变化。节气门开度修正系数就是用来修正充气效率随节气门开度变化而造成的空燃比的偏差，特别对采用多重节气门系统的发动机来说，是必需的修正系数。所谓多重节气门系统，是指在每个气缸的进气支管中分别设置节气门的系统。通过这种节气门设置方式可减小节气门下游的容积，以提高发动机的响应特性。

常用的一个节气门方式，其进气压力是在稳压箱内测得的，而节气门开度对进气压力测定值的影响比较小，所以测定值相对稳定。但是对于多重节气门系统，由于进气压力是在节气门下游的进气管上测定的，而节气门下游的进气管内空气的流动状态随节气门开度变化很大，这种空气流动状态的变化直接影响进气压力的测量精度，故必须进行修正，否则即使是在进气压力相同的条件下，也会因节气门开度的变化使空燃比的控制产

生误差。

节气门开度的修正值以节气门开度和转速的三维脉谱形式给出,在设定节点之外的修正值,可通过4点插值法求得。脉谱节点的设置如下:节气门每隔5%开度设一个点,共设16个点;而发动机转速每隔500r/min设一个点,共设18个点,所以需要设定脉谱节点的总数为288个。在脉谱中,设定的修正值是16B的数据,所以10000相当于1.0。

当节气门开度超过某一设定值以上时,表示驾驶人需要发动机输出高功率,因此,此时与质量流量方式的大负荷高转速修正方法相同,进行功率增量修正。其修正系数通常为1.18,此时的空燃比为12.5。

(5) 起动后增量修正及油耗控制修正系数 K_s 一般起动后增量修正和油耗修正共用一个修正系数 K_s。起动后的增量修正,是当发动机起动完成后发动机转速大于或等于某一设定转速(如400r/min)时,根据此时的冷却液温度确定修正系数的初始值,然后根据发动机的转速按一定的比例减小修正系数。一般初始值是在-30~90℃范围内每隔20℃设置不同的值,并将各点的设定值寄存在存储器中。在实际工作时,如果冷却液温度不在设定点时,可通过与该温度相邻的两个设定点进行线性插值法来求得该点的修正系数。当冷却液温度超过90℃或低于-30℃时,修正系数为一定的常数。在实际过程中,一般当冷却液温度为70℃时,修正系数为1.2;30℃时为1.25;-10℃时为1.4。起动之后的修正系数随冷却液温度的变化特性如图5-30所示。

所谓油耗控制,是指发动机在小负荷状态下运转时,将空燃比控制在比理论空燃比稍大的范围,以达到改善油耗的控制目的。小负荷状态的判断是通过进气压力和发动机转速是否在图5-31所示的范围之内来确定的。当发动机在小负荷状态下持续工作5s以上,且此时实施反馈修正控制,使反馈修正系数 K_f=1.03~0.97时,进入油耗控制状态。一旦进入油耗控制状态后,就立即停止反馈修正控制,并将油耗控制修正系数 K_s 从1.0开始每隔0.5s按一定的比例减小到油耗控制修正值为止。

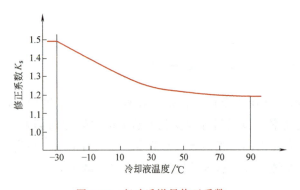

图5-30 起动后增量修正系数

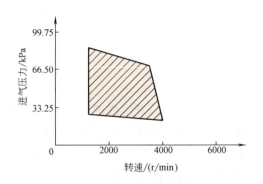

图5-31 控制油耗的小负荷范围

油耗控制修正系数是根据发动机转速和进气压力,以三维脉谱形式寄存在存储器中,脉谱中所设定的值是确定油耗控制用的空燃比。但若将空燃比控制得过大的话,就会引起失火现象,反而油耗及排放恶化,所以一般修正系数 K_s 限制在0.8~0.85(空燃比为18.4~17.3)范围之内。当加大油门等超出小负荷范围时,修正系数 K_s 值立即恢复到1.0上,以

第五章　电子控制汽油喷射系统的控制方法

进入正常的反馈控制状态。常在高速公路上行驶时，通过这种油耗控制，可降低油耗10%以上。

由于起动后增量修正和油耗控制修正并不是同时进行的，所以可共用同一个修正系数。

(6) 反馈修正系数 K_f　反馈修正控制是基于氧传感器的输出信号，改变反馈修正系数的处理过程。其修正过程与质量流量方式相同，一般每隔一定时间（如隔0.2s）监视并判定氧传感器的输出电压与目标空燃比所对应的设定电压值（如0.45V）是高（浓）还是低（稀）。当氧传感器的输出电压比目标值高（浓）时，按一定的比例减小修正系数 K_f；若比目标值低（稀）时，增加 K_f。当混合气从浓变化到稀，或从稀变化到浓时，通过这种反馈修正方法，对空燃比进行跳跃式的修正处理。一般修正系数 K_f 值是在1.2~0.8之间变化。

当起动增量修正过程或急速暖车修正过程或功率增量修正过程以及燃油切断控制等需要停止反馈控制时，将修正系数 K_f 固定在1.0上。当发动机起动后，混合气浓度一次也没有达到过浓的状态，或稀薄状态下持续工作8s以上时，ECU判定氧传感器处于还没有充分预热的状态，从而将修正系数 K_f 设定为1.0。

(7) 急速稳定修正系数 K_i　急速稳定修正系数 K_i 是速度-密度方式特有的修正系数。这种方式的基本喷射时间主要靠进气压力来确定。但是在过渡工况下，进气压力的变化相对发动机转速的变化有滞后现象。当节气门下游进气容积增加或急速转速降低时，这种响应滞后现象更为严重。结果，进气压力的变动导致发动机输出转矩的变动。由于进气压力的变化时间相对于转速的变化存在一定的时间滞后，所以发动机输出转矩的变化相对于转速的变化也存在一定的时间滞后。在这一段滞后时间内，将造成当发动机转速升高时转矩也提高、当发动机转速降低时转矩也减小的现象，使发动机转速持续波动。如果不进行急速稳定修正，这种周期性的转速波动将导致车辆振动加剧，直接影响车辆的舒适性。

解决这种现象的措施就是通过急速稳定修正控制，以与转矩变动相反的方向进行空燃比的修正，以消除转矩变动。图5-32所示为急速稳定修正系数的特性曲线。

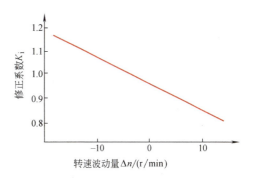

图5-32　急速稳定修正系数的特性曲线

第五节　空燃比的几种控制方法

在发动机实际工作时，空燃比受诸多因素的影响，所以只靠几个修正系数保证不了空燃比的控制精度要求。为了在各种不同工况下都能提高空燃比的控制精度，需要根据不同条件进行相应的空燃比控制。一般不同条件下空燃比的控制方式不同。这里介绍几种不同形式的空燃比的控制方法。

一、氧传感器和双氧传感器的反馈控制

(1) 氧传感器的反馈控制　图5-33所示为根据氧传感器的输出信号进行空燃比反馈控制的流程图。这种控制方法的特点是，通过检测发动机的运行状态，对运行工况进行空燃比

的反馈修正。在空燃比反馈控制时，根据进入气缸的空气量、进气温度、冷却液温度、节气门开度、曲轴位置、氧传感器的输出信号（排气中的氧浓度）以及车速等来自各种传感器的信息，先进行数据前置处理，然后判定是否是断油控制状态（即 X_F 是否为 0）。如果是断油控制状态，就进行燃油切断处理；否则根据式（5-28）计算基本喷射量 m_{f0}：

$$m_{f0} = k \frac{q_{mA}}{n} \quad (5\text{-}28)$$

式中，q_{mA} 为进入气缸的空气质量流量；n 为发动机转速；k 为目标空燃比的倒数。

然后根据冷却液温度 t_w，计算出怠速暖车增量修正系数 F_w，并按式（5-29）计算出实际燃料喷射量 m_f，即

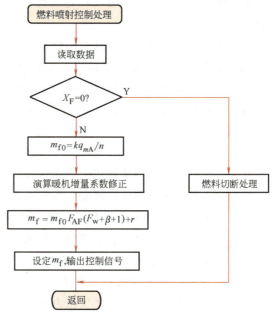

图 5-33 空燃比的反馈控制程序流程图

$$m_f = m_{f0} F_{AF}(F_w + \beta + 1) + r \quad (5\text{-}29)$$

式中，F_{AF} 为空燃比的反馈修正系数，其计算方法如图 5-34 所示；β、r 分别为根据发动机的运行状态参数所确定的修正系数。

在实际运行时，F_{AF} 的计算程序由发动机电子控制单元（ECU）按确定的时间间隔（如 4ms）进行中断处理。当处理 F_{AF} 时，首先读取来自各传感器的信息和由图 5-35a 所示的流程图计算并设定混合气加浓所需延迟时间 T_{DR}。然后判定是否断油控制状态（即 X_F 是否为 0），如果是断油控制状态，就取空燃比反馈修正系数 F_{AF} 为 1.0，否则再判定实施空燃比反馈控制条件是否成立。如果不满足空燃比反馈控制条件时，空燃比反馈修正系数 F_{AF} 设置为初值（1.0）。当满足空燃比反馈控制条件时，读取安装在排气净化催化装置上游侧经 A-D 转换后的氧传感器信号 V_1。当氧传感器输出信号 V_1 小于第一个比较电压值（目标）V_{R1}（=0.45V）时，就判定混合气为稀。此后再判定延迟计数器 C_{DLY} 的计数值是否是正值，当 $C_{DLY}>0$ 时，C_{DLY} 值置零后进行最小值限定运算；若 $C_{DLY}<0$，则直接进入最小值限定运算。当减运算结果小于给定的最小下限值 T_{DL} 时，就把减运算结果赋值给 C_{DLY}，并将空燃比开关 F_1 赋零后，判定 F_1 是否反转（氧传感器输出信号 V_1 切换之后经过确定的延迟时间 T_{DR} 或 T_{DL}）。若 F_1 已反转，则当 $F_1=0$（混合气稀）时，在空燃比反馈修正系数 F_{AF} 上加一个加浓修正量 R_{SR}；当 $F_1=1$（混合气浓）时，从 F_{AF} 减去一个相应的稀薄修正量 R_{SL}。如果 F_1 没有反转，则判定 F_1 是否为零。当 $F_1=0$（混合气稀）时，在 F_{AF} 上加一个浓积分常数 K_{IR}；当 $F_1=1$（混合气浓）时，从 F_{AF} 减去一个稀积分常数 K_{IL}。一般情况下，R_{SR}、R_{SL} 分别大于 K_{IR}、K_{IL}，修正量 R_{SR}、R_{SL} 使得 F_{AF} 阶梯性变化，而 K_{IR}、K_{IL} 的修正量使 F_{AF} 变化缓慢。当 F_{AF} 超过 1.2 时，将 1.2 赋给 F_{AF}，否则判定 F_{AF} 值是否小于 0.8。如果 $F_{AF}<0.8$，就把 0.8 赋给 F_{AF}；否则，将实际计算值寄存在 ECU 中的 RAM 内后结束空燃比的反馈控制

第五章 电子控制汽油喷射系统的控制方法

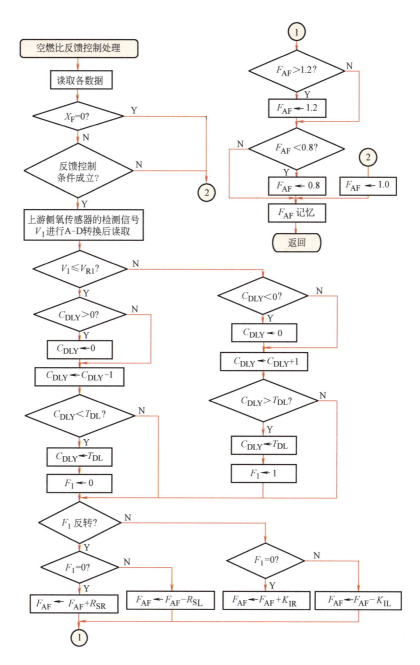

图 5-34 计算空燃比反馈修正系数 F_{AF} 的程序流程图

处理程序。

当氧传感器的输出信号 $V_1 > V_{R1}$ 时，考查计数器的计数值 C_{DLY}，若 $C_{DLY} < 0$，将零赋值于 C_{DLY} 后进行最大值运算；否则直接进入最大值运算。当最大值运算结果 $C_{DLY} > T_{DL}$ 时，就把 T_{DL} 赋给 C_{DLY}，并将空燃比开关 F_1 赋 1 后，进入 F_1 的判断过程。如果最大值运算结果 $C_{DLY} < T_{DL}$，就直接判定 F_1。

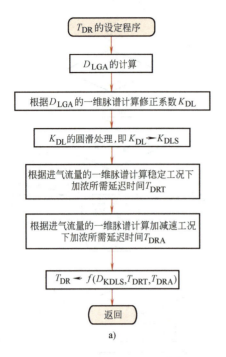

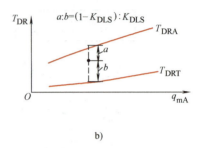

图 5-35 T_{DR} 的设定

a) 设定 T_{DR} 的流程图 b) T_{DR} 的脉谱图

计算 C_{DLY} 的最大值,实际上就是演算加浓延迟时间 T_{DR} 的过程。在计算处理过程中,ECU 首先计算被测进气量 q_{mA} 与前一次测量值之间的变化量 Δq_m,然后根据如图 5-36 所示的进气流量增量 Δq_m 的一维脉谱图求出过渡修正量 K_m,并通过式 (5-30) 进行圆滑处理后得 K_{ms},即

$$K_{ms} = \frac{K_{mi} + 7K_{mi-1}}{8} \quad (5\text{-}30)$$

确定修正量 K_{ms} 后,根据图 5-35b 所示的 $T_{DR}\text{-}q_{mA}$ 的一维脉谱图,计算稳定加浓延迟时

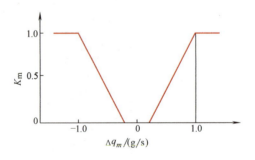

图 5-36 进气量增量的修正系数脉谱

间 T_{DRT} 和加减速加浓延迟时间 T_{DRA},并根据修正量 K_{ms} 按下式进行稳定加浓延迟时间 T_{DRT} 和加减速加浓延迟时间 T_{DRA} 的修正计算,求得对应于实际加减速程度的加浓时间 T_{DR},即

$$T_{DR} = T_{DRT} + K_{ms}(T_{DRA} - T_{DRT}) \quad (5\text{-}31)$$

一般情况下,根据进入气缸的空气量来计算空燃比的修正量时,只要进入气缸的空气流量相等,则不管是稳定工况还是加减速工况,都可以采用同样的空燃比修正系数 F_{AF}。所以当所设定的修正系数 F_{AF} 使稳定工况下的空燃比中心等于理论空燃比时,在加减速工况下,由于进气量的测量误差、进气管内壁附着的油膜的修正误差以及非同期喷射,使得流入催化装置的空燃比变动量增大,H_2 浓度变高,使得氧传感器输出信号偏向浓混合气,所以空燃比有可能向稀的方向偏离。如果修正系数 F_{AF} 的设定使加减速时的空燃比等于理论空燃

时，在稳定工况下的空燃比有可能偏向浓混合气方向。

通过采用上述空燃比的反馈控制，即使是相同的进气量 q_{mA}，因为由修正量 K_{ms} 进行修正的空燃比修正系数 F_{AF} 根据加减速情况（进气量的增量 Δq_m）而变化，所以根据加减速情况空燃比的修正系数 F_{AF} 可适当设定，由此精确控制空燃比，以提高排气净化装置的净化率。图5-37所示为空燃比反馈控制的定时图。

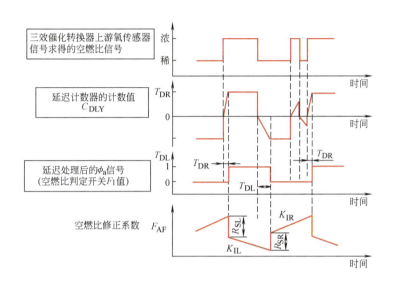

图5-37 空燃比反馈控制的定时图

（2）基于双氧传感器的空燃比反馈控制 这是一种在排气系统的三效催化装置上游设置第一个氧传感器，而在三效催化装置下游设置第二个氧传感器的双氧传感器的空燃比反馈控制方法。这种控制方法基于第二个氧传感器（辅助氧传感器）输出信号修正的辅助反馈控制量 R_{SR}，判定基于第一个氧传感器（主氧传感器）输出信号进行主反馈控制的空燃比修正系数 F_{AF} 的学习过程是否完了。为此，要算出在规定时间内持续辅助反馈控制时辅助氧传感器输出信号的反转次数和 R_{SR} 的平均值。然后再判断加速等工况下进行的燃料增量修正控制或减速时进行的断油控制是否结束了。当这种控制过程已经结束时，就判定氧储藏量的学习条件是否成立。这种学习条件是在发动机怠速暖车过程结束后，根据发动机当主反馈控制的空燃比修正系数 F_{AF} 的峰值在规定的范围之内时可以稳定运转来判断的。当学习条件成立时，按式（5-32）计算氧储藏量 OS，并进行更新，即

$$\left.\begin{aligned}F_{AFM} &= F_{AFAV} + \Delta R_{SR}\\ OS_t &= (F_{AF} - F_{AFM})q_{mA}\\ OS &= OS + OS_t\end{aligned}\right\} \quad (5\text{-}32)$$

式中，F_{AF} 为空燃比的修正系数；F_{AFM} 为 F_{AF} 的控制中心值；F_{AFAV} 为 F_{AF} 的中心值；ΔR_{SR} 为改变 F_{AF} 中心值的修正量；OS_t 为氧储藏量；q_{mA} 为进入气缸的空气质量流量。

在式（5-32）的 $F_{AFM} = F_{AFAV} + \Delta R_{SR}$ 中，根据 F_{AF} 的中心值 F_{AFAV} 和由图5-38所示的处理程序中求得的辅助反馈控制修正量 ΔR_{SR}，求出 F_{AF} 的控制中心值 F_{AFM}；在式 $OS_t = (F_{AF} - F_{AFM})q_{mA}$ 中，由 F_{AFM} 的差分和 q_{mA}，求出三效催化装置中储藏氧的收支量 OS_t；由式 $OS =$

$OS+OS_t$,根据每计算周期内的氧储藏量 OS_t 计算 OS,并进行更新。在处理氧储藏量 OS 的上下限值后,判断辅助氧传感器的输出信号是否反转了。如果此判断是在燃料增量之后($OS \geq 0$)进行,则判断开关变量 X_{SR} 是否是 OFF(稀薄信号)状态;如果是在燃料切断之后($OS \leq 0$)进行,则判断开关变量 X_{SR} 是否是 ON(浓信号)状态。当辅助氧传感器的输出信号已反转时,将氧储藏量 OS 的绝对值作为 OS_C 的学习值 OS_{CG}(其初值为零)。通过以上的处理,累积计算从燃料增量或燃料切断修正恢复后开始一直到辅助氧传感器输出信号反转为止之间的排气量,由此推断此时的氧储藏量(收支可能的量)OS_C 并进行学习处理。

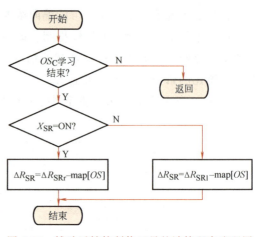

图 5-38 辅助反馈控制修正量的计算程序流程图

图 5-39 所示为三效催化装置氧储藏量 OS 的演算处理流程图。在演算 OS 时,首先判断 OS_C 的学习处理是否结束。如果尚未结束,就返回;否则,学习处理结束后,如果是燃料增量控制实施过程,就给 OS 置零后结束本程序的演算处理;否则,继续判定是否是燃料切断控制实施过程?当是燃料切断控制过程时,给 OS 赋值学习值 OS_{CG} 后结束本程序的演算处理;如果既不是燃料增量控制,也不是燃料切断控制过程,就判定主氧传感器的输出信号是否反转了。如果已反转,就根据下式求出 F_{AF} 的振幅和中心值 tF_{AFAV},并令这次反转时的 F_{AF} 值为 F_{AFOi},即

$$\left.\begin{array}{l} F_{AFHi} = |F_{AFi-1} - F_{AFOi-1}| \\ tF_{AFAV} = (F_{AFi-1} + F_{AFOi-1})/2 \\ F_{AFOi} = F_{AFi-1} \end{array}\right\} \quad (5\text{-}33)$$

式中,F_{AFHi} 为这次 F_{AF} 的振幅;F_{AFOi-1} 为前一次反转时的 F_{AF} 值。

当所求出的中心值 tF_{AFAV} 与前一次 F_{AF} 的中心值 F_{AFAV} 之差超过某一设定值 a 时,根据前一次的 F_{AFi-1} 值和其振幅 F_{AFHi-1} 求得中心值 F_{AFAV};否则取这次计

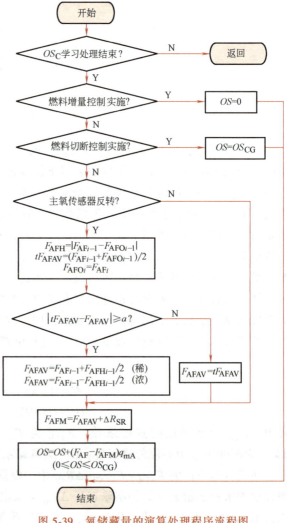

图 5-39 氧储藏量的演算处理程序流程图

算值 tF_{AFAV} 为中心值 F_{AFAV}。如果主氧传感器信号反转判定混合气为稀时，由式（5-34）根据前一次的 F_{AFi-1} 值和其振幅求出 F_{AF} 的中心值 F_{AFAV}；否则，当主氧传感器信号反转判定混合气为浓时，用式（5-35）计算 F_{AFAV}。

$$F_{AFAV} = F_{AFi-1} + \frac{F_{AFHi-1}}{2} \tag{5-34}$$

$$F_{AFAV} = F_{AFi-1} - \frac{F_{AFHi-1}}{2} \tag{5-35}$$

如果主氧传感器输出信号没有反转，则停止式（5-33）、式（5-34）、式（5-35）所表示的处理过程，而直接根据式（5-32）演算 F_{AF} 的中心值 F_{AFM} 和氧储藏量 OS。

图 5-38 所示为根据第二个氧传感器的输出信号求出辅助反馈控制修正量 ΔR_{SR} 的流程图。该程序也是由发动机的控制单元（ECU），按每隔一定时间间隔（如 4ms）进行中断处理的。在演算辅助反馈控制修正量 ΔR_{SR} 时，与计算氧储藏量时一样，先判定 OS_C 学习处理是否结束了。当 OS_C 学习结束时，再判定表示混合气浓度的标志参数 X_{SR} 是否处于 ON（第二个氧传感器输出的信号是否表示混合气浓）状态。如果判定为 ON 状态（混合气浓），就根据如图 5-40 所示的特性脉谱图计算辅助反馈控制修正量 ΔR_{SR}；否则，如果是 OFF 状态（混合气稀），则根据图 5-41 所示的特性脉谱图计算辅助反馈控制修正量 ΔR_{SR}。即如图 5-42 所示，根据氧储藏量 OS，设定最佳的辅助反馈控制修正量 ΔR_{SR}。

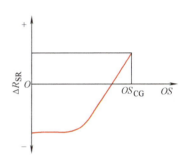

图 5-40 ΔR_{SR} 特性脉谱图

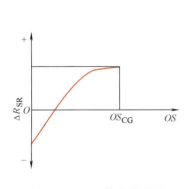

图 5-41 ΔR_{SR} 特性脉谱图

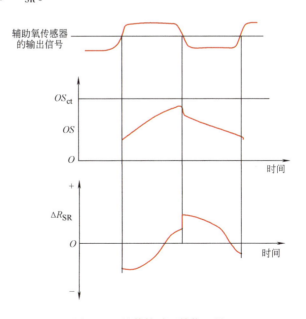

图 5-42 最佳辅助反馈修正量

根据以上所求得的辅助反馈修正量 ΔR_{SR}，修正主反馈控制的空燃比修正系数 F_{AF}，并直接反映在所计算的燃料喷射量上。

当 OS_C 学习没有结束时，没有必要进行上述处理，而且当 R_{SR} 中心值的学习过程也没有结束时，根据固定的辅助修正量 ΔR_{SR} 进行原来的辅助反馈控制。当 R_{SR} 中心值的学习过程已结束，就用由学习更新的 R_{SR} 中心值来进行辅助反馈控制（又称调幅控制）。如果不考虑氧的储藏量，而更新并固定 R_{SR} 量时，有可能当氧储藏量已经为零或饱和状态下，继续进行 R_{SR} 的更新，这样就会造成过量修正。特别是在进行燃料切断控制以及燃料增量控制时，这种过量修正现象更明显，从而造成排放特性恶化。

对空燃比进行反馈控制时，通过这种第二个氧传感器的辅助反馈控制技术来考虑三效催化装置的氧储藏量，使 R_{SR} 的更新量随氧储藏量 OS 的变化而设定为不同的值，也就是考虑三效催化装置的氧储藏量 OS 的状态（氧储藏量为空时吸收，饱和时放出），控制氧储藏量使之不至于空或饱和，所以不会造成过量修正，这样可达到空燃比最佳控制的目的。而且，当因负荷突变（燃料增量或断油）引起空燃比修正系数 F_{AF} 的反馈量较大（空燃比学习值 K_G 的学习领域变化且学习不完全）时，如果用 F_{AF} 的中心值 F_{AFAV} 进行计算，则计算精度就会降低。所以通过如图 5-39 所示的程序，与前一次 F_{AFi-1} 的中心值 $F_{AFAVi-1}$ 进行比较，当二者之差超过某一设定值时，一般就根据前一次 F_{AFi-1} 的振幅 F_{AFHi-1} 计算实际控制用 F_{AF} 的中心值 F_{AFAV}，以提高计算精度（图 5-43）。

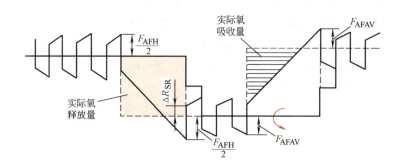

图 5-43　根据氧储藏量控制修正量的效果

二、基于发动机转速波动量的空燃比反馈控制

上述氧传感器的反馈控制方法，主要是根据设置在排气管上的氧传感器的输出信号，通过比例、积分控制演算出空燃比的反馈控制修正系数来进行反馈控制，以达到空燃比的控制精度。在这种空燃比的反馈控制方式中，通过适当设定反馈控制常数，就可实现适应道路状况、减小发动机转速波动、改善车辆振动的空燃比反馈控制。

图 5-44 所示为基于发动机转速波动的空燃比反馈控制常数的设定流程图。在设定这种空燃比反馈控制常数时，首先要判断当前的发动机运行状态。如果满足反馈控制实施条件时，就读取发动机转速 n 及其变动量 Δn、车速 v_a、节气门开度变化量 ΔT_A 以及车辆振动加速度 G，并判定发动机转速是否在所设定的范围内运行。如果这些条件均满足时，就认为发动机转矩的变动易诱发车辆振动的运行状态，故设定与发动机转速变动无关的反馈控制常数（比例常数 R_S、积分常数 K_I）后跳出本程序。如果发动机运行范围已超出所设定的转速范

围时,就判断现行的车速 v_a 是否大于设定值 B (km/h)。当 $v_a \leq B$ 时,认为车辆处于起步或低速运行状态,按通常的反馈控制常数进行设定。否则,当车速大于设定值 B 时,继续判定发动机转速的变动量 Δn 是否超过设定值 C?当 $\Delta n \leq C$ 时,就认为发动机输出转矩的变动量小,此时就按通常的反馈控制常数进行设定。否则,当 $\Delta n > C$ 时,将车辆振动加速度 G 与设定值 E 进行比较,当 $G \geq E$ 时,认为振动加速度 G 过大,此时就按通常的反馈控制常数进行设定。否则,当 $G < E$ 时,再检测节气门开度变化量 ΔT_A 的绝对值是否大于设定值 D。当 $|\Delta T_A| \leq D$ 时,认为发动机处于稳定运行状态,此时将下限值 R_S 和 K_I 设定为控制常数。这里上、下限值 R_S 如图 5-45 所示,是以随发动机转速变化的脉谱形式给出的,具体上、下限值根据不同发动机而定。当 $|\Delta T_A| > D$ 时,在常数 R_S 的初值上,乘以发动机转速变动量 Δn 的修正系数和车辆振动加速度 G 的修正系数后作为控制常数 R_S,然后根据图 5-45 所示的上、下界限进行安全处理,使各转速下的 R_S 值控制在其上、下限界限之内,以免混合气过浓或过稀。

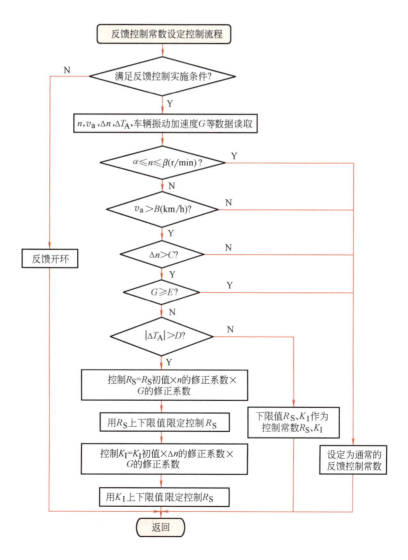

图 5-44 基于发动机转速波动的空燃比反馈控制常数设定流程图

控制常数 R_S 随转速变动量的修正系数是由图 5-46 所示的脉谱形式设定，而关于车辆振动加速度 G 的修正系数 ΔG 则是由图 5-47 所示的脉谱形式设定的。控制常数 K_I 的处理方式与 R_S 的处理方式相同，即在常数 K_I 的初值上乘以发动机转速变动量 Δn 的修正系数和车辆振动加速度 G 的修正系数，其结果作为控制常数 K_I。在计算控制常数 K_I 时，随发动机转速变动量 Δn 的修正系数是根据图 5-48 所示的脉谱形式设定，而 K_I 关于车辆振动加速度 G 的修正系数是由如图 5-49 所示的脉谱形式设定的。对所计算的控制常数 K_I 也要进行上下界限（安全）处理。

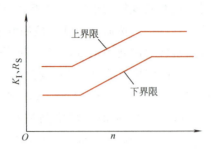

图 5-45　不同转速下 K_I、R_S 的上、下界限

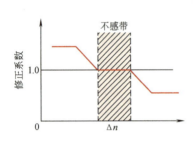

图 5-46　R_S 关于 Δn 的修正系数

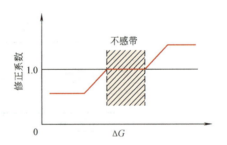

图 5-47　R_S 关于 ΔG 的修正系数

根据这种修正处理方法，随着发动机转速波动量 Δn 的增大，可使反馈控制常数 R_S 更小，所以可减小空燃比的瞬间变化幅度，由此控制发动机转速的变动量，以减轻由于转速波动引起的车辆振动，改善舒适性。

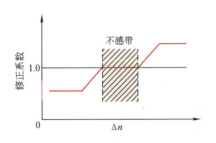

图 5-48　K_I 关于 Δn 的修正系数

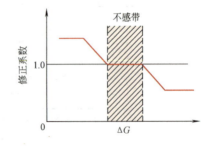

图 5-49　K_I 关于 ΔG 的修正系数

三、根据冷却液温度修正燃料喷射量的控制方法

冷却液温度对空燃比的影响较大，特别是在急速或小负荷时发动机的冷却液温度较低，所以喷射后在进气管内表面上形成的油膜雾化不良，直接影响气缸内混合气的形成，使空燃比变大，造成发动机熄火等现象；反之，冷却液温度过高，雾化条件得到改善，使气缸内的混合气变浓。因此，为了精确控制空燃比，需要根据冷却液温度对喷射量进行修正。

当发动机进行各种控制时需要设定的冷却液温度，称为控制冷却液温度。发动机起动后暖车运行时的控制冷却液温度，是通过对冷却液温度传感器所检测出的冷却液温度进行修正后推算出的实际冷却液温度。

在实际过程中，冷却液温度传感器由散热器风扇冷却，所以冷却液温度传感器检测的冷却液温度比刚起动后暖车期间的实际冷却液温度要低。起动状态是根据起动开关为 ON 状态来判断的。发动机控制用 ECU 是对冷却液温度传感器所检测（输出）的信号进行 A-D 转换之后的值进行处理。即怠速暖车运行期间，ECU 基于冷却液温度传感器的检测信号以及起动开关 ON 信号进行修正，由此推定实际冷却液温度，并根据所推定的冷却液温度作为控制冷却液温度进行控制。冷却液温度根据冷却液温度传感器信号的上升时间 δ 进行修正。图 5-50 所示为冷却液温度的修正过程。其中实线表示实际冷却液温度，虚线表示冷却液温度传感器所检测的冷却液温度。冷却液温度传感器检测的冷却液温度在怠速暖车期间相对实际冷却液温度滞后上升，当超过热敏元件公差下限温度（85℃）时，才与实际冷却液温度重合。在修正时，ECU 将暖车时间划分为 3 个修正区间，对每一个区间分别进行修正。起动开始到传感器冷却液温度开始上升点为止为①区间，在此区间内冷却液温度传感器的温度信号几乎保持不变，此时控制冷却液温度 t_ctrl 是根据传感器冷却液温度、计数器计数值 C_timer 及其变换常数 α，按式（5-36）求得，即

$$t_\text{ctrl} = t_\text{sen} + \alpha C_\text{timer} \tag{5-36}$$

式中，t_sen 为传感器冷却液温度；C_timer 为计数器的计数值；α 为 A-D 转换常数。

从传感器冷却液温度开始上升点到控制冷却液温度达到 85℃ 为止为区间②。在区间②中，控制冷却液温度和传感器冷却液温度之差大致一定（常数），所以基本上与区间①的修正方法相同。但此时由于计数器停止计数，所以实际上控制冷却液温度是在传感器冷却液温度上加一个固定值求得的。从控制冷却液温度达到 85℃ 之后到传感器冷却液温度达到 85℃ 的这一段为区间③。在区间③中，控制冷却液温度和传感器冷却液温度之差减小，因此此时如果继续修正传感器冷却液温度的话，有可能控制冷却液温度过高，所以这一段取热敏元件的公差下限 85℃ 为控制冷却液温度。区间③之后直接用传感器冷却液温度作为控制冷却液温度。图 5-51 所示为冷却液温度修正处理流程图。在此程序中，发动机的起动状态根据点火开关是否为 ON 状态来判断。当发动机处于起动过程时，判定冷却液温度标志参数 F_ST 是否上升。标志 F_ST 是将传感器冷却液温度信息进行 A-D

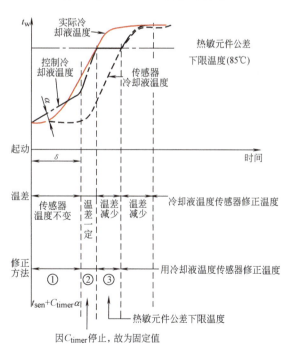

图 5-50 冷却液温度的修正过程

转换后的值,即将 A-D 转换后的传感器温度值 ADt_w 作为发动机控制用冷却液温度 t_w 的标志参数。当 $F_{ST}=1$(上升)时,A-D 转换后的传感器冷却液温度 ADt_w 作为控制冷却液温度 t_w。然后将这次的 A-D 转换后的传感器冷却液温度 ADt_w 作为前一次的传感器冷却液温度 ADt_{w0},结束本处理过程,并进入下一次的处理循环。当 $F_{ST}\neq 1$ 时,从这一次处理中的 ADt_w 值减去前一次处理时的 ADt_{w0} 值,由此求出冷却液温度的变化量 Δt_w。然后判定 Δt_w 是否小于 1℃。当 $\Delta t_w<1$℃ 时,增加计数器的计数值后,演算温度修正量 K。此时 ECU 是通过计数器的计数值 C_{timer} 乘以系数 α 来演算修正量 K,并按下式求出控制冷却液温度 t_w(即区间①上的修正过程):

$$t_w = ADt_w + K \tag{5-37}$$

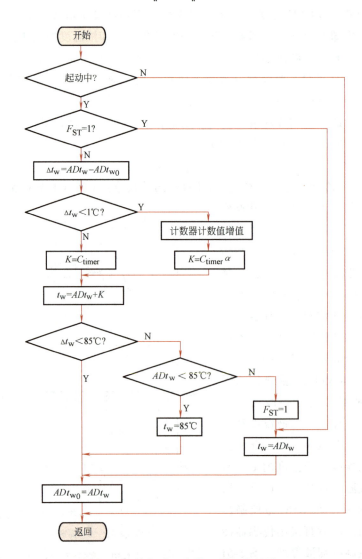

图 5-51 冷却液温度修正处理流程图

当 $\Delta t_w \geqslant 1$℃ 时,计数值直接增值,所以计数器处于停止状态(区间②的修正过程)。当所求得的控制温度 t_w 超过 85℃ 时,需要再判定 ADt_w 是否也大于 85℃。如果 $ADt_w \geqslant 85$℃,

就取 $F_{ST}=1$，并将 ADt_w 作为 t_w；否则，当 $ADt_w<85℃$ 时，直接令 $t_w=85℃$（区间③的修正过程）。

通过这种修正方法，可根据控制冷却液温度对暖车等冷态下进行冷态增量控制。其中控制冷却液温度是通过修正传感器冷却液温度使之更接近实际冷却液温度实现的，所以可防止喷射量增量过大，以改善排放特性和燃油消耗率。

四、空燃比的学习控制

1. 高温再起动时空燃比的学习控制

空燃比的学习控制系统一般由内存空燃比控制程序的 ROM、能存储来自各种传感器信息的 RAM 以及启动空燃比控制程序实施空燃比控制的 CPU 等构成。为了充分发挥设置在排气系统上的三效催化装置的净化特性，需要将空燃比精确地控制在理论空燃比上。为此，在三效催化装置上设置氧传感器进行空燃比的反馈控制。但这种氧传感器的反馈控制受排气温度等条件的限制，因此采用空燃比的学习控制方法。此时，将空燃比反馈控制时的修正量作为学习值记忆，并根据该学习值进行常规的修正。通过这种手段，即使是在停止空燃比反馈控制时，也能将空燃比控制在理论空燃比附近。也就是说，更新空燃比的学习值使得空燃比反馈修正系数 F_{AF} 的平均值达到相当于理论空燃比的值。

一般在高温再起动时，为了防止空燃比变大，通过 ECU 控制燃油压力。此时，不需要更新学习值，而是直接把空燃比的偏差量作为反馈修正系数 F_{AF} 的偏差量进行反馈控制。但是这种提高燃油压力的控制一旦终了，如图 5-52a 所示，通过控制燃油压力偏差量时的修正系数，重新开始学习过程以更新学习值，因此有可能把燃油压力控制时的一部分修正系数误作为学习值来进行反馈控制。在这种控制状态下，实际空燃比有可能偏小，从而影响发动机的排放特性。

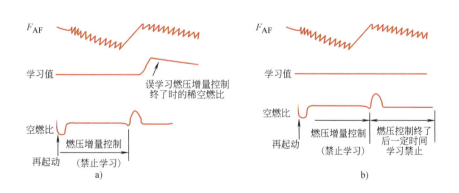

图 5-52　燃压控制时 F_{AF} 和学习值的时间对应关系示意图
a) 改进前　b) 改进后

为了防止高温再起动时由于这种误学习而造成排放特性的恶化，需要改善控制燃油压力时空燃比的学习控制方法。即当燃油压力控制已开始时，首先确认是否为反馈控制状态。如果此时既是反馈控制状态又是燃油压力增压控制状态时，停止学习过程，并从燃油压力增压控制终了开始经时间 n（单位为 s），只进行正常的反馈控制，不进行学习；当超过时间 n

后，重新开始学习。此时的计时从燃油压力控制终了时刻开始。因此，如图 5-52b 所示，不会在燃油压力控制终了点上把用来修正反馈修正量 F_{AF} 的偏差量当作学习值进行更新，而是读取经过设定的一段时间后所得到的适当的学习值进行反馈控制。因此，可以把实际空燃比控制在更接近目标值，提高空燃比的控制精度，改善发动机的排放特性。

2. 过渡工况燃料喷射量的学习控制

过渡工况燃料喷射量的学习值与在实际运行工况下直接反映在燃料喷射量的学习值是相对独立的，所以需要计算出过渡工况运行之后空燃比所要更新的假学习值，并在所设定的第一个时期内禁止学习值的更新。也就是将过渡工况划分为两个时期，当过了第一个时期之后，在第二个设定的时期内，只是当过渡工况前一次的学习值和计算的假学习值之差低于某一设定值以下时才更新学习值。在第二个设定时期之后，则进行与前一次学习值和假学习值之差无关的正常的学习过程。

图 5-53 所示为过渡工况下燃料喷射量的学习修正控制流程图。在过渡工况下需要更新学习修正值时，首先通过进气压力 p_{in} 或进入气缸的空气流量 q_m 或节气门开度 T_{HA} 的变化量（即 Δp_{in}、Δq_m 或 ΔT_{HA}）对过渡工况进行判断。当进气压力变化量 Δp_{in}（或 Δq_m、ΔT_{HA}）超过设定值 A（压力变化量的限定值）时，认为是过渡工况，此时清零判定稳定工况的计数器，并禁止反映学习值 K_{mex} 的学习过程。否则，如果 Δp_{in}（或 Δq_m、ΔT_{HA}）小于或等于 A 时，认为是过渡工况之后的稳定运行工况，所以根据过渡运行后的空燃比进行假学习确定 K_{mt}。这种假学习值 K_{mt} 的学习方法与反映在实际燃料喷射量控制中的学习值 K_{mex} 的

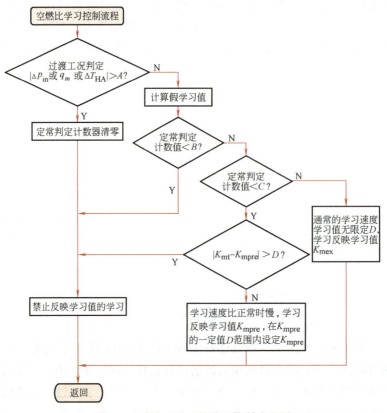

图 5-53 过渡工况下的学习控制流程图

第五章 电子控制汽油喷射系统的控制方法

学习方法相同，但相对 K_{mex} 独立进行计算。算出假学习值 K_{mt} 后，判断表示过渡工况后稳定运行状态持续时间的计数器计数值是否达到了第一个设定时间 B。如果没达到 B 时间，就禁止反映学习值 K_{mex} 的学习过程。如果过渡工况后的稳定运行时间超过 B 时间，稳定工况判定计数器演算计数器的计数积累值，并用设定值 C 限制该积累时间。即当过渡工况后的稳定运行持续时间尚未达到设定时间 C 时，判定前一次的学习值 K_{mpre} 和这次演算得到的假学习值 K_{mt} 之差是否超过设定值 D。如果此偏差量超过 D 时，禁止 K_{mex} 值的学习过程，否则按比通常更慢的学习速度进行 K_{mex} 值的学习。此时 K_{mex} 的更新值限定在前一次学习值 K_{mpre} 和所设定的 D 值范围之内。

如果稳定运行持续时间超过设定时间 C 时，就按通常的学习速度按上述设定值 D，进行学习值 K_{mex} 的学习。图 5-54 所示为实施这种学习控制时的实际效果。当从高负荷状态减速过渡到低负荷状态时（图 5-54a），由于进气压力的降低促进进气管内表面上形成的油膜的蒸发，所以如图 5-54b 所示，在减速后的某一段时间内空燃比 A/F 相对减速后稳定工况的平均空燃比要小（混合气浓）。所以这种过渡工况的学习控制方法如图 5-54c 所示，用稳定工况判定计数器计数发动机减速后的稳定运行持续时间，在空燃比变小的第一个设定时间 A 内禁止学习值 K_{mex} 的学习过程，由此防止在这一段时间内，由于空燃比变小而造成的学习值 K_{mex} 的误学习。在经过第一个设定时间 A 之后到第二个设定时间 B 期间，直到减速后稳定运行状态的前一次学习值

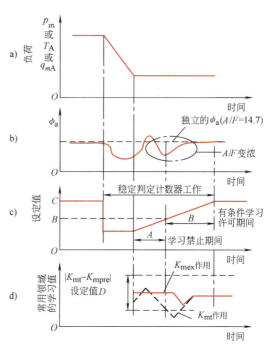

图 5-54 过渡工况学习控制实际效果

K_{mpre} 和 K_{mt} 之间的偏差达到设定值 D 之前为止，禁止 K_{mex} 的学习，以防止空燃比变小（混合气浓）后的衰减期间由于浓混合气引起的 K_{mex} 的误学习。在 K_{mpre} 和 K_{mt} 偏差值等于设定值 D 的时刻，即减速运行后的早期开始重新学习，以提高控制发动机空燃比的稳定性。在第二个设定时间内，通过限制学习速度和学习值范围（限定值 D），防止在这一段时间内的误学习。经过第二个设定时间 B 后，进入通常的学习控制。

3. 非同期喷射的学习控制

当频繁进行非同期喷射时，学习值往往偏向混合气稀的方向。为了防止这种误学习所造成混合气变稀，在实施非同期喷射时刻开始的一段设定时间内禁止学习；而非同期喷射实施后，对应于非同期喷射实施期间向气缸内吸入空气量 q_m 的一段时间内，进行混合气浓度学习值 K_{GP} 的更新。此时，首先判定是否满足清除混合气浓度学习值 K_{GP} 的更新条件。如果满足条件，用计数器计时非同期喷射实施后所经历的时间。当计时值 t_C 大于由进入空气量 q_m 和学习禁止时间 L_t（非同期喷射实施后，达到目标空燃比为止的时间）脉谱（表 5-3）

所求得的学习禁止时间 L_{tF} 时，用清除混合气浓度学习值 K_{GP} 的演算逻辑更新 K_{GP} 值。图 5-55 所示为非同期喷射学习控制过程的示意图。清除混合气浓度学习值 K_{GP} 是根据空燃比的修正系数 F_{AF} 的跳跃量及其中心值来计算，并用氧传感器测量的空燃比进行控制的。从发动机燃烧室排出的废气，经过一定时间后流到氧传感器附近。由于排气流速与进气流量 q_m 成正比，所以排气到氧传感器为止所需要的时间，随进气流量 q_m 的增大而缩短。因此，这种控制方法是根据进气流量 q_m 来设定学习禁止时间 L_{tF}，故可进行 K_{GP} 的学习，这样可避免非同期喷射实施时空燃比变小的现象。

非同期喷射实施后，根据由 q_m 设定的禁止时间 L_{tF}，停止 K_{GP} 的更新，所以提高 K_{GP} 的学习精度，可防止排放特性的恶化，改善汽车行驶舒适性。

表 5-3 学习禁止时间脉谱

q_m/(g/s)	5	10	15	20
L_{tF}/s	3.0	2.0	1.0	0

五、起动时燃料喷射量的控制

起动喷射是非同期喷射的一种。起动时由于发动机进气量少，空气流量计（或用进气压力）不能准确地检测进入气缸的空气量。因此，在起动喷射脉宽不能按进气量来计算。当 ECU 通过起动开关信号和发动机转速（如 400r/min 以下）信号判断起动工况后，就按下式确定起动喷射脉宽，即

$$T_I = T_{tw} + T_v \quad (5\text{-}38)$$

式中，T_{tw} 为由冷却液温度决定的起动喷射脉宽（ms）；T_v 为无效喷射时间（ms）。

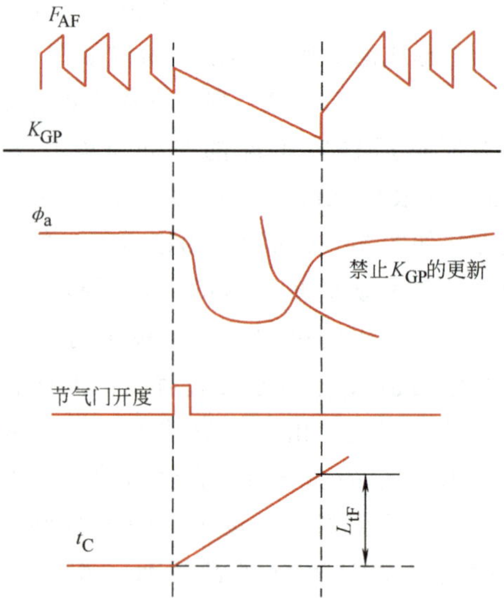

图 5-56 所示为 T_{tw} 随冷却液温度变化的特性。发动机冷却液温度 t_w 越低，进气管内壁等表面上的油膜越难蒸发，所以为了保证气缸内可燃混合气浓度，在低温时需要增加喷油量，故 T_{tw} 设定得更长。

（1）根据起动不良现象修正起动喷射量 在起动过程中，根据发动机转速控制起动喷射量。为此在控制单元（ECU）中，专门设置判定发动机起动状态以及起动不良状态的检测手段。当发动机起动不良时，进行燃料喷射量的减量控制，同时对燃烧室和进气管进行扫气，之后在发动机各转速领域内修正起动喷射量，保证起动时的最佳燃料喷射量，以提高发动机的起动性。

图 5-55 非同期喷射学习控制过程的示意图

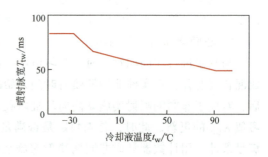

图 5-56 起动喷射脉宽随冷却液温度变化的特性

第五章　电子控制汽油喷射系统的控制方法

起动状态通过点火开关 ON 位置来判断，并根据起动机是否接通来判断发动机曲轴是否处于转动状态。扫气控制状态是通过设定的标志参数来判定的。当扫气控制标志参数为 OFF（不是扫气控制状态）时，算出表示发动机起动不良的状态值，如起动机持续运转时间、发动机转速开始变化到初爆为止所经历的时间、初爆以后的发动机转速变化量的积累值等；否则，继续进行扫气控制。起动机接通电源后的持续时间 t_i 通过计数器从起动机接通电源开始计数的值来计算。初爆状态由曲轴位置传感器信号算出的转速变化量 Δn 来判断，并通过计数器计算从起动机电源接通后开始到初爆为止的时间 t_{st}。然后由初爆以后的转速变化量 Δn，计算出其累计值 n_{st}，同时计算气缸内混合气完爆后上升的最大转速 n_{stmax}。将上述计算结果，即初爆为止所经历的时间 t_{st}、转速变化累计值 n_{st} 以及最大转速 n_{stmax}，寄存在即使点火开关处于关闭状态也能保存数据的 SRAM 中，以供再起动时参考。

当发动机起动转速超过设定值（如 550r/min）时，认为起动过程已完成；否则认为正在起动过程中，需要演算起动喷射量。起动喷射量是由图 5-57 所示的对应于不同冷却液温度设定的基本起动喷射量 m_{fb}，乘以由图 5-58 所示的根据发动机起动转速设定的修正系数 K_n 来计算实际起动喷射量 m_f。ECU 由此控制喷油器的起动喷射脉宽。

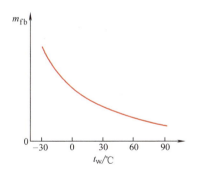

图 5-57　基本起动喷射量

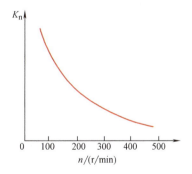

图 5-58　起动喷射量的修正系数

起动不良现象是根据起动机接通电源后的持续时间 t_i 来判断的。当 t_i 大于第一个设定时间 t_1（如 30s）时，判定为即使经过 t_1 时间也未能正常起动的起动不良现象。此时为了进行扫气控制，将扫气所必要的标志参数设置为 ON，并对前面所求得的起动喷射量 m_f 进行减量修正后进行扫气控制，以排除燃烧室内以及进气管内的未燃燃料。当起动机接通电源后的持续时间 t_i 经过第二个设定时间 t_2（$t_2>t_1$，如 50s）时，即 $t_i > t_2$ 时，关闭扫气标志（OFF）。否则，认为是正在扫气控制中，暂停起动喷射量的控制。若扫气控制过程已经结束，则根据发动机转速变化量的不同程度以及发动机起动时的转速，更新起动喷射量 m_{fb} 的修正系数 K_n。即将事先已寄存在 SRAM 中的初爆为止所经历的时间 t_{st}、转速变化量的累计值 n_{st} 以及最大转速 n_{stmax} 与基于发动机冷却液温度 t_w 和蓄电池电压而设定的各基准值相比较，由此判断起动状态的不良现象，并对应各种起动不良现象，在不同转速范围内，对起动喷射量的修正系数 K_n 按所设定的值分别进行增量或减量修正。在确定实际起动喷射量时，用这种方法对起动喷射量修正系数 K_n 加以修正。这样既考虑了前一次起动过程的不良现象，也考虑了本次起动过程的实际状况。

由于在发动机各转速区域内可分别进行起动喷射量的修正,因此通过分别处理从发动机初爆、转速上升过程一直到起动成功为止的整个起动过程中出现的各种现象,可有效地改善起动不良现象。

(2) 低温起动时喷射量的控制　在发动机冷态起动时,燃料喷射量过多往往造成火花塞"油浸"而引起起动不良现象。为了防止这种现象,一般当起动过程持续时间超过某一设定时间时,在某一段时间内减小燃料喷射量之后再恢复原来的喷射量,用这种方法改善起动性。由于这种控制方法适用于低温起动过程,因此当气门积炭而要求燃料喷射量减小的状态下就不起作用。图5-59a所示为起动时的发动机转速变化。其中,虚线表示正常起动时的转速变化,实线表示气门因积炭关闭不严而漏气时的发动机转速变化。在正常状态下起动时,起动开始的初期阶段发动机转速一定,但发动机工作后转速逐渐上升。但是当气门漏气时由于压缩混合气泄漏而压缩时的阻力减小,所以起动开始初期阶段的发动机转速比正常时还要高,而且在这种状态下发动机不能正常工作,所以即便是发动机转速变动很小,使起动过程持续进行一定的时间(设定值),转速也不会上升。因此,若在这种状态下继续进行起动,则进排气门上的积炭在气门弹簧力的作用下被压碎,压缩压力得到恢复。但是此时火花塞已被"油浸",不能正常跳火。特别是在低温起动时,由于燃料雾化不良,所以喷入的燃料易积存在燃烧室底部,而由进排气门泄漏的只是空气,所以实际气缸内的混合气浓度比目标空燃比的浓,因此造成火花塞的"油浸"现象。为了防止这种现象的发生,在控制起动喷射量时,检测进排气门的积炭状态,由此控制燃料喷射量以防止火花塞的"油浸",改善冷起动性。

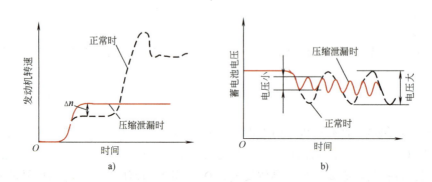

图 5-59　气门积炭而泄漏时起动转速和电源电压的变化特性
a) 起动转速　b) 蓄电池电压

图5-59b所示为起动过程中蓄电池电压的变化特性。其中,虚线和实线分别表示正常时和气门漏气时蓄电池电压的变化特性。由图可知,当气门漏气时,蓄电池电压的变化幅度相对正常起动时要小。而且,起动转速和蓄电池电压与起动时的冷却液温度有关。表5-4、表5-5分别表示在正常状态下起动时根据不同冷却液温度设定起动转速和蓄电池电压的实例。在实际控制过程中,检测起动时的发动机转速和蓄电池电压,并与表5-4、表5-5中相同冷却液温度下的设定值进行比较,当实际检测的转速(或蓄电池电压)超过(或低于)设定值时,就判定为进排气门积炭,此时进行相应的减量控制。表5-6所示为对应不同冷却液温度设定的起动时间。通过比较实际起动时间与该设定的起动时间,可以判定起动状态。

第五章　电子控制汽油喷射系统的控制方法

表 5-4　正常状态下根据不同冷却液温度设定的起动转速

冷却液温度 t_w/℃	-30	-20	…	50	80
转速 n/(r/min)	120	150	…	250	300

表 5-5　正常状态下根据不同冷却液温度设定的蓄电池电压

冷却液温度 t_w/℃	-30	-20	…	50	80
蓄电池电压/V	3.0	2.7	…	1.0	0.8

表 5-6　对应不同冷却液温度设定的起动时间

冷却液温度 t_w/℃	-30	-20	…	50	80
起动时间/s	5.0	4.5	…	2.5	2.0

另一方面，在起动时电源电压的变动量与发动机的气缸数也有关。图 5-60 所示为分别起动 4 缸机和 6 缸机时蓄电池电压的波动情况。当发动机气缸数增加时，由于起动时的转矩变化量小，因此蓄电池电压的波动量也减小（虚线）。为了正确地检测气门与气门座之间的积炭现象，需要同时检测发动机的转速，以

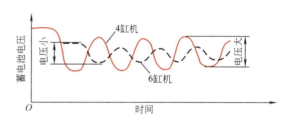

图 5-60　气缸数对蓄电池电压波动量的影响

排除由于气缸数引起的蓄电池电压变化所造成的误检。在实际控制过程中，当发动机处于起动状态时，ECU 计算出该实际起动状态下的发动机冷却液温度 t_w、转速 n 和蓄电池电压 U_s，同时计算起动持续时间 t_{stat}，并将起动转速和蓄电池电压的计算结果与由表 5-4、表 5-5 中确定的标准值进行比较。当实际计算值小于或等于标准值时，按正常状态控制燃料喷射量。否则，判定起动时间是否超过由表 5-6 中设定的起动时间（判定时间）。如果实际起动时间没有超过该设定起动时间，就按正常的起动状态进行控制。否则，认为气门与气门座之间积炭，从而进行起动喷射量的减量控制。由此，通过气门弹簧力的作用压碎气门与气门座之间的积炭，以恢复气缸的压缩压力，同时有效地防止火花塞的"油浸"现象，以保证火花塞的正常跳火。而且在低温起动时，根据不同的冷却液温度修正对应于该冷却液温度下的发动机正常起动转速和蓄电池电压，所以也可以避免由于低温雾化不良所造成的起动不良现象。

（3）自动起停系统　自动起停系统是一种堵车以及红灯停车等时发动机自动熄火，当再起步踩下离合器（或加速踏板）时，发动机自动再起动的系统。其目的是为了节省在市内行驶中占 30%~40%工况的堵车以及红灯停车等时期的怠速燃料消耗量，所以又称经济起动系统（Economy Running System，ERS）。图 5-61 所示为自动起停系统的概念图，主要由 ERS 专用继电器、微机以及传感器等部分组成。ERS 专用继电器直接控制点火线圈（模块）的一次电流和起动机电路。在堵车以及红灯待车等状态下，通过 ECU 对点火线圈的一次电流和燃料切断控制用电磁阀实施 0.5~1s 的切断电源控制，停止发动机的正常控制。在行驶过程中临时性停止发动机运转控制时，为了保证起动性，专门设置了如果不能确保自动再起动性能，就绝对不进行停止发动机控制等多个约束条件。为此，通过向 ECU 输入冷却液温

度传感器、油压传感器等表示车辆运行状态的信号，经演算判断处理后，向执行器机构输出停止发动机或再起动的控制指令。

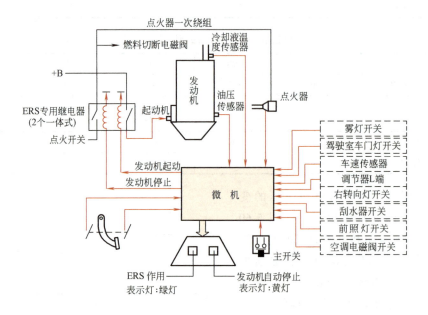

图 5-61　ERS 概念图

图 5-62 所示为实现 ERS 开始工作的条件。只有当发动机转速在某一设定值（如 400r/min）以上，且车门关闭，蓄电池处于充电过程时，才接通 ERS 的电源，ERS 才有可能工作。图 5-63 所示为实现自动停止发动机的条件。考虑到遇到红灯而停车等情况，在松开离合器的状态下，若不同时满足以下条件时就不能停止发动机：①车 2s 以上处于停止状态；②发动机转速低于怠速转速 850r/min；③冷却液温度在 75～105℃ 范围之内，处于暖机完了状态而不是过热状态；④为保护蓄电池，前照灯、刮水器、空调、雾灯等开关全部处于关闭状态；⑤要突然起步的右转弯信号灯开关关闭等。

当 ECU 在确认以上条件同时满足时就实施停止发动机的控制。

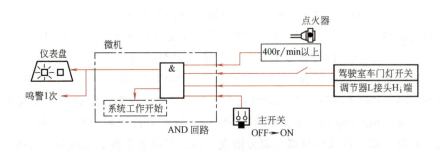

图 5-62　ERS 工作开始条件

在实施发动机停止控制状态下，一旦踩下离合器踏板，控制单元（ECU）就立即接通起动电源。如图 5-64 所示，此时 ERS 专用继电器接通起动机，实现再起动过程。然后当发动机转速上升到450r/min时，就关闭起动电源。为了导入ERS状态，需要大转矩起动电机、大容量蓄电池和充电能力大的交流发电机，并要求起动齿轮及齿圈的强度要高。据统计，采用ERS后的效果，排量为1.3L的发动机，急速时每小时可节约7~10mL的燃料。

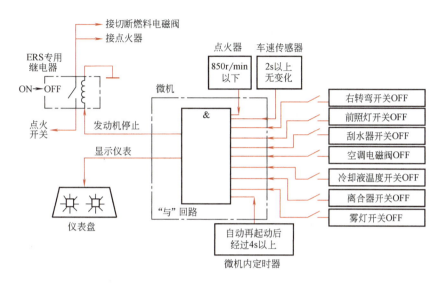

图5-63　发动机自动停止条件

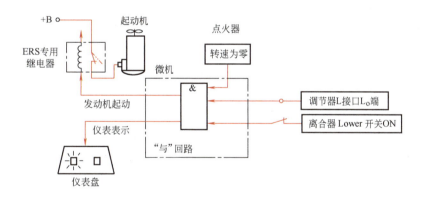

图5-64　发动机自动再起动条件

六、断油控制

所谓断油控制，就是停止喷油器喷油的控制信号。根据控制目的的不同，断油控制分为两种类型：①以改善燃油经济性、净化排气为目的的减速时的断油控制；②以防止发动机损坏（高速飞车）为目的的高转速断油控制。

（1）减速时的断油控制　当汽车高速运行中急减速或在下坡道上行驶等不需要发动机输出功时，发动机节气门完全关闭（节气门位置传感器的怠速触点闭合），但发动机转速却超过某一设定转速以上时，ECU判定为是不需要供油的减速状态，从而为降低燃油消耗量、净化排气，ECU控制喷油器实施断油控制。断油转速n_1是根据变速器的档位（齿轮位置）、空调等负载情况以及发动机冷却液温度等状态来设定的。断油后,当发动机转速继续降低到恢复转速 n_2 时,ECU 控制喷油器重新开始喷射。所谓恢复转速 n_2,是指持续一段无喷射行驶后再次开始喷射的转速。一般恢复转速比断油转速设定得低一些。断油转速 n_1 和恢复转速 n_2 均随冷却液温度 t_w 而变化,其变化特性如图 5-65 所示。当发动机处于冷态时,怠速转速一般设定得较高,所以为了在怠速状态下避免断油控制,冷却液温度越低,断油转速设定得越高。此外,在断油控制状态下开启节气门时,就立即重新开始喷射。

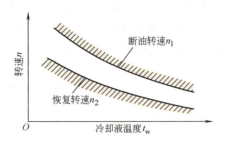

图 5-65 断油转速和恢复转速特性

在实施断油控制时,一般设定在该行驶工况(发动机转速)下的最小燃料喷射量 m_{fmin} 作为判定值,且该判定值随发动机转速的提高而增大。当发动机转速超过设定值 A、且怠速开关 ON 状态而断油控制实施状态参数复位 $X_{FC}=0$(表示未实行断油控制)、并自然复归减量系数 K_{FC} 等于 1(表示非断油复归增量中)时,将断油控制实施条件标志开关置于 ON 位置,然后判定发动机转速。如果发动机转速超过 B($B>A$),就给断油控制判定时间 t_{KC} 赋值于 1s,否则给 t_{KC} 赋值 5s。当标志断油控制实施状态参数 $X_{FC}=0$ 的复位状态(非断油控制)时,关闭计数器 C_{FC}(OFF 状态)。否则,如果是断油控制实施过程,判定车速是否小于或等于 10km/h。如果车速大于 10km/h,且喷射量小于最小判定值 m_{fmin} 时,接通计数器并开始计数。如果计数值超过断油控制判定时间 t_{KC},就给标志断油控制实施状态参数 X_{FC} 赋值 1,并实行断油控制。当断油控制条件为 OFF 状态或计数器为 OFF 状态时,断油控制参数 X_{FC} 置于 0 位置,以停止断油控制。一般,当断油控制实施状态参数 X_{FC} 复位(置 0)或车速小于或等于 10km/h 或喷射量超过最小判定值 m_{fmin} 时,关闭计数器。在设定断油控制实施条件之一的最小喷射量 m_{fmin} 时,使 m_{fmin} 值随转速的提高而增大,由此防止高转速领域内三效催化转换装置产生过热和未燃现象。

减速时的断油控制方法有最小燃油喷射量的断油控制和各缸独立断油控制两种。

1)最小喷射量的断油控制。这是一种在一定时间范围内,节气门开度未全关,但燃料喷射量小于所设定的最小值 m_{fmin} 时,停止向燃烧室内喷油,实行断油控制的方法。在这种断油控制方式中,断油控制的延迟时间,即从导入断油控制开始到恢复喷油时刻为止的时间延迟量,是根据是否实行空燃比反馈控制来设定的。通过这种控制方法可改善断油控制过程中车辆行驶的舒适性。在这种断油控制系统中,ECU 根据发动机转速传感器、进气压力传感器、节气门位置传感器以及氧传感器的信号,判断发动机的运行状态,并演算与发动机工况相对应的燃料喷射量 m_f,由此控制喷油器的喷射脉宽。当发动机运行状态满足断油控制条件时,ECU 实施断油控制。即在所设定的时间内,在燃料喷射量小于最小喷射量的时刻起,经过设定的断油延迟时间 t_D 之后才开始实行断油控制。断油延迟时间 t_D 是根据是否进行空燃比反馈控制而设定为不同的值。当 ECU 正在进行空燃比的反馈控制时,将断油延迟时间 t_D 设定为 20s;否则,设定为 5s。此时如果 ECU 判定氧传感器出现异常现象时,停止空燃比的反馈控制。当发动机转速超过设定转速(如 2000r/min)时,ECU 将断油延迟时间 t_D 设定为 5s。然后再判定是否为空燃比的反馈控制过程。如果是反馈控制状态的话,将断

油延迟时间 t_D 设定为 20s，否则 t_D 仍设定为 5s。之后判定计数器的计数值 C_{FC} 是否大于断油延迟时间 t_D。当计数值 C_{FC} 超过 t_D 时，将实施燃料喷射的标志参数 X_{FC} 设定为 1；否则，令 X_{FC} 为 0。当 $X_{FC}=0$ 时，实行燃料喷射，而当 $X_{FC}=1$ 时停止燃料喷射。计数器 C_{FC} 是为了实行断油控制而设置的。当车速小于 10km/h 时，令 $C_{FC}=0$；否则判定是否实行燃料喷射状态。如果不是，对计数器的计数值进行增 1 计算；如果是，实行燃料喷射状态，计数器复零。

在最小喷射量断油控制中，ECU 根据是否实行空燃比的反馈控制，设定导入断油控制的最小喷射量 m_{fmin} 的判定值 E。如果 ECU 正在实行空燃比的反馈控制时，将判定值 E 设定为 1.0ms；否则设定为 1.5ms。当燃料喷射脉宽 $T_i \geq E$ 时，令 $X_{FC}=1$ 并停止燃料喷射，否则判断 T_i 是否超过 1.8ms。若 $T_i \geq 1.8$ms 时，从断油状态恢复燃料喷射；否则继续断油控制。这样由导入断油控制的判定值 E 和恢复燃料喷射的恢复值 (1.8ms) 之间的差值来表示断油控制的持续时间，并根据空燃比的反馈控制状态，其差值设定成不同的值。一般无空燃比反馈控制时，差值的设定值偏小。这种控制方法可以根据空燃比的反馈控制状态，设定或改变断油延迟时间 t_D 以及断油控制导入、重新恢复喷射等与燃料喷射有关的控制量，由此改善断油控制时的行车舒适性，而且当停止空燃比反馈控制时，减小断油延迟时间和断油控制导入以及恢复喷射的延续时间，因此可以防止三效催化转换装置的过热现象。

2) 各缸独立断油控制。当车辆在小负荷沿下坡道行驶等发动机节气门未全关状态下运行时，常进行断油控制。此时如果由发动机运行状态确定的燃料喷射量小于事先所设定的基本喷射量时，就认为燃烧不稳定，从而停止燃料喷射实行断油控制。这种断油控制对各缸独立进行，并根据发动机的运行状态改变实施断油控制的气缸数。在实施各缸独立断油控制时，首先根据进气量和发动机转速计算基本燃料喷射量，并根据发动机温度或氧传感器等其他发动机状态参数进行修正后，求出燃料喷射量

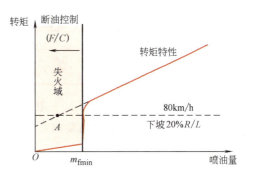

图 5-66 通常断油控制特性

m_f。当 m_f 超过第一个设定值 T_1 时，将表示断油气缸数的标志参数 X_{FC} 置于零，使全气缸喷射。否则，判定是否超过第二个设定值 T_2。当 $m_f \geq T_2$ 时，令 $X_{FC}=1$，表示第一缸实施断油控制；而当 $m_f < T_2$ 时，继续判定 m_f 是否超过第三个设定值 T_3，依此类推。当 $m_f \geq T_3$ 时，令 $X_{FC}=2$，此时第一缸和第四缸实施断油控制；当 $m_f \geq T_4$ 时，令 $X_{FC}=3$，表示第一、三、四缸实施断油控制；而当 $m_f < T_4$，且令 $X_{FC}=4$ 时，四缸全部实施断油控制。其中，各设定值的大小依次为 $T_1 > T_2 > T_3 > T_4$。表示断油状态的参数 X_{FC} 一旦设定后，ECU 可根据 X_{FC} 的设定状态分别对各缸进行断油控制。

通常的断油控制，都是在当节气门全关的减速状态下满足断油控制条件时，即燃料喷射量小于最小喷射量 m_{fmin} 时，全气缸同时进行断油喷射。但是这种方式在当发动机转速超过设定转速（如 $n \geq 2400$r/min）、车速 v_a 超过设定车速（如 $v_a \geq 10$km/h）以及根据发动机状态参数计算的燃料喷射量 m_f 小于下限值 m_{fmin}（如喷射脉宽<80ms）的状态持续所设定的时间（如 5s）以上时，才进行断油控制。图 5-66 和图 5-67 分别表示通常的断油控制和各缸独

立断油控制时发动机输出转矩随燃料喷射量的变化关系。在通常的断油控制状态下，当汽车以小负荷在坡道上下行（车速 $v_a = 80 \text{km/h}$，行驶阻力 $R/L = -20\%$）时，与行驶阻力 R/L 相平衡的点（A 点）上的喷射量一般小于最小喷射量 $m_{f\min}$，所以易发生失火现象，为此进行全缸断油控制，使发动机处于输出转矩为零的减速行驶状态。之后若断油控制实施条件的某一项不成立（如 $n<2400\text{r/min}$），在所设定的值上全缸同时恢复燃料喷射，使发动机变成加速运行状态。因此在最小喷射量 $m_{f\min}$ 附近，断油控制和恢复喷射控制交互进行，造成转矩突变，使行驶性能恶化。

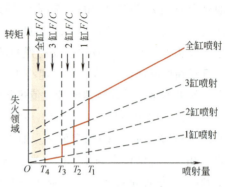

图 5-67 各缸独立断油控制特性

为了改善这种现象，采用各缸独立的断油控制方法，由此改善断油控制时发动机转矩的变化特性（图 5-67）。也就是当 $m_f \geq T_1$ 时，控制全气缸正常喷射；而当 $m_f < T_1$ 时，根据断油控制状态 X_{FC} 进行对应的各缸分别断油控制，以降低发动机的输出转矩，获得与行驶阻力相平衡的输出转矩，保证汽车在下坡道上的滑行性能。

(2) 高速断油控制　高速断油控制的目的就是为了防止高速飞车。当发动机转速超过设定转速（如 8000r/min）时，就进行强制断油控制，以防转速继续升高。

第六节　燃油泵控制

汽油喷射系统中的燃油泵，一般只在发动机起动和运转时才工作。当发动机停止运转时，即使点火开关接通，燃油泵也要停止工作。燃油泵的控制是通过燃油泵继电器控制燃油泵的电源来实现的。

一、燃油泵电源的控制电路

现代的电子控制汽油喷射系统，大多数是由 ECU 根据发动机的起动状态信号和转速信号直接控制燃油泵电源的。图 5-68 所示为一种用 ECU 控制继电器的燃油泵控制电路。

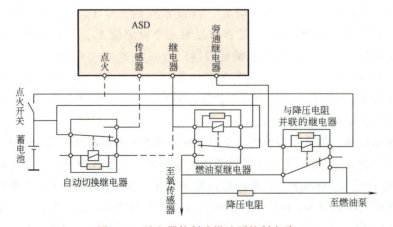

图 5-68　继电器控制式燃油泵控制电路

第五章 电子控制汽油喷射系统的控制方法

当点火开关处于发动机起动状态或运行状态位置时，ECU 根据点火开关位置信号和发动机转速信号判断发动机的运行状态，并向燃油泵输出控制信号，以接通燃油泵继电器的电源电路，使继电器触点闭合，接通燃油泵使之正常工作。如果 ECU 在 3s 之内未收到发动机起动信号或转速信号，则会切断燃油泵继电器电路，使燃油泵停止工作。有时为了提高燃油压力，在发动机起动之前接通点火开关 3s 左右，然后马上停止，以免燃油泵出现不必要的工作状态，确保安全。当发动机处于正常运转状态时，ECU 一直维持继电器电源接通状态，以保证燃油泵连续不断地工作。

二、燃油泵转速控制

由于车用发动机的使用转速和负荷变化范围比较宽，所以所需要的供油量变化量很大。燃油泵的单位时间供油量与燃油泵转速有关，而燃油泵的转速相对发动机转速独立，只取决于燃油泵驱动电压的大小。当发动机在低速、中小负荷下工作时，需要的供油量较少，此时可以降低燃油泵的转速，以减小燃油泵的磨损和噪声以及不必要的耗电量；当发动机在大负荷、高转速下工作时，需要的供油量大，所以此时燃油泵需要高转速运转，以增加泵油量。一般燃油泵转速控制分为低速和高速两级控制。目前常见的燃油泵转速控制有降压电阻式控制方式和 ECU 直接控制方式两种。

(1) 降压电阻式控制方式 如图 5-68 所示，这种降压电阻式控制方式是在燃油泵的控制电路中设置一个降压电阻和与之并联的继电器。当发动机工作时，ECU 根据发动机转速和负荷控制并联继电器触点的接通或断开，从而控制在燃油泵电路中是否串联降压电阻，以此控制施加在燃油泵电动机两端的电压，实现燃油泵转速的控制。

当发动机在低速或中小负荷下工作时，ECU 断开与降压电阻并联的继电器的触点，使燃油泵电路中串联降压电阻，由此降低燃油泵的工作电压（降低到 9V 左右），使燃油泵工作转速降低，同时减少噪声；当发动机在大负荷（或节气门全开）、高转速下工作时，ECU 接通与降压电阻并联的继电器触点，使降压电阻短路，燃油泵直接与电源相连接，提高燃油泵电动机两端的电压（约 13.4V），由此提高燃油泵的转速，增加泵油量。

当发动机转速低于最低的设定转速（如 120r/min）时，ECU 就切断燃油泵继电器，使燃油泵停止工作。此时即使点火开关处于接通状态，燃油泵也不工作。

(2) ECU 直接控制方式 随着发动机的不断强化，燃油泵的泵油量也随之增加，因而导致燃油泵所消耗的电功率和噪声增加。为了尽可能减少耗电量，降低噪声污染，已研究出如图 5-69 所示的一种由 ECU 直接控制燃油泵工作电压的控制方式。当发动机工作时，ECU 根据发动机转速和负荷，控制功率管 VT 使之以高频（约 20kHz）导通或截止，其占空比决定了施加在燃油泵上的平均电压，它与燃油泵的泵油率成正比。在实际控制时，燃油泵的工作电压主要随发动机转

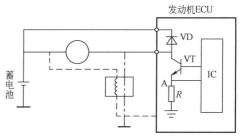

图 5-69 ECU 直接控制燃油泵工作电压的控制电路

速和喷射脉宽而变化。图 5-70 所示为燃油泵驱动电压的变化特性。

图 5-69 中的 VD 是反馈二极管，在功率管 VT 截止的瞬间，反馈电流经过二极管所构成的电路，以保护电动机。此时不仅可以使燃油泵的工作电压平稳，而且还可以节省电功率。采用这种控制方式可节省电功率约 40%，降低燃油泵旋转噪声约 5dB（A）。

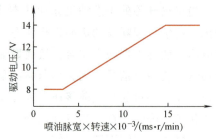

图 5-70　燃油泵驱动电压特性

第六章 电控汽油喷射的辅助控制

车用汽油机的控制系统以电子控制汽油喷射为主,还包括点火控制、爆燃控制、怠速控制、废气再循环控制等多项辅助控制,由此改善发动机的综合性能,以适应不断严格的排放法规和经济性、驾驶舒适性等的要求。

第一节 点火控制

一、概述

点燃式发动机是采用高压点火方式通过火花塞点燃压缩行程中被压缩的可燃混合气使之燃烧做功的。施加在火花塞上的高压电由点火系统供给。为了可靠点燃而且保证发动机的性能,要求点火系统将 12V 的低压电提升为 10~35kV 的高压电,并按一定的时刻(曲轴转角位置)使火花塞跳火点燃混合气。由于点火时刻直接影响燃烧过程,所以对发动机的动力性、经济性以及排放特性影响很大。特别是对车用发动机,由于其使用负荷及转速变化范围比较宽,而且各工况的燃烧条件不同,所以所对应的最佳点火时刻不一样。以往的机械式点火系统只能通过离心式提前装置和真空提前装置满足简单的基本点火特性,即随转速的提高按一定的量提前点火时刻,或随负荷的增加按一定的量相应地推迟点火时刻。但是这种简单的点火调整特性已满足不了现在不断严格的排放法规和节能要求。随着大气环境污染日趋严重和能源紧缺,对汽车的节能要求和排放法规也越来越严格,所以对点火系统的控制要求也更高。为了适应这种不断严格的排放法规以及降低油耗、维修保养、电波危害等社会环境要求,满足提高发动机动力性、改善驾驶性等用户要求,点火系正在不断地发展和完善。

传统的点火系统主要由作为电源的蓄电池或发电机、断电器、点火线圈、配电器和火花塞等组成。其中点火线圈由一次线圈和二次线圈以及铁心等组成。图 6-1 所示为点火装置的工作原理。当接通一次电路时,一次电流按指数规律增加。当一次电流达到饱和时切断一次电路,则一次电流发生突变,此时由于电磁的互感现象在二次线圈中产生感应电动势 E_B。这种感应电动势的大小取决于一次电流的变化率(或有效值)和一、二次线圈的匝数。一次电流的变化是由一次线圈、断电器及蓄电池构成的一次电路中,通过断电器将 12V 直流电周期性地切断而获得的。但是当发动机转速升高或气缸数增多时,对传统的点火系统,由于断电器触点的闭合时间减小,致使一次电流的有效值减小,使得二次线圈的感应电动势下降，造成点火能量的降低，影响火花塞可靠点燃；而且一次电流直接流过触点，所以当触点断开时，由于电磁的自感现象使触点断开时出现跳火现象，使得触点容易烧蚀，直接影响点火能量。所以，随着汽车发动机向高转速、高压缩比、大功率、低油耗和低污染（排放）方向的发展，传统的点火系统已显得越来越不适应这种新的社会环境要求了。

为了提高点火系统的工作可靠性，20世纪60年代，人们针对传统点火系统存在的问题，开始研制并应用电子（无触点晶体管）点火装置。进入70年代后，针对排放法规以及第二次石油危机的影响，研究开发了低公害、低油耗、高功率

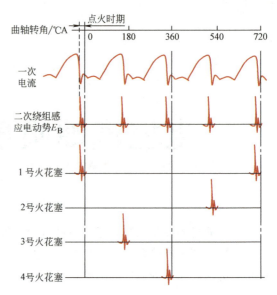

图 6-1 点火装置的工作原理

的发动机。为了适应这一新的要求，还开发了点火控制技术、废气再循环（EGR）控制技术以及催化转换技术等。在点火控制方面，为了提高点火能量和点火时刻的控制精度，扩大其控制功能并使之小型轻量化，采用了半导体点火装置和 IC 点火装置。20 世纪 70 年代末到 80 年代，随着排放法规、降低油耗和提高功率的要求的不断强化以及微机的应用，使点火系统进入数字化的控制阶段，大大提高了点火系统的控制功能和控制精度。

二、电控点火系统组成

点火系统的主要作用，就是根据发动机不同工况的要求，在某一时间点以足够的点火能量可靠点燃可燃混合气。所以其主要控制内容就是点火能量和点火时刻。由于电控点火系统可以自由地控制点火时刻和具有足够的点火能量，所以与只能实现简单点火特性的机械式点火系统相比，可以提高发动机输出功率2%~5%，而且有利于改善燃油经济性和排放特性。图 6-2 所示为电控点火系统的组成及其工作原理。它主要由发动机控制用 ECU、传感器和执行器（点火模块）组成。一般电控点火系统和燃油喷射系统共用一个 ECU。ECU 根据来自各种传感器的信息判定发动机的工作状态，并对应转速和负荷信号，在 ROM 中求出事先由转速和负荷确定的基本点火时刻和一次线圈的通电时间（闭合角），再根据冷却液温度等信号进行修正，以确定最终对应该工况的最佳点火时刻和通电时间。然后根据曲轴位置传感器判定曲轴位置、转角以及各缸的工作状态，向点火模块发送点火正时信号和通电时间，使二次线圈中产生高压的感应电动势，并将此高压感应电分配到各缸的火花塞使之跳火，点燃可燃混合气。

点火模块是根据 ECU 的控制指令驱动功率管，以控制点火线圈中一次电流的接通时间和断开时刻。

点火线圈是产生点火所必要的高电压的主要器件，由一次线圈、二次线圈和铁心等组成。一次电流取决于电源电压、一次线圈电阻和一次线圈的通电时间。当一次电路接通一段时间后被切断时，对应于一次电流的变化，在二次线圈中产生与二次线圈匝数和一次线圈匝

第六章　电控汽油喷射的辅助控制

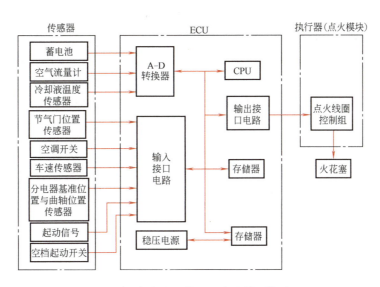

图 6-2　电控点火系统的组成及其工作原理

数之比成正比的感应电动势（感应电压），即高压电。

目前在车用发动机上为了有效地降低汽车排放，以适应日趋严格的排放法规，都采用废气再循环装置（EGR 系统）。但是这种再循环的废气会降低气缸内混合气的着火特性，因此若不能可靠点火，直接影响发动机的性能，而且往往造成失火现象，反而使 HC 等排放量增加。所以，为了适应更严格的排放法规和性能要求，需要提高点火能量，并控制最佳点火时刻，以保证在各种不同的着火条件下都能可靠点燃，以改善发动机的性能和排放特性。

三、点火能量的控制

车用汽油机的点火系统主要以蓄电池-点火线圈的点火方式为主。根据一次电流的控制方式不同，分为传统的（断电器式）点火方式和晶体管点火方式。传统的点火方式是通过触点周期性地切断一次电流来获得二次线圈的高压感应电。晶体管点火方式则是靠功率管的导通或截止控制一次电流，并由此获得二次线圈的感应电压。蓄电池-点火线圈方式的点火能量一般与在一次电流切断前一次线圈所储存的能量 E 成正比。线圈储存的能量 E 用式(6-1) 表示，即

$$E = \frac{L_1 i_1^2}{2} \tag{6-1}$$

式中，L_1 为一次线圈的自感系数；i_1 为一次电流。

对一定的点火系统，其点火能量是通过一次电流来控制的。流通一次线圈的电流 i_1，主要取决于一次电路的通电时间 t 和电源电压及其阻抗 R_1，即

$$i_1 = \frac{U}{R_1}(1 - e^{-\frac{R_1}{L_1}t}) \tag{6-2}$$

式中，U 为施加在线圈两端的电压；R_1 为一次线圈的阻抗；t 为通电时间（即通电开始到断电为止经历的时间）。

当点火开关接通后，一次电流 i_1 按式（6-2）随时间指数变化，而点火线的二次线圈感应电动势 E_B 又取决于切断一次电流 i_1 时的饱和电流 I。为了保证足够的二次电压，要求通电时间 t 延长到 i_1 饱和为止，所以通常点火能量是通过一次线圈的通电时间来控制的。但是通电时间 t 越长，一次电流越大，同时由于电的热效应使线圈发热。因此，通电时间的控制目标就是使通电时间控制在尽可能使一次电流 i_1 达到饱和状态而线圈又不过热的最佳闭合时间。在车用发动机上，从线圈接通到断电为止的通电时间，常用此时所对应的曲轴转角来表示。这种与通电时间相对应的曲轴转角称为闭合角。事实上，通电时间是通过闭合角进行控制的。不同的点火系统对闭合角或点火能量的控制方式各不相同，主要有固定闭合角方式、闭合角控制方式和闭合角、定电流控制方式三种控制方法。固定闭合角的控制方式，如传统的断电器式点火系统（图6-3a）和触点式晶体管点火系统（图6-3b），都是通过凸轮控制断电器触点或晶体管的开关，使一次线圈在一定的曲轴转角范围内通电，即通电时间与发动机转速有关。因此这种闭合角的控制方式，当转速升高时，对一定的闭合角通电时间就变短，一次电流有效值降低（图6-3c），所以高速时二次线圈的感应电动势降低，影响高速点火能量。如果为了保证高速时的点火能量而增大闭合角，则在低速时通电时间反而过长，造成点火线圈的过热现象。为了防止这种现象采用闭合角的控制方式，即当发动机转速降低时减小闭合角，防止点火线圈过热；而当发动机转速升高时增加闭合角，保证高速时有一定的一次电流，改善高速时感应电动势下降的现象。为了实现闭合角的控制，就要加快一次电流的变化速度。但如果电流过大也将造成点火线圈过热等问题。为了更有效地提高点火特性，采用闭合角和定电流同时控制的方式，其控制电路如图6-4b所示。这种感应脉冲式晶体管式点火系统通过由永久磁铁、感应线圈以及转子组成的感应脉冲发生器替代了传统的断电器，通过改变感应脉冲发生器的触发电平（晶

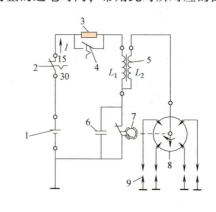

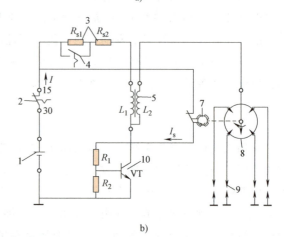

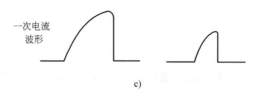

图6-3 断电器式点火系统控制方式及其一次电流波形

a）传统点火系统 b）触点式晶体管点火系统
c）固定闭合角时一次电流波形
1—蓄电池 2—点火开关 3—镇流电阻 4—起动升压开关
5—点火线圈 6—电容器 7—断电器 8—分电器
9—火花塞 10—晶体管

第六章 电控汽油喷射的辅助控制

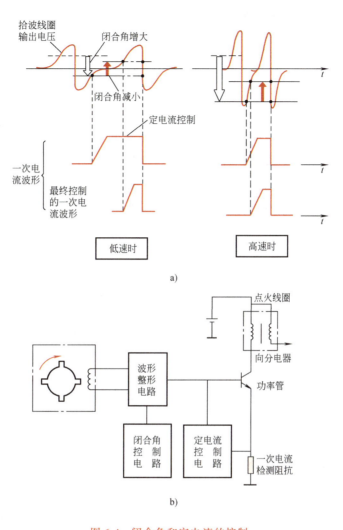

图 6-4 闭合角和定电流的控制
a) 闭合角控制电流波形 b) 定电流闭合角控制电路

体管通电时间) 来控制闭合角,同时增设了定电流控制电路,通过定电流控制电路,可保证短时间内流过大电流。一次电流的变化(上升)速度主要是靠降低线圈的阻抗来保证。这样通过同时进行闭合角和定电流的控制,不仅保证高速区足够的感应电动势 E_B,而且又防止低速时点火线圈过热。但是这种方式的控制电路比较复杂。图 6-5 所示为三种控制方式的感应电动势 E_B 特性的比较情况。由图可以看出,对闭合角和电流同时进行控制时,从低速到高速施加在火花塞两端的感应电动势基本上保持在一定的水平上,因此从

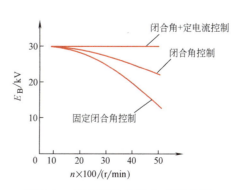

图 6-5 三种控制方式的 E_B 特性比较

低速到高速区都可以保证足够的点火能量。

由于一次电流 i_1 变化率随电源电压而变化,所以应根据电源电压的变化需要修正通电时间,如图 6-6 所示。

四、点火时刻的控制

(1) 最佳点火时刻 由发动机点火调整特性可知,在一定工况下,不同的点火时刻直接影响发动机的燃烧过程,所以不同的点火时刻所对应的动力性和经济性也不同,即燃烧后的示功图面积随点火时刻而变化。

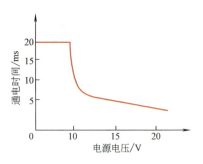

图 6-6 通电时间的修正

这就是说,对应发动机的每一工况,都存在着不同的最佳点火时刻。一般最佳点火时刻是随压缩比、燃油种类、空燃比、进气管压力以及发动机转速而变化的,所以需要对应各工况进行相应的点火时刻的优化控制。从动力性、经济性角度考虑时,最佳点火时刻就是使示功图面积最大的点火时刻,但此时 NO_x 的排放量偏高。机械式点火提前装置靠离心提前装置和真空提前装置来实现简单的提前角控制特性,因此不能兼顾动力性、经济性和排放特性;而电控点火系统由于可以自由设定点火特性,所以可以兼顾动力、经济性和排放特性。对电控点火系统,在设定最佳点火时刻(目标值)时,针对发动机的动力性、经济性以及排放特性的要求,根据发动机转速、进气管负压或空燃比,以三维脉谱形式确定基本的点火时刻,然后根据冷却液温度、大气压力、EGR、爆燃程度以及其他安全装置的要求,对基本点火时刻进行修正,确定适应发动机工况的最佳点火时刻,并由 ECU 进行控制。一般点火时刻按式 (6-3) 确定,即

$$点火时刻 \theta_{ig} = 基本点火时刻 \theta_{igb} + 点火时刻修正值 \Delta\theta \qquad (6-3)$$

基本点火时刻具有图 6-7 所示的特性,即在标准的台架试验条件下,根据发动机的转速和进入气缸的空气量确定最佳点火时刻。当节气门处于全开状态时,只靠发动机转速来确定最佳点火特性。点火时刻的修正,主要是根据发动机的温度,即当发动机怠速暖机运行过程等冷却液温度比较低时,如图 6-8a 所示按冷却液温度变化进行修正;或当发动机冷却液温度超过 85℃ 的高温状态下,为了防止发动机过热,也要如图 6-8b 所示修正点火时刻。

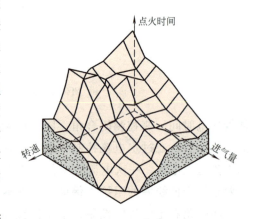

图 6-7 基本点火时刻特性

(2) 点火时刻的控制方式 点火时刻要求按 1°CA 的精度进行控制。当发动机转速为 6000r/min 时,1°CA 的曲轴转角仅占 30μs 的极短时间。所以,为了保证这一控制精度,需要能够精确地测量曲轴位置的传感器和在 ECU 内能快速工作的高速计数器以及相应的控制方法。在电控点火系统中,根据曲轴位置传感器的不同种类,将点火时刻的控制方式分为三种类型。

第一种点火时刻的控制方式中采用能产生每气缸发火间隔角信号的曲轴位置传感器,对 4 缸发动机能产生 4 个脉冲信号,每个脉冲信号之间的间隔角为 180°CA。该信号又表示各缸

第六章 电控汽油喷射的辅助控制

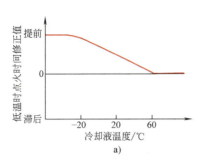
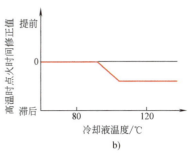

图 6-8 根据冷却液温度修正点火时刻

a) 低温修正 b) 高温修正

活塞的相对位置。以发生曲轴位置信号的时刻为基准，根据事先编程的程序以及按发动机不同工况设定的通电时间和断电时刻（点火时刻）脉谱，通过 ECU 计算出通电开始时刻和断电时刻，并用高速时刻/计数器进行控制。当检测到第 1 缸曲轴转角位置脉冲信号时，在其上升沿开始计数，计数到事先设定的断电时刻，切断电源而产生点火信号；然后从曲轴转角位置脉冲信号的下降沿开始又计数，当计数到事先设定的通电时刻开始为止就接通电源（表 6-1 序号 1）。在三种不同控制方式中，这种控制方式结构最简单。但是在发火间隔角随时间变化的过渡工况，其控制精度差一些。

第二种点火时刻的控制方式中采用能够产生各气缸发火间隔角信号（对 4 缸发动机为 180°CA）和每 30°CA 曲轴转角信号的曲轴位置传感器，这种传感器可安装在分电器上。也可以采用安装在凸轮轴上能产生各气缸发火间隔角信号的传感器和安装在曲轴上能产生每 6°CA 曲轴转角信号的曲轴转速-位置传感器。ECU 根据发动机工况设定并存储在 ROM 中的目标点火时刻脉谱图，求出对应该工况的目标点火时刻之后，在 180°CA 信号的基础上，取出紧靠该目标点火时刻的 30°CA（或 6°CA）曲轴转角信号，并从该 30°CA（或 6°CA）曲轴转角信号开始用高速时刻器计时，由此控制通电开始时刻和断电（点火）时刻（表 6-1 序号 2）。

第三种点火时刻的控制方式中采用能产生判缸信号和每度（1°CA）曲轴转角位置信号的曲轴位置传感器。这种传感器主要采用由光栅、发光器件和光电二极管（受光器件）组成的光电式传感器。其特点是以气缸判缸信号为基准，按每 1°CA 曲轴转角位置信号倒计数，并在 ROM 中事先设定的曲轴转角位置上，产生通电信号和断电（点火）信号（表 6-1 序号 3）。这种传感器实用中需要采取防尘措施，以保证其正常工作。

与第一种点火时刻的控制方式相比较，第二种和第三种方式过渡工况的控制精度比较高，但是结构复杂，成本高。

（3）过渡工况下对点火时刻的控制

1）起动时点火时刻的控制。质量流量式电控汽油喷射系统一般根据发动机进气流量信号来控制喷油量，而速度-密度式电控汽油喷射系统是根据进气管压力和转速信号来控制喷油量的。当发动机起动时，由于发动机转速较低（通常在 500r/min 以下），进气流量信号或进气管压力信号不稳定，所以这两种电控汽油喷射系统都采用非同期喷射方式控制喷油量。点火控制系统也同样，对起动时和起动后的运行状态分别进行点火时刻的控制。

表 6-1 各种曲轴位置传感器和点火控制方式

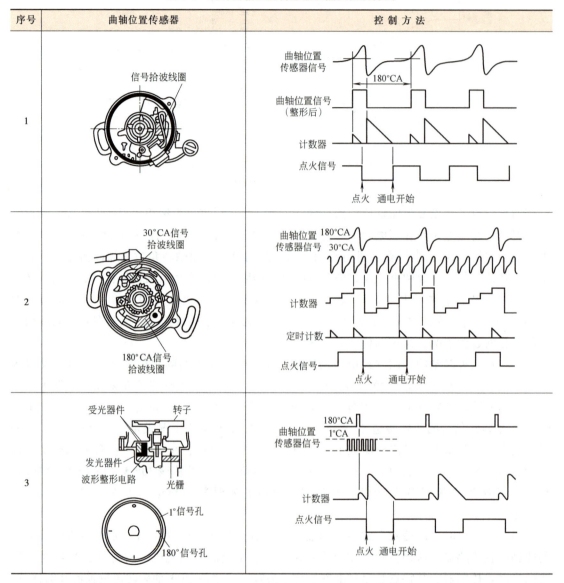

起动时的点火时刻一般固定在某一个初始点火提前角上,并根据冷却液温度对其进行修正。如冷却液温度在 0℃ 以上的条件下起动时,点火提前角固定在上止点前 16°CA;当冷却液温度低于 0℃ 时,根据不同冷却液温度适当增加点火提前角。

发动机起动后,如果转速超过某一设定值(如 500r/min)时,ECU 就根据发动机转速和负荷信号演算基本点火时刻,并根据冷却液温度状态确定点火时刻的修正值后,按式 (6-3) 求出最终的实际点火时刻,并向点火模块发出控制指令,控制点火线圈的通电开始时刻和断电时刻,实现点火时刻的控制。图 6-9 所示为点火模块的控制信号。

点火模块根据 ECU 的控制指令,控制点火线圈中一次电路的 ON/OFF 状态,由此在二次线圈中产生高压的感应电。图 6-10 所示为点火模块的控制框图。在点火模块中内藏只要输入通电信号就可以确定导通功率管时刻(闭合角)的电路。点火监控电路是根据检测一

第六章 电控汽油喷射的辅助控制

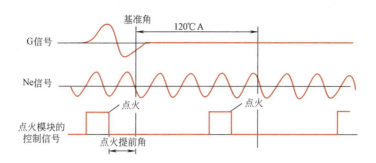

图 6-9 点火模块的控制信号

次电路 ON/OFF 时所产生的反电动势（自感电动势），来判定点火是否正常进行，并将此信息传给 ECU。当点火模块出现异常时，发动机控制用 ECU 就立即停止燃油喷射，以防止三效催化转换装置过热。

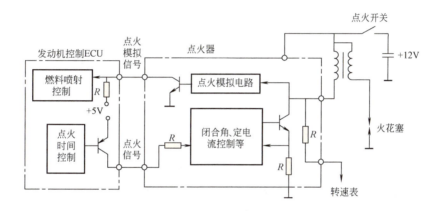

图 6-10 点火模块控制框图

2) 怠速暖车时点火时刻的控制。怠速时的点火提前角一般由怠速基本点火提前角 θ_{ig0} 和其修正值 $\Delta\theta_{ig}$ 两部分组成，即 $\theta_{igi}=\theta_{ig0}+\Delta\theta_{ig}$。其中怠速基本点火提前角是当怠速触点闭合时，即在节气门位置传感器中的怠速触点闭合状态下，ECU 根据发动机怠速转速和空调开关是否接通来确定的（图 6-11）。怠速时点火提前角的修正值，主要包括与怠速时的发动机冷却液温度有关的修正系数 c_1、与怠速转速和负荷（如空调等）有关的修正系数 c_2 以及怠速增量修正系数 c_3 三个方面，即

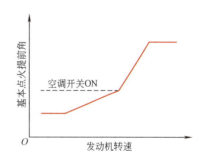

图 6-11 怠速时点火提前角的控制

$$\Delta\theta_{ig}=c_1+c_2+c_3 \tag{6-4}$$

一般怠速时的燃油喷射量的增量 D 等于基本怠速增量 D_1 与起动后的怠速增量 D_2 之和，即 $D=D_1+D_2$。其中，起动后的怠速增量 D_2 是事先根据起动时的冷却液温度求出起动后的暖机增量的初值，然后按时间经历以所定的衰减系数进行衰减处理求得的；而基本怠速增量

D_1 是根据发动机冷却液温度，以图 6-12 所示的脉谱形式确定的。由于怠速时的点火时刻可以根据冷却液温度、怠速转速和负荷以及暖机增量等进行修正，所以如图 6-13 所示，当起动时的冷却液温度不同时，即使是达到同样的怠速冷却液温度状态，由于怠速增量的不同，发动机气缸内所形成的混合气浓度也不完全相同。对应这种空燃比的变化对点火时刻进行修正，可提高发动机怠速暖机时发动机的燃烧稳定性。

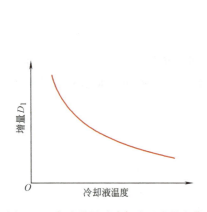

图 6-12　怠速增量随冷却液温度的变化　　图 6-13　不同冷却液温度下起动时的增量比较

当发动机在怠速状态下运行一段时间后进入过渡状态时，需要根据进气温度的变化和怠速带负荷状态对点火时刻进行修正。怠速状态下带负荷（如带空调）运行时，一般提高怠速转速，所以相应地，点火提前角增大。此时如果进气温度超过 85℃，点火提前角的提前易产生爆燃现象。图 6-14 所示为怠速外加负荷提高怠速转速时，为防止爆燃在怠速过渡工况对点火提前角进行控制的程序流程图。其中图 6-14a 表示用怠速计数器 C_{ICL} 计数怠速持续时间的控制程序流程图。在确定怠速持续时间时，首先判定冷却液温度状态。当冷却液温度 t_w 大于或等于 85℃ 时，根据车速传感器判定车速状态。如果车速 v_a 小于 3km/h，就根据怠速开关 X_{IDL} 信号，判定是否处于怠速状态。当 $X_{IDL}=1$ 时，表示处于怠速状态时，怠速计数器 C_{ICL} 开始计数，否则锁死怠速计数器。如果车速超过 3km/h，就认为汽车处于运行状态。此时如果冷却液温度低于 85℃ 或汽车处于运行状态时，怠速计数器复位。图 6-14b 表示怠速过渡状态下点火提前角控制开始条件的设定方法。它主要根据怠速时外界负荷的状态和怠速运行持续时间来设定怠速过渡时的点火提前角。此时，首先判定空调开关的状态，然后再判定图 6-14a 所示程序中由怠速计数器计数的怠速持续时间。当空调开关为 ON 状态，且怠速运行持续时间已超过 60s 时，将怠速过渡时的点火控制开始标志参数 X_{AT} 设定为 1；若怠速运行持续时间尚未达到 60s，X_{AT} 复位。如果空调开关为 OFF 状态，则将怠速运行持续时间的判定值设定为 180s。也就是，当冷却液温度大于或等于 85℃，车辆在停止状态且发动机为怠速状态时，怠速计数器计数，此时如果空调开关为 ON 状态，怠速计数器计数到 60s 以上；若空调开关为 OFF 状态，计数到 180s 以上，就认为怠速过渡运行工况下进气温度易升高的条件，并设定怠速过渡点火控制开始标志参数 X_{AT} 为 1，以此判定怠速过渡运行状态为易发生爆燃的状态。图 6-14c 表示怠速过渡状态下点火时刻的控制程序流程图。

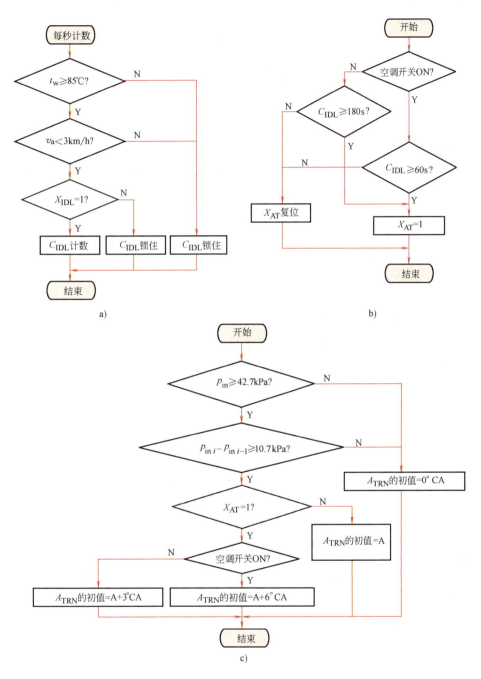

图 6-14 怠速过渡时点火时刻的控制方法
a) 怠速计数器计数程序 b) 过渡点火时期控制开始条件设定 c) 怠速过渡状态判定及控制

在控制怠速过渡过程的点火提前角时，先用进气压力传感器判定怠速运行状态下进气压力的大小。如果进气压力 p_{in} 大于或等于 42.7kPa 时，表示进气量多，认为此时易产生爆燃。这时，将本循环的进气压力与前一次循环的进气压力进行比较，如果与前一次循环的进气压力之差超过某一设定值（如 10.7kPa）时，则判定为进气压力急剧上升的过渡状态。此时根据图 6-14b 中所设定的标志参数 X_{AT} 的状态，如果此时 $X_{AT}=1$，则由空调状态重新设定过渡状态下的点火提前角 θ_{ig}。即空调开关为 ON 状态时，将过渡点火提前角 θ_{ig} 的初值设定为 $A+6℃A$；否则当空调开关为 OFF 状态时，将 θ_{ig} 的初值设定为 $A+3℃A$。如果进气压力 p_{in} 小于 42.7kPa，或进气压力大于或等于 42.7kPa 且与前一次循环的进气压力值之差小于 10.7kPa 时，将过渡点火提前角 θ_{ig} 的初值取为 $0℃A$。即此时不进行急速过渡状态下的点火时刻的控制。当已判定为过渡状态，但由图 6-14b 所示程序设定的标志参数 X_{AT} 不等于 1 时，认为不是易产生爆燃的状态，所以此时将过渡点火提前角 θ_{ig} 的初值仍设定为原来的 A。

通过这种控制方法，当空调开关为 ON 状态等在急速状态下外加负荷时，根据实际转速和进气温度的变化，适当增大急速过渡状态的点火提前角，以保证急速带负荷运转稳定性，又防止由于进气温度的升高而引起的爆燃现象。

3）加速过渡工况时点火时刻的控制。汽车加速往往造成车辆前后振动，直接影响乘车舒适性。随着对汽车性能要求的不断提高，要求改善汽车的舒适性。为此在加速时需要控制点火提前角，保证加速工况下的最佳点火时刻，以降低加速时车辆的前后振动，减轻对乘车人员的冲击。图 6-15 所示为加速时点火时刻的控制程序流程图。这种控制方法是在加速开始后的一定期间内，按所设定的点火提前角进行控制，之后逐渐恢复到正常的点火提前角。在实际控制时，根据发动机转速和负荷算出基本点火时刻 θ_{igb}，然后由节气门开度的变化量检测进入加速状态之后所经历的时间，以判定是否应该计算加速点火时刻 θ_{iga}。如果是，则将 θ_{iga} 的实行标志参数 E_x 切换到 ON 状态，并根据汽车运行状态（发动机负荷、车速、变速比等）演算为减轻加速冲击性而事先以脉谱形式设定的加速点火提前角的初值 θ_{ig0}。此时，为了防止由于点火时刻的调整不当而造成失火现象，以不失火的最大点火提前角 θ_{igamax} 来对所演算的 θ_{ig0} 进行限值处理，进行这种限值处理后的值作为加速时的点火时刻 θ_{iga}。然后再判定现在的时刻是否是加速点火时刻开始衰减的时刻。衰减开始时刻是从判定加速状态后所经历的某一时间间隔来确定的。这一时间是事先根据加速时的汽车运行状态（如发动机负荷、车速、变速比等）为减轻加速冲击性而设定的最佳开始衰减时刻。如果不是衰减开始时刻，就仍然按照加速时的点火时刻 θ_{iga} 进行控制；否则，将加速时点火时刻实施标志参数 E_x 切

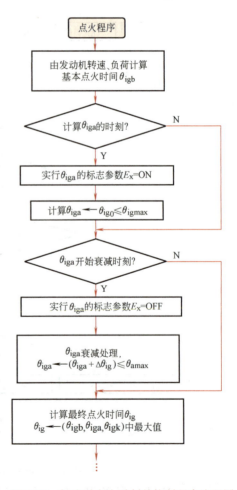

图 6-15 加速时点火时刻的控制程序流程图

第六章 电控汽油喷射的辅助控制

换到 OFF 状态,并进行加速点火时刻 θ_{iga} 的衰减处理。衰减处理方法是在前一次的加速点火提前角 θ_{iga} 上加一个设定的衰减值 $\Delta\theta_{ig}$。如果加算衰减值后的点火提前角超过某一限定的点火提前角 θ_{amax} 时,将加速时的点火时刻就设定在此限定点火提前角 θ_{amax} 上。在不同的加速条件下计算出所对应的加速点火时刻 θ_{iga} 之后,与根据加速时的发动机转速和负荷计算的基本点火时刻 θ_{igb},以及在其他程序中根据不同条件而确定的点火时刻 θ_{igk} 进行比较,取其中最大值作为最终控制目标的点火时刻,并由 ECU 发出控制指令,控制发动机实际运行时的点火时刻。图 6-16 所示为通过控制加速时的点火提前角,改善车辆前后振动的具体效果。

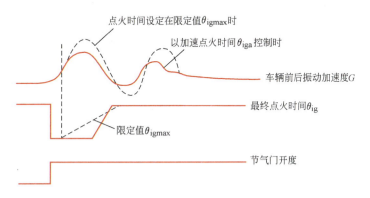

图 6-16 加速时点火时刻修正控制效果

通过这种控制方法,从节气门开度一定的稳定运行状态突然开大节气门,使节气门开度变化量超过某一设定值时,就判定为加速状态。此时加速时点火时刻被设定为由发动机运行状态设定的初值,所以加速时有步骤地控制最终的点火时刻。在加速过程开始后的某一段设定的时期内,就维持该加速点火时刻。经过所设定的时间以后对加速点火时刻进行衰减处理,逐渐减小点火提前角,最终恢复到通常的点火时刻。通过这种控制方法保证适应于加速状态的最佳点火时刻,可有效地抑制加速时车辆的前后振动,减轻加速时对乘车人员的冲击,改善汽车的驾驶性和舒适性。

(4)稳定工况下点火时刻的控制 在车辆稳定运行时,发动机转速往往有变动,造成不适的振动。为了减轻车辆稳定运行时的这种发动机转速不稳定的现象,根据发动机转速的变动量,相应地控制点火提前角,以控制发动机输出功,降低发动机转速的波动量。图 6-17 所示为在车辆稳定运行时以降低发动机转速波动量为目的的

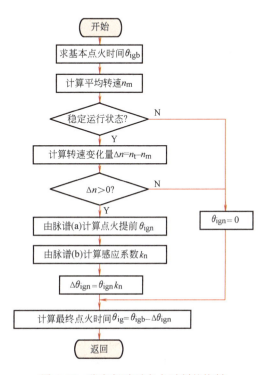

图 6-17 稳定行驶时点火时刻的控制

点火时刻的控制程序流程图。首先根据发动机运行状态算出对应该运行工况的基本点火时刻 θ_{igb}，并求出瞬时发动机转速 n_t 和平均转速 n_m，然后判定是否是稳定行驶状态。稳定行驶状态是根据节气门开度 T_{HA}（<10°）、节气门开度的变化量 ΔT_{HA}（<2°）以及进气管压力变化量 Δp_{in}（<1.3kPa）来判断的。当处于稳定运行状态时，计算发动机转速的变化量 $\Delta n(=n_t-n_m)$。当 $\Delta n>0$ 时，认为转速升高，此时根据表6-2给出的脉谱，计算出对应该转速变化量的点火提前角 θ_{ign}，同时根据表6-3中给出的脉谱计算相应的感度系数 k_n（$k_n=a_{ij}$），并对根据转速变化量所求得的点火提前角 θ_{ign} 进行修正，得到点火时刻的修正值，即 $\Delta\theta_{ign}=k_n\theta_{ign}$。最终点火时刻是在基本点火提前角上减去修正量而求得的，并由此控制发动机。如果不是稳定行驶状态，则将对应转速变化量的点火提前角 θ_{ign} 设定为0。通过这种控制方法，可以有效地降低稳定行驶时发动机转速的波动，改善车辆的舒适性。图6-18所示为根据转速的变动量控制点火时刻的实例。

表 6-2　转速变化量和点火时刻脉谱

$\Delta n/$(r/min)	0	…	50
$\theta_{ign}/$(°CA)	0	…	5

表 6-3　感度系数脉谱

$n/$(r/min)	$P_m/$kPa				
	26.6		…		101
1000	0	0	…	0	0
	0	0.2	…	0.8	0
⋮	⋮	⋮	a_{ij}	⋮	⋮
	0	0.2	…	0.8	0
4000	0	0	…	0	0

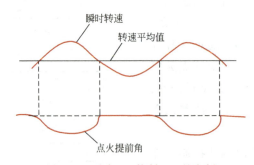

图 6-18　对应 Δn 控制 θ_{ign} 的实例

五、爆燃控制

所谓爆燃，就是指发动机点火之后，在火焰前锋面到达之前离火花塞火焰传播距离最远的末端气体自行燃烧的现象。其特征是缸内产生急剧的高频压力冲击波，在气缸内振动，产生金属敲击声。严重爆燃不仅降低发动机的动力性、经济性和排放特性，而且破坏气缸壁内表面上形成的附面层，促进传热，使活塞、火花塞等零件过热而烧损，是汽油机应避免的有危害的不正常燃烧现象。爆燃的发生与点火时刻有着密切的关系。图 6-19 所示为点火时刻对燃烧过程的影响。当点火时刻过于滞后时，整个燃烧过程就延迟，使热效率降低；反之，如果点火时刻过于提前（如图 6-19 中点火时刻 B），则由于着火落后期相对变长而很容易产生爆燃。

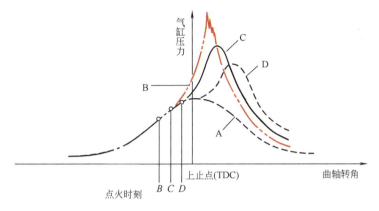

图 6-19　点火时刻对气缸压力的影响

因此，对应发动机的工况存在着最佳的点火时刻，而最佳点火时刻一般都是在爆燃限附近（图 6-20）。控制爆燃的目的就是提高点火时刻的控制精度，使点火时刻尽可能接近于爆燃界限，以最大限度地获得最大输出转矩。

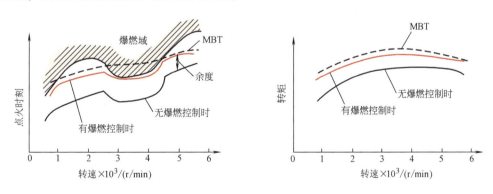

图 6-20　点火时刻与爆燃的关系

（1）爆燃控制系统　爆燃控制系统主要由爆燃传感器、ECU 以及点火模块等组成。当发动机爆燃时，气缸内产生 6~9kHz 的高频振动。爆燃传感器的作用就是检测发动机爆燃时所产生的高频振动信号并使之转换成电信号传送到 ECU。ECU 内设置专门检测爆燃的电路，用来比较来自爆燃传感器的信号电平的大小，由此判断是否发生爆燃。当发生爆燃时，ECU 向点火模块发出按一定步长迅速推迟点火时刻的指令，否则发出按一定步长缓慢提前点火时刻的指令。点火模块的作用就是根据 ECU 的指令按一定的步长更改点火时刻，并在指定时刻在点火线圈中产生高压电，以点燃缸内的混合气，实现点火提前角的闭环控制。

根据所采用的爆燃传感器的不同，爆燃控制系统可分为压力传感器式和振动传感器式两种类型。压力传感器式爆燃控制系统，是在每缸火花塞垫圈部位安装压敏器件（图 6-21），通过燃烧压力的测量直接检测爆燃信息。这种方法识别爆燃信号的灵敏度高，所以爆燃控制精度也高。但是每缸都需要设置燃烧压力型爆燃传感器，所以成本高。振动传感器式爆燃控制系统，是将振动型爆燃传感器安装在气缸体上，利用压电效应将爆燃时气缸体表面的振动信号转换成电信号。这种振动型爆燃传感器如图6-21所示，分为共振型和非共振型两种。共振型爆燃传感器主要由与爆燃同频率振动的振子和检测振子振动时的压力并使之转换为电信号的压敏器件组成，所以在爆燃域上具有共振（滤波）特性。非共振型爆燃传感器中没有共振振子，而直接利用压敏器件检测机体的振动。所以采用非共振型爆燃传感器时，为了准确拾波爆燃时的振动成分，一般都需要带滤波器。图6-22所示为两种传感器输出特性的比较结果。

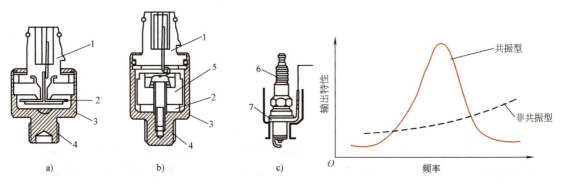

图6-21　各种爆燃传感器　　　　　　　图6-22　爆燃传感器的输出特性

a) 共振型　b) 非共振型　c) 气缸压力型

1—接线头　2—压敏器件　3—外壳　4—安装螺纹　5—重块

6—火花塞　7—爆燃传感器（各缸一个）

（2）爆燃判定　在没有发生爆燃时，由于发动机的机械振动和燃烧噪声，使爆燃传感器也输出一定水平的随机振动信号。人们将这种由非爆燃引起的振动信号叫作噪声，以便与爆燃信号加以区别。为了避免由于这种其他噪声所造成的爆燃的误检，常设定爆燃判定区间。一般爆燃发生时间都是在上止点之后的10°~30°曲轴转角范围内，如图6-23所示，只需在点火开始到一定曲轴转角位置范围之内进行爆燃判定。当发动机发生爆燃，特别是在爆燃频率范围内爆燃传感器输出的信号峰值大于噪声峰值时，可以在比爆燃信号小，但比噪声峰值大的某一水平上设定爆燃判定水平。由于爆燃传感器的输出信号（所检测的发动机机体振动水平）随不同发动机、不同运行工况以及传感器的类型和制造误差而变化，所以在设定爆燃判定水平时常采用信号相似律的原则，即当噪声信号增大时爆燃信号也增大，反之噪声信号减弱时，爆燃信号也相应地减弱。因此，爆燃判定水平常用爆燃传感器输出信号的平均值乘以某一常数来设定。当爆燃传感器的输出信号超过该爆燃判定水平时，就认为发生了爆燃。图6-24所示为一种设置在ECU中的爆燃判定电路。当采用非共振型爆燃传感器时，首先将来自爆燃传感器中含有各种频率成分的电压信号，通过滤波器的滤波电路进行滤波处理，将爆燃信号与其他振动信号进行分离后，只允许特定范围频率的爆燃信号通过；然后将此信号的最大值与爆燃判定水平基准值进行比较。如果大于判定基准值，就将爆燃信号电压输入微机，以表示发生了爆燃，并由微机进行相应的爆燃控制处理。

第六章 电控汽油喷射的辅助控制

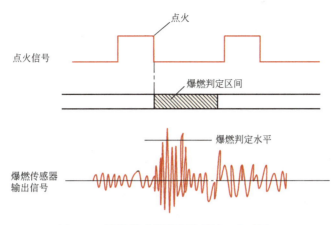

图 6-23 爆燃传感器输出信号处理定时图

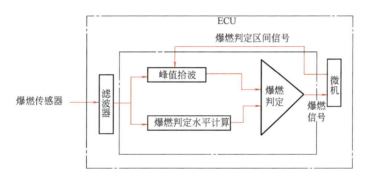

图 6-24 ECU 中的爆燃判定电路

（3）爆燃控制方法　爆燃控制实质上就是根据图 6-24 所示的爆燃判定电路判定爆燃状态之后，由 ECU 控制点火时刻，如图 6-25 所示。即当判定为发生爆燃时，按爆燃控制程序以设定的步长迅速推迟点火时刻；否则，在规定的时间内没有发生爆燃时，就按一定的步长缓慢地提前点火时刻。爆燃控制就是通过采用这种点火时刻的反馈控制方法，使点火提前角常控制在以适当频度发生轻微爆燃（1~2 次/s）的爆燃限上。

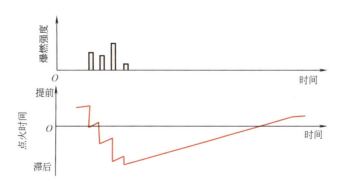

图 6-25 爆燃时点火时刻的控制定时图

图 6-26 所示为爆燃控制装置的组成框图。爆燃控制装置主要由爆燃检测部、爆燃控制

部和驱动部等组成。爆燃检测部由爆燃传感器等构成，主要检测爆燃信号。爆燃控制部通过爆燃检测信号进行爆燃判定，同时判定需要控制点火时刻的气缸，并设定点火时刻以及该点火时刻的维持时间等。当点火时刻和该点火时刻的控制时间已确定时，以后的处理方式就与通常的点火时刻的控制方式相同。爆燃判定和需要控制的气缸判定，是在控制单元的左半部点画线框图内进行；而点火提前角以及提前角的控制时间等是由 8 位单片机进行演算。如图 6-26 所示，爆燃传感器的输出信号，首先根据增幅电路增

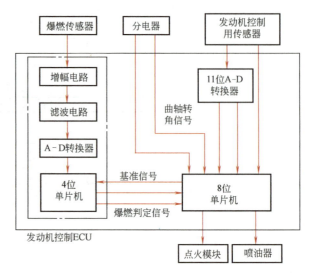

图 6-26 含爆燃控制的发动机控制单元示意图

幅到 1V 左右后，通过滤波电路进行滤波，然后再输入到 A-D 转换器中。A-D 转换只是在爆燃判定期间内进行，这样可以用比较低速的 A-D 转换器来实现高频传感器信号的 A-D 转换处理。图 6-27 所示为爆燃控制程序流程图。当爆燃传感器的输出信号峰值 V_k 大于由噪声信号峰值 B_G（非爆燃时爆燃传感器的输出信号峰值）乘以某一确定常数 K 设定的判定值时，就判定已发生爆燃，并进行相应的点火提前角滞后控制。在判定爆燃时，首先从爆燃传感器输出的噪声信号峰值 B_G 上，减去与燃烧过程无关的气门落座时的振动噪声、活塞敲击声等机械噪声成分 N_k 和点火等电器负荷引起的噪声成分 N_D，然后再乘以所设定的修正常数 K，以此作为爆燃判定值 B_k，即

$$B_k = K(B_G - N_k - N_D) \quad (6-5)$$

当 $V_k - N_k - N_D > B_k$，（即在爆燃判定期间爆燃传感器输出信号的峰值 V_k 上同样减去机械噪声成分 N_k 和电器噪声成分 N_D 后的值大于爆燃判定值）时，判定为已发生爆燃。这里 N_k 和 N_D 的确定方法有两种。一种方法是事先设定 N_k 和 N_D，此时 N_k 是根据用电动机反拖发动机时测量爆燃传感器的输出信号来确定，而 N_D 是在点火开关为 ON 状态且接通其他电器负载的状态下，学习爆燃传感器的输出峰值 V_k 来设定。另一种方法是学习 N_k 和 N_D，在下坡道上行驶时切断燃油，且起动机为 ON 状态时，或对载货车用起动机驱动发动机时，通

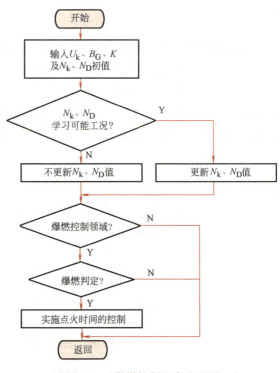

图 6-27 爆燃控制程序流程图

第六章 电控汽油喷射的辅助控制

过学习爆燃传感器的输出信号峰值来设定机械噪声成分 N_k。N_D 的设定方法与此相同。图 6-28 所示为用这种方法判定爆燃的效果。考虑到机械噪声成分 N_k 和电器噪声成分 N_D 的影响，在对爆燃判定值进行修正时，由于提高了 V_k 和 B_k 的信噪比，从而有效地提高了检测爆燃的精度，所以可以改善发生爆燃时点火时刻的控制性能和控制精度。

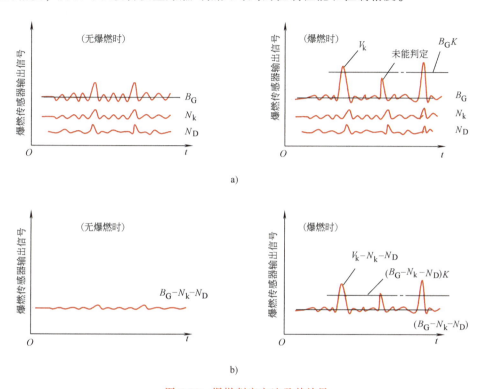

图 6-28 爆燃判定方法及其效果

第二节 怠速转速控制

发动机在怠速工况下运行时，由于其内部摩擦阻力的变化，或由于节气门间隙处或怠速空气系统内部附着的沉积物的影响，使怠速空气量发生变化时引起怠速转速的变化。当怠速转速降低时，怠速不稳，造成不适的感觉，或刚起动后起步时易熄火；如果怠速转速过高，造成油耗增加。所以，需要控制怠速转速，以适应不同状态，使怠速转速稳定在所设定的目标转速下。目标怠速转速是根据发动机冷却液温度、空调负荷以及变速器负荷等状态来确定的。因此，所谓怠速转速控制（Idle Speed Control，ISC），就是根据不同的怠速状态将发动机怠速转速始终控制在最佳状态，以提高经济性；或随怠速运行时间的变化修正怠速转速偏移目标值的偏差量实现快怠速；或当使用空调等怠速外带负载时适当提高怠速转速等的控制过程。

一、怠速控制系统

发动机怠速控制系统主要由怠速开关、怠速控制阀以及发动机控制单元（ECU）等组成。怠速控制时将怠速开关设定在节气门全关闭位置处。图 6-29 所示为怠速转速的控制框图。ECU 根据节气门位置传感器（全关）的信息和发动机转速来判断怠速状态。在怠速状态下，ECU 对发动机实际怠速转速和由冷却液温度、空调负荷以及变速器负荷等状态设定的目标怠速转速进行比较，根据二者之差确定要达到目标怠速转速所需要的控制量，由此控制怠速控制阀以控制怠速空气量，进行怠速转速的反馈控制。这种怠速转速的反馈控制仅仅是在节气门全关的怠速状态下进行，所以一旦控制节气门开度，ECU 就停止怠速转速的反馈控制。

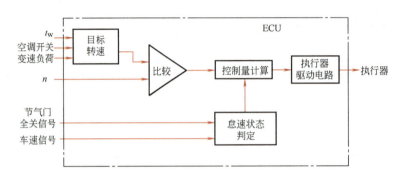

图 6-29　怠速转速控制框图

怠速转速控制以及快怠速控制的实质就是控制怠速进气量，并根据怠速状态下进入气缸的实际空气量控制怠速喷射量。怠速点火时刻是按上述的方式进行控制的，由此进一步提高怠速特性。

二、怠速进气量的控制方式

怠速转速的控制方法根据怠速空气量的控制方式不同，可分为自动空气阀式、电控怠速控制阀式以及电控节气门式三种。

(1) 自动空气阀式　自动空气阀式怠速控制系统，主要是与节气门怠速空气道并联设置专用空气阀，并根据发动机冷却液温度状态自动控制流经空气阀的空气流量。其控制目的就是配合怠速控制系统实现快怠速控制。快怠速进入气缸的空气量的控制方法如第三章所述，通过专用的双金属片式或蜡式旁通空气阀直接利用冷却液温度的变化自动调节空气阀的开度，控制快怠速所需的空气流量，以达到控制快怠速的目的。

这种空气阀式的特点是，控制系统不靠 ECU 控制，而是根据发动机冷却液温度的变化自动控制快怠速暖机过程，但不能根据发动机怠速时的负载变化实现怠速转速的闭环控制。

(2) 电控怠速控制阀式　在现代集中控制的电控汽油喷射发动机上，都采用电控怠速控制阀式怠速控制系统，完全由 ECU 根据发动机怠速运行状态信息控制怠速控制阀，以调节怠速进气量，实现对怠速工况的全面反馈控制。

这种电控式怠速控制系统如图 6-30 所示，主要由传感器部分、发动机控制用 ECU 以及执行器等组成。ECU 根据各传感器的输入信号，计算适应发动机状态的最佳怠速转速（目标值），并确定为实现目标怠速转速的控制量，由此反馈控制怠速控制阀。常用的电控式怠速控制阀根据其执行器的工作原理主要分为步进电动机式和电磁阀式两种类型。

第六章 电控汽油喷射的辅助控制

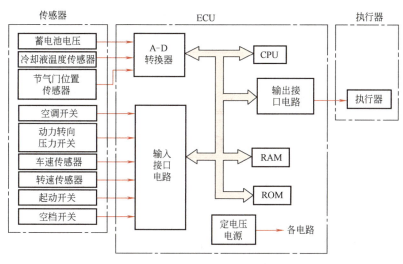

图 6-30 ISC 系统构成框图

步进电动机式怠速控制阀是目前应用最多的一种怠速控制装置，其结构如图 6-31 所示，主要由永久磁铁构成的转子、励磁绕组构成的定子和把旋转运动变换成直线运动的进给螺杆以及控制阀门等组成。转子内侧形成蜗轮，与进给蜗杆构成蜗轮蜗杆机构。控制阀固定在阀轴上，并与进给蜗杆做成一体。通过步进电动机的转换控制，改变多个励磁绕组的电流流通顺序，控制转子按一定步长正转或反转，从而使控制阀随进给蜗杆上下运动，达到调节怠速空气通道流通面积的目的。

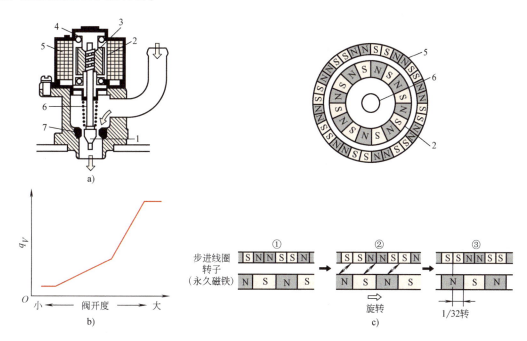

图 6-31 步进电动机式怠速控制阀及其原理
a) 怠速控制阀结构　b) 怠速控制阀特性　c) 步进电动机结构及原理
1—阀　2—转子　3—蜗杆　4—轴承　5—励磁绕组　6—阀轴　7—阀座

由永久磁铁构成的转子，其 N 极和 S 极在圆周上相间排列，共 8 对磁极（图 6-31c）。定子由 A、B 两个定子组成，其内绕有 A、B 两组线圈，线圈被导磁材料制成的爪极包围，每个定子各有 8 对爪极，每对爪极（N、S 极）之间的距离为一个爪的宽度，A、B 两个定子爪极相差一个爪的差位，构成一体安装在外壳上（图 6-32）。爪极的极

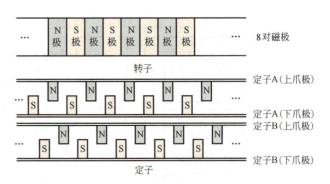

图 6-32　定子爪极布置

性是可变化的，由微机（ECU）输出的控制定子相线绕组的电压脉冲（控制指令）决定。A、B 两个定子绕组分别由 1、3 相绕组和 2、4 相绕组构成，由 ECU 内的晶体管电路控制各相绕组的搭铁（图 6-33）。相线控制脉冲如图 6-34 所示，欲使步进电动机正转时，相线控制脉冲按 1→2→3→4 相顺序依次滞后 90°相位角，定子上 N 极向右方向移动（图 6-31），转子随之正转。反之相线脉冲按 1→2→3→4 相顺序依次超前 90°相位角时，定子上的 N 极向左方向移动，转子随之反转。

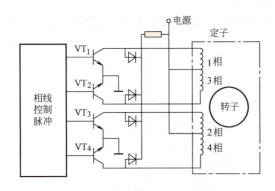

图 6-33　相线绕组控制电路

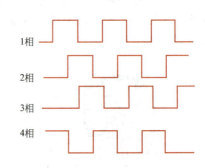

图 6-34　相线控制脉冲

当定子移动时，由于磁性的异极互相吸引、同极互相排斥的原理，定子线圈中电磁铁和转子永久磁铁的 N 极和 S 极总是企图互相吸引到最近距离，而定子爪极极性随相线控制脉冲而变化，所以转子将随之而转动，以保持转子的 N 极随时与定子的 S 极对齐。因转子由 8 对磁极构成，每一极（N 极或 S 极）又与定子的两个极（SS 极或 NN 极）相对应，所以转子转动一圈分为 32 个步级进行，每一个步级（1/32 转）转动一个爪，其转角为 11.25°，转子旋转一圈约需要 1/4s，步进电动机的工作范围为 0~125 个步级。

在实际控制时，事先将与冷却液温度、空调工作状态等与之相对应的目标转速存储在 ECU 中。ECU 根据节气门开度和转速信号判定怠速状态后，按一定的顺序依次导通 VT_1~VT_4 晶体管（图 6-33），分别向怠速步进电动机的 4 个线圈供电，由此驱动步进电动机旋转，以控制怠速空气阀的开度，从而调节怠速进气量，使发动机转速达到所需要的目标怠速转速。步进电动机的特点是轴向推力大，所以在控制怠速空气量时，作用在控制阀体上的压力的影响可以忽略，而且所控制的空气量较多，所以可取消空气阀。其控制的项目除了正常的

急速转速稳定控制之外，还有快怠速控制、空调开关为 ON 状态时的快怠速控制以及附加电器负载时的快怠速控制等。

电磁式怠速控制阀是通过线圈中的电流控制磁场来控制阀门的开度。由于磁场的利用方式不同，电磁式控制阀分为旋转滑阀式和线性位移式两种。

旋转滑阀式电磁阀的结构与驱动电路如图 6-35 所示。这种电磁阀主要由线圈和用永久磁铁构成的驱动部分以及控制流量的旋转滑阀部分构成。旋转滑阀固定在与永久磁铁一体的驱动轴上，与永久磁铁一起转动，用于控制怠速进气量。这种电磁阀实质上是一种旋转式比例电磁阀，电磁阀线圈中通过电流时所产生的磁场使永久磁铁转子经驱动轴带动旋转滑阀旋转一个角度，以调节怠速空气的流通截面积。如图 6-35b 所示，电磁阀的两个螺旋管线圈的导通状态由两个晶体管 VT_1 和 VT_2 来控制。晶体管 VT_1 和 VT_2 的导通或截止状态由 ECU 控制的反相位占空比信号来决定。由于占空比控制信号和晶体管 VT_2 的基极之间接有反相器，所以晶体管 VT_1 和 VT_2 的集电极输出相位相反。因此两个螺旋管线圈中总是交替地通过电流，又因为两个线圈绕向相反，致使在永久磁铁转子上交替产生方向相反的电磁力矩，所以旋转滑阀根据控制信号的占空比旋转某一定角度，控制滑阀与阀座之间的开口面积，以控制怠速进气量。由于这种控制阀是旋转式的，不受作用在阀体上压力的影响，所以可以稳定地控制阀的开度。为了当电气系统出现故障时防止发动机暖机后转速升高，以确保冷态下的起动特性和怠速暖机特性，有的控制阀上专门设有双金属片式保护装置，利用双金属片随温度变化而收缩变形来驱动空气量的旋转滑阀。因此，当冷却液温度变化时，即使电气系统出现故障，也能控制怠速进气量。旋转滑阀式电磁阀的控制方法与步进电动机式控制阀基本相同，主要区别在于旋转滑阀式是由 ECU 根据脉冲信号占空比来控制其工作的。

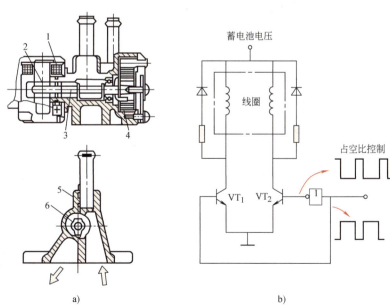

图 6-35 旋转滑阀式电磁阀
a) 结构 b) 驱动电路
1—线圈 2—永久磁铁 3—轴 4—双金属片 5—阀体 6—阀

另一种线性位移式电磁阀是一种线性比例电磁阀，主要由电磁线圈、阀轴、回位弹簧以及阀等构成。图 6-36 所示为线性位移式电磁阀的结构。它是利用在电磁线圈中所产生的磁场吸引力，使阀轴在轴向做直线移动，从而控制阀的开度。当磁场吸引力和回位弹簧力达到平衡时，阀门开度处于稳定状态。磁场吸引力的大小取决于流经电磁线圈的驱动电流，当驱动电流增大时，磁场吸引力也增大，阀门开度随之变大；反之，阀门开度就变小。但是电流的增加使线圈的温度升高，直接影响阀门的开度。为了防止由于线圈温度的变化引起阀门开度的变化，一般由 ECU 通过脉冲信号占空比对电磁线圈的驱动电流进行反馈控制。这种线性位移式电磁阀响应非常快，但操纵力相对比较弱。为了使控制阀的位置不受其上下游压差的影响，采用波纹管以消除作用在阀门上的压差。由于这种方式所能控制的空气流量较小，所以常与前述的自动空气阀式怠速控制系统并用。

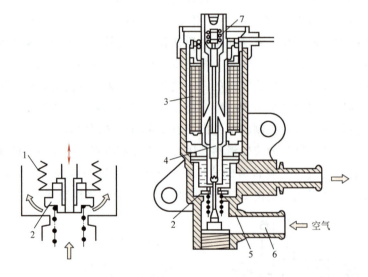

图 6-36 线性位移式电磁阀

1—波纹筒（消除负压） 2—阀 3—线圈 4—推杆 5—阀体 6—进气口 7—弹簧

（3）电控节气门式 图 6-37 所示为电控节气门式怠速控制系统，主要由怠速直流电动机、节气门位置传感器、怠速节气门位置传感器、怠速开关以及回位弹簧等组成。当 ECU 根据怠速开关判定为怠速工况时，根据目标怠速转速通过驱动怠速直流电动机，结合怠速节气门位置传感器的信息，对节气门开度实施反馈控制，精确控制最小目标节气门开度，以实现怠速转速稳定。这种电控节气门式怠速控制系统很容易实现快怠速控制。

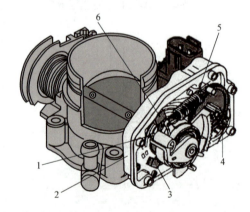

图 6-37 电控节气门式怠速控制

1—怠速开关 2—整体式怠速调节 3—节气门位置传感器
4—怠速直流电动机 5—缓冲回位弹簧 6—怠速节气门位置传感器

三、怠速控制

如前所述，怠速控制主要就是控制与发动机运行状态相适应的最佳怠速进气量，ECU 根据该进气量的信息控制怠速喷射量和相应的点火时刻。图 6-38 所示为怠速控制流程图。

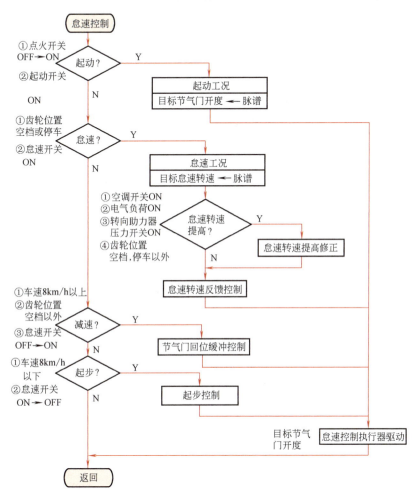

图 6-38　怠速控制程序流程图

在怠速控制时，ECU 首先要准确地判断发动机的运行工况。当发动机为起动状态时，就按起动工况的控制脉谱进行控制。当发动机确实是在怠速工况下运行时，就根据事先所设定的脉谱图由冷却液温度读取目标怠速转速 n_{IT}，并与实测的怠速转速 n_I 进行比较。当 $|n_{IT}-n_I| \geqslant \pm 25 \mathrm{r/min}$ 时，驱动怠速控制执行器控制怠速进气量。在设定怠速控制脉谱图时，为了在较低的冷却液温度下进行快怠速暖车，将怠速转速设定得高一些，并随冷却液温度的提高，逐渐降低所设定的怠速转速。当冷却液温度在 100℃ 附近时，将怠速转速再次设定为高转速，这是为了防止发动机过热。另外，根据怠速时带空调负荷、电气负荷以及转向助力负荷等工况，需要相应地修正目标怠速转速，进行快怠速控制。

（1）起动时怠速控制阀的控制　怠速进气量是通过控制怠速控制阀开度来调节的。图

6-39 所示为怠速控制阀的控制流程图。在控制怠速控制阀时，首先判断是否为起动状态。发动机起动状态是通过点火开关位置和起动开关来判断的。当发动机起动时，由于怠速控制阀预先设定在全开位置，所以流经怠速空气阀的空气流量最大，发动机易于起动。发动机起动后，若怠速控制阀仍保持在全开状态，则怠速转速升高，所以在起动期间或起动后，发动机转速达到规定值 n_1（如 500r/min）之前，按由冷却液温度确定的目标怠速控制阀开度脉谱来控制怠速控制阀。

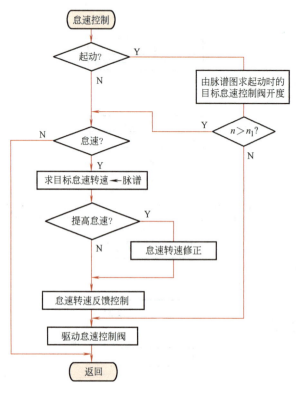

图 6-39　怠速进气量控制程序流程图

当发动机转速超过设定转速 n_1 时，认为起动过程已结束，并经怠速开关及转速判定怠速状态之后，由冷却液温度确定的怠速控制阀开度脉谱求出怠速控制阀的目标开度。怠速带负荷状态是根据空调开关、电气负载开关以及动力转向器压力开关等信号来判断的。当这些开关为 ON 状态时，判定为快怠速运行状态。此时在目标怠速转速的基础上进行相应的怠速转速修正，然后进行怠速转速的反馈控制，以达到适合怠速工况的最佳怠速状态。

图 6-40 所示为发动机起动时怠速控制阀开度的控制状态。此时目标怠速开度值由式 (6-6) 中表示的 4 项开度修正值的和来求得，即

$$m_{cal} = m_{sta} + m_{tho} + m_{thw} + m_{fl} \qquad (6-6)$$

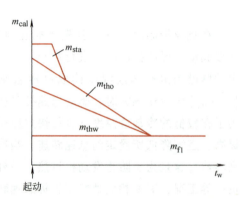

图 6-40　起动时怠速控制阀的开度控制

式中，m_{cal} 为目标怠速控制阀开度；m_{sta} 为起动时节气门开度的修正值，根据冷却液温度 t_w 的一维脉谱求出起动时的初始开度值后，在设定的一段时间内保持不变，超过该设时刻间后随时间而衰减；m_{tho} 为润滑油温度的修正值，由润滑油温度的一维脉谱设定，主要修正发动机摩擦损失功随润滑油温度而变化的部分，润滑油温度是根据冷却液温度 t_w 和进气温度 t_A 来推算的；m_{thw} 为冷却液温度的修正值，由冷却液温度的一维脉谱设定；m_{fl} 为暖机后怠速控制阀开度学习值和怠速开度控制阀反馈控制的初始值之和。

为了确定润滑油温度的修正值 m_{tho}，必须确定润滑油温度。图 6-41 所示为用冷却液温度 t_w 和进气温度 t_A 推算润滑油温度的方法。该推算润滑油温度的程序，是在实际运行时按所时刻间间隔进行中断处理的。此时，前一次处理过程中计算确定的润滑油温度 t_o 和冷却液温度 t_w 以及进气温度 t_A 的值，分别记作 t_{oi-1}、t_{wi-1}、t_{Ai-1}，并与由冷却液温度传感器和进气温度传感器测定的本次循环的冷却液温度和进气温度同时寄存在 RAM 中便于比较判断。当判定为起动状态时，比较冷却液温度和进气温度是否接近。当冷却液温度和进气温度之差小于或等于某一设定值 α，即 $|t_w - t_A| \leq \alpha$ 时，认为是长时间暖车之后的状态，所以此时令润滑油温度等于冷却液温度。否则，当冷却液温度和进气温度之差的绝对值超过设定值 α 时，认为没有充分暖车，此时，润滑油温度按下式推算，即

$$t_o = t_{oi-1} - (t_{wi-1} - t_w)\beta \tag{6-7}$$

式中，t_{wi-1} 为发动机起动前上一次运行时的冷却液温度度；t_{oi-1} 为发动机起动前上一次运行时推算的润滑油温度；t_w 为实测的冷却液温度；β 为小于 1 的设定值。

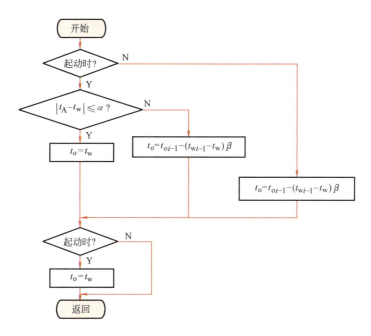

图 6-41　润滑油温度的推算流程图

当发动机停止运转后，润滑油温度的下降速度比冷却液温度慢，所以从发动机停止运转开始到这次起动为止润滑油温度的降低量，相当于此时的冷却液温度下降量乘以系数 β 之后的值。

当发动机运行状态不是起动工况时,就按下式推算润滑油的温度,即

$$t_o = t_{oi-1} + (t_w - t_{wi-1})\gamma \tag{6-8}$$

由于润滑油温度的变化与冷却液温度的变化量有一定的关系,因此润滑油温度的变化量就根据此时的冷却液温度和前一次处理循环时的冷却液温度之差乘以某一设定的修正系数 γ 来确定;然后对推算结果进行最大值限定处理,以确定最终润滑油温度。基于这种推算的润滑油温度,按由表6-4中所示的根据润滑油温度的一维脉谱设定的怠速控制阀开度的修正值 m_{tho},求出对应于实际温度状态的修正值,以修正怠速控制阀的开度。

表 6-4 润滑油温度修正值的脉谱

t_o/℃	-40	25	10	0	10	5	50	80
m_{tho}	1.8	1.2	0.9	0.7	0.5	0.3	0.1	0

(2)怠速时燃油喷射时期的学习控制 为了改善怠速稳定性和怠速排放特性以及起步加速性,根据发动机怠速转速变动量的大小调整怠速燃油喷射时刻,并由冷却液温度或进气温度改变喷射时刻的学习领域,以修正怠速燃油喷射时刻。ECU根据发动机转速以及进气量等信息判断运算对应实际怠速工况的目标喷射时刻后,通过各缸喷油器控制燃油喷射时刻。

在控制燃油喷射时刻时,首先根据冷却液温度和进气温度状态,将喷射时刻的学习领域划分成低温、常温和高温三个区域。当发动机温度状态为低温区(如冷却液温度和进气温度低于-10℃)时,根据表6-5所示的脉谱修正基本喷射时刻,一直修正到怠速转速变动量小于某一设定值 N 为止。当怠速转速变动量已达到很小($\Delta n < N$)时,将所对应的燃油喷射时刻作为最佳值而学习并保存(记忆)。当发动机温度状态为常温或高温时,用相同的方法根据表6-5中给出的脉谱值,学习最佳的喷射时刻。当发动机冷却液温度和进气温度同时达到80℃以上时,认为发动机已进入高温区。常温区则是指冷却液温度和进气温度在-10~80℃之间的温度区域。

表 6-5 喷射时刻修正脉谱 (单位:°CA)

t_A/℃	t_W/℃		
	-10	...	80
-10	+30		
⋮	⋮	⋮	⋮
80		...	-30

通过这种控制方法,用冷却液温度或进气温度改变喷射时刻的学习领域,由此对应发动机的不同温度(冷却液温度或进气温度)状态修正基本喷射时刻,适应怠速时冷却液温度或进气温度状态,对喷射时刻进行最佳控制,以改善怠速排放特性,同时提高起步加速性。

第三节 进气系统控制

进、排气系统对发动机性能的影响主要体现在充气效率,而配气相位对充气效率的影响很大。以往发动机配气机构的配气相位是固定的,因此不能兼顾高低速的充气效率特性。也就是当配气相位按低速设定时,只能满足设定的低转速下充气效率达到最佳值。但随着转速

第六章　电控汽油喷射的辅助控制

的提高，进气流动惯性增大，而配气相位不变，因此从气流角度考虑，即使能实现惯性充气，却由于进气门提早关闭而使充气效率降低。反之，为了提高高速性，将配气相位按高速设定时，虽然满足高速时的充气效率，但在低速时，由于进气门关闭时刻与高速时一样滞后，而此时因转速降低，气流没有足够的惯性，所以不能良好地实现惯性充气，反而产生倒流现象，因此充气效率也降低；同时由于进气系统的容积增大，进气流速降低，不利于燃油的汽化和混合气的形成，造成燃烧不稳定等现象，直接影响发动机的动力性。

改善发动机高低速充气效率的主要途径就是充分利用进气过程中气流的静态效应和动态效应。所谓静态效应，就是减小进气系统的流动阻力。其主要措施包括扩大进气管直径、增大进气管弯曲部分的曲率半径、进气管内表面光滑以及各缸进气支管长度一致、采用多气门机构等。所谓动态效应，主要是指利用进气过程中在进气管内气体流动时所产生的惯性及其压力的脉动效果来改善充气效率的过程。由于车用发动机使用转速变化范围宽，所以为了在整个使用转速范围内都能充分地利用进气过程的动态效应，使发动机性能达到最佳状态，常采用可变进气系统控制技术和增压技术。

可变进气系统的控制内容主要包括高低速可变进气管长度的控制、多气门控制、可变配气相位的控制以及可变进气涡流的控制等。

一、可变进气管长度的控制

进气管长度对发动机充气效率的影响如图 6-42 所示。随着进气管长度的增加，充气效率的峰值向低速区移动，而且峰值也增加，但高速时由于进气阻力增加充气效率反而降低很多；反之，随着进气管长度的减小，充气效率的峰值向高速区移动，有利于提高发动机的高速动力性，但以牺牲低速性能为代价。

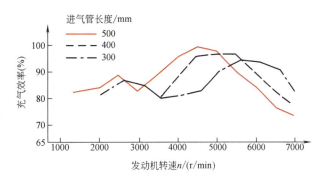

图 6-42　进气管长度对充气效率的影响

一般传统的发动机很难实现可变进气管长度，因此提高发动机性能受到限制。随着微机控制技术在发动机上的应用与普及，已广泛采用进气系统的可变机构，使得发动机的动力性、经济性以及排放特性得到大幅度的提高和改善。可变进气管长度的控制系统根据其特点主要分为压力脉动增压式进气系统、可变惯性增压进气系统、流线动力型进气系统等几种。

（1）压力脉动增压式进气系统（Acoustic Control Induction System，ACIS）当发动机工作时，由于活塞的往复运动和进气门周期性的开闭，在进气管内气体的流动产生压力疏密波，形成压力脉动。这种脉动的压力波在进气管内来回传播。通过进气管的设计，当在进气门关闭之前，在进气门上游出现压力脉动的峰值时就可以多充气，具有一定的增压效果。这种脉动增压效果，主要与发动机转速和进气管长度有关。低速时为了获得这种脉动增压效果要求较长的进气管，而在高速区主要考虑高速时气流的流动损失，所以要求较短的进气管。于是，根据发动机转速控制进气管长度的变化，使得在整个转速范围内都可以有很高的充气效率，从而改善发动机的性能。

控制进气管长度的方式很多，其中最简便的方式是用两根长短不同的进气管。图6-43a所示为主进气管长和副进气管短的可变进气系统。在短的副进气管道内设置控制阀，当低速时控制阀关闭，此时空气通过长的主进气管进入气缸；而高速时控制阀打开，气流通过长短两根进气管进气，因此在高低速范围内都能有效地获得压力脉动增压效果。图6-43b所示为双谐振箱式进气压力脉动增压系统。在第二谐振管进口处设置控制阀，当高转速时打开控制阀，由于第二谐振管的作用，此时实际进气压力脉动起作用的管段为第二谐振管以后较短的部分。当发动机转速降低到中低速时关闭控制阀，第二谐振管不起作用，所以实际进气压力脉动起作用的管段为从第一谐振管以后的较长部分。这一系统同样起到了根据转速的变化调节管长的作用。

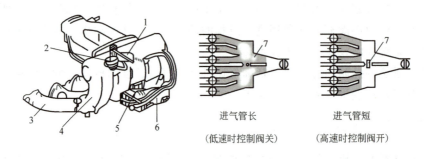

a)

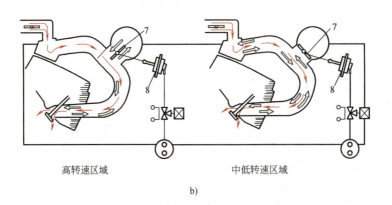

b)

图6-43 脉动增压式进气管

a) ACIS系统 b) ACIS-Ⅲ系统

1—进气控制杆 2—进气控制阀 3—进气支管 4—谐振管
5—负压切换阀 6—真空室 7—进气控制阀 8—控制机构

（2）可变惯性增压进气系统（Variable Inertia Charging System，VICS） 这种系统是利用进气过程中各支管之间的反射波原理进行惯性增压的。图6-44所示为可变惯性增压进气系统的结构，其主要特点是进气支管之间采用连接通道，并用控制阀来控制。当发动机高速运转时，打开进气支管连接通道，这样从其他进气支管反射过来的压力波不经谐振管，直接通过连接通道传播，从而起到了增压的作用。图6-45所示为其工作原理。当点火顺序为1-3-4-

2，且第 1 缸在压缩上止点时，从第 1 缸进气门处反射的压力波按箭头所示方向传播到第 3 缸；当第 3 缸进气门关闭之前传播一个正压波时，第 3 缸就起到增压的效果。采用这种控制方式的效果如图 6-46 所示，可有效地改善发动机的高速动力性，从而兼顾发动机高低速区的性能。

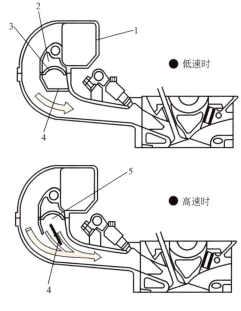

图 6-44 可变惯性增压进气系统
1—谐振管 2—真空室 3—密封板
4—控制阀 5—连接通道

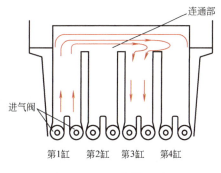

图 6-45 VICS 的作用原理

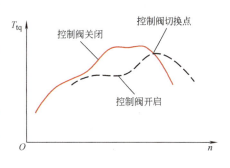

图 6-46 VICS 的控制效果

（3）可变惯性谐振复合增压进气系统 图 6-47 所示为在 V 形六缸发动机上采用的惯性可变谐振复合增压进气系统。其结构特点是，在 V 形发动机同一侧的第 1、3、5 缸和第 2、4、6 缸各自采用独立的进气管（共振管）、稳压箱和各自的进气支管。稳压箱和各缸的进气支管长度构成该气缸的惯性增压系统；而长的进气管、稳压箱以及各气缸构成各自的共振系统。当低速时切换阀关闭，此时第 1 缸进气终了，在进气门关闭之前，由于进气压缩波的作用，两个稳压箱（因容积大，简化为图 6-47b 所示的②③软弹簧）内的气柱（该气柱质量用图 6-47b 的①表示）产生共振，其压力波反射到第 1 缸，从而提高进气充量，此时惯性增压系统停止工作。相对共振管（长管），进气支管（惯性系统）很短，所以进气支管内气流的惯性很小可忽略，左、右进气支管内的气柱质量简化为图 6-47b 的④⑤。进气过程中气缸内的容积与稳压箱容积相比也很小，所以将左、右侧气缸容积变化简化为图 6-47b 所示的⑥⑦硬弹簧。当发动机低速（$n \leqslant 2000 \text{r/min}$）

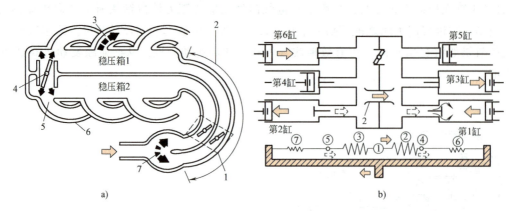

图 6-47 可变惯性谐振复合增压系统
a) 结构 b) 原理
1—双节气门 2—共振管长 3—惯性增压 4—切换阀 5、7—共振增压 6—进气支管

运转时，惯性增压系统的管长相对比较短，其共振点（转速）高，所以基本不振动，此时通过长的共振管的谐振效果提高充气效率。当发动机高速（如≥4000r/min）运转时，共振管内的气流和两个大体积的稳压箱因其固有频率低而不共振，只有短的惯性增压系统内的气柱共振，从而提高充气效率。当发动机在中速（如 3000r/min）运转时，共振管内的气柱和惯性增压系统内的气柱均不共振或振动很小，从而充气效率降低，使转矩在该转速下出现低谷现象。为了避免这种低谷现象，在两个稳压箱之间设置切换阀，由此接通两个稳压箱，使之合成为一个大稳压箱，由此调整共振频率，实现中速惯性增压，提高该转速下的充气效率，改善转矩低谷现象。通过这种可变惯性谐振复合增压进气系统，在整个转速范围都能获得良好的充气效率，充分提高发动机的性能。

(4) 流线动力型进气系统（Aero-Dynamic，AD）流线动力型进气管的结构如图 6-48 所示，采用 U 形长管，而进气支管内径沿燃烧室方向逐渐缩小。通过这种结构在气体流动过程中提高流速，以增加

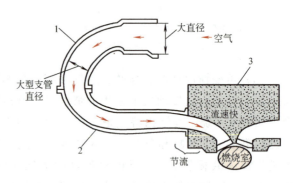

图 6-48 流线动力型进气管结构
1—进气总管 2—进气支管 3—气缸盖

进气的流动惯性。特别是低速时通过管内径的形状也能保证一定的进气流动速度，所以可以改善低中速时的发动机充气效率。

二、4 气门机构及可变进气涡流控制

目前，车用发动机为了适应提高升功率、降低油耗及排放的要求，普遍采用多气门技术，其中 2 进 2 排式 4 气门技术已经很成熟。图 6-49 所示为一种 2 进 2 排式 4 气门机构，每个气缸设置两根不同长度的进气支管，其中一根进气支管设计成长 U 形管，另一根高速进

第六章 电控汽油喷射的辅助控制

气支管设计成较短的直管，并在直管上设置控制阀。当发动机中低速运行时，关闭控制阀，只用长的 U 形管进气，所以惯性充气效果好，又因为进气门布置偏离气缸中心线，故进气过程中在燃烧室内产生一定强度的进气涡流，促进混合气的形成，改善燃烧速度；高速时，打开控制阀，高速直管同时进气减小进气流动损失，所以改善充气效率，提高发动机的高速性能。图 6-50 所示为 4 气门控制系统，由发动机控制用 ECU 根据发动机转速和负荷（进气压力）信号，控制设在进气直管上的进气控制阀，以实现发动机高低速时的最佳进气状态。

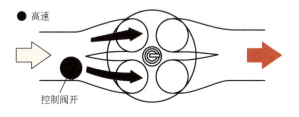

图 6-49 2 进 2 排式 4 气门机构

图 6-51 所示为 2 气门和 4 气门发动机性能比较的结果。通过 4 气门机构相对于 2 气门发动机可提高充气效率 17%、降低 HC 排放 34%、降低燃油消耗率 4% 左右。

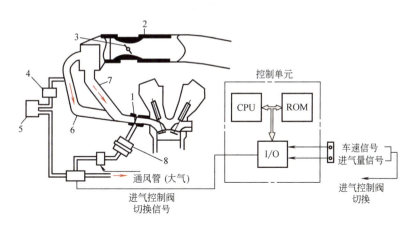

图 6-50 4 气门控制系统
1—进气控制阀 2—节气门体 3—节气门 4—调节阀
5—真空室 6—长管 7—短管 8—执行器

4 气门机构的汽油机还可以实现进气涡流可变控制。进气涡流是指进入气缸的混合气绕气缸中心旋转的气流运动，其强度取决于发动机转速、进气道的结构形状以及气门的布置等。当进气涡流强度适当加强时，可以改善混合气的形成条件，提高火焰传播速度，所以能减轻循环变动，减小爆燃倾向。但是当进气涡流强度过强时，进气阻力损失增加，充气效率降低，反而影响发动机的性能。故对应发动机的工况都存在着最佳的进气涡流强度。即低速时需要加强进气涡流强度以改善低速混合气形成条件，提高燃烧速度；但在高速时，为了减小进气流动阻力，以提高高速充气效率，需要减弱进气涡流强度。所以，常采用主副进气道结构方式的 4 气门机构，其中将副进气道设计成涡流式（图 6-49），主进气道设计成短直

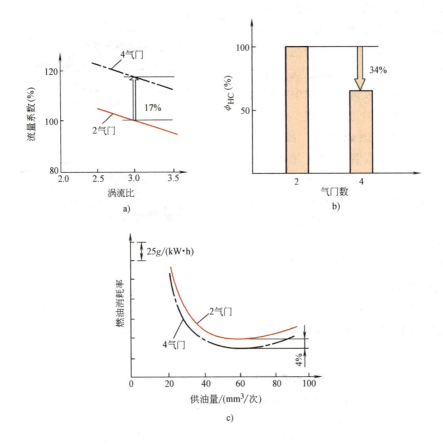

图 6-51　2 气门和 4 气门发动机性能对比
a) 流量系数对比　b) HC 排放对比　c) 经济性对比

管,并通过在主进气道上专门设置的控制阀选择工作进气道,由此调整进入气缸的进气涡流强度。图 6-52 所示为 4 气门两个进气支管机构控制进气涡流强度的示意图。两个进气门分别布置在对应的两个进气道上,其中一个进气道上设置控制阀。当发动机低速时需要高强度的进气涡流,此时关闭控制阀,所以主要通过与气缸中心偏心布置的另一个进气门进气,因此进入气缸的气流根据其惯性产生绕气缸中心旋转的进气涡流。当高速时打开控制阀,使相对气缸中心对称布置的两个进气门同时进气,流经各进气门的气流对气缸中心所产生的动量矩方向相反,所以互相抵消,使进气涡流强度降低,减小了进气阻力;同时由于实际进气截面积增加,改善了高速充气效率。

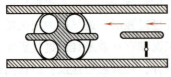
低速时—控制阀关闭

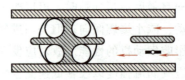
高速时—控制阀开启

图 6-52　4 气门机构进气涡流控制原理示意图

第六章 电控汽油喷射的辅助控制

图 6-53 所示为进气涡流控制阀的控制程序流程图。进气涡流控制阀的开度通过直流电动机来控制，其开度信息通过控制阀开度传感器来检测。ECU 根据燃油喷射量、发动机转速以及冷却液温度等信息，确定该实际工况所要求的目标开度值 SCV。此目标开度是对应发动机转速、喷射量和冷却液温度，以脉谱形式存储在 ROM 中的。当低速轻负荷域上进行分层稀薄燃烧时，要求较弱的进气涡流强度，所以此时进气涡流控制阀的目标开度设定为 10%~50%；当发动机中速中负荷域上进行预混合燃烧时，要求较强的进气涡流，所以此时进气涡流控制阀的目标开度设定为全关状态；当发动机高速大负荷域上工作或在功率混合气上运行时，为了确保进气量，将进气涡流控制阀的目标开度设定为全开状态。这样，对应发动机的运行状态计算目标开度值后，判定目标开度值的标志参数 V_{SCV} 是否为 1。当 $V_{SCV}=1$ 时，将 SCV 除于 5 的值赋予 A，并对 A 取整

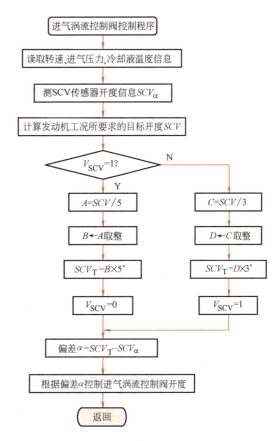

图 6-53 进气涡流控制阀的控制程序流程图

后的值设为 B，然后在 B 上乘以 5（即 $B×5°$）以求出此时实际开度的目标值 SCV_T（$=B×5°$）。求出 SCV_T 后将目标开度值的标志参数 V_{SCV} 取反（$=0$）。因此，此时被控制的目标开度值 SCV_T，实际上是按所要求的目标开度值 SCV 的 5 的倍数（如 5°、10°、15°等）设定的。如果目标开度值的标志参数 $V_{SCV}=0$，则由发动机运行工况确定的目标开度值 SCV 除以 3，并将取整后的值设定为 D，在 D 上再乘以 3°来确定此时的实际目标开度值 SCV_T（$D×3°$）。然后将标志参数 V_{SCV} 取反（$=1$）。这样，当 $V_{SCV}=0$ 时，实际控制用目标开度值 SCV_T 是按 SCV 的 3 的倍数（如 3°、6°、9°等）设定的。当确定控制阀开度值 SCV_T 后，与进气涡流开度传感器实际检测的开度值进行比较，通过二者的偏差量求出控制量，由此进行进气涡流控制阀的反馈控制，使偏差量趋于零。

通过这种控制方法，对应发动机的工况可以控制最佳的进气涡流强度，由此保证发动机的低速稳定性和排放特性，同时提高高速动力性。

另外，在实际工作过程中，如果随负荷和转速的变化所要求的控制阀开度 SCV 频繁地变化，则因磨损直接影响进气涡流控制系统的耐久性和工作可靠性。但是通过采用这种控制方式使实际控制阀的目标开度值 SCV_T 按 3°或 5°的小开度步长交替地变化，使得在一定的负荷和转速变化范围内进气涡流控制阀开度不变化，从而抑制控制阀开度因颤动而造成的控制阀驱动电动机及其传动轴的磨损，同时防止传动轴等在固定位置上集中磨损的现象。

三、可变配气相位的控制

如前所述,发动机的输出转矩特性直接与进气过程中的充气效率有关,而充气效率除了进气管长度以外,还与进气门开启时的时面积及其配气相位有关。一般车用发动机追求的目标是高速、大功率,而又不牺牲低速转矩特性,并改善燃油消耗率。可变配气相位的控制技术是实现这一目标很重要的技术措施之一,所以被广泛地应用。目前,具有代表性的可变配气相位的控制方法根据其配气相位的控制方式不同分为三菱创新气门正时与升程电子控制(Mitsubishi Innovative Valve timing and lift Electronic Control,MIVEC)方式和智能可变气门正时(Variable Valve Timing-intelligent,VVT-i)方式两种。MIVEC方式是指配气相位和气门升程可变的机构,首先在直列4缸DOHC式16阀、排量为1.6L的4缸发动机上得到应用,使得该发动机的最高输出功率达到130kW,升功率达到81.25kW/L,同时低速转矩得到很大的提高。VVT-i方式是指在宽广的范围内连续可变配气相位(主要进气迟关角)的系统。

(1) MIVEC方式 配气相位和气门升程直接影响发动机的充气效率,而且最佳配气相位和气门升程随发动机转速而变化。即将配气相位和气门升程在高速区设定为高功率型时,在低速区由于产生回流现象充气效率反而下降;反之,在低速区设定为最佳值时,高速时由于气门处的节流损失增加以及高速气流惯性被堵在气门之前未能被利用,所以充气效率降低,从而影响发动机的高速动力性。因此,采用电控可变配气相位机构,可实现对应发动机不同转速控制其最佳的配气相位和气门升程。MIVEC系统是比较典型的高低速2段式可变配气相位的控制机构。图6-54所示为其结构特点和工作原理。该系统主要由高低速凸轮、高低速摇臂、摇臂轴以及油压控制系统等组成。驱动气门的T形传动杆与摇臂轴固定成一体。高低速摇臂安装在T形传动杆的左右,并始终与各自的高低速凸轮相接触并随凸轮轴的旋转而摆动。在摇臂和摇臂轴之间设有柱塞、油道及回位弹簧。摇臂和摇臂轴的传动靠此

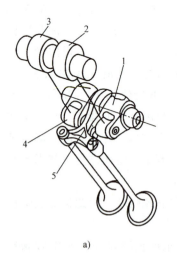

a)

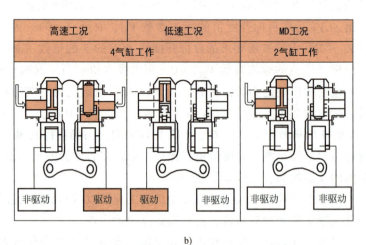

b)

图6-54 MIVEC结构及其原理

a) 结构 b) 作用原理

1—高速摇臂 2—高速凸轮 3—低速凸轮 4—低速摇臂 5—T形传动杆

柱塞来完成。当柱塞连接时，摇臂和摇臂轴变为一体而同步转动，否则摇臂在摇臂轴上空转。MIVEC 的作用就是根据 ECU 的控制指令，对应发动机的实际工况，通过油压控制柱塞的连接状态，以选择高低速凸轮中的某一个凸轮工作，由此驱动进气门，达到控制配气相位和气门升程的目的。

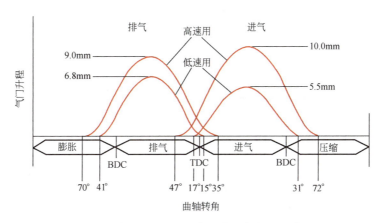

图 6-55　高低速凸轮的配气相位及气门升程特性

当发动机低速运行时，关闭油压控制阀（Oil Control Valve，OCV）使控制油压不起作用，此时低速摇臂内的控制柱塞在其弹簧力的作用下，连接低速摇臂和 T 形传动杆（摇臂轴），而高速摇臂在其弹簧力的作用下，与摇臂轴脱离连接使之在摇臂轴上自由转动。当发动机高速运行时，开启油压控制阀使控制油压通过专用油道分别进入低速摇臂柱塞的压油室和高速摇臂柱塞的压油室，低速摇臂内的柱塞在控制油压的作用下，克服弹簧力缩进摇臂轴内部，使低速摇臂与摇臂轴脱离连接，而高速摇臂内的柱塞却在控制油压的作用下，使柱塞上移连接高速摇臂和摇臂轴。图 6-55 所示为与高低速凸轮对应的配气相位和气门升程的变化特性。MIVEC 机构的控制系统如图 6-56 所示，高低速运行模态的切换是由 ECU 根据所设定的发动机转速，控制油压控制阀来完成的。但是，如果在切换高低速运行状态时输出转矩发生突变，则往往产生冲击性振动，影响驾驶舒适性。因此，为了防止这种转矩突变现象的发生，在同一节气门开度下选择分别采用高速或低速凸轮时发动机输出转矩相同的点，并在该点上进行高低速运行模态的切换。图 6-57 所示为采用 MIVEC 机构时的发动机输出转矩的特性。

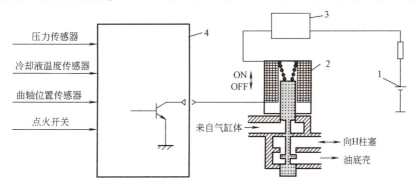

图 6-56　MIVEC 机构的控制系统
1—蓄电池　2—油压控制阀线圈　3—继电器　4—ECU

MIVEC 系统除了可实现配气相位和气门升程可变控制以外,还很容易实现发动机排量可变（Modulated Displacement，MD）控制。所谓排量控制,是指如对总排量为 1.6L 的 4 缸发动机,根据发动机工作时负荷大小情况,如大负荷时 4 缸同时工作,此时排量为 1.6L,而小负荷时只有 2 缸工作,此时排量为 0.8L。这种可变排量控制方式,是通过 MIVEC 机构的停缸控制功能来实现的。即在 MIVEC 的低速工况模型下,接通需停缸控制气缸的低速摇臂控制油压阀,使其柱塞销缩进摇臂轴内（图 6-54）。这时该停缸控制气缸的低速摇臂与高速摇臂同样处于空转状态,使得该气缸停止工作过程,实现气缸排量的可变控制。对于排量非可控发动机而言,在低负荷范围

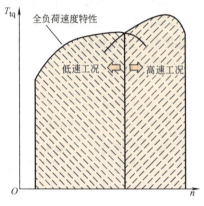

图 6-57 采用 MIVEC 时的发动机输出转矩特性

内,随着节气门开度的减小进气管内的负压升高,泵气损失增大,所以经济性不好。因此,如果汽车行驶时所需动力由 2 个气缸工作也能满足,这种排量可控发动机在低负荷时将相当于 4 个气缸工作时的进气量,只向 2 个气缸供给而其余 2 个气缸停止工作,这样工作的 2 个气缸所需要的进气量增加,故必需增大节气门开度。其结果是进气管内的负压降低,泵气损失减小,同时相当于 2 个气缸停止工作的部分机械损失（气门停止工作）、冷却损失以及排气损失也相应地减小,所以经济性得到明显改善。经统计,采用可变排量控制后可以减小发动机的机械损失约 44%,提高热效率约 17%。图 6-58 所示为通过采用 MD 控制改善经济性的具体效果。

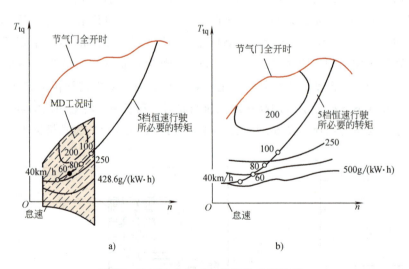

图 6-58 MD 控制时经济性的改善效果
a）采用 MD 控制时　b）正常工况

（2）VVT-i 方式　连续可变配气相位系统是适应发动机的工况连续地改变进气凸轮轴相对曲轴的位置,由此改变配气相位使之达到最佳状态,以改善发动机的动力性、经济性和排

放特性的控制方式。图 6-59 所示为 VVT-i 系统的结构，主要由 VVT-i 带轮、凸轮轴位置传感器、曲轴位置传感器、发动机控制单元 ECU 以及油压控制阀等组成。ECU 根据发动机的运行条件计算对应该工况下的最佳配气相位，并向油压控制阀发出控制指令。油压控制阀根据 ECU 的指令控制向 VVT-i 带轮传送的油压。

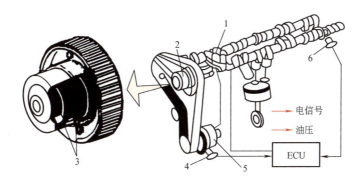

图 6-59 VVT-i 系统的结构

1—油压控制阀 2—VVT-i 带轮 3—螺旋齿轮 4—曲轴位置传感器
5—机油泵 6—凸轮轴位置传感器

VVT-i 带轮的结构原理如图 6-60 所示，由内齿轮和柱塞齿轮构成的蜗轮蜗杆、外齿轮和带轮以及油道组成。柱塞齿轮在其内外表面形成反向的斜齿轮，其内部斜齿与固定在凸轮轴上的内齿轮（蜗杆）啮合，其外部反向的斜齿与固定在带轮上的外齿轮的内齿相啮合。柱塞齿轮的前后油压室内通过油压控制阀供给油压，控制柱塞的左右移动。随着柱塞的移动，可连续地改变凸轮轴相对带轮的相位，达到配气相位可变的目的。

一般在活塞进气上止点附近，由于排气门迟关角和进气门提前角的存在，有进、排气门同时开启的气门重叠时间。此时通过气门重叠角的控制可实现内部废气再循环（IEGR）。即在气门重叠期间，进气管、燃烧室和排气管相

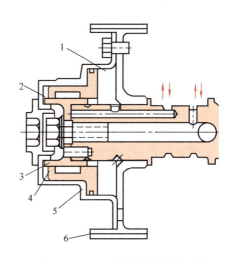

图 6-60 VVT-i 带轮的结构原理图

1—滞后侧油压室 2—提前角侧油压室 3—内齿轮
4—柱塞齿轮 5—外齿轮 6—带轮

通，此时进气管的负压可以使排气倒流，使部分废气重新流入燃烧室内。这种倒流的内部 EGR 量取决于进气管负压的大小和气门重叠角。因此，如图 6-61 所示，通过 VVT-i 机构可连续地改变进气相位，由此对应发动机的运行工况控制最佳的气门重叠角，以实现适合于该工况的 EGR 量，这样可有效地改善发动机 NO_x 的排放特性。特别是在部分负荷工况下，如果适当扩大气门重叠角，则由于实现内部 EGR 而降低燃烧温度，所以相应地减小 NO_x 的排放量；同时由于在排气行程末期气门重叠期间，在气缸内因激冷等原因所产生的未燃气体再次吸入燃烧室内重新燃烧，从而使得 HC 排放量也降低。这种效果在外部 EGR 中是看不

到的。

当发动机实际怠速运转时将气门重叠角设定为 0°CA，此时 VVT-i 带轮处于最迟角状态，由此提高怠速稳定性，并通过降低怠速设定转速改善怠速燃油消耗率；而在部分负荷下运行时，通过 VVT-i 的控制扩大气门重叠角，以降低 NO_x 和 HC 的排放量，同时降低部分负荷的燃油消耗率。在全负荷低速工况下，通过 VVT-i 的控制将进气门的关闭角设定在下止点附近；而在全负荷高转速运行时，为了有效利用惯性充气效果，适当增大进气迟关角，以提高高速动力性。

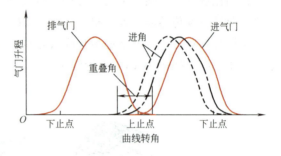

图 6-61　气门重叠角的控制

第四节　EGR 的控制

一、概述

能源危机和环境污染是 21 世纪所面临的重要问题。为了防止大气污染，保护地球环境，必须对流动污染源的汽车尾气有害气体的排放进行更严格的法规控制。汽油机的有害排放物主要包括 CO、HC 和 NO_x。其中 CO 是空燃比不足的情况下所产生的不完全燃烧的产物，所以 CO 的排放量基本上受空燃比的支配。HC 是燃油未燃的产物。混合气过浓、过稀，燃油雾化不良，再循环废气量过多以及气缸壁等的冷却作用和缝隙作用等造成不完全燃烧或熄火现象，从而使未燃的燃油、在燃烧过程中燃油分解的中间产物变成 HC 化合物随废气排出。因此，只要改善混合气的形成，促进完全燃烧，不仅能有效地降低 CO 和 HC 排放量，而且可以改善燃油经济性。但是与此相反，NO_x 排放量是空气中的氮气（N_2）和氧气（O_2）在燃烧过程中高温条件下形成的产物，所以混合气中氧浓度、燃烧温度越高，且在高温条件下混合气滞留时间越长，NO_x 排放量就越多。因此控制 NO_x 排放量的机内主要措施就是如何适当降低混合气中氧浓度和燃烧温度。废气再循环（EGR）正是控制 NO_x 排放的有效措施而被广泛地应用。所谓废气再循环，就是将排气中的一部分废气引入进气管，与新鲜空气（或混合气）混合后重新进入气缸参与燃烧的过程。由于排气的主要成分是 CO_2、H_2O 和 N_2 等，而这些成分的热容量较高，又有惰性气体，因此在燃烧过程中不仅阻碍燃烧速度，而且吸收较多的热量，能降低最高燃烧温度，又一定程度地降低混合气中氧浓度，所以能有效地抑制 NO_x 的生成。

但是，由于 EGR 直接影响燃烧过程，过量的 EGR 量将会影响发动机的着火特性，降低发动机的性能。因此需要选择 NO_x 排放量多的发动机工况，实施有效的 EGR，同时精确控制 EGR 量。即 EGR 的控制目的就是适应发动机的不同工况，控制最佳的 EGR 率，以有效控制 NO_x 的排放量。作为 EGR 量的控制指标，常用 EGR 率。EGR 率的定义方式有几种，其中常用的近似定义式为

$$\text{EGR 率} = \frac{\text{EGR 流量}}{\text{吸入空气流量} + \text{EGR 流量}} \times 100\% \qquad (6-9)$$

第六章 电控汽油喷射的辅助控制

一般在汽油机上所采用的 EGR 的控制方式有机械式和电控式两种。机械式 EGR 控制系统是通过进气压力和排气压力调节 EGR 阀的开度，由此控制 EGR 率，所以所能控制的 EGR 率较小，为 5%~15%，而且其控制自由度受限制，只限应用于化油器式汽油机。电控式 EGR 控制系统是通过电磁阀任意控制 EGR 率，不仅结构简单，而且可精确地实施较大的 EGR 率（15%~20%）。因此现代汽车上，尤其是在采用电控式发动机的汽车上，通常都采用电控式 EGR 控制系统。

二、电控式 EGR 控制系统

电控式 EGR 控制系统主要由 EGR 阀及其控制系统组成。EGR 阀的结构如图 6-62 所示，基本上与机械式 EGR 控制系统相同，只是将机械式 EGR 阀的负压控制系统改成电控式，即用专门的电磁阀控制负压室的真空度，而控制用真空度由安装在发电动机上的真空泵来提供。根据 EGR 的控制方式不同，电控式 EGR 控制系统分为 EGR 开环控制系统和 EGR 闭环控制系统。在 EGR 开环控制系统中，EGR 率只受 ECU 中预先设计的 EGR 控制程序的控制，因此根据发动机运行工况按程序中预先设定的 EGR 率脉谱进行控制，而不检测发动机实际工况下的 EGR 率，所以无 EGR 率的反馈信号；而在 EGR 闭环控制系统中，ECU 直接检测 EGR 率或 EGR 阀的开度，以此作为反馈信号，并将 EGR 率的实际值与目标值进行比较，从而实现 EGR 率的反馈控制。

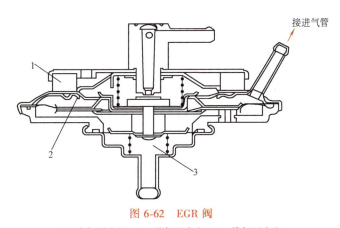

图 6-62 EGR 阀
1—大气压力室 2—进气压力室 3—排气压力室

（1）EGR 开环控制系统 相对机械式 EGR 控制系统，电控式 EGR 开环控制系统是通过 ECU 控制电磁阀从而控制作用在 EGR 阀的负压的。根据 EGR 阀的控制特点，电控式 EGR 开环控制系统分为简单的开关式电控 EGR 控制系统、可变 EGR 率电控 EGR 控制系统和背压修正式电控 EGR 控制系统三种。

简单的开关式电控 EGR 控制系统如图 6-63 所示，主要由 EGR 阀、用于控制 EGR 阀的 EGR 电磁阀、节气门位置传感器、曲轴位置传感器、冷却液温度传感器、起动开关以及 ECU 等组成。这种简单的电控式 EGR 控制系统，实际上是在用进气管负压控制 EGR 阀的机械式 EGR 控制系统的基础上，在进气管负压通道上设置 EGR 电磁阀，用 ECU 根据发动机工况控制 EGR 电磁阀的开关，以此控制作用于 EGR 阀上的负压。当发动机工作时，ECU 根据来自各传感器的输入信号,确定发动机目前正在运行的工况。当发动机处于起动或怠速工况,或发动机冷却液温度低,以及发动机转速低于某一设定转速(如 900r/min)或超过某一设定转速(如 3200r/min)时,ECU 向 EGR 电磁阀发出 ON 信号,使电磁阀接通电源而关闭其阀门,切断 EGR 阀的负压通道,使 EGR 阀关闭,停止 EGR 的实施;否则,ECU 使 EGR 电磁阀断开电源而开启其阀门,接通 EGR 阀的负压通道,使 EGR 阀开启,实施 EGR。因此,这种简单的开关式电控 EGR 控制系统不能实现随发动机工况的变化而改变 EGR 率的功能。

可变 EGR 率电控 EGR 控制系统的工作原理是,根据发动机台架试验确定的 EGR 率与发动机转速、进气量的对应关系,即三维 EGR 率脉谱(MAP)图(存于发动机控制用 ECU 内的 ROM 中),当发动机工作时,ECU 根据各种传感器的输入信号,判断发动机所运行的工况,经查表和计算修正,向 EGR 电磁阀(VCM 阀)输出不同占空比的脉冲电压,控制 VCM 阀(Vacuum Control Modulator)的开启和关闭时间,以调节通过 VCM 阀进入负压室的空气量,得到控制 EGR 阀不同开度所需要的各种真空度,从而达到适应发动机工况控制不同 EGR 率的目的。这里,VCM 阀的作用就是控制通往 EGR 阀膜片室内的真空度(负压)。

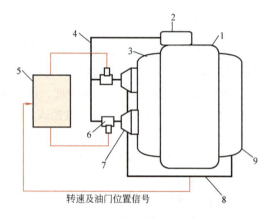

图 6-63 开关式电控 EGR 控制系统
1—发动机 2—真空泵 3—进气管 4—真空管 5—ECU
6—EGR 电磁阀 7—EGR 阀 8—EGR 回流管 9—排气管

图 6-64 所示为可变 EGR 率电控 EGR 控制系统,主要通过 VCM 阀控制作用在 EGR 阀上的真空度,由此调节 EGR 阀的开度。图 6-65 所示为 VCM 阀的结构,主要由定压阀和电磁阀两部分组成。

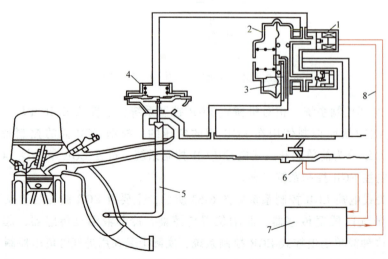

图 6-64 可变 EGR 率电控 EGR 控制系统
1—电磁阀 2—VCM 3—定压阀 4—EGR 阀 5—EGR 回路 6—节气门位置传感器 7—ECU 8—控制信号线

第六章 电控汽油喷射的辅助控制

定压阀通过压力差控制膜片的开和关。膜片左侧与大气相通，作用于大气压力；膜片右侧与进气支管相通，作用于进气支管的真空度，因此膜片右侧也称负压室。当膜片右侧负压室的真空度小于某一设定值（如-16kPa）以下时，在负压室内弹簧的作用下，膜片带动阀左移，呈开启状态。当负压室内的真空度达到设定值（如-16kPa）以上时，由于压差的作用，膜片带动阀向右移从而关闭EGR阀。当发动机进气管真空度继续增大时，负压室内的压力则保持在设定值（如-16kPa）以上。因此，定压阀的作用是使负压室内的真空度保持不变。

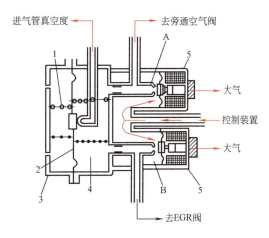

图6-65 VCM阀的结构

1—弹簧 2—膜片 3—定压阀 4—负压室 5—电磁阀

VCM阀内设有两个电磁阀，即怠速调节用电磁阀A和EGR阀控制用电磁阀B，均由ECU控制。当电磁阀线圈通电时，电磁阀与大气相通，此时通往EGR阀管道内的真空度相对减小；当电磁阀线圈断电时，电磁阀关闭，此时EGR阀负压室内的真空度相对增大。电磁线圈的通电情况是由ECU根据在一个脉冲循环里电磁线圈通电时间（即电磁阀打开时间）所占的比值，即脉冲占空比来控制的。假设施加在电磁线圈上的脉冲电压频率为20Hz，即1s内电磁阀开闭20次，则脉冲占空比的示意图如图6-66所示。图中脉冲"ON"的时间占一个周期的60%，即占空比等于60%。占空比越大，电磁阀打开的时间相对延长，结果通往EGR阀负压室的真空度越小，EGR阀开度越小，EGR率减小。当占空比增加到一定值，使EGR阀负压室内的真空度减小到某一设定值时，EGR阀关闭，EGR系统停止工作。反之，脉冲电压信号的占空比越小，EGR阀的开度就越大，EGR率增加。因此，当发动机工作时，ECU只要根据曲轴位置传感器、节气门位置传感器、冷却液温度传

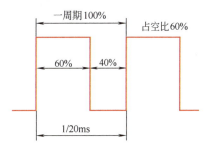

图6-66 脉冲占空比

感器、点火开关以及电源电压等信息，控制电磁阀线圈的脉冲占空比，就能控制EGR阀的开度，达到根据发动机工况控制EGR率可变的目的。

（2）EGR闭环控制系统 EGR开环控制系统中，EGR率只受ECU内预先设置好的EGR脉谱图和控制程序的控制，无发动机各工况下EGR率的反馈信号，因此这种EGR开环控制系统的EGR控制精度相对较低。为了提高各工况下实际EGR率的控制精度，常采用EGR闭环控制系统。在EGR闭环控制系统中，ECU以EGR率或EGR阀开度作为反馈信号实现闭环控制。

图6-67所示为用EGR阀开度作为反馈信号的EGR闭环控制系统。其中，在EGR阀上部设有一个EGR阀位置传感器，用来检测EGR阀的开度，并用电位计将其信息转变为相应的电压信号后反馈给ECU，作为EGR闭环控制的反馈信息。

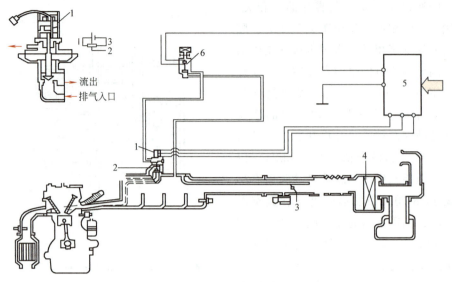

图 6-67　以 EGR 阀开度为反馈信号的 EGR 闭环控制系统
1—EGR 阀开度传感器　2—EGR 阀　3—节气门　4—空气滤清器　5—ECU　6—电磁阀

图 6-68 所示为一种直接以 EGR 率作为反馈信号的 ERG 闭环控制系统。在该控制系统中，新鲜空气经节气门进入稳压箱，而再循环废气经 EGR 控制阀进入稳压箱，在稳压箱内设有 EGR 率传感器，由此对稳压箱中的新鲜空气与废气所形成的混合气的氧浓度不断进行检测，并将检测结果输入到 ECU 中，经 ECU 进行分析计算后向 EGR 控制阀输出控制信号，以调节 EGR 率，使其始终保持在最佳状态，从而有效地降低 NO_x 的排放量。

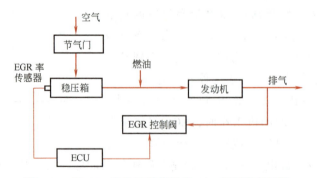

图 6-68　以 EGR 率为反馈信号的 EGR 闭环控制系统

第五节　稀薄燃烧系统

近年来，由于能源问题和 CO_2 等温室气体引起的地球温室效应问题，对发动机燃油经济性的要求越来越高。为了适应这种要求，已开发应用将空燃比控制在稀薄区的稀薄燃烧技术。如通过采用气缸内直接喷射方式，将高压的燃油（供给燃油压力大于 12MPa）直接喷入到设置在活塞顶部的燃烧室内，配合进气涡流及燃烧室内的气流运动，形成分层燃烧，同时精密控制缸内的燃油喷射量和喷射时刻，实现空燃比为 50∶1 等的超稀薄燃烧过程。结合提高压缩比和 EGR 控制技术，不仅有效地降低燃油消耗率，而且有效地控制其排放特性。汽油机缸内直喷（Gasoline Direct Injection，GDI）及稀薄燃烧技术已成为汽油机的发展方向。

一、稀薄燃烧系统概述

开发稀薄燃烧系统的目的就是使发动机在最佳百公里油耗的稀薄空燃比下稳定工作。图 6-69 所示为整车油耗（每升燃油所行驶的历程）、NO_x 排放量以及发动机输出转矩的变动量随空燃比的变化特性。在理论空燃比下，通过三元催化转换装置，CO、HC 以及 NO_x 的排放量已经控制在很低的水平。但从经济性角度考虑，此时并不是最经济点。为了更有效地降低油耗，以达到又节能又降低 CO_2 排放量的目的，要求进一步提高空燃比。但是一般情况下，随空燃比的增大，NO_x 排放量增大；当 $A/F \approx 16$ 时，NO_x 排放量达到最大值。继续增大空燃比（$A/F > 16$）时，由于空气的冷却作用，燃烧温度降低，所以 NO_x 排放量反而降低，但发动机输出转矩的变动量 ΔT_{tq} 却增加。因此，要求稀薄燃烧系统必须要精确地控制空燃比，将转矩变动量控制在所允许的界限范围之内。即将空燃比控制在同时满足油耗最佳、NO_x 排放量又低而且发动机输出转矩变动量 ΔT_{tq} 又小的范围之内。同时满足这三种条件的空燃比范围很窄，所以稀薄燃烧系统的关键就是如何精确地控制空燃比，以及改善燃烧使得在稀薄混合气下稳定燃烧。为了改善燃烧过程扩大稀薄燃烧范围，主要采取改进进气道，通过立式（滚动式）进气道，在燃烧室内形成强大的纵向进气涡流，以提高混合气的湍流强度；同时，在进气行程中进行燃油喷射，利用混合气的涡流，在火花塞附近形成比平均混合气浓度更浓的混合气，形成分层燃烧状态，以扩大稀薄燃烧范围。

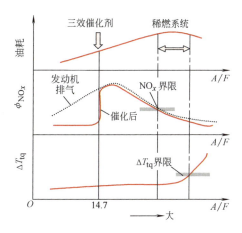

图 6-69 空燃比特性

二、稀薄燃烧方式及特点

稀薄燃烧技术是建立在混合气分层燃烧的基础上的。所谓分层燃烧，是在着火时刻火花塞周围分布适合于着火的浓混合气，而燃烧室其他地方为稀混合气。因此，稀薄燃烧的关键技术是在气缸内如何形成适合的混合气浓度梯度分布。到目前为止，根据气缸内混合气浓度梯度分布方式的不同，分层稀薄燃烧方式有如下几种。

根据混合气形成方式不同，分为化油器式稀薄燃烧技术和汽油喷射式稀薄燃烧技术；根据气缸内涡流形式的不同，分为轴向分层稀薄燃烧方式和纵向分层稀薄燃烧方式；根据喷射方式不同，分为气道喷射（PFI）式稀薄燃烧和缸内直喷（GDI）式稀薄燃烧。汽油机采用直喷技术以后，由于且具有以下几方面的特点而成为汽油机的发展趋势：

1）在中低负荷区，可减小节气门的节流作用，使泵气损失降低，而且直喷化后更容易实现稳定的分层燃烧。

2) 由于气缸内喷射油雾蒸发，所以吸收汽化热，使燃烧室壁面温度降低，传热损失减小，充气效率提高，而且易提高压缩比。

3) 有利于气缸内分层充气和燃烧，同时与进气管喷射式发动机的燃烧方式相比，放热速率快，放热持续时间短，燃烧速度快，热效率高，所以可有效地推迟点火时刻。

4) 空燃比 A/F 的控制精度高，提高了过渡工况的响应特性。

图 6-70 所示为 GDI 与常规燃烧过程的比较。

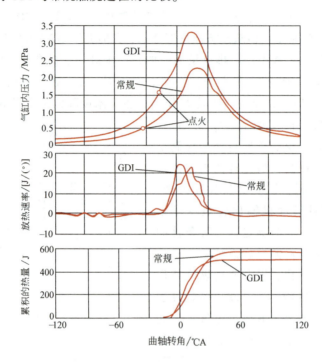

图 6-70　GDI 与常规燃烧过程的比较

综上所述，缸内直喷式发动机的经济性和排放特性明显优于进气管多点喷射式发动机，因而缸内直喷及其稀薄燃烧技术作为汽油机节能与控制排放的主要技术措施而备受国内外重视。

一般简易的缸内直喷式汽油机不同工况下的混合气特征如图 6-71 所示，在整个运行工况范围内采用混合燃烧模式，即稀薄燃烧仅对中小负荷区进行。为此，在压缩行程后期喷油，通过晚喷在气缸内形成上浓下稀的分层混合气，点火后能高效稳定燃烧，混合气的平均空燃比可达 A/F = 25 以上，同时通过推迟点火时刻，并实施 EGR 等手段控制排放；在大负荷或全负荷区，为了输出最大转矩，提供较浓的功率混合气，为此在进气行程中提前喷油，这样在点火时刻，气缸内已形成均匀的

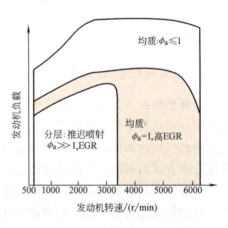

图 6-71　不同工况下混合气特征

混合气；在其他中等负荷高速区采用均质的理论混合气燃烧，以保证通过三效催化装置降低排放。

（1）进气管喷射（PFI）式稀薄燃烧技术

这种稀薄燃烧方式如图 6-72 所示，是在 4 气门发动机上通过气流与喷射时刻的匹配，在气缸内形成混合气浓度的梯度分布。缸内的气流运动规律是通过直进气道和螺旋气道双气道来控制的。当小负荷或部分负荷工况下运行时，关闭直进气道，进入气缸的气流在螺旋气道的导向作用下，在缸内形成一定强度的涡流。通过这种涡流强度与喷油时刻相配合，实现稀薄燃烧。当大负荷时，直进气道和螺旋进气道同时开启，减小缸内涡流强度，最大限度地提高充气效率，实现功率混合气的均质燃烧。

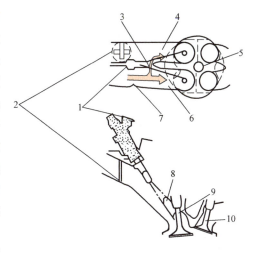

图 6-72　4 气门稀燃系统
1—喷油器　2—进气控制阀　3—连接通道
4—直气道　5—火花塞　6—螺旋气道
7—进气系统　8—凸起壁面　9—进气门
10—排气门

这种稀薄燃烧的特点是只有在小负荷或部分负荷范围内实现，而且稀薄化程度较低，只在中小负荷范围内降低油耗和排放。

由于进气管喷射方式在缸内气流的组织方式不同，进气管喷射式又分为轴向分层稀薄燃烧和横向分层稀薄燃烧两种。

轴向分层稀薄燃烧方式是配合缸内气流在进气晚期进行喷射的，用这种方式通过缸内强涡流实现混合气浓度的梯度分布。燃油喷射时刻决定缸内浓混合气的位置，也就确定了火花塞的位置。这种方式的分层原理如图 6-73 所示，利用进气道的导向作用在缸内形成较强的轴向涡流，虽然在压缩过程中这种轴向涡流强度有所衰减，但大体上还能保持一定的强度，配合缸内的气流特性，通过 ECU 控制喷油器在进气后期的恰当时刻喷油，由此通过缸内轴

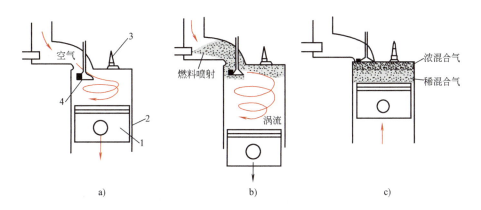

图 6-73　轴向分层原理
a）进气过程早期　b）进气过程后期　c）压缩过程
1—活塞　2—气缸　3—火花塞　4—导气屏进气门

向涡流的作用，在气缸内形成上浓下稀的混合气浓度梯度分布，以实现稀薄燃烧。这种稀薄燃烧方式的主要影响因素是缸内涡流强度和喷射时刻。缸内涡流强度越强，分层效果保持得越好；而喷射时刻则决定了缸内混合气浓度梯度分布的形式。若进气后期喷射，则在气缸内形成上浓下稀的混合气浓度分布，否则相反。

这种轴向分层稀薄燃烧的关键技术，就在于喷射时刻与进气涡流的匹配。一般通过进气道导向形成的气缸内的螺旋形涡流，可分解为径向分量和轴向分量。通常径向分量大于轴向分量。通过径向分量使由进气门进入气缸的混合气向气缸圆周扩散分布，结合轴向分量使混合气沿轴向形成浓度梯度分布，保证火花塞附近形成浓混合气。这种稀薄燃烧方式的空燃比可达到 $A/F=22$，相对均质燃烧，油耗降低 12%。

稀薄燃烧汽油机普遍采用多气门机构，同时采用进气可变系统，由此实现气缸内的斜轴涡流。

横向分层稀薄燃烧是对进气管喷射式 4 气门电控系统汽油机，利用滚流式进气道，在气缸内进气过程中绕垂直于气缸中心线而平行于曲轴轴线产生纵向滚流，并配合喷射方式在缸内形成混合气浓度梯度分布，如图 6-74 所示。这种滚流在压缩过程中随压缩程度越来越强。喷油器在进气支管（气流）中心布置，并顺着气流沿气门方向喷油。这样在滚流的作用下浓混合气经过在气缸中央布置的火花塞，而其两侧则为空气，由此实现横向浓度梯度分布。这种方式可实现空燃比为 $A/F=23$ 的稀薄燃烧，可提高经济性 6%~8%，而 NO_x 排放量的体积分数可降低 80%。

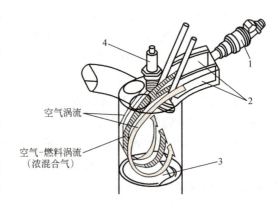

图 6-74 利用滚流形成横向浓度分层
1—喷油器 2—进气口隔板 3—滚流控制活塞 4—中心火花塞

（2）缸内直喷式（GDI）稀薄燃烧技术 GDI 技术包括通过燃烧室形状的缸内气流特性（滚流和涡流）的控制，采用高压旋流式喷油器的喷雾及喷射时刻的控制，喷射压力的控制以及稀薄燃烧等。缸内直喷汽油机的喷射压力也从原来的 2~5MPa 向 20MPa 以上的高压喷射方向发展。

进气道喷射（PFI）式稀薄燃烧技术虽然能改善经济性和排放特性，但存在着如下问题：节气门的存在使泵气损失增大，影响中小负荷燃烧效率的提高；在混合气形成过程中，存在着进气道及气门处黏附油膜的现象，这种油膜不同工况下的蒸发特性，直接影响气缸内的混合气质量，不利于发动机快速起动、瞬态过渡响应特性以及更精确地控制混合气浓度；所能实现的稀薄燃烧混合气浓度有限，即空燃比一般限定在 $A/F<27$ 范围之内，所以节能效果有限，而且对应日趋严格的排放法规，进一步降低 NO_x 排放量比较困难。

如图 6-75 所示，与进气道喷射（PFI）发动机比较，缸内直喷式（GDI）汽油机将喷油器安装在燃烧室内，如同柴油机那样直接向缸内进行喷射。这种混合气形成方式在气缸内更容易形成不均匀的混合气浓度梯度分布，不仅取消了气道油膜蒸发量对缸内混合气质量的影响，而且减小泵气损失，更容易实现稀薄燃烧，所以所能实现的稀薄燃烧混合气范围变宽，有利于进一步改善经济性和排放特性。

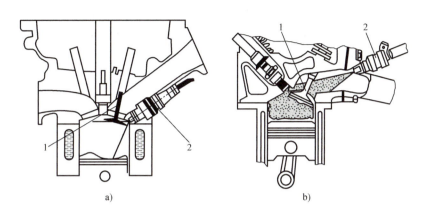

图 6-75　GDI 与 PFI 比较

a）缸内直接喷射（GDI）　b）进气道喷射（PFI）

1—进气阀　2—喷油器

由于 GDI 发动机燃烧室内气流的组织方式不同，其分层混合气的实现方式也不同。如图 6-76 所示，比较典型的有燃烧室壁面导向方式、气流导向方式和喷雾导向方式三种。壁面导向方式是通过活塞顶部燃烧室的形状将喷油器喷射的燃油导向气缸上部流动，配合燃烧室内所形成的挤流，在火花塞附近形成较浓的混合气，以便可靠着火。气流导向方式是通过燃烧室结构形状的设计，配合进气道的导向作用，在气缸内形成涡流和滚流，配合喷射时刻实现混合气浓度梯度分布，并在适当位置设置火花塞可靠点燃混合气。喷雾导向方式主要是配合气缸内的气流特性，合理布置火花塞及喷油器喷射的相对位置来实现稀薄燃烧过程。火花塞安装在靠近喷油器的下游，喷油器喷射的燃油偏向火花塞位置方向，通过喷射时刻和点火时刻的合理控制，可靠点燃梯度分布的混合气。

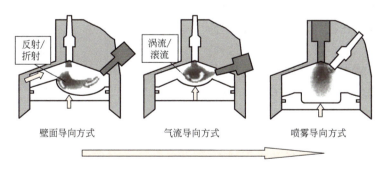

图 6-76　分层混合气的实现方式

GDI 技术不仅可实现均质混合气的燃烧方式，也可以实现混合气浓度分层燃烧的稀薄燃烧过程。目前利用 GDI 技术正在开发研究预混合压燃（PCCI）和均质充量压燃（HCCI）技术。

1) GDI 分层给气稀薄燃烧。利用 GDI 方式组织分层给气稀薄燃烧（喷雾导向方式）的典型燃烧系统有图 6-77 所示的德士古（公司）发动机控制燃烧系统（Texaco Controlled Com-

bustion System，TCCS）燃烧室。该稀薄燃烧系统的主要特点是，缸内直喷汽油的启喷压力为 2MPa，采用螺旋气道由此在缸内产生一定强度的进气涡流，沿气流方向火花塞布置在喷油器下游的油束下方。喷油器顺气流喷射时在缸内气流的作用下喷雾偏向火花塞方向扩散，形成火花塞附近为浓的混合气浓度的分层分布。对应喷射时刻控制点火时刻实现可靠着火，并向稀薄混合气扩散燃烧；而已燃气体被气流带离火花塞区，新鲜气体带入喷油区，依次循环工作。这种发动机的压缩比可提高到 12，从而有效提高热效率，改善燃油经济性。

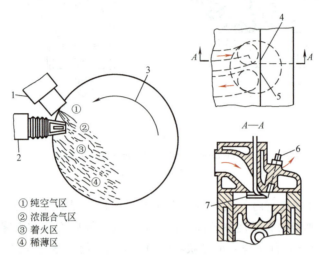

图 6-77　TCCS 燃烧室
1、4、6—喷油器　2、5—火花塞　3—空气流动方向　7—挡板阀

2）GDI 滚流分层稀薄燃烧。缸内组织滚流的方式大体上有两种。一种是对应切向进气道利用燃烧室结构形状，在压缩过程中缸内形成压缩滚流，滚流的特点是随压缩过程滚流强度越来越强，利用这种滚流配合喷射时刻在缸内形成不同的混合气浓度梯度分布。图 6-78 所示为利用这种滚流技术实现的缸内直喷分层稀薄燃烧系统。该系统可实现空燃比为 $A/F=40$ 下的稳定燃烧，由此改善燃油经济性 30%，同时配合采用 40% 的 EGR 率，可降低机内 NO_x 排放达 90% 左右。根据发动机不同工况控制喷油器的早喷射和晚喷射，可以实现均质燃烧和分层燃烧过程，也可以实现从小负荷到大负荷分层稀薄燃烧。

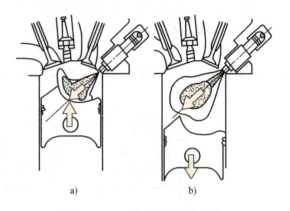

图 6-78　GDI 滚流分层燃烧系统
a）晚喷射　b）早喷射

另一种方式是利用滚流进行分层稀薄燃烧方式是采用直立式进气道，进气过程中在气缸内直接产生进气滚流，结合压缩过程中不断加强的滚流强度控制最佳喷射时刻，在缸内形成混合气浓度的分层分布。图 6-79 所示为 TOYOTA 汽车公司推出的 D4 型发动机上利用这种滚流方式实现的典型的稀薄燃烧系统，实现空燃比为 $A/F=50$ 的超稀薄燃烧，有效改善了燃油

经济性和排放特性。

汽油机采用 GDI 技术后，经济性可达到或接近直喷（DI）柴油机水平，动力性也相应提高，特别是缸内直喷直接改善了缸内混合气形成条件和混合气质量，所以瞬态响应特性明显得到改善，同时起动时间短，冷起动 HC 排放降低。但仍存在着以下几方面的问题，需要进一步完善：

① 分层燃烧对燃油蒸汽在气缸内的分布要求高，需喷油时刻、点火时刻、空气运动、喷雾特性和燃烧室形状匹配，否则燃烧不稳。

② 低负荷时 HC 排放较多，而高负荷时 NO_x 排放较多，若燃烧组织得不好，还有可能形成碳烟排放。

③ 由于喷油器安装在燃烧室内，与高温燃气直接接触，所以易堵塞且无自洁作用，直接影响喷雾质量。

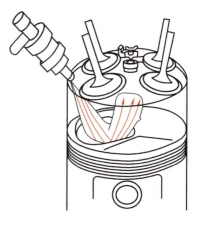

图 6-79 TOYOTA 汽车公司的 GDI 燃烧系统

④ 因混合气浓度超出理论空燃比，所以技术上存在的问题是三效催化转换装置不能应用，而稀薄混合气下的还原装置成本高，技术难度较大。

⑤ 气缸和燃油系统的磨损增加。

三、稀薄燃烧的控制方法

目前针对稀薄燃烧系统已开发出两种精确控制空燃比的方法，即空燃比反馈控制式稀薄燃烧控制和燃烧压力反馈控制式稀薄燃烧控制。

（1）空燃比反馈控制式稀薄燃烧控制系统　这种稀薄燃烧控制系统是利用空燃比传感器测出排气中的氧浓度，由此求出该循环空燃比的大小而进行下一循环空燃比的反馈控制。

1）空燃比传感器。如前面章节所述，空燃比传感器与氧传感器类似，同样采用 ZrO_2 元件。但与氧传感器的不同之处是在 ZrO_2 固体上施加电源，构成如图 6-80a 所示的电路。在该电路上，流通电流 I 的大小，与所施加的电源电压和此时在 ZrO_2 固体内与其内外表面的氧浓度差成比例的氧离子流成正比。空燃比传感器的外表面与排气接触，而其内表面与空气接触，因此当排气中的氧浓度随不同工况下的空燃比发生变化时，因 ZrO_2 内部的氧离子流发生相应的变化，造成电路电流 I 的变化。这种电流 I 随所施加的电源电压 U 增加到一定值后，具有饱和的特性。该饱和电流的表达式为

$$I_0 = \frac{CD_{O_2}pS}{Tl}\ln\frac{1}{1-p_{O_2}/p} \tag{6-10}$$

式中，C 为常数；D_{O_2} 为扩散系数；p 为全压；p_{O_2} 为氧分压；S 为扩散阻抗层面积；l 为扩散层厚度；T 为热力学温度。

由式（6-10）通过测定 I_0 可以求得氧浓度，从而进行空燃比的反馈控制。

一般，当 $A/F>14.7$ 时，$I_0 \propto A/F$ 的关系近似呈线性变化。图 6-80b 所示为空燃比传感器的输出特性。

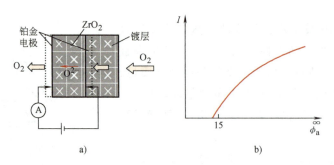

图 6-80 空燃比传感器的基本原理及输出特性

a) 基本原理 b) 输出特性

2) 空燃比的反馈控制方法。由于空燃比传感器输出的信号为模拟信号,所以首先对该信号进行 A-D 转换,经调幅等处理后,再输入到 ECU 中进行排气中氧浓度的测量,并利用储存在 ROM 中由发动机工况确定的目标空燃比的脉谱图,算出该工况下排气中的目标氧浓度。然后将目标值与实测值进行比较,求出偏差量,并对偏差量进行修正,确定最终的喷射脉宽。图 6-81 所示为空燃比反馈控制流程图。

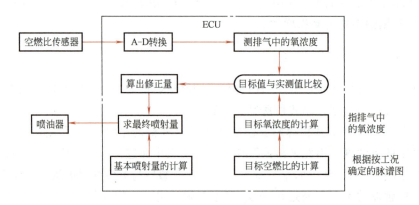

图 6-81 空燃比反馈控制流程图

(2) 燃烧压力反馈控制式稀薄燃烧系统 该系统是通过燃烧压力传感器直接检测气缸内的燃烧压力（图 6-82）,由此求出发动机每循环输出转矩的变动量 ΔT_{tq},并通过空燃比的反馈控制,使发动机输出的实际转矩变动量控制在所允许的范围之内。由于这种控制方式是直接测发动机输出转矩的变动量,所以控制空燃比使实际转矩变动量更接近于所允许的界限值。因此,与空燃比传感器方式相比较,这种方式将空燃比控制得更大,由此可以进一步降低 NO_x 的排放量。

燃烧压力反馈控制式稀薄燃烧系统的控制方法主要按计算输出转矩、求出输出转矩的变动量以及空燃比控制三步进行。

1) 输出转矩 T_{tq} 的计算。图 6-82 所示为发动机工作过程中任意循环气缸压力随曲轴转角的变化特性（示功图）,在每一循环燃烧后的气缸压力变化曲线中,在规定的曲轴转角位置上,测取 4 次燃烧压力传感器的信号,即 p_1、p_2、p_3、p_4,并按下式计算该循环输出的平均转矩 T_{tq},即

第六章 电控汽油喷射的辅助控制

$$T_{tq} = a_1p_1 + a_2p_2 + a_3p_3 + a_4p_4 = \sum_{i=1}^{4} a_ip_i \quad (6-11)$$

式中，a_i 为压力向转矩转换的换算系数；p_i 为燃烧压力传感器的测定值；i 为测量序号，这里 $i=1\sim4$。

2）求出发动机输出转矩的变动量 ΔT_{tq}。根据上述方法测取 N 个循环进行 T_{tq} 的计算，然后求出前后两个相邻循环转矩之差的绝对值，并进行 N 次平均值，即得

$$\Delta T_{tq} = \frac{1}{N}\sum_{i=1}^{N} |T_{tqi} - T_{tqi-1}| \quad (6-12)$$

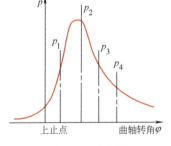

图 6-82 示功图

式中，N 为测定循环次数；$T_{tqi}-T_{tqi-1}$ 为相邻两个循环的转矩之差。

根据式（6-12）进行平均计算的结果 ΔT_{tq}，作为评定发动机输出转矩变动量的标志。

3）空燃比的反馈控制。在实际控制空燃比时，ECU 将实测计算的发动机输出转矩的平均变动量 ΔT_{tq} 与实际设定的目标值（允许界限）进行比较，根据二者之差确定控制量，并通过修正燃油喷射量，使实际输出转矩的变动量控制在小于或等于目标转矩变动量的范围之内。图 6-83 所示为这种燃烧压力传感器式空燃比的控制流程图。

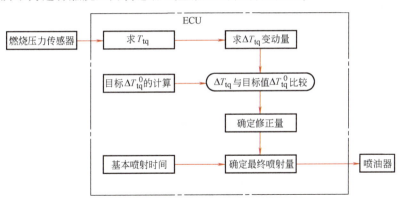

图 6-83 燃烧压力传感器式空燃比的控制流程图

四、稀薄燃烧系统空燃比的学习修正控制

图 6-84 所示为稀薄燃烧系统空燃比控制框图。稀薄燃烧过程中，ECU 根据空燃比传感器的信号，对空燃比进行反馈控制，以实现稀薄燃烧过程。这种稀薄燃烧所控制的空燃比是根据发动机转速以及节气门开度等发动机的运转条件进行相应的修正。对空燃比进行实际控制时，ECU 控制喷油器使其实际喷射的燃油量达到事先根据发动机的运行状态确定的目标喷射量。为了提高空燃比的控制精度，一般在确定实际喷射量

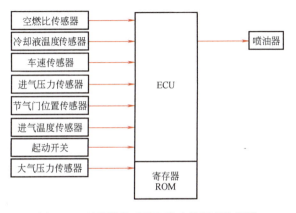

图 6-84 稀薄燃烧系统空燃比控制系统框图

时,在基本喷射量的基础上乘以稀薄燃烧空燃比学习修正系数而得。这种稀薄燃烧空燃比的学习修正系数是根据发动机的运转条件设定或变更的。发动机可实施稀薄燃烧的运转条件由发动机冷却液温度、转速、进气压力及其变化量,以及节气门开度及其变化量来决定。图 6-85 所示为这种稀薄燃烧空燃比控制过程中学习修正值的确定方法。在确定稀薄燃烧空燃比学习修正系数时,ECU 首先判定发动机的运行工况。当发动机处于起动状态时,令 X_{lean} 为 0 后回到程序的初始状态。如果发动机已起动并开始进入正常的运行状态时(起动开关为 OFF 状态),读取冷却液温度、进气温度以及大气压力等,然后判断冷却液温度和进气温度是否大于 15℃。如果二者都大于 15℃,再判定大气压力状态。当此时的大气压力大于 79.8kPa 时,认为冷却液温度和进气状态处于高温、高压状态。然后根据各传感器的信息

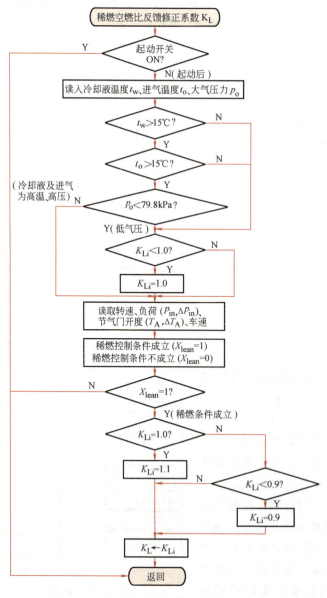

图 6-85 稀燃空燃比学习修正系数的确定方法

第六章 电控汽油喷射的辅助控制

演算发动机的转速、进气压力 p_{in} 及其变化量 Δp_{in} 或节气门开度 T_A 及其变化量 ΔT_A 以及车速 v_a 等。根据这些参数设定稀薄燃烧空燃比控制标志参数 X_{lean}。即当稀燃空燃比控制条件成立时,令标志参数 X_{lean} 为 1;如果发动机的运行状态不符合稀薄燃烧空燃比控制条件,则令 X_{lean} 为 0。当 ECU 判定标志参数 X_{lean} 为 1 时,从寄存器 ROM 中读取前一次稀薄燃烧空燃比控制时的学习修正系数 K_{Li}(这一学习修正值是发动机在前一次怠速状态下运行时所用过的值,也就是发动机停机之前的值),并对 K_{Li} 值进行上、下限设定处理。即当 K_{Li} 值大于 1.1 时,取 $K_{Li}=1.1$;否则,当 K_{Li} 小于 0.9 时,令 $K_{Li}=0.9$。这样,K_{Li} 值只在 0.9~1.1 范围内变化,并将这次的稀薄燃烧空燃比控制修正系数值取为 $K_L = K_{Li}$。

当冷却液温度或进气温度低于 15℃ 时,或冷却液温度和进气温度均大于 15℃ 但进气压力小于 79.8kPa 时,就检查从寄存器中读取的 K_{Li} 是否小于 1.0?当 K_{Li} 小于 1.0 时,令 $K_{Li}=1.0$;否则,就按上述的处理方式进行上、下限设定处理。当发动机运行状态参数读取的结果使 $X_{lean}=0$,即发动机运行状态不满足实施稀薄燃烧的条件时,就返回到本程序的初始位置。如果发动机处于起动状态,则同样退出本程序。

第七章 柴油机的电控技术

第一节 柴油机的排放和电控系统

1897 年,德国人鲁道夫·狄塞尔发明柴油机。一百多年来,由于柴油机优越的经济性和耐久可靠性,作为汽车以及工程机械的主要动力源得到了广泛应用,为经济建设和社会发展做出了重要的贡献。特别是近年来地球温暖化已成为全球性关注的问题,而柴油机以 CO_2 排放量少等优点倍受人们关注。但是柴油机的微粒(碳烟)及氮氧化合物(NO_x)的排放较为严重,成为大气环境的主要污染源之一,是柴油机还没有很好解决的问题。随着环境污染及能源资源问题的日趋严峻,世界各国对车辆节能与排放控制法规的标准也越来越严格。在这种条件下,柴油机所面临的新的课题是净化排气、维持和改善其动力性和经济性,同时降低噪声,提高舒适性。

图 7-1 所示为美、欧等先进国家车用柴油机排放标准的变化趋势。随着这种排放法规的日趋严格,以及对动力性、经济性要求的不断提高,柴油机已向电控化发展。而且,柴油机电控技术的应用,使得柴油机的排放特性和整机性能得到了很大的改善,同时提高了柴油汽车的安全驾驶性和舒适性,极大地满足了来自社会环境及用户的需求。柴油机的电控技

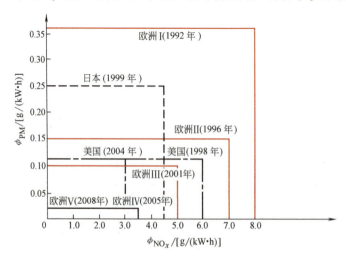

图 7-1 日、美、欧车用柴油机排放标准的变化趋势

术已成为控制其排放、改善其性能的主要技术和发展方向。

柴油机的尾气排放物中对环境有害的污染物，主要有氮氧化合物、硫酸化合物、CO、HC、微粒等。这些有害排放物的生成直接与燃料和空气的混合过程及其燃烧过程有关，所以通过混合气形成过程的控制，以及控制和改善燃烧过程，可大幅度地降低其排放。

对车用柴油机，一般在平均空燃比都大于理论空燃比的稀薄混合气下燃烧，混合气中空气比较充足，所以一般 CO 和 HC 排放不成问题，而与柴油机混合气形成与燃烧方式直接相关的微粒（碳烟）和 NO_x 排放成为柴油机的主要问题。碳烟和 NO_x 的生成机理虽然很复杂，但通过燃烧过程的控制，其排放量可以得到有效抑制。所以正确地把握碳烟和 NO_x 的生成机理，使之与低碳烟和低 NO_x 排放的燃烧技术相结合，是高效率排气净化的有效途径。

为了更有效地控制柴油机的排放，需要了解和掌握柴油机有害排放物的产生机理及特点，以便更好地理解柴油机电控技术的控制策略。

一、柴油机有害排放物及其产生

柴油机的有害排放物主要有 CO、HC、NO_x 以及微粒（碳烟）等，其中 CO 和 HC 由燃烧过程产生。如前所述，由于柴油机总是在平均空燃比 $A/F>14.7$（过量空气系数大于 1）的稀混合气浓度下运行，所以 CO 排放量相对点燃式发动机（汽油机）低得多；而且柴油机是在接近压缩上止点附近开始喷油压燃，燃油停留在燃烧室中的时间比较短，因而受气缸壁面冷激效应、狭隙效应、油膜吸附、沉积物吸附等作用小，HC 排放也比较低。柴油机未燃 HC 排放物主要来源于柴油喷注外缘混合气过稀的区域并受喷油器雾化特性的影响。因此，只要改善喷油器的雾化特性，并使喷注与燃烧室良好地匹配，就可以有效地控制 HC 排放。

所以，目前对柴油机控制排放的焦点问题，就是其 NO_x 和微粒排放量的控制。为了更有效地控制 NO_x 和微粒的排放，需要正确地把握其产生的机理。柴油机排放控制的难点在于，一般控制 NO_x 排放的机内技术措施，均使微粒增加，燃料经济性恶化，二者互为矛盾。到目前为止，在柴油机上所采用的一系列先进技术，如柴油机电控技术、电控可变技术、增压技术、高压共轨喷射技术、EGR 以及后处理技术等，都是围绕着更有效地降低 NO_x 和微粒排放而开发研究的。

1. NO_x 的生成

在发动机有害排放物中的 NO_x，一般是指 NO 和 NO_2。在发动机燃烧过程中主要形成 NO（约占总量的 95%），而在膨胀过程中的低温条件下部分 NO 被氧化而形成少量的 NO_2。对于柴油机，由于其燃料特性及混合气形成方式和燃烧过程的不同，其 NO 产生的机理与汽油机有所不同。根据 NO 生成机理不同，燃烧过程中生成的 NO 可分为热力 NO（Thermal NO）、快速 NO（Prompt NO）和燃料 NO（Fuel NO）三种。其中，热力 NO 主要是指空气中的氮原子（N）和氧原子（O）在火焰通过后的高温条件下化学反应而形成的产物，其生成条件可用扩大 Zeldovich 原理描述；而快速 NO，主要是指在燃料过剩的浓混合气燃烧的火焰带内，由超过化学平衡浓度以上的 O、OH 等活性中心为主的中间生成物、碳氢化合物，以及 HCN、CN、NH 等中间反应物质参与反应而生成的产物；燃料 NO 主要是指由燃料中所含有的氮化合物分解而产生的中间产物 NH_2、NH、N、HCN、CN 等参与反应而生成的产物。由于车用柴油机燃料中基本不存在氮化合物，所以车用柴油机的燃料 NO 可忽略不计。

在生成热力 NO 的过程中，首先空气中的氮分子分解，需要较大的活化能，所以这种分解反应只能在高温下才能进行，因此决定了热力 NO 形成的高温条件。生成热力 NO 的整个链式反应速度取决于最慢的氮的分解反应式，即

$$N_2 + O \underset{k_{-1}}{\overset{k_1}{\Leftrightarrow}} NO + N \tag{7-1}$$

氧原子在整个热力 NO 生成的链式反应中起活化链的作用，即与燃料中可燃成分之间反应的活化能较小，而且反应较快。热力 NO 不会在火焰面上生成，而是在火焰下游区生成。因此，控制热力 NO 的基本原则是尽可能降低燃烧温度，同时减小氧的含量，并缩短在高温燃烧带内滞留的时间。

快速 NO 是空气中的 N_2 与混合气中 CH 等活性分子分解反应生成 HCN 等中间产物后再与 O_2 反应的结果，是在 HC 燃料过浓的预混合火焰区急速生成的。

与热力 NO 不同，快速 NO 在碳氢燃料较浓的混合气下燃烧时火焰带上急速生成，对温度依赖性小，而与混合气浓度直接相关。快速 NO 的生成速度比热力 NO 快。当过量空气系数 $\phi_a > 1$（稀混合气）时，主要生成热力 NO，此时快速 NO 生成量少；但当 $\phi_a < 1$（浓混合气）时，主要生成快速 NO；而在 $0.7 < \phi_a < 1$ 范围内，快速 NO 和热力 NO 共存。由于在火焰带内热力 NO 生成相对滞后，所以即使是在 $\phi_a > 1$ 的稀混合气范围内快速 NO 的浓度低，但其作用却很大。在扩散火焰域内，燃料过浓区同样生成快速 NO。抑制快速 NO 生成的有效措施就是控制 CH 活性分子与 N_2 的反应，因此降低快速 NO 的主要措施，就是向喷注供给足够的氧气，阻止 HCN 的形成，以减少 HCN、NH_2 等中间产物的生成。

针对柴油机的燃烧过程，将 NO 的生成过程分为以下三种：第一种是均匀系中的 NO 生成，即热力 NO（预混合燃烧阶段），这一过程与点燃式发动机类似，可用扩大 Zeldovich 原理解释。第二种是概率统计论和反应动力学相结合的 NO 生成过程，主要解释 NO 浓度随时间变化的过程，即当改变喷射时刻 θ_{tq} 后，不管在哪一个喷射时刻，在燃烧开始以后 NO 浓度随时间而增加，而且在 15°CA（上止点后）附近均达到一定的峰值（图 7-2）。这一倾向说明，平均温度的上升时期和 NO 浓度的增加时期大致相同。第三种是在过浓混合气中 NO 的生成，即快速 NO。在过浓混合气下，只要温度达到一定值时，在火焰面上急剧生成 NO，其生成过程主要取决于中间产物 HCN、NH_2 等。

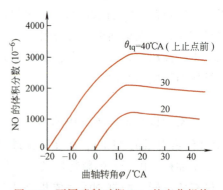

图 7-2 不同喷射时期 NO_x 的变化规律

这就是说，NO 的生成条件根据空气中 N_2 的分解条件分为高温富氧和在一定温度下混合气中 CH 等活性分子的催化分解反应，而 CH 活性分子与混合气浓度直接相关。因此，高温富氧只是预混合燃烧过程中热力 NO 的生成条件，而在非均匀混合气的燃烧过程中 NO 的生成不仅与高温富氧有关，而且还与混合气浓度及其分布特性有关。因此，通过混合气形成过程的精确控制和放热规律的控制，可以限制 HCN、NH_2 等中间产物和燃烧温度，由此可实现低 NO 浓度的燃烧过程。

2. 碳烟的生成条件

微粒状物质（碳烟）可分类为可溶性有机成分（SOF）和不可溶成分（碳烟，即SOOT）两种，主要由燃烧时生成的含碳粒子（碳烟）及其表面上吸附的多种有机物组成。在高温环境下，由于热分解而形成的低级碳氢化合物中，没有与空气再接触的部分最终变成微粒。其生成过程可分为成核过程、表面增长和凝聚过程，以及氧化过程。成核过程由燃料主要成分的低分子HC化合物生成微粒核的化学反应过程构成；表面增长和凝聚过程主要表示所生成的微粒核聚合成微粒的物理生长过程；氧化过程是指在燃烧后期已生成的碳烟在膨胀过程中的氧化过程。

根据碳烟形成原理，其产生的第一个条件是燃烧现场的混合气浓度。研究结果表明，碳烟一般在空燃比为5.25~5.65（当量比2.6~2.8）的比较狭窄的范围内形成。在这种条件下，当预混合气接近火焰带时，受到火焰面的高温热辐射的影响而形成高温缺氧的局面，此时燃料中的烃分子在高温缺氧条件下发生部分氧化和热分解而生成各种低级的不饱和烃类，如乙烯、乙炔及其较高的同系物和多环芳香烃，它们不断脱氢、聚合成以碳为主的直径2nm左右的碳烟核心。气相的烃和其他物质在这个碳烟核心表面上凝聚，以及碳烟核心互相碰撞发生凝聚，使碳烟核心增大成直径为20~30nm的碳烟基元，最后经过聚集作用，被堆积成直径1μm以下的球团状或链状聚集物。

碳烟产生的另一个条件就是温度场。对预混合火焰，当温度在2100~2400K时碳烟生成量最大，火焰温度进一步升高时，碳烟生成量反而减少。当火焰温度为2100K时，如图7-3所示，碳烟转换率最高，温度进一步升高时，从化学平衡角度，碳原子很难在高温下凝集成碳烟；同时在高温下火焰光辐射强度不减弱，使得已经形成的碳烟有可能在火焰带内被氧化。在温度比较低的条件下，低级碳氢化合物的颗粒就变成粗大，形成多环芳香族碳氢化合物（PAH），在反应过程中成长为平均直径为50mm程度的巨大碳烟颗粒。而在高温下，由于碳氢化合物的脱氢反应，使得转换成碳蒸气的速度比低温时快，并快速聚合而形成碳烟。所以，碳烟的生成过程与温度和浓度密切相关。

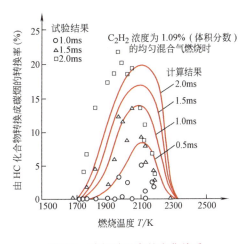

图7-3 碳烟随温度的变化关系

对于柴油机的燃烧过程，由于其边喷边燃烧的混合气形成方式和燃烧特点，缸内混合气极不均匀。尽管总体上是富氧燃烧，但局部的高温缺氧是导致柴油机产生碳烟的主要原因，因此在边喷边燃烧期间生成的碳烟迅速增加。当喷油结束后不久，碳烟达到峰值，随后在膨胀过程中与氧结合而被氧化，使碳烟浓度迅速下降。微粒（碳烟）表面的氧化速度与温度和氧分压有关。如前所述，当火焰温度为2100K以下时，随火焰温度的升高碳烟氧化速度加速，当火焰温度超过2100K时碳烟的氧化速度缓慢。当氧的分压越高时，碳烟的氧化速度也越快。图7-4所示为柴油机燃烧室内碳烟及NO排放物等浓度随曲轴转角的变化规律。由此可见，一般碳烟的生成过程早于NO的生成，而碳烟的最终排放量取决于膨胀过程中碳烟的氧化程度。但是，由于碳烟的氧化条件和 NO_x 的生成条件基本相同，所以加速碳烟的氧化措施，往往同时带来 NO_x 排放量的增加。

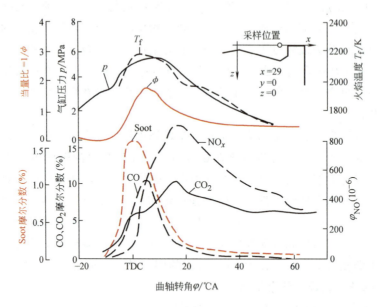

图 7-4　柴油机排放物浓度随曲轴转角位置的变化规律

由于柴油机的 NO_x 和碳烟的生成均与其混合气的形成和燃烧过程有密切关系，而对一定的燃烧室，柴油机的喷射系统又直接影响混合气的形成，因此对柴油机喷射系统的控制要求越来越高。

图 7-5 所示为柴油机 NO_x 和微粒的生成领域。根据碳烟的形成机理，控制碳烟的两条基本途径：第一个是提高火焰温度。但是这种方法与控制 NO_x 排放量互相矛盾，所以对车用发动机不可取。第二个就是控制火焰领域内的混合气浓度，避免局部过浓状态。为此需要向预混合火焰供给充分的氧气，这同时有利于抑制快速 NO 的生成，而对扩散火焰需要促进混合气的形成。

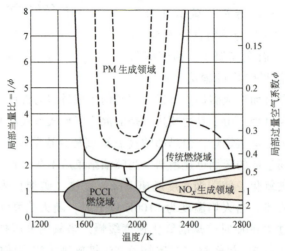

图 7-5　柴油机 NO_x 和微粒的生成领域

二、柴油机排放控制策略

从图 7-5 所示柴油机燃烧过程中 NO 和碳烟的生成领域可知，控制 NO 和碳烟的基本原则就是如何控制燃烧温度及其高温领域内的混合气浓度，以避开 NO 和碳烟的生成领域。作为机内的排放控制技术，主要围绕着如何改善喷雾质量和控制喷油规律，以有效控制放热规律。改善喷雾质量方面，有喷射速度的高速化或高压喷射，由此促进喷雾的微粒化，缩短喷射持续时间。这对控制燃烧初期的局部混合气浓度和燃烧中后期的湍流扩散火焰是一种很有效的方法，目前高压喷射已达到 300MPa。通过喷雾的微粒化、均匀化，同时配合喷雾特性，改进燃烧室结构，有效组织燃烧室内的气流运动，向喷注充分供氧，由此改善局部混合气过浓缺氧状态。这不仅有利于抑制快速 NO 的生成，也可以有效控制碳烟的生成。另一方面如图 7-6 所示，通过预喷射方法及有效组织或控制燃烧室内的气流强度等措施，有效控制喷射规律，由此降低预混合阶段的放热率，限制预混合燃烧，控制燃烧温度，结合高压喷射等改善喷雾质量，有效抑制热力 NO 的生成；在扩散燃烧阶段，通过高压喷射等手段提高喷射速率及实现喷雾的微粒化，同时在膨胀过程中保证一定的涡流强度保持性，促进扩散燃烧和碳烟的氧化，由此改善燃油经济性，有效降低碳烟排放。

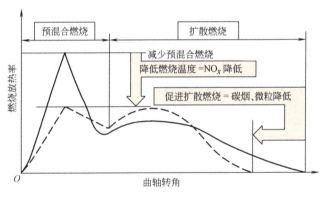

图 7-6　放热规律的控制策略

三、对柴油机喷射系统的要求

如前所述，柴油机的性能及其排放特性与柴油机的喷射系统有直接的内在关系。一般传统型机械式喷射系统是由喷油泵产生高压油后经高压油管分配到各缸喷油器，由喷油器向燃烧室内喷射而形成可燃混合气的。喷射的燃料量是根据不同工况通过操纵拉杆或调速器控制拉杆位置来控制，而喷射时刻是通过喷油泵的供油时刻来间接控制。由于这种机械式喷油系统是喷油器、高压油管、喷油泵以及调速器连成一体，使得各自的性能互相受到制约和影响，控制自由度受到限制，所以不能使发动机的性能达最佳匹配（图 7-7a）。

理想型喷油系统是喷油器、喷油泵以及控制单元相互独立控制，构成合理的喷射系统，由此提高控制自由度，实现喷射系统各参数的最佳配合，优化柴油机的整机性能和排放特性。这种理想的喷射系统，只有依靠电控化才有可能实现（图 7-7b）。

针对车用柴油机高功率、低油耗、低公害、低噪声的"一高三低"要求，对喷射系统

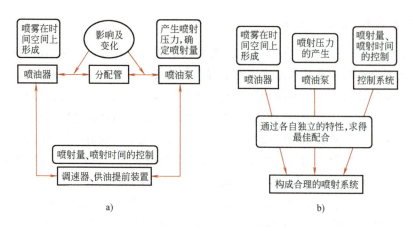

图 7-7　对喷射系统的要求
a) 传统型　b) 理想型

要求如下：

1) 喷射量、喷射时刻的自由控制，由此优化发动机的整机性能。
2) 高压喷射，由此改善喷雾质量，缩短喷射时间。
3) 喷射速率的最佳控制，以实现目标放热规律。

柴油机的电控技术，从 20 世纪 80 年代开始开发研究，经过几十年的发展，从位置式控制、时间控制，已发展到压电式高压共轨喷射系统为代表的时间—压力式控制模式，使得车用柴油机的喷射系统满足理想喷射系统的要求，由此对柴油机放热规律进行柔性化控制，达到控制排放、降低油耗的目的。

四、柴油机电控系统的特征及分类

为了使柴油机的喷射系统更接近于理想状态，车用柴油机已普遍采用电控技术，以适应柴油机工况，控制喷油器的参数，使得喷油量、喷油规律及喷油时刻达到最佳状态。柴油机的电控系统主要由三大部分组成：①用来检测发动机工作状态及操作量的传感器，如发动机转速传感器、加速踏板位置传感器、喷射时刻进角传感器；②根据来自传感器的信息，对应工况演算最佳喷射量和最佳喷射时刻，并向执行器发出控制指令的控制单元（ECU）；③根据 ECU 发出的指令完成喷射量、喷射时刻等控制任务的执行器。电控柴油机喷射系统的主要特征体现在以下几个方面：

1) 控制自由度宽，喷油量、喷射时刻、喷射规律等任意控制。
2) 控制精度高，直接检测控制对象进行反馈控制。
3) 增设自诊断系统和故障应急机能，以提高维修性和安全性。
4) 增设数据通信机能，提高总体系统的功能。
5) 通过改变 ECU 的程序，易开发各种控制机能。

柴油机电控系统根据柴油机的不同种类，以及适应不同时期的社会环境要求，按以下几方面得到发展，即基于机械式喷油泵的电控式 VE 型分配泵喷射系统和 TICS 直列泵电控喷射系统、电控单体泵喷射系统、电控高压共轨喷射系统、电控泵喷嘴喷射系统。

第七章 柴油机的电控技术

电控式 VE 型分配泵的喷射量是通过转子螺旋管式调速器进行控制的，也有采用线形磁电机来控制的。喷射时刻的控制一般采用高速电磁阀，将高压室内的燃料送到低压室，由此控制定时柱塞的位置。对应发动机转速和负荷状态，利用占空比可以任意控制喷射时刻。VE 型分配泵主要用于轿车以及小型商用车上，VE 型分配泵现有喷射压力达到 70MPa（1997 年），并向高压化发展。但对于不断强化的排放法规，这种电控技术已力不从心了。

以 TICS 泵（Timing and Injection rate Control System）为代表的电控直列喷射系统，主要靠步进电动机式电子调速器控制喷射量，并采用旋转式步进电动机控制滑阀机构来控制供油时刻，由此间接地控制喷射时刻。TICS 泵也经历了三代。第一代产品于 1987 年投入市场，此时的喷射压力为 70MPa，出油阀采用回吸式。第二代产品是通过等压阀、出油阀和小喷孔直径相组合，提高 TICS 泵的能力。在由喷油泵—油管—喷油器构成的普通喷射系统中，采用小喷孔直径时系统内易导致空穴现象和二次喷射现象。为解决此问题，以进一步提高 TICS 泵的潜力，采用等压阀（CPV）来替代以往的回流阀，这样扩大小喷孔直径的使用范围，已达到 0.2mm^2 左右的有效喷射面积的小孔喷油器，实现 120MPa 左右的高压喷射。第三代产品是通过特殊的凸轮型线、喷孔长圆孔化等手段控制喷射率，实现先导喷射，喷射压力提高到了 140MPa。

TICS 泵的主要缺点是通过滑阀机构控制燃油泵的供油时刻时，凸轮工作段同时发生变化，直接影响供油规律；而且是通过供油时刻和供油规律来间接地控制喷射时刻和喷油规律的，所以控制精度不高且不灵活；同时预喷射控制精度受到加工工艺水平的限制，而且很难实现多段喷射。

车用柴油机在高速运转时，燃料喷射过程的时间只有千分之几秒。试验证明，喷射过程中，高压油管各处的压力是随时间和位置的不同而变化的。柴油的可压缩性和高压油管中柴油的压力波动，使实际的喷油状态与喷油泵的供油规律有较大的差异。油管内的压力波动有时还会在喷射结束后，使高压油管喷油器端的压力再次上升，达到令喷油器针阀开启的压力，使已经关闭的针阀再次开启而产生二次喷油现象。由于这种二次喷油雾化条件差，不可能完全燃烧，所以烟度和碳氢化合物（HC）的排放量增加，油耗增加。此外，每次喷射后高压油管内的残压都会发生变化，引起不稳定的喷射，尤其是在低速区域的残压波动现象更为严重，导致不仅喷油不均匀，而且会发生间歇性喷射现象。为了解决柴油机燃油压力变化所造成的这种缺陷，现代柴油机已采用高压共轨式电控喷射技术。其主要特点有：

1）采用先进的电子控制装置及配有高速电磁阀，使得喷油过程的控制十分方便，并且可控参数多，有利于柴油机燃烧过程的全程优化。

2）采用共轨方式供油，喷油系统压力波动小，各喷油器之间相互影响小，喷射压力控制精度高，喷油量控制精确。

3）直接控制喷油器，有利于喷油规律的柔性控制。

4）高速电磁阀频率响应快，控制灵活，使得喷油系统的喷射压力可调范围宽，并且能方便地实现预喷射、后喷射等功能，为优化柴油机喷油规律、改善其性能和降低排放量提供了有效手段。

5）系统结构移植方便，适应范围广。

所以，高压共轨喷射系统被认为是 20 世纪发动机技术的三大突破之一。这一项技术的发展是在恒高压密封问题、高压共轨系统中共轨压力的微小波动造成喷油量不均匀的问题、高压共轨系统三维控制数据的优化以及结构紧凑化、高频响应电磁阀的设计与制造问题等一系列关键技术的突破之后，才得以广泛应用和普及的。由于高压共轨具有喷射压力高、压力可变的能力和控制精度高、控制自由度宽，且能实现柔性控制等特点，已成为车用柴油机的发展趋势。

以量产为目的的共轨式喷射系统是由高压输油泵、共轨（蓄压室）、喷射装置及各种传感器构成。共轨式喷射系统的特点是其喷射压力与发动机转速无关，在整个运转领域范围内可以保持一定的喷射压力。高压喷射可促进喷雾和空气的相互扩散运动，使得喷雾内的混合气浓度变稀；而且高压喷射促进微粒化，使喷雾油滴的平均粒径减小，有利于燃料的蒸发和燃烧；此外高压喷雾自身具有很大的运动能量，这一能量随喷雾转移到空气中时产生很强的空气湍流，可促进扩散燃烧过程。这一点与转速降低时喷射压力随之减小的传统型机械式直列喷油泵相比是最大的优点，而且在同样的喷射压力下，共轨式的驱动转矩也小，有利于降低油耗。因此，对现代车用柴油机来说是比较理想的喷射系统之一。

在 NO_x 排放量一定的前提下，权衡微粒、HC、油耗三项性能指标时，不同负荷分别存在不同的最佳喷射压力。一般在大负荷时要求高的喷射压力。随着负荷的减小，对应的最佳喷射压力也逐渐减小。如果不考虑 NO_x 的排放，则在全负荷下共轨压力越高，烟度和油耗就可以得到进一步改善。但在中速、部分负荷时，虽烟度不变（基本趋于零），但对油耗存在最佳的喷射压力，喷射压力过高油耗反而增加。所以需要考虑喷射压力对 HC 及烟度等的影响进行适当的控制。在低负荷下适当进行（预喷射量为 $5mm^3$/行程左右）预喷射，则可有效地降低 NO_x 排放（如降低20%左右），而烟度、HC、油耗基本不变，燃烧噪声也降低 10dB（A）左右。在全负荷下增加预喷射量，则对一定的 NO_x 排放水平，烟度和 CO 降低，而油耗基本保持不变。

高压喷射后 NO_x 增加的原因不是最高火焰温度的上升，而是由于超过某一定温度的高温火焰领域扩大的结果。高压喷射时生成的碳烟氧化速度很快，有利于降低碳烟排放。

高压喷射系统除高压共轨喷射系统以外，还有泵喷嘴系统和单体泵喷射系统。

泵喷嘴系统是将喷油泵和喷油器做成一体，取消了高压油管，所以喷油泵的响应特性快，即当泵喷嘴控制阀接通后，喷射规律基本上取决于喷油泵的供油规律。喷射时刻和喷射量由控制阀的接通时刻和通电延续时间来控制。由于泵喷嘴取消了高压油管，更容易实现喷射压力的高压化，不存在高压油管及连接处漏油等问题，所以对车用柴油机也是一种很有发展前景的比较理想的喷射系统之一。

单体泵系统是一种通过发动机凸轮轴驱动设置在发动机内部的喷油泵柱塞部，经短喷射管向喷射器供油的喷射系统。单体泵也要求高压化，现已改进成喷射压力可达到 200MPa 的水平。为控制喷射量、喷射时刻，对电子化的要求很高。这种电控式单体泵适用于小缸径 4 气门喷射器中央布置的发动机。

第二节　电控柴油机的基本控制内容

电控柴油机的控制内容主要包括喷射系统的控制、进气系统可变控制、EGR 控制以及极限速度控制等。其中喷射系统控制又分为不同工况下喷射方式的控制和喷射时刻的控制。喷射方式主要指单次喷射和多次喷射及其对应的喷射量的控制。对多次喷射方式，其控制的

第七章 柴油机的电控技术

主要内容是针对一定的喷油量如何分配预喷次数、预喷射量和预喷时刻。喷射时刻主要指相对活塞在气缸内的工作位置精确控制喷射时刻。柴油机作为质调节式发动机，在不同工况下喷射方式和喷射时刻的精确控制，以及可变进气系统和EGR控制系统的协调控制是优化柴油机性能、适应日趋严格的节能和排放法规的重要前提。

一、喷射方式的控制

1. 喷射量的控制

喷射量的控制根据不同工况分为起动喷射量控制、急速喷射量控制、常用（稳定）工况喷油量控制、加减速等过渡工况喷油量控制、各缸不均匀量控制以及定车速控制等。

（1）常用工况喷射量的控制　柴油机常用工况喷射量的控制内容包括基本喷射量控制和相应的修正系数的确定。基本喷射量是指在标准试验条件下由发动机转速和加速踏板开度确定的工况所必要的喷射量。发动机每一工况都对应着最佳喷射量，一般由控制脉谱来确定。由于控制方式的不同，控制脉谱的形式有所不同。如高压共轨电控喷射系统，为了精确控制不同工况下所需喷油量，先根据加速踏板位置和转速制取指示转矩的三维脉谱图，并根据不同工况所需求的指示转矩标定对应的基本喷射量，然后根据喷油器的标定特性将基本喷射量转换为基本喷射脉宽。图7-8所示为基本喷射脉宽设定的流程图。

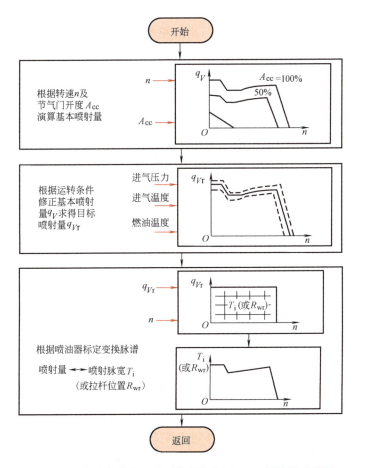

图7-8　基本喷射脉宽（或目标拉杆位置 R_{wr}）设定的流程图

实际喷射量是在基本喷射量的基础上,根据进气压力、进气温度以及冷却液温度等进行修正而得到。修正的目的就是修正实际工况偏离标准试验条件而造成的喷油量的误差。图 7-9 所示为拉杆(位置)控制式电控柴油机(VE 型或 TICS 型电控直列泵)喷射量的控制框图。控制单元(ECU)根据发动机转速传感器和加速踏板位置传感器判定工况,由此确定适应该工况的基本喷油量,并根据当时的进气温度、进气压力等运转条件进行修正后,确定对应的目标控制量(拉杆位置 R_{wr});之后在驱动电路中与来自拉杆位置传感器的实测值 R_w 进行比较,并向执行器输出与两者之差成比例的驱动电流 I_A;执行器根据该驱动电流启动,将拉杆位置(或喷油器脉宽)调整到目标值 R_{wr} 上,由此确定实际喷油量(体积流量 q_V)。

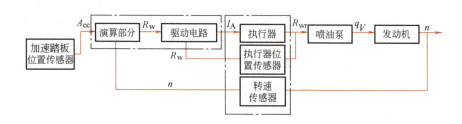

图 7-9 喷射量的控制框图

对于高压共轨喷射系统等时间控制式喷射系统而言,由于喷射量的控制是通过喷油器电磁阀的通电持续时间(脉宽)来实现的,所以根据转速和负荷确定基本喷射量的基础上,根据喷油器的标定特性转换为基本脉宽 T_i,再根据冷却液温度等信息进行修正即可。

(2) 起动喷射量控制 为了保证正常起动,需要控制在各种不同起动条件下所对应的最佳起动喷射量。为此,首先要正确判断是否是起动工况。一般判定起动工况的条件为,设最小加速踏板开度 A_1、最低起动转速 n_1,则当同时满足加速踏板开度>A_1(%)、20r/min<n<n_1 且起动开关为 ON 状态时,认为是起动工况,并实施起动喷射量控制。起动喷射量是由基本起动喷射量和冷却液温度的修正量确定,即

$$q_{Vq} = q_V + \Delta q_V \qquad (7-2)$$

式中,q_V 为加速踏板开度和发动机转速 n 决定的基本喷射量;Δq_V 为由冷却液温度决定的修正量。

起动喷射量的控制原理如图 7-10 所示。控制单元(ECU)首先根据起动开关、加速踏板开度以及发动机转速判定起动工况后,根据起动时的加速踏板开度和转速确定的基本起动喷射量脉谱图,求出对应实际起动工况的基本喷射量,并根据起动当时的冷却液温度进行修正,确定最终目标起动喷射量。

当发动机起动后加速踏板开度>A_1(%),或起动喷射量 q_{Vq}<q_{Vqst}(解除起动工况的判定值)时,解除起动喷射量的控制程序,进入其他控制状态。

(3) 怠速控制 控制怠速的目的就是在提高怠速稳定性、降低油耗的同时实现快怠速。主要控制内容是根据怠速实际工况,控制最佳怠速喷射量,以保证怠速转速稳定控制或实现快怠速控制。怠速稳定控制是当喷油泵以及发动机内部参数等,因某种原因(如长时间使用)引起变化,以及冷却液温度随怠速时间逐渐升高而改善燃料蒸发条件时,为保证怠速转速稳定而实施的怠速喷油量的控制。在实际控制时,ECU 根据发动机实际转速和目标转

第七章 柴油机的电控技术

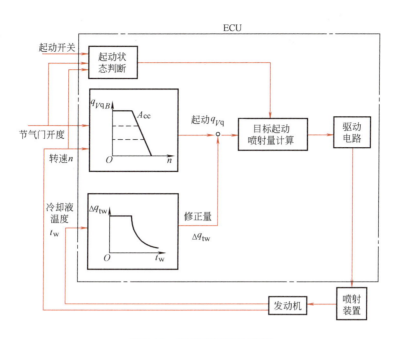

图 7-10 起动喷射量的控制

速之差,进行 PID 演算,计算出对应怠速转速所需的怠速喷射量 q_{Vi}。PID 控制中的积分项由设定的基本喷射量 q_{V1}(如对排量为 14L 的重型柴油机设定为 $50\text{mm}^3/\text{st}$)来限制。图 7-11 所示为怠速转速控制逻辑框图。ECU 根据转速或车速以及加速踏板开度状态、车速是否满足 $v_a<1\text{km/h}$、实际加速踏板开度是否满足 $A_{cc}<A_2$(如 $A_2=5\%$)等条件来判断怠速工况后,根据当时的冷却液温度、空调开关等信息确定目标怠速转速,并与实际怠速转速进行比较,演算确定目标怠速喷油量,确定怠速转速控制量,并通过执行器将此控制量反映到喷油器上,以控制怠速转速稳定在目标转速上。这里目标怠速喷射量可根据发动机转速和加速踏板开度设定的喷油量脉谱确定,而目标怠速转速 n_1 是根据发动机冷却液温度及空调开关状态,对车用柴油机有时还考虑怠速负荷特性(怠速状态下增加负载时怠速转速变化特性)来确定。在确定怠速目标转速时,兼顾不同条件下怠速稳定性、经济性、排放特性来确定。其中怠速稳定性指不仅在正常怠速条件下转速稳定,而且当外界干扰负荷变动时也能保持怠速转速稳定。ECU 根据实际怠速转速 n_i 和目标怠速转速 n_1 之差,进行 PID 演算,求出稳定

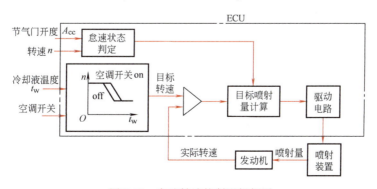

图 7-11 怠速转速控制逻辑框图

怠速所需的喷油量，由此控制最低怠速转速。喷油量的脉谱设定对怠速波动影响很大。如图 7-12 所示，当 $A_{cc}=0\%$ 附近的 q_V-n 曲线斜率大时，对应外界阻力的变化怠速转速波动小 $\Delta n_1 < \Delta n_2$，怠速稳定性好，但由于喷射量变化较多，不利于经济性和 HC、CO 排放。若 q_V-n 曲线斜率较小，说明随外界阻力的变化发动机转速变动时，喷油量变化小，怠速转速波动较大，引起发动机不适的振动，不利于耐熄火性。所以，为了优化发动机怠速特性，对控制脉谱需进行优化标定。

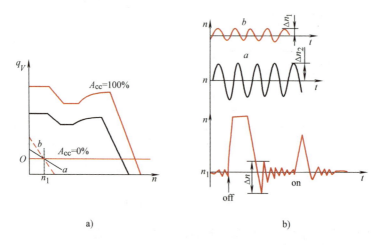

图 7-12 调速器的控制脉谱对怠速特性的影响
a）喷油量的控制脉谱 b）怠速转速波动

（4）全负荷喷射量的控制 图 7-13 所示为全负荷速度特性上全负荷喷射量的控制方法，目的就是在各种转速下将燃油喷射量控制在全负荷喷射量以下。全负荷喷射量是在标准试验条件（如进气温度和压力条件）下对应各种转速的最大基本喷射量的基础上，根据进气压力和发动机转速进行修正而确定的。为此，首先根据发动机的转速算出对应该转速下的最大基本喷射量 q_{VFL}，然后分别判断发动机转速 n、进气压力 p_{in} 以及发动机冷却液温度 t_w 是否低于各自所设定的值 n_1、p_1 和 t_1。当同时满足 $n<n_1$（如 1800r/min）、$p_{in}<p_1$（如 140kPa）以及 $t_w<t_1$（如 40℃）条件时，将进气压力修正系数脉谱切换标志参数 X_M 设置为 0，此时用低温时的进气压力修正脉谱 3D（M_{pin2}-n-p_{in}）进行修正，即修正后的喷油量为 $q_{VFULB}=q_{VFL}+M_{pin2}$。如果在上述条件中，当 $n \geq n_1$ 或 $p_{in} \geq p_1$ 时，直接将进气压力修正系数脉谱切换标志参数 X_M 设置为 1，用高温时的进气压力修正脉谱 3D（M_{pin1}-n-p_{in}）进行修正，此时 $q_{VFULB}=q_{VFL}+M_{pin1}$。而当 $n<n_1$，$p_{in}<p_1$，但冷却液温度 $t_w \geq t_1$ 时，就要检查进气压力修正系数脉谱切换标志参数是否为 0。如果此时 $X_M=0$，就再检查加速踏板开度是否全关状态。如果此时加速踏板不是全关闭状态，就令 $X_M=0$，否则令 $X_M=1$。通过这种方法，设定高、低温不同的进气压力修正系数脉谱，并根据发动机实际运行状态，选择不同进气压力修正值，分别对全负荷喷射量进行修正。在实际控制柴油机全负荷速度特性上的燃料喷射量时，ECU 根据由加速踏板开度和发动机转速演算确定的基本喷射量 q_{VBASE} 和由图 7-13 所示程序计算确定的最大喷射量 q_{VFULB} 以及由冒烟界限确定的喷油量等进行比较后，选择其中小值作为最终控制的燃料喷射量 q_{VFIN}，由此向燃料喷射装置发出相应的控制指令。

第七章 柴油机的电控技术

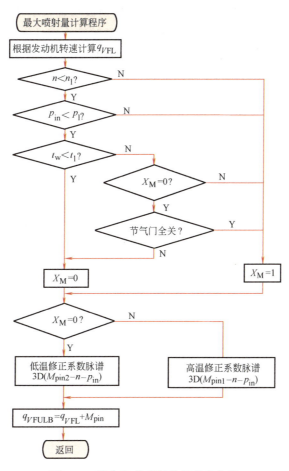

图 7-13 最大负荷喷射量的确定方法

一般柴油机在冷态下加速噪声大,特别是在增压器尚未起作用的低转速范围内噪声更明显。所以通过采用这种控制方法,在低温低速时适当降低燃料喷射量,可以有效地降低噪声。同时当冷却液温度上升时,只有在加速踏板全关闭状态下才允许从低温进气压力修正脉谱状态切换到高温进气压力修正脉谱的修正过程,所以可以防止加速过程中由于修正脉谱的切换所造成的发动机转矩的突变现象。

(5) 各缸不均匀量补偿控制　所谓各缸不均匀量的补偿控制,是指控制各缸的喷射量相对一致,以保证各缸的爆发压力相等。一般情况下,由于各缸的不均匀性使得各缸的爆发压力不均匀,造成转速波动,特别是怠速时发动机的振动更大,所以为了保证发动机的工作平稳性和车辆的舒适性,需要控制各缸的不均匀量。

图 7-14 所示为 4 缸发动机各缸不均匀量的控制原理。首先,根据曲轴转速及转角位置传感器检测出各缸燃烧过程所对应的瞬时曲轴转速,然后通过 ECU 演算处理,求出平均转速 n 和各缸燃烧过程时的瞬时转速相对平均转速的波动量(二者之差)Δn_i。由于各缸工作不均匀,所以各缸燃烧过程的转速波动量不相同。因此通过各缸转速的波动量求出整机的平均转速波动量 Δn。各缸不均匀量的控制目的就是使各缸燃烧过程的转速波动量趋于整机的平均转速波动量。所以,在实际控制时,将各缸燃烧过程的转速波动量与整机平均转速波动

量进行比较的方式进行补偿控制。一般当某缸的转速波动量大于整机平均转速波动量，即 $\Delta n_i > \Delta n$ 时，说明该气缸燃烧压力偏大，因此需要喷射量的减量修正（$-\Delta q$）控制；否则，如果某缸的转速波动量小于整机的平均转速波动量，即 $\Delta n_i < \Delta n$ 时，则说明该气缸的燃烧压力偏低，需要喷射量的增量修正（$+\Delta q$）控制。

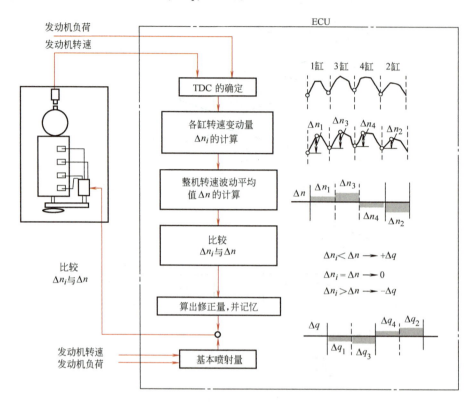

图 7-14 各缸不均匀量的控制原理

2. 多次喷射控制

多次喷射是指将某工况的总喷射量分几次在不同的曲轴转角位置上进行喷射的方式。根据各喷射时刻相对主喷射时刻（或压缩上止点）的位置不同，将各次喷射分别定义为先导（早）喷射、预喷射、后喷射和滞后喷射。由于各次喷射的喷射时刻不同，其作用也不同。

先导喷射是一种在压缩行程初期某一时刻进行喷射的方式，主要用于因低温低速而造成混合气形成条件差的怠速等工况。通过先导喷射，将循环喷射量的一部分在压缩初期提前喷入气缸，使其充分与空气形成混合气，这样不仅减少了主喷射量，缩短了主喷射持续期间，而且改善主喷射后缸内混合气浓度场的分布特性，有利于燃烧过程的控制，从而改善发动机低速低温时的转矩特性，特别是用这种方法可有效地降低怠速惰转噪声。先导喷射控制的关键问题是先导喷射量及其喷射时刻的精确控制。

预喷射是一种在压缩上止点附近主喷射之前喷射的方式，根据不同工况可采用单次预喷射或多次预喷射。预喷射的主要作用是通过将循环喷射量的一部分在主喷射之前预喷射，不仅缩短主喷射持续期间而且提高主喷射之前缸内温度，改善主喷燃料的燃烧条件，缩短主喷射燃烧过程的着火落后期，有效控制主喷射燃烧过程的预混合燃烧速率，降低最高燃烧温度，从而有效地抑制 NO_x 的生成，同时降低柴油机的工作粗暴程度。预喷射控制的关键问题是预喷射量和预喷射时刻的精确控制，如果预喷射量过多，其燃烧放热量增加，缸内压力升高明显，活塞负功增加，造成经济性降低；如果预喷射量过小，就起不到改善主喷射燃料燃烧过程的作用。因此，通过台架试验对各工况的预喷射方式需进行准确标定。

后喷射是一种在主喷射后的膨胀过程中喷射的方式，通过这种喷射方式提高燃烧终了的废气温度，由此改善废气在膨胀过程中的氧化环境，降低微粒（PM）排放，同时改善后处理装置的催化反应条件。但是后喷射量过多，降低经济性。因此根据不同工况需精确控制后喷射量和后喷时刻。

滞后喷射是在排气过程中喷射的方式。此时由于废气温度较低，氧含量不充足，滞后喷射的燃料基本上没有完全燃烧，从而提高废气中 HC 的含量，由此作为 NO_x 还原装置的催化剂提高其还原效率，降低 NO_x 排放。这种喷射方式是一种牺牲经济性来降低 NO_x 排放的技术措施，为了确保 NO_x 还原装置所必要的 HC 含量，需精确控制滞后喷射量和喷射时刻。

3. 喷射时刻的控制

（1）曲轴转角位置　喷射时刻是指相对活塞在气缸内的某一工作位置开始喷射的曲轴转角位置。为了精确控制喷射时刻，需要准确定义活塞在气缸内不同工作位置所对应的曲轴转角位置。为此采用电磁式或霍尔式转速—曲轴位置传感器和凸轮轴角位移传感器。转速—曲轴位置传感器需要如图 7-15 所示的 60-2 个缺齿信号轮。即在圆轮上均匀布置 60 个齿的位置，每个齿的旋转角位移为 6°，然后去掉 2 个齿，形成 58 个齿的缺 2 齿齿轮。

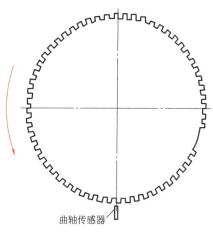

图 7-15　曲轴信号轮示意图

当曲轴旋转一圈时，传感器检测出包括缺齿部缺两个脉冲的 58 个相对均匀的脉冲，缺齿部标记各齿序号的计数始点位置。齿序号定义为靠近第 1 缸压缩上止点的缺齿后第 1 个齿为 0 号齿，并按曲轴旋转的反方向对每个齿依次编号，第 58、59 号齿位置为缺齿。由于四冲程发动机每循环曲轴转动两圈，因此曲轴两圈连续计数齿序号，这样第 60 号齿实际上与 0 号齿是同一齿，直到 118、119 号又是缺齿位置（图 7-16）；之后为下一个循环，从 0 号齿开始重新计数，以此类推，由此一个循环每缸活塞的具体工作位置用齿的序号确定。为了确定第 1 缸的压缩上止点和各缸的相对位置，需要凸轮轴转角位移传感器。为了检测凸轮轴转角位移也需要信号轮。对 4 缸机可采用 4+1 型信号轮，即沿信号轮圆周均匀分布 4 个槽（或凸起），其中某一槽附近再加工 1 个槽，并定义多槽后的第一个槽为 1 号槽，按凸轮轴旋转的反方向依次编为 2、3、4 号槽。图 7-16 所示为某 4 缸机 1 个循环凸轮轴转角位移传感器检测的 4+1 脉冲信号和转速—曲轴位置传感器检测的脉冲信号的对应关系。对于 4+1 槽结构的凸轮轴角位移传感器，有 4 个有效槽，表示各缸的相对位置。当安装曲轴和凸轮轴及其传动装置时，严格按正时记号准确地安装相对位置，这样对应一定的传感器的安装位置由曲轴转两圈的脉冲信号和凸轮轴转一圈的脉冲信号，确定第 1 缸上止点位置和各缸活塞相对气缸的工作位置。如图 7-16 所示，当转速—曲轴位置传感器接收到 11 号齿脉冲信号的下降沿时，对应于第 1 缸在压缩上止点位置。当发动机转速为 n 时，曲轴角速度为 $\omega=6n$（°/s），令每个齿所对应的夹角为 φ（$=6°$），则不同转速下转动每个齿所需时间为 $t=\varphi/6n=1/n$。因此根据读取转速—曲轴位置传感器信号轮的齿序号，很容易确定各缸活塞在 1 个工作循环中的具体工作位置，为喷射时刻的控制提供依据。

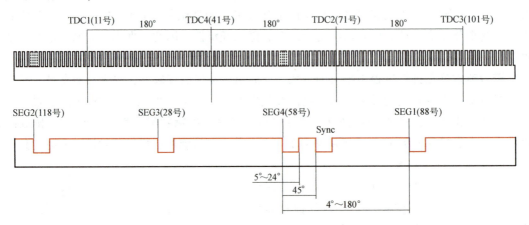

图 7-16　曲轴、凸轮轴传感器信号图

（2）喷射时刻的控制　喷射时刻的控制一般有三种控制模式，即正常控制、极限回位控制和停止控制。

正常控制模式是指发动机实际使用中的常用工况，以及起动、怠速工况的喷射时刻控制。常用工况下喷射时刻的控制如图 7-17 所示。ECU 通过传感器信息判定实际工况后，根据实际喷射时刻与目标喷射时刻的误差，进行 PI 演算确定控制量。其中，喷射时刻的目标值由基本喷射时刻和大气温度修正量以及加速修正量确定，即

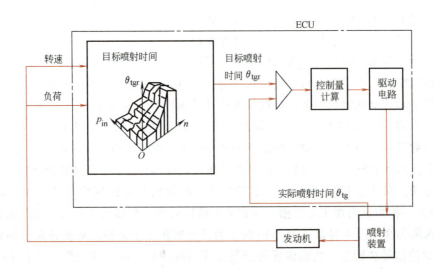

图 7-17　喷射时刻控制逻辑图

$$\theta_{tgr}=\theta_{map}+\theta_{cat}+\theta_{cac} \tag{7-3}$$

式中，θ_{map} 为基本喷射时刻，由发动机转速和负荷确定，以 3D（$\theta_{map}-p_{in}-n$）脉谱形式储存于 ECU 的 ROM 中；θ_{cat} 为大气温度修正量，是由大气温度及实际加速踏板位置进行修正；θ_{cac} 为加速修正量，由加速踏板位置、发动机转速、转速变化率来进行修正。

图 7-18 所示为在不同冷却液温度状态下确定目标喷射时刻的方法。一般柴油机在冷态下容易冒白烟而且燃烧噪声也大。为了改善这种现象，进一步提高柴油机的性能，需根据发动机冷却液温度的变化控制燃料喷射时刻。此时，ECU 根据发动机转速 n、冷却液温度 t_w、总喷射量 q_{VFIN} 以及起动开关等信息，判断发动机的工况。如果此时发动机正处于起动工况时，就根据发动机转速确定的起动喷射时刻的一维脉谱作为目标值进行喷射时刻的控制。如果此时发动机的起动过程结束，已进入其他运行工况时，计算对应该工况下冷却液温度的喷射时刻 θ_{pc2}。然后检查发动机冷却液温度状态，如果冷却液温度 $t_w<t_2$（如 60℃）时，就把冷态下的喷射时刻设定为目标喷射时刻，否则，如果冷却液温 $t_w>t_2$ 时，根据发动机转速 n 和燃料喷射量 q_{VFIN} 确定的稳态下的基本喷射时刻的二维脉谱，计算此时的喷射时刻 θ_{BSE}。θ_{BSE} 是根据发动机暖车结束后的运行状态，如转速和喷射量（负荷）确定的目标喷射时刻。然后比较 θ_{pc2} 和 θ_{BSE} 值，取其中进角量大的值作为最终目标喷射时刻。

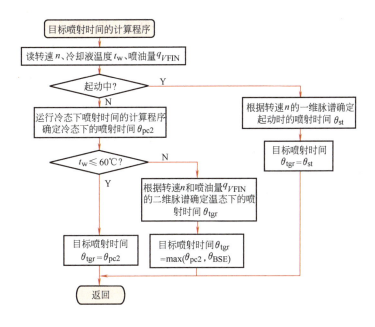

图 7-18　不同冷却液温度状态下确定目标喷射时刻的方法

一般地，冷态下的喷射时刻 θ_{pc2} 是在由发动机转速 n 和冷却液温度 t_w 确定的基本喷射时刻 θ_{pcBSE} 的基础上，根据负荷（燃料喷射量）进行修正而确定的。这种冷态下的基本喷射时刻 θ_{pcBSE} 是通过台架试验标定来确定，即在无负荷状态下无白烟排出时所对应的喷射时刻。但在冷态下白烟和噪声随负荷的增加而增加，所以根据负荷的变化量需要对喷射时刻进行修正。因此通过试验先确定单位喷射量（$1\,mm^3/st$）的进角修正系数 $M_{\theta cq}$。该修正系数以冷却液温度的一维脉谱形式设定。一般冷却液温度越低，$M_{\theta cq}$ 值设定得越大。当冷却液温度上升到某一设定值以上时，$M_{\theta cq}$ 取为 0。所以实际控制时由所测的冷却液温度，根据 $M_{\theta cq}$

的一维脉谱插值求出对应该冷却液温度的修正系数 $M_{\theta cq}$ 的值。这样，当冷态下的实际喷射量为 q_{VFIN} 时，总的修正量为 $X = q_{VFIN} M_{\theta cq}$。因此，在该冷态下的实际喷射时刻 θ_{pc2} 为

$$\theta_{pc2} = \theta_{pcBSE} + q_{VFIN} M_{\theta cq} \tag{7-4}$$

在发动机实际运行过程中，将冷却液温度范围划分为几个区域，对应不同冷却液温度区，分别控制相应的最佳喷射时刻，由此提高喷射时刻的控制精度。如当冷却液温度 t_w 低于设定值 t_1（如10℃）时，燃料喷射时刻就按冷态喷射时刻 θ_{pc2} 来设定。在低于此冷却液温度范围内，进角修正系数 $M_{\theta cq}$ 取大于 0 的值，而且随喷射量的增加，冷态喷射时刻 θ_{pc2} 的进角量增加。当 $t_w > t_1$ 但 $t_w < t_2$（60℃）时，燃料喷射时刻由冷态喷射时刻 θ_{pc2} 来确定，但在此冷却液温度范围内 $M_{\theta cq}$ 值等于 0，所以燃料喷射时刻与燃料喷射量无关，因此就取基本冷态喷射时刻，即 $\theta_{pc2} = \theta_{pcBSE}$。当 $t_w > t_2$，但 $t_w < t_3$ 的温度范围内，在喷射量小的小负荷范围内喷射时刻就按冷态喷射时刻来设定，而喷射量大的大负荷范围内，则按稳态喷射时刻来设定。当冷却液温度 $t_w > t_3$ 时，在整个喷射量范围内都按稳态喷射时刻来设定。这里，t_1、t_2、t_3 是事先由试验确定的冷却液温度的设定值，且有 $t_1 < t_2 < t_3$。

二、可变进气系统控制

柴油机可变进气系统的控制包括可变进气管长度控制、可变配气相位控制、可变增压控制以及可变进气涡流控制等。可变进气管长度控制方式与汽油机基本类似，在此不再赘述。可变配气相位控制技术对车用柴油机而言，由于成本等原因尚未普及应用。

1. 可变增压（VGS/VNT）控制

（1）增压对发动机性能的影响 增压技术作为改善发动机动力性、经济性和排放特性的有效措施，得到广泛的应用。特别是近年来，为了适应日趋严格的排放法规，国内外对增压中冷、可变增压（Variable Geometry System/Variable Nozzle Turbocharging，VGS/VNT）、复合增压、双增压、多级增压等技术以及增压匹配技术进行了深入开发研究和应用。

但是，一般普通的废气涡轮增压器，只要结构确定，其流量特性就已确定，所以只能适应于发动机的某一转速。如增压器按低速匹配，则发动机的高速性不佳；反之若按高速匹配，则要牺牲低速性能。影响废气涡轮增压器性能的主要因素，包括涡壳的结构形状尺寸和叶片的结构形状尺寸等。但涡壳和叶片的结构形状主要影响涡轮增压器的效率曲线，而直接影响与发动机性能匹配效果的增压器的流量特性主要取决于涡轮的面径比。所谓面径比，就是废气涡轮最小入口截面积 A 与该截面积的中心到涡轮旋转轴所在水平面的距离 R 之比（图 7-19）。面径比一定，则该增压器与发动机匹配的最佳转速范围就确定。但是车用发动机的转速范围很宽，所以一台增压器不能满足整个转速范围内的转矩特性。图 7-20 所示为不同面径比对柴油机性能的影响。当面径比增大时，高速性好，但牺牲低速性能；反之，面径比小时，改善了低速性，但高速性能恶化。

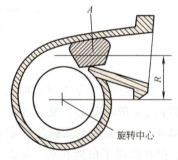

图 7-19 面径比

图 7-21 所示为缸径为 110mm 的六缸车用柴油机增压比 π_b 对发动机性能的影响。图中用 ϕ_i 表示增压前后各项性能指标的影响因子，其定义式为

$$\phi_i = \frac{X_{iB} - X_{iA}}{X_{iA}} \times 100\% \quad (7\text{-}5)$$

式中，X_{iA}、X_{iB} 分别表示增压前后 i 项的性能指标，其中 i 项性能指标包括输出功率 P_e 和 NO_x、CO、HC、烟度（BSU）等排放指标。

当某项性能指标随增压比的提高而增加时，ϕ_i 为正，反之随增压而减小时为负。由图 7-21 可见，在增压比为 $\pi_b <1.6$ 的低增压区域，随增压比的增加发动机的动力性和 CO、HC 以及烟度的排放特性都有明显的降低，而且相对功率的提高 NO_x 排放量增加不多。当增压比为1.5 左右时，在 NO_x 排放量基本保持不变的前提下，CO、HC 及烟度排放分别降低 83%、20% 和 50%，而且输出功率可提高 25% 以上。但是，当增压比为 $2.5>\pi_b>1.6$ 的范围内时，随着增压比地增加

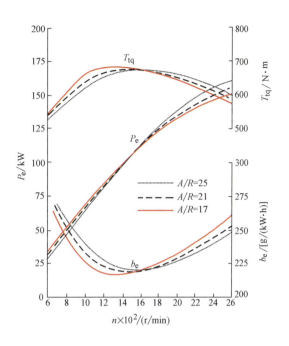

图 7-20　面径比对柴油机性能的影响

CO、HC 以及烟度排放量基本保持不变，而输出功率和 NO_x 排放量却明显增加。在此增压比范围内，随着增压比的增加，因缸内空气密度和温度均增加，所以 NO_x 排放量随增压比变化的斜率大于功率随增压比变化的斜率。因此从降低排放角度考虑时，可以选择低增压，但为了同时提高发动机的升功率并改善经济性时，就要采取增压中冷等相应的技术措施。

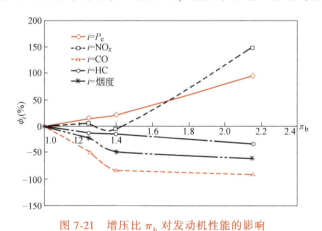

图 7-21　增压比 π_b 对发动机性能的影响

这就是说，对增压柴油机如何选择增压比以及如何兼顾高低速性能，是增压发动机所要解决的重要问题。特别是节能与控制排放要求不断强化，并已开始控制 CO_2 排放量时，如何有效地利用增压技术、更有实际意义。

（2）VGS 开环控制　柴油机的电控技术在 TICS 或 VE 型分配泵上的成功应用，使得可变涡轮入口截面积式电控可变增压技术（VGS）在车用柴油机上得以普及。而 VGS 技术实

际上就是在涡轮入口处设置多个固定叶片和可动叶片。可动叶片通过连接环和销与驱动柄相连接，并通过三个柱塞式控制阀（VGSA、VGSB、VGSC）控制驱动柄的位置来调节可动叶片的不同开度，即通过 VGSA、VGSB、VGSC 三个控制阀的 ON/OFF 的不同组合，将可动叶片的开度范围从最小开度到最大开度划分成 8 个段数（不同开度），这相当于 8 个不同面径比的增压器。因此，对应发动机不同工况的要求，通过改变可动叶片的不同开度调节涡轮叶片入口截面积的大小，达到增压器面径比可变的目的，由此兼顾发动机高低速性能，使得在整个使用转速范围内充分发挥增压器的性能，实现增压器与发动机的最佳匹配。

VGS 阀的 ON/OFF 状态和可动叶片开度段数（VGS 段数）之间的关系见表 7-1。图 7-22 所示为可变增压器的控制逻辑框图。发动机在不同工况下运行时，都存在着最佳的 VGS 段数。这种对应于发动机各工况的最佳段数，如图 7-23 所示，可事先通过发动机台架试验确定其最佳 VGS 段数的三维脉谱，并存储于 ROM 中。当发动机实际运行时，ECU 通过转速传感器和加速踏板位置传感器判定实际工况后，直接在 VGS 脉谱中读取适应该工况的最佳 VGS 段数，由此确定三个 VGS 阀的 ON/OFF 状态，并驱动三个 VGS 阀的驱动电路，控制 VGSA、VGSB、VGSC 三个阀的开或关，达到涡轮入口截面积可变的目的。这种控制效果体现在图 7-20 所示的各项性能曲线的外包络线上。

表 7-1　VGS 段数和三个 VGS 阀 ON/OFF 状态的对应关系

VGS 段数	1	2	3	4	5	6	7	8
VGSC	ON	ON	ON	ON	OFF	OFF	OFF	OFF
VGSB	ON	ON	OFF	OFF	ON	ON	OFF	OFF
VGSA	ON	OFF	ON	OFF	ON	OFF	ON	OFF

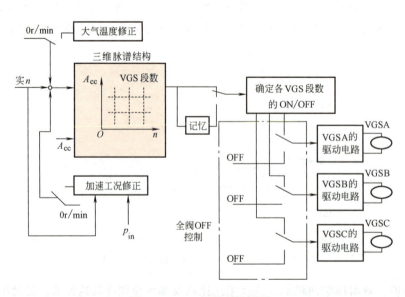

图 7-22　VGS 控制逻辑框图

（3）VNT 的闭环控制　图 7-24 所示为某轻型车用柴油机可变喷嘴式电控可变增压器（VNT）的闭环控制模式。ECU 根据发动机当前工况确定可变喷嘴的目标开度值，并通过闭环控制方法对可变喷嘴的开度进行反馈控制，使之达到目标值。VNT 的目标开度值是事先

第七章 柴油机的电控技术

通过台架标定试验来确定的，而 VNT 的实际开度用可变喷嘴环的位置传感器检测并作为反馈控制信号，因此可变喷嘴开度的控制精度高。

但是，增压器的性能不仅取决于可变喷嘴的开度，而且还与发动机的排气压力和温度等有关。其中排气压力、温度以及流量等与发动机转速、喷油量、燃烧情况以及 EGR 等均有密切的关系。在稳定工况下，因不同喷射方式以及 EGR 的影响，造成燃烧过程发生变化时，导致增压器的入口状态发生变化，使得增压器即使喷嘴环开度不变增压器的工作状态发生变化，从而直接影响发动机的性能变化，而且还影响 EGR 率的精确控制。

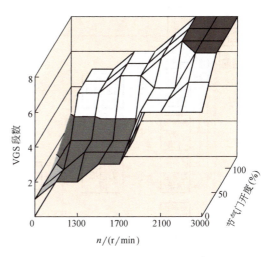

图 7-23　VGS 控制脉谱

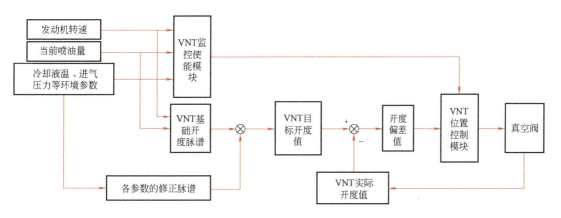

图 7-24　VNT 的闭环控制模式

图 7-25 所示为一种基于进气压力修正的 VNT 控制模型。ECU 根据发动机转速和当前喷油量，查询事先由台架标定试验确定的 VNT 基础开度脉谱，得到对应该工况下的 VNT 基础开度值，并根据当前的冷却液温度、大气压力等参数查询 VNT 开度修正脉谱，得到 VNT 开度的修正值，两者之和为该工况下的 VNT 初始开度值。在此基础上，ECU 根据发动机转速和当前喷油量及冷却液温度、大气压力等参数查询通过台架标定的进气压力基础脉谱及其修正脉谱，得到当前工况下的进气压力目标值，并与进气压力传感器检测的进气压力实际值进行比较求出偏差量后，通过 PID 控制器根据进气压力偏差计算进气压力的修正值，并与初始的 VNT 开度值叠加，确定 VNT 开度的目标值。在实际控制时，ECU 将 VNT 开度的目标值与实际值进行比较，由 VNT 开度的偏差量确定控制量，并驱动控制 VNT 开度的真空阀，控制 VNT 喷嘴环的开度，使实际开度逼近目标值，由此实现基于进气压力的 VNT 闭环控制。

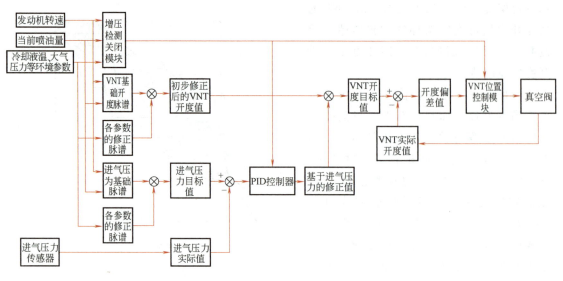

图 7-25 基于进气压力修正的 VNT 控制模型

2. 可变进气涡流（VSS）控制

柴油机混合气形成的好坏直接影响其动力性、经济性及排放特性，而进气涡流的强弱又直接影响混合气的形成。因此，如何根据不同工况控制最佳进气涡流强度，对改善柴油机综合性能具有重要意义。

（1）进气涡流对柴油机性能的影响 直喷式柴油机为了促进混合气的形成，一般采用螺旋进气道。但这种螺旋进气道结构一旦确定，其进气涡流强度及其随转速的变化特性也随之确定，即进气涡流强度随转速的提高而增加，同时进气损失也增大。但车用发动机在实际运行中，高速和低速区对进气涡流强度的要求不同，图 7-26 所示为进气涡流强度对柴油机性能的影响。当发动机低速时气缸内气流速度低，为了改善混合气的形成，要求较强的进气涡流强度；而在高速时气缸内的气流速度足够强，因此，此时高强度进气涡流不仅对混合气形成无多大益处，反而使进气阻力增加，从而影响高速充气效果，使发动机高速性能下降。所以，为了在整个使用转速范围内优化发动机性能，需要随

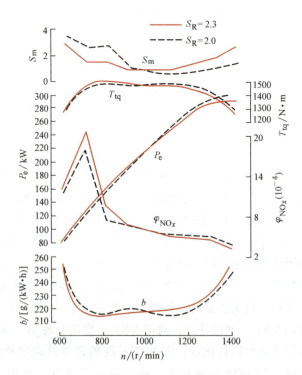

图 7-26 进气涡流强度对柴油机性能的影响

发动机工况控制进气涡流强度的变化。图7-27所示为车用柴油机上所采用的副进气道方式可变进气涡流控制系统。这种系统在螺旋进气道主流的反方向上设置副进气道，通过ECU控制副进气道控制阀的开闭状态来控制流经副进气道的进气流量。当副进气道控制阀开启，气流流经副进气道进入气缸时，相对进气门中心产生与流经螺旋进气道的主气流相反方向的动量矩。通过调节流经副进气道的气流流量，可控制该反向动量矩的大小，由此削弱气门处气流的总动量矩，达到控制进气涡流强度的目的。这种螺旋进气道加副进气道方式的可变进气涡流强度系统，通过副进气道控制阀的开关，将缸内的进气涡流强度进行"强""弱"两档控制。

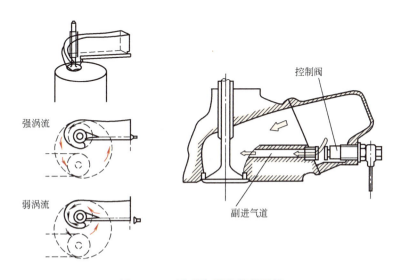

图7-27 可变进气涡流控制系统

（2）可变进气涡流的控制方法 图7-28所示为在发动机转速、负荷（用每行程体积喷油量表示）平面上控制进气涡流强度的脉谱，其中"L"表示低进气涡流控制区，即打开副进气道控制阀；"H"表示高进气涡流控制区，即关闭副进气道控制阀。图7-29所示为根据该脉谱控制进气涡流强度的实际控制逻辑框图。实际控制时，事先通过台架标定不同转速下对应的"L"和"H"两挡的不同进气涡流强度区的喷油量脉谱，即q_{VL}-n和q_{VH}-n两个脉谱。然后，在发动机实际运行时，ECU通过发动机转速n和q_{VL}-n和q_{VH}-n脉谱，对应不同工况控制副进气道控制阀的开关，实现进气涡流强度的控制。一般，VSS系统优先进行进气涡流低（L）档控制。因为起动怠速时需要进气涡流强度要低，此时进气涡流控制阀不接通电源，以保证尽可能节约用电。所以先用q_{VH}-n脉谱将发动机转速和负荷表示的平面划分成进气涡流强（H）和弱（L）的两大区域，再用q_{VL}-n脉谱在H区划分进气涡流强度低的L区。在任意转速n下，当喷射量q_{Vf}（负荷）满足$q_{VL}+q_{V1}<q_{Vf}<q_{VH}$时，接通副进气道控制阀，使副进气道关闭，进气涡流强度按高"H"档控制；否则，对一定转速喷射量q_{Vf}满足$q_{Vf}<q_{VL}$或$q_{Vf}>q_{VH}+q_{V1}$时，断开副进气道控制阀，使副进气道控制阀打开，进气涡流强度按低（L）档控制。这里，对排量为14L的大型柴油机取为$q_{V1}=2mm^3$/行程。通过这种方法实现按不同工况要求控制进气涡流强度的目的。

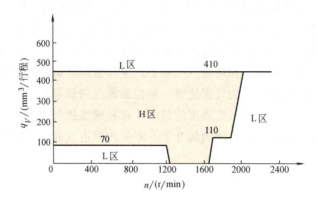

图 7-28 进气涡流强度的脉谱

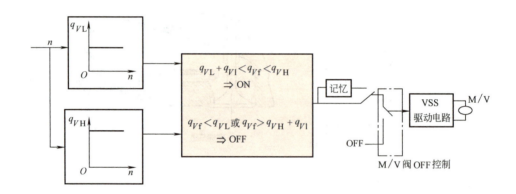

图 7-29 进气涡流强度的实际控制逻辑框图

三、EGR 的控制

废气再循环（EGR）技术作为控制 NO_x 排放的有效措施，在汽油机和柴油机上被广泛应用。但是采用 EGR 后，发动机的耐久性和可靠性有所恶化，而且实施大量的 EGR 后燃油消耗率和排烟恶化等问题尚未很好地解决。因此，根据不同工况精确控制再循环废气量，是在保证发动机动力性和经济性的前提下，有效降低 NO_x 排放的重要措施。

1. EGR 对柴油机性能的影响

（1）EGR 率的定义 为了对再循环废气量进行定量评价，以便精确地控制再循环废气量，定义了 EGR 率。常用的 EGR 率的定义方式有以下两种：

定义一

$$\text{EGR 率} = \frac{m_a - m_{a,\text{EGR}}}{m_a} \times 100\% \tag{7-6}$$

式中，m_a 为无 EGR 时进入气缸的空气量；$m_{a,\text{EGR}}$ 为有 EGR 时进入气缸的空气量。

这种定义方式是通过 EGR 而减小的空气量来计算 EGR 率，所以计算比较简单而常用。但是由于再循环废气和空气的混合，使得进气温度变化，因此造成进气密度变化，所以这种定义并不是严密的。

定义二

$$\text{EGR 率} = \frac{c_{CO_2,mix} - c_{CO_2,0}}{c_{CO_2,EGR} - c_{CO_2,0}} \times 100\% \tag{7-7}$$

式中，$c_{CO_2,mix}$ 为与再循环废气混合后的 CO_2 浓度；$c_{CO_2,EGR}$ 为流经 EGR 管中气体的 CO_2 浓度；$c_{CO_2,0}$ 为大气中 CO_2 浓度。

这种定义方式是从进气和排气中的 CO_2（或 O_2）浓度，以及再循环废气与空气混合后进入气缸前的 CO_2（或 O_2）浓度变化率来进行计算的，所以相对比较精确。但需要专用测试设备。

(2) EGR 抑制 NO_x 生成的机理　柴油机通过 EGR 降低 NO_x 的机理与汽油机有所不同。汽油机是直接通过节气门开度控制负荷，故部分负荷时对进气进行节流。所以，如果在部分负荷下进行废气再循环，就相当于 EGR 量的进气流量减小，为了保持此时汽油机的输出转矩不变，需适当增加节气门开度，所以汽油机在部分负荷实施 EGR 后泵气损失减小，经济性有所改善，而燃料喷油量是根据进气量来确定的，因此空燃比基本保持不变。但是在柴油机上没有进气节流现象，而且负荷的大小是用喷油量来调节（质调节），即喷油量不是根据进气量的变化来控制，所以实施废气再循环以后，相对减少了进入气缸的相当于 EGR 量的空气量，而喷油量不变，故空燃比减小，混合气变浓。

对汽油机，在高负荷时气缸内再循环的废气量使燃气的热容量增加，相应地平均燃气温度降低；而柴油机在高负荷时，由于再循环废气量所引起的热容量变化小，而空燃比的减小使氧浓度降低。因此，在柴油机上 EGR 降低 NO_x 排放量的主要原因是：一方面具有较高比热容的再循环废气的惰性作用，使混合气中的活性中心无效碰撞，降低化学反应速率，抑制燃烧过程，同时 EGR 使混合气的热容量增大，降低最高燃烧温度；另一方面则是通过 EGR，减小了进入气缸的空气量，使气缸内的氧和氮的含量降低。图 7-30 所示为 EGR 对车

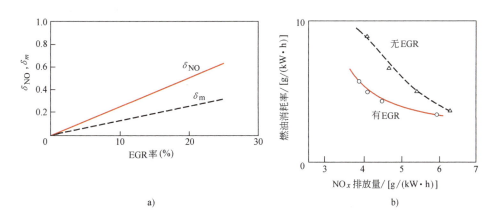

图 7-30　EGR 对 NO_x 排放的影响

a) EGR 降低 NO_x 排放的机理　b) EGR 对燃油消耗率的影响

注：$\delta_{NO} = \dfrac{\phi_{NO0} - \phi_{NO}}{\phi_{NO0}}$；其中，$\phi_{NO0}$ 为无 EGR 时 NO_x 量，ϕ_{NO} 为有 EGR 时 NO_x 排放量。

$\delta_m = \dfrac{m_a - m_{a,EGR}}{m_a}$；其中，$m_a$ 为无 EGR 时进气量，$m_{a,EGR}$ 为有 EGR 时的进气量。

用柴油机 NO_x 排放的影响。由此可知，对柴油机实施 EGR 后，因降低氧和氮的含量而降低 NO_x 排放的效果约占 EGR 降低 NO_x 总量的一半。当所实施的 EGR 率不超过 20% 时，不仅有效地降低 NO_x 的排放量，而且燃油消耗率也有所改善。但当 EGR 率过大时，燃油消耗率和烟度均恶化，微粒排放量也增加。所以，根据发动机工况的要求，需要精确控制再循环废气量。

（3）EGR 对放热规律的影响　图 7-31 所示为车用柴油机中速中等负荷时 EGR 率对燃烧过程（放热规律）的影响。当实施 EGR 时，由于在混合气体中存在相当于 EGR 率的惰性气体，且 O_2 浓度又减小，所以着火落后期延迟，燃烧速率降低，放热率峰值随 EGR 率的增加而减小，燃烧持续期延长。

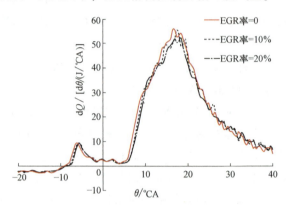

图 7-31　EGR 率对放热规律的影响

此外，采用 EGR 以后对发动机的影响还体现在耐久性和可靠性上。一般在轻柴油中含有 0.2% 左右的硫黄成分，所以在燃烧后的排气中含有 SO_2 成分，在排气过程中氧化成 SO_3 后生成硫酸（H_2SO_4），当低温时硫酸被析出，腐蚀 EGR 管路等部件。在气缸内被吸入的 SO_2 同样生成硫酸，低温时以碳粒子为核在其周围被析出，其析出温度一般为 130~150℃。

如果存在机油时硫酸被中和，降低机油的酸碱值，而一部分硫酸附着在气缸壁、活塞、活塞环上，腐蚀其表面。而且不管有无 EGR，燃烧气体中的 NO_x，在气缸壁以及活塞环槽部形成硝酸（HNO_3），与硫酸一样会加速磨损。EGR 中的碳粒通过涡流的作用附在气缸壁以及活塞环附近，混入到润滑油中，加速润滑系零部件的磨损。

当 EGR 率为 20% 左右的条件下运行时，活塞第一环处缸套的磨损增加 4~5 倍。测量 pH 值的结果，在气缸对应于第一环部的 pH 值最小，然后依次为第二环、第三环。即 pH 值最低的部分最容易引起腐蚀性磨损。采用 EGR 后润滑油的劣化程度比较显著，pH 值降低，不溶解成分的增加速度加快。废气中的 SO_2 随 EGR 再次进入气缸内，并与燃烧气体中的水分反应变成硫酸，产生腐蚀磨损。由于在润滑油中含有的 $Ca(OH)_2$ 的中和作用，抑制硫酸的腐蚀作用，所以润滑油的 pH 值降低较快。

2. 柴油机 EGR 系统

图 7-32 表示气门式 EGR 阀控制系统结构示意图。该系统主要由阀门及其弹簧构成的 EGR 阀、用来控制 EGR 阀的三向电磁阀等组成。三向电磁阀是由发动机控制单元（ECU）控制，主要控制流向 EGR 阀的真空度。在发动机实际运行时，根据发动机不同工况和对应的 EGR 率脉谱，由 ECU 进行判断，并演算目标控制量，由此控制三向电磁阀来控制来自真空泵的真空度，通过此真空度控制 EGR 阀的开和关。在发动机过渡工况时，要求 EGR 阀具有高精度而快速的响应特性。

在设计柴油机 EGR 系统时，与汽油机相比，由于柴油机的进气压力和排气压力之差比较小，所以为了保证所需再循环的废气流量，EGR 回流管设计得粗一些，相应地 EGR 阀也大。

增压柴油机的电控 EGR 系统，根据 EGR 的回流方式不同分为外部 EGR 系统和内部 EGR

第七章 柴油机的电控技术

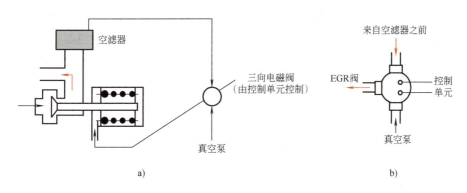

图 7-32 EGR 阀结构示意图

系统。

（1）外部 EGR 系统　图 7-33 所示为外部 EGR 系统，它所能实施的 EGR 率受排气管背压和进气管压力之差的影响。外部 EGR 系统根据 EGR 的入口相对压气机入口前或压气机出口后的位置不同，分为低压 EGR 系统和高压 EGR 系统，且所能实施的 EGR 效果不一样。当 EGR 的入口位置设置在压气机出口后（高压 EGR 系统）时，在中低速、中小负荷范围内，由于增压程度较弱而进气压力相对较低，所以比较容易实施 EGR；但是随转速和负荷的增加，增压器的增压效果使进气压力升高至大于排气压力时，就很难实现 EGR。为了解决这一难题，采取在排气侧设置节流装置，以提高排气背压等措施，来改善 EGR 效果。此时发动机控制单元（ECU）根据转速和负荷传感器或进气压力传感器信号，同步控制排气

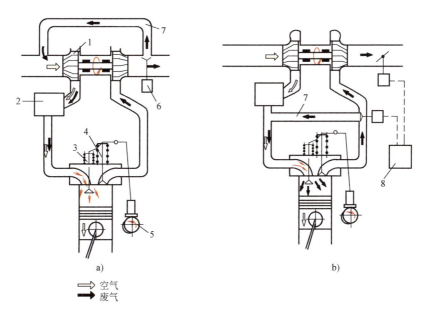

图 7-33 外部 EGR 系统
a）EGR 入口在压气机前　b）EGR 入口在压气机后
1—增压器　2—中冷器　3—进气阀　4—排气阀　5—排气凸轮　6—EGR 阀　7—EGR 回流管　8—ECU

233

节流阀和 EGR 阀，以实现适应该工况的最佳 EGR 率。为了精确地控制 EGR 率，事先通过标定随转速和负荷而变化的排气节流阀开度的三维控制脉谱和相应的 EGR 阀开度的控制脉谱。但这种 EGR 系统采用排气节流时，排气背压增加，直接影响柴油机高速动力性和经济性，所以所能实现的 EGR 率大小受排气背压或阻力的限制。当 EGR 的入口设置在压气机入口前（低压 EGR 系统）时，不管什么工况，EGR 入口处的压力始终低于排气压力，所以整个工况范围内都很容易实现 EGR。但是由于再循环废气对压气机的污染以及腐蚀作用，使压气机的效率下降，同时直接影响压气机的耐久性和可靠性。

（2）内部 EGR 系统　图 7-34 所示为凸轮式内部 EGR 系统，其结构比外部 EGR 系统简单得多，不需要专门的 EGR 系统，只是通过控制排气门相位来实现 EGR。这种凸轮式内部 EGR 控制系统，其特点是在排气相位凸轮之后专门设置了 EGR 凸轮。这样，在每一缸排气过程结束后的进气过程中，在适合的时刻通过该 EGR 凸轮再次打开排气门。此时，由于各

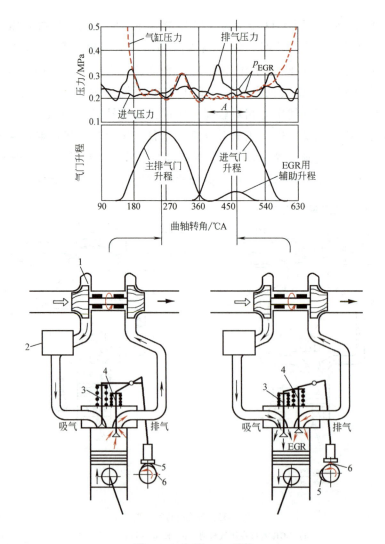

图 7-34　内部 EGR 系统

1—增压器　2—中冷器　3—进气门　4—排气门　5—排气主凸轮　6—EGR（副）凸轮

缸排气支管的谐振作用，使得该进气过程的气缸的排气管中产生正压，废气通过再次打开的排气门随进气行程进入气缸，实现内部 EGR。内部 EGR 率通过 EGR 凸轮的升程和半包角以及 EGR 凸轮工作时刻来控制。

随着柴油机电控技术的发展，已开发应用配气相位可变技术。对这种配气相位可变的电控发动机，要实现内部 EGR 很容易，只要根据 ECU 精确控制排气门的配气相位，在一定的范围内随不同工况可以精确地控制 EGR 率。但是要实施大量 EGR 率还是有局限性，而且再循环废气未经过冷却直接回流，引起气缸内混合气升温，不利于抑制 NO_x 的生成。所以内部 EGR 对 NO_x 的抑制效果不如外部 EGR 明显，但因简单、方便，而且在中小负荷范围内作为实现 HCCI/PCCI 燃烧过程的有效措施之一而倍受重视。

四、可变增压器与 EGR 阀的协调控制

随着节能减排及低碳化要求的不断强化，对车用发动机可变电控增压及电控 EGR 成为不可缺少的技术。但是在一台发动机上同时应用电控增压技术和电控 EGR 技术时，由于两者之间存在耦合作用，使增压压力和 EGR 率变得不可控，会出现进气压力不稳定、EGR 率波动等现象，直接影响进气压力和 EGR 率的控制精度。因此，可变增压器和 EGR 的协调控制显得尤为重要。

在传统的发动机控制系统中，可变增压器和 EGR 阀的控制模型是相互独立的。增压器和 EGR 之间的耦合作用具体表现在，当实施 EGR 时因直接影响燃烧过程，使排气背压和温度发生变化，从而影响增压器的入口状态；而增压器入口状态的变化，使增压器的工作状态发生变化，造成发动机进气压力和进气流量变化；对一定的 EGR 阀开度，这种进气压力和进气流量的变化造成 EGR 率的变化。因此，增压和 EGR 的协调控制越来越引起重视。

这里介绍一种基于进气压力的可变增压器控制和基于进气流量修正 EGR 阀控制相结合的可变增压和 EGR 阀协调控制的方法。基于进气压力的可变增压器的控制方法中，针对进气压力的变化修正可变增压器的控制参数（可动叶片的开度），保证进气压力达到设定的目标值，从而摆脱因实施 EGR 使增压器入口参数变化而造成的影响。发动机在确定的工况下运行时，进气压力一定，进气流量保持不变。此时实施 EGR 时，进气总流量等于新鲜空气流量和再循环废气流量之和，EGR 率仅随新鲜空气流量而变化。所以，在基于空气流量修正的 EGR 阀控制方法中，加入根据进气流量变化修正 EGR 开度的模块，从而保证 EGR 率的精度控制。基于进气流量修正的 EGR 阀控制方法如下：

（1）EGR 阀开度的闭环控制　为了精确控制 EGR 阀开度，一般采用带有位置传感器的直流电动机控制式 EGR 阀，图 7-35 所示为这种 EGR 阀开度的闭环控制模式。当发动机工作状态满足 EGR 实施条件时，EGR 监控使能模块被激活，EGR 阀控制模块开始工作。ECU 根据发动机的转速和喷油量，查询事先通过试验标定设定的 EGR 阀开度的基础脉谱，读取该工况的 EGR 阀基础开度值，并在此基础上进行冷却液温度、大气压力、进气压力和进气温度的修正，由此确定 EGR 阀的目标开度。然后将目标开度和实际开度进行比较，演算 EGR 阀开度的偏差量，确定控制量，并利用 PID 控制器驱动直流电机式 EGR 阀，使 EGR 阀开度偏差量趋于零，直至实际开度达到目标开度为止。所以这种闭环控制方法能保证 EGR 阀开度的精确控制。

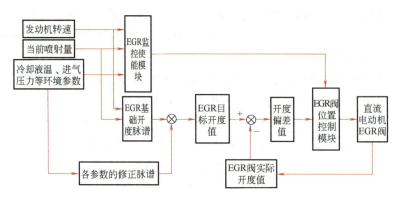

图 7-35　EGR 阀开度闭环控制模式

对增压发动机，由于 EGR 和增压器之间的相互影响，因此再循环的废气量不仅取决于 EGR 阀的开度，还与排气背压及进气状态参数有关，所以增压柴油机只靠 EGR 阀开度的闭环控制，很难精确控制 EGR 率。

（2）基于进气流量信息的 EGR 阀开度的修正控制　EGR 阀开度的控制只是控制 EGR 率的手段，而最终目的是通过 EGR 阀的控制，实现发动机各工况下的目标 EGR 率。图 7-36 所示为基于进气流量信息修正 EGR 阀开度的控制模型，包括 EGR 阀开度控制量的确定模块和 EGR 阀开度闭环控制模块。由 EGR 阀开度控制量的确定模块，确定当前工况下的目标 EGR 率所对应的 EGR 阀的目标开度值；然后由 EGR 阀开度的闭环控制模块保证实际开度与目标开度一致，由此提高 EGR 率的控制精度。

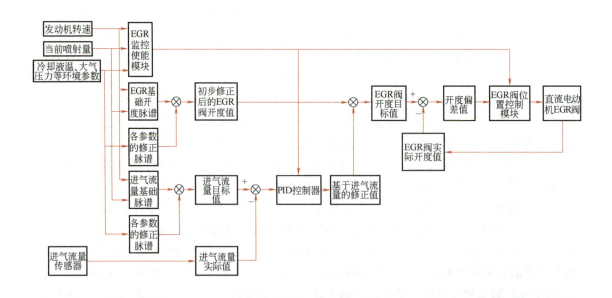

图 7-36　基于进气流量信息修正 EGR 阀开度的控制模型

图 7-37 所示为在图 7-36 中基于进气流量确定 EGR 阀开度目标值的过程。在实际控制时，ECU 根据发动机当前工况查询 EGR 阀的基础开度脉谱，求得该工况下 EGR 阀的基础开

度值,再依据当时的大气温度和压力、进气温度和压力以及冷却液温度等参数,对基础开度值进行修正;之后 ECU 查询事先试验标定的不同转速和负荷下的目标进气量脉谱,求得当前工况下的目标进气流量,并与进气流量传感器检测的实际进气流量进行比较,求得由两者之差确定的控制量,由此用 PID 控制器对 EGR 阀开度值进行修正控制,以确定基于进气流量修正的 EGR 阀开度的目标值。在确定 EGR 阀开度的目标值后,按如图 7-38 所示的 EGR 阀开度闭环控制模式进行控制。这种 EGR 阀开度闭环控制模块与传统的 EGR 阀开度闭环控制模式(图 7-35)一样。此时,先将 EGR 阀开度的目标值与实际值进行比较,得到 EGR 阀开度的控制量(目标值与实际值的偏差);然后经过 PID 控制器使之转化后变成 PWM 信号,由此驱动 EGR 阀,使 EGR 阀开度逼近目标值。

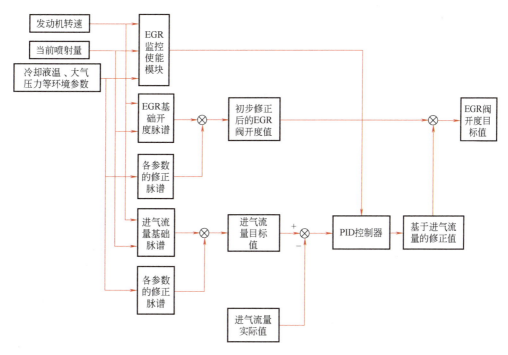

图 7-37　确定 EGR 阀开度目标值的过程

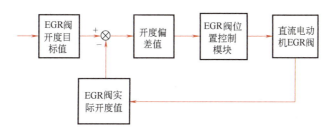

图 7-38　EGR 阀开度闭环控制模式图

在直流电动机式 EGR 控制阀内部,拥有可以提供 EGR 阀实际开度的位置传感器。这种控制阀的特点是控制灵活且精度高,正反转模式切换迅速,从 0 开启到 100% 开启所响应的时间仅为 90ms 左右,可满足发动机对 EGR 阀开度快速响应的要求。

五、极限速度的控制

极限速度控制是指在车辆行驶过程中，当发动机转速超过设定转速时，通过喷油量脉谱的设定（或电控调速器的控制），实现随转速的提高限制喷油量，以防止发动机超速；或当发动机转速低于设定的转速时，随转速的降低适当增加喷油量，以避免发动机低速短期超载时熄火。每一台发动机在设计过程中都设定其最高转速 n_2 和最低使用转速 n_1，当发动机转速超出该设定转速范围时，就认为是极速状态。此时根据转速—加速踏板开度—喷射量（n—A_{cc}—q_V）确定的三维脉谱（3D-MAP）控制发动机运行特性。图 7-39 所示为极限速度控制脉谱。当发动机运行条件同时满足 $n \leqslant n_1$、$t_w \leqslant t_{w1}$、$A_{cc} \leqslant A_1$ 时，就用图 7-39 所示的脉谱中低速段来控制，由此保证车辆实际车辆行驶过程中发动机低速短期超载时的工作稳定性；而当发动机转速 $n \geqslant n_2$ 时，就用高速段脉谱来控制，以防止发动机发生超速飞车现象。

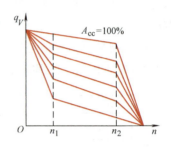

图 7-39 极限速度控制脉谱

第三节 分配泵电控喷射系统

一、概述

分配泵是靠其柱塞（分配转子）的转动实现泵油和燃油分配的。其典型结构是轴向压缩式分配泵（VE 型泵）。VE 型分配泵是 20 世纪 80 年代初期由德国博世公司研制出的一种新型分配泵，主要由驱动机构、滑片式输油泵、供油提前器等组成。其中，滑片式输油泵由凸轮盘、滚轮机构以及柱塞、柱塞套筒、油量控制滑套等构成（图 7-40）。当驱动机构旋转时，带动凸轮盘（平面凸轮）旋转，此时柱塞在同步旋转的同时沿轴向左右移动。当凸峰转过时，在回位弹簧的作用下凸轮盘与柱塞向左移动，此时进油通道与柱塞前端轴向槽连通，而柱塞分配孔与出油阀通道隔绝，柱塞卸油孔被油量控制滑套封死。随柱塞的左移，压缩容积增大而产生真空度，使柴油在此真空度的作用下，经泵体进油道、进油阀、柱塞轴向槽进入压油室，完成供油过程。当凸轮盘端面上的凸峰与滚轮相抵靠时，凸轮盘和柱塞向右移动，柱塞轴向槽与泵体进油道隔绝，柱塞卸油孔仍封死，柱塞分配孔与出油阀通道相通，随着柱塞的右移，压缩容积不断缩小，油压不断升高。当油压超过出油阀弹力时，出油阀开启，向喷油器送入高压油，完成泵油过程。

这种分配泵的供油量是通过调速器调节油量控制滑套的位置来控制，而供油时刻是通过供油提前器来控制。当发动机转速增加时，供油提前器使凸轮盘相对滚轮逆转某一角度，使凸峰提前与滚轮抵靠，达到供油提前的目的。

由于这种喷油泵具有体积小、重量轻、成本低、使用方便等优点而广泛地应用于轻型柴油车上。但是，这种机械式分配泵只能满足简单的供油特性和供油时刻变化特性，已满足不了不断严格的排放法规和社会的要求而逐渐被淘汰。

因此，作为柴油机电控技术的第一代产品，在此分配泵的基础上采用电子控制技术，使机械控制改为电子控制，提高供油特性及其控制精度，而且使喷射时刻控制特性多样化，以

第七章　柴油机的电控技术

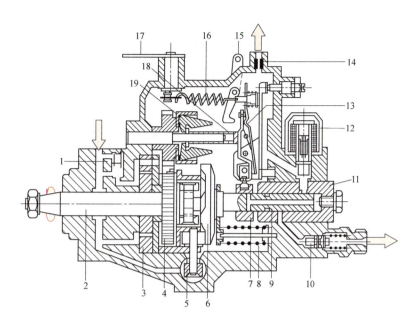

图 7-40　VE 型分配泵

1—调压阀　2—驱动轴　3—滑片式输油泵　4—驱动齿轮　5—供油提前器　6—平面凸轮
7—油量控制滑套　8—柱塞弹簧　9—柱塞　10—出油阀　11—柱塞套　12—断油阀　13—张力杠杆
14—溢流节流孔　15—停车手柄　16—调速弹簧　17—调速手柄　18—调速套筒　19—飞锤

适应日趋严格的节能与排放法规的要求。

二、位置式电控分配泵

根据分配泵喷射量、喷射时刻的控制方式不同，分配泵的电控技术分为位置式控制方法和时间控制方法两种。

位置式电控分配泵是在 VE 型分配泵的基础上，将油量控制滑套的控制方式由机械式调速器改为线性比例电磁阀的控制方式，所以其供油和泵油原理及结构特点基本上与 VE 型分配泵相同，只是在油量控制机构和喷油时刻的控制机构上进行了微小改动，去除了原机械式调速机构，增设了转速传感器、控制油量滑套位置的比例电磁阀、油量控制滑套位置传感器、控制喷射时刻的电磁阀、喷射定时器位置传感器等。图 7-41 所示为采用线性比例电磁阀的位置式电控分配泵的结构。

线性比例电磁阀通过 ECU 控制两个线圈反向信号的 ON/OFF 比（即占空比）来控制流经线圈的电流大小，由此控制电磁阀的磁场强弱。可动铁心在磁场力和回位弹簧力的平衡点上保持其轴向位置。当流经线圈的电流发生变化时，原磁场力和弹簧力的平衡状态被破坏，铁心沿轴向移动到新的平衡点。当铁心从原平衡点移动到新的平衡点时，带动油量控制滑套的控制杆移动，由此改变油量控制滑套的位置，以调整喷油量。油量控制滑套的位置靠安装在可动铁心前端的油量控制滑套位置传感器来测量。滑套位置传感器把当时的油量控制滑套的位置信息传送给 ECU，并与储存在 ROM 中的目标值相比较进行反馈控制，使实际滑套位置尽可能接近于目标值。

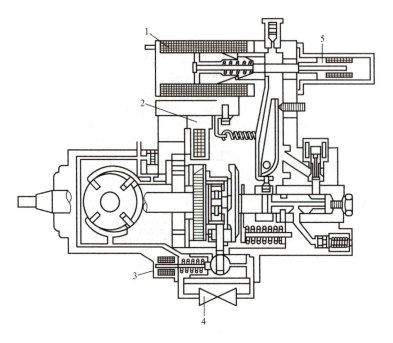

图 7-41 位置式电控分配泵结构

1—线性电磁阀 2—转速传感器 3—定时器位置传感器 4—定时控制阀 5—滑套位置传感器

图 7-42 所示为采用旋转式比例电磁阀来控制油量控制滑套位置的示意图。这种旋转式比例电磁阀，主要由线圈、定子、转子、回位弹簧、转子转角传感器以及与转子一体的驱动轴等组成。在驱动轴的下端偏心设置传动销，并与油量控制滑套相连接。旋转式比例电磁阀是通过两个线圈的反向信号占空比来控制流经线圈的电流，并结合回位机构控制转子的转向和旋转位移。当 ECU 控制流经线圈的电流时，转子旋转某一角度，此时与转子一体的驱动轴下端的偏心销同步旋转，带动油量控制滑套移动。滑套的位置与转子的旋转角度有关，所以用转子转角传感器来测定滑套的位置，由此进行喷油量的反馈控制。

喷油定时器位置传感器是通过供油提前角自动调节机构的柱塞位移来检测驱动滚轮的旋转角，由此确定该工况的供油时刻，并将此信息传送到 ECU；而喷射时刻控制阀则是设在柱塞的压油室进口处，以控制低压油的输入。

1. 喷油量的控制

图 7-43 所示为位置式电控分配泵的喷射量控制原理。控制单元（ECU）根据发动机的运转条件，演算出适应该工

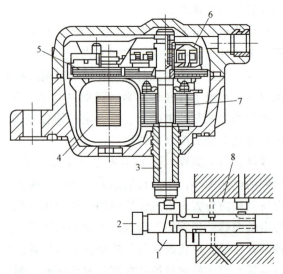

图 7-42 旋转式比例电磁阀执行器

1—油量控制滑套 2—柱塞 3—驱动轴 4—定子线圈 5—回位弹簧 6—滑套位置传感器 7—转子铁心 8—柱塞套

况的目标滑套位置，并与来自滑套位置传感器的实际滑套位置进行比较，演算确定控制量，并通过输出电路将对应于控制量的控制信号传输到驱动电路，由驱动电路根据 ECU 的指令反馈控制流经线性比例电磁阀线圈的信号占空比，由此控制铁心的位移，使油量控制滑套位置控制在目标值上，以确定最佳喷油量。

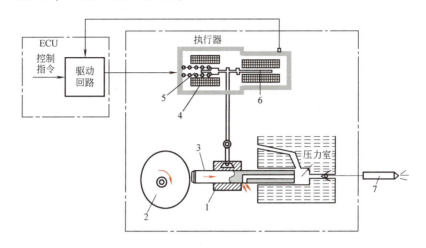

图 7-43　位置式电控分配泵的喷射量控制原理

1—油量控制滑套　2—平面凸轮　3—柱塞　4—线圈　5—回位弹簧　6—滑套位置传感器　7—喷油器

2. 喷射时刻的控制

喷射时刻控制系统主要由定时柱塞、定时器位置传感器、回位弹簧、喷射定时控制阀、转子以及 ECU 等组成。定时器柱塞将柱塞室分为吸油室和压力室（泵室），喷射定时控制阀设在压力室入口处，主要控制压力室内的油压大小。当压力室内的油压发生变化时，定时器柱塞的位置相应地变化，此时通过传动杆带动转子相应地偏转，由此调节喷射时刻。通过定时器位置传感器检测定时柱塞的位移变化情况，由此进行定时柱塞位置的反馈控制。图 7-44

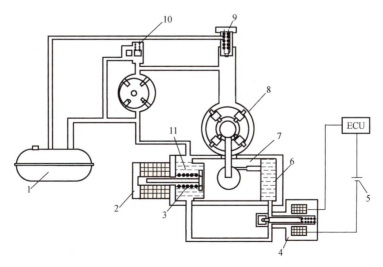

图 7-44　喷射时期控制系统示意图

1—油箱　2—定时器位置传感器　3—弹簧　4—定时控制阀　5—电源　6—泵室　7—柱塞　8—滚轮　9—溢出阀　10—调节阀　11—吸油室

所示为喷射时刻控制系统示意图。喷射定时控制阀采用了一种比例电磁阀,利用占空比的控制方式控制其开度,调节来自滑片式输油泵输送的低压油进入柱塞的压力室内,以控制其油压。在实际工作过程中,ECU 根据发动机转速和负荷信息,判断发动机运行工况,并演算对应该工况的目标喷射时刻,通过比较实际喷射时刻和目标喷射时刻,确定反馈控制量,由此确定控制喷射定时控制阀的占空比,完成喷射时刻的反馈控制。

三、时间式电控分配泵

1. 结构特点

时间式电控 VE 型分配泵是在其泄油通路上设置高速电磁阀,由此直接控制喷油,所以取消了 VE 型分配泵原有的油量控制滑套。电磁阀的关闭时刻决定喷射始点,电磁阀关闭持续时间决定喷射量。为了提高电磁阀的响应特性,一般采用多匝线圈和大面积电枢。电磁阀的响应速度受电源电压的波动、环境温度和机械部件磨损等因素的影响,必须进行相应的修正。与位置控制方式相比,时间控制方式具有泵体结构紧凑、控制电路简单等优点。

2. 喷油量的控制

图 7-45 所示为时间式电控分配泵的控制系统,主要由控制喷射量的高速电磁阀、泵角传感器、曲轴转角位置传感器以及 ECU 等组成。工作时 ECU 随时检测曲轴转角和喷油泵凸轮转角信号。当驱动轴带动喷油泵凸轮盘旋转时,柱塞右移开始压油。此时 ECU 通过泵角传感器检测与驱动轴同步旋转的缺齿型脉冲发生器的齿的位置。在结构上,柱塞压油(右移)开始时刻,与缺齿部位(缺齿脉冲信号发生)相对应。当驱动轴从缺齿位置开始旋转到相当于目标喷射量的溢出角位置时,ECU 就控制电磁阀打开,结束压油过程。溢出角是 ECU 通过目标控制脉宽来换算的。图 7-46 所示为时间式电控分配泵喷射量的控制原理。

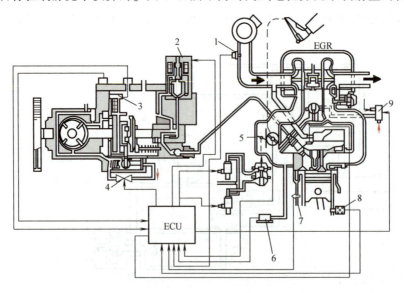

图 7-45 时间式电控分配泵的控制系统

1—进气温度传感器 2—电磁阀 3—泵角传感器 4—供油定时控制阀 5—节流阀
6—进气压力传感器 7—水温传感器 8—曲轴转角位置传感器 9—VSV(EGR 用)

为了使电磁溢出阀耐高压，且具有高速响应特性和大流量特性，采用导向阀式的两级电磁阀。其结构如图7-47所示，主要由主阀、导向阀、线圈等组成。小直径的导向阀具有高速响应性，而且可提高其耐压特性。大直径的主阀可保证大流量特性，同时将柱塞顶部的压油室分为柱塞室和主阀室。在压油过程中，柱塞室的压力波经小孔传到主阀室，使主阀室内的压力升高。对主阀来说，主阀室内的受压面积大于柱塞室侧的受压面积（图7-48），当ECU接通电磁溢出阀电源时导向阀关闭，主阀室内的压力大于柱塞室侧的压力。因此，随着油压的升高，主阀落座而关闭，以保证密封。同时在主阀关闭期间，喷油泵向喷油器供油。当ECU切断电磁溢出阀的电源时，导向阀在油压和其弹簧力的作用下被推开，使主阀室内的燃油快速回流到低压的泵室，使主阀室内的压力下降，而柱塞室侧由于小孔的节流作用使得压力下降比较缓慢。当柱塞室侧的油压（主阀背压）大于主阀室内的压力（主阀正压）时，主阀自动开启，柱塞室（高压室）内多余的燃油回流到泵室，压力迅速下降，供油停止。这样，通过一个密封面积小的导向阀，用较小的励磁力就可以产生高压密封；而在溢出时，通过密封面积较大的主阀保证足够大的流通面积，使溢出迅速，从而提高响应特性。

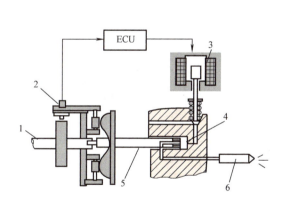

图7-46 时间式电控分配泵喷射量的控制原理
1—驱动轴 2—泵角传感器 3—电磁阀
4—高压室 5—柱塞 6—喷油器

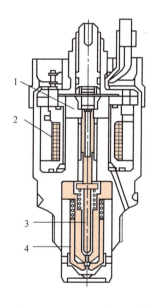

图7-47 电磁溢出阀的结构
1—磁心 2—线圈 3—导向阀 4—主阀

为了确定喷射量（电磁溢出阀的关闭持续时间），必须控制导向阀的开启时刻。为此需要检测喷油泵驱动轴的旋转角，因此专门设置了泵角传感器。图7-49所示为其结构及安装方法。泵角传感器安装在滚轮环上，随滚轮环同步偏转。缺齿型泵角脉冲信号发生器固定在驱动轴上，与驱动轴同步旋转。所以从燃油压送开始点到导向阀开启为止的凸轮转角保持不变，这样相对喷射时刻可以独立控制喷射量。导向阀全开的响应时间为1.1ms，全关的响应时间为1.2ms，可满足4缸柴油机5000r/min转速的要求。

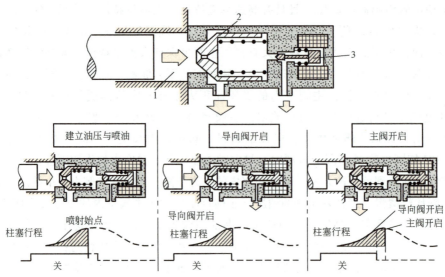

图 7-48 电磁溢出阀的工作原理
1—柱塞室 2—主阀 3—导向阀

3. 喷射时刻的控制

时间式电控分配泵的喷射时刻控制机构，基本上与上述位置式电控分配泵方式相同，但取消了定时器位置传感器，喷射时刻的反馈信号来自设在喷油泵驱动轴上的泵角传感器的缺齿段信号与曲轴转角位置传感器的曲轴位置信号的相位差。ECU 通过曲轴转角信号和泵角信号检测实际喷射时刻，并与目标喷射时刻进行比较，演算出两者之间的差值，确定控制量，由此反馈控制喷射时刻，使实际喷射时刻趋于目标值。为了进一步提高喷射时刻的控制精度，有的发动机在气缸内同时设置了着火时刻的光电传感器，通过测定着火时闪光所产生的电信号，对喷射时刻进行补偿调节，以改善柴油品质（十六烷值）、大气压力变化等对柴油机性能的影响。

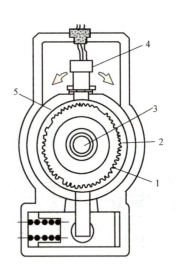

图 7-49 泵角传感器的结构及其安装
1—缺齿部 2—脉冲发生器 3—驱动轴
4—泵角传感器 5—滚轮环

第四节　直列式喷油泵的电控技术

一、直列式电控喷油泵的组成

第一代直列式电控喷油泵的典型结构是 TICS 泵。TICS 泵的泵体是在原 P 型泵的基础上进行改进的，所以具有与 P 型泵相似的结构特点。TICS 泵主要由控制单元、电控调速器、

第七章 柴油机的电控技术

滑阀式喷射时刻控制系统以及喷油泵等组成。

图 7-50 所示为 TICS 泵控制单元的结构框图，主要由传感器部分、ECU 和执行器三部分构成。传感器的输入信号有模拟信号和脉冲信号两种。模拟信号先经 A-D 转换器进行 A-D 转换后输入到 ECU 中，脉冲信号可直接输入。ECU 根据输入信号进行判断、演算之后确定相应的控制量，并向输出电路输出控制指令。输出电路将来自 ECU 的控制指令进行 D-A 转换后，变成执行器所需要的模拟信号。

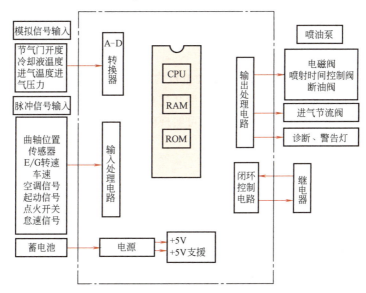

图 7-50　TICS 泵控制单元结构框图

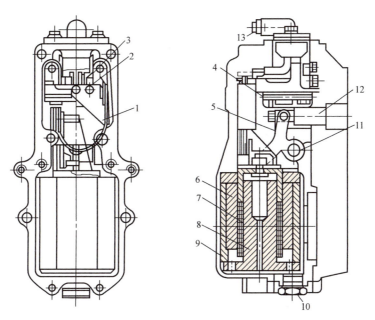

图 7-51　RED Ⅲ型电子调速器

1—扁平电缆　2—印制电路板　3—柔性端头销　4—齿杆位置传感器　5—杠杆　6—永久磁铁
7—移动式线圈　8—内芯　9—外芯　10—润滑油回路　11—杠杆轴　12—调节齿杆　13—外线束

实际控制喷油量（喷油泵油量调节齿杆位置）的执行器是一种电子调速器，其典型结构有 20 世纪 90 年代由日本 ZEXEL 公司生产的 RED Ⅲ 型电子调速器。这种调速器实际上是一种线性步进电动机，其结构如图 7-51 所示，主要由线性步进电动机、连杆、油量调节齿（拉）杆、齿杆位置传感器以及线束等组成。步进电动机中，可上下移动的线圈套筒位于圆柱形径向磁场中，只要移动线圈通电，即可在圆柱形空间产生作用力而上下移动。通过改变移动线圈中电流的流通方向，就可以改变其作用力的方向，由此控制移动线圈向上或向下移动。这种线性步进电动机取消了平衡弹簧，这与有平衡弹簧的线性电磁铁比较，具有较宽的动态范围和较大的作用力。在 RED Ⅲ 型调速器上同时设有齿杆位置传感器，可实现齿杆位置的反馈控制。

TICS 泵保留了 P 型直列泵的齿杆控制油量机构，但在柱塞偶件上增加了一个控制滑套，取代了原来的倒挂形固定柱塞套。通过控制滑套相对柱塞的上下位移的变化，改变柱塞的供油始点，即供油预行程，由此在一定范围内可实现供油时刻的任意控制。

二、喷射量的控制系统

TICS 泵的喷射量控制系统如图 7-52 所示，主要由齿杆位置传感器、线性直流步进电动机以及连杆等构成。发动机工作时，根据控制单元输出的控制指令，驱动电控调速器内的线性步进电动机，此时设置在步进电动机内位于径向磁场中的可移动线圈套筒上下移动，将线圈套筒的上下移动通过连杆转换成喷油泵油量调节齿杆位置的左右移动，由此控制喷油量。齿杆位置传感器安装在齿杆末端，即在齿杆末端的连杆上部固定随齿杆一起在感应线圈轴上可移动的铜片，而齿杆位置传感器的感应线圈位置固定。当齿杆移动时铜片随之移动，改变了铜片到感应线圈的距离，于是在感应线圈中产生的磁场发生变化，由此可检测齿杆的实际位置，并将齿杆位置信号反馈给 ECU。ECU 将目标齿杆位置和实际齿杆位置进行

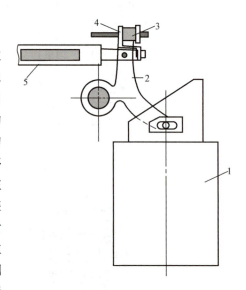

图 7-52 齿杆控制装置
1—线圈套筒　2—连杆　3—齿杆位置传感器　4—铜片　5—齿杆

比较，演算出两者的差值，确定反馈控制量，由此反馈控制齿杆位置使之更接近于目标位置。所以，齿杆位置传感器在控制精度和响应性方面起着很重要的作用。

1. 线性直流步进电动机

线性直流步进电动机的结构原理如图 7-53 所示，主要由外壳、永久磁铁、线圈套筒和盘座等组成。永久磁铁主要产生磁场，而外壳和盘座形成磁路，有效地引导磁通量的导通。线圈套筒设在磁场中，当线圈中导通电流时，就会使其上下移动。

根据电磁学理论，在磁通密度为 B 的磁场中存放的导体上流通电流 I 时，在电磁场的作用下产生电磁力 F，其方向符合左手定则。电磁力 F 的大小与磁通密度 B、导体中电流 I 的大小以及导体长度 l 成正比，即

第七章 柴油机的电控技术

$$F \propto BIl \tag{7-8}$$

在结构上，永久磁铁为圆柱形，所以磁通密度 B 的方向始终指向圆柱体轴心，而导线为螺旋状，因此流经导线的电流方向始终与磁场方向相垂直（图 7-54）。当电流方向为左旋时，线圈在磁场力的作用下向上移动；若电流方向为右旋时，由于磁场力方向相反，所以线圈就向下移动。

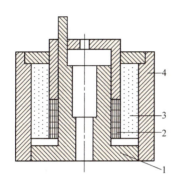

图 7-53　线性直流步进电动机
1—盘座　2—线圈套筒　3—永久磁铁　4—外壳

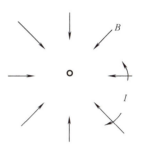

图 7-54　磁场与电流方向

作为线圈电流流通方向的控制方式，ZEXEL 公司采用独自的电磁场切换方式，即由开关电路构成线圈电流的驱动电路，如图 7-55 所示，而且由 ECU 以 1kHz 的频率控制此开关电路。当控制齿杆的线圈套筒处于平衡状态时，开关电路中 UP 信号和 DOWN 信号比为 1∶1。但是，若要使线圈套筒上移或下移时，就得改变此 UP 信号和 DOWN 信号比，即控制占空比。通过改变占空比，可调整线圈套筒的移动速度。

控制线圈套筒位置的占空比，是在控制脉冲信号的一个循环时间内，通过 OFF 时间所占的比例来定义，即

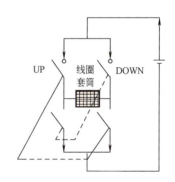

图 7-55　线圈电流驱动开关电路

$$占空比 = \frac{OFF\ 时间}{OFF\ 时间 + ON\ 时间} \times 100\% \tag{7-9}$$

图 7-56 所示为线圈套筒处于平衡状态和上升时的占空比实例。

2. 齿杆位置传感器

齿杆位置传感器如图 7-57 所示，由 E 形铁心、检测线圈和可动铜片、温度修正线圈和固定铜片等组成。其中，可动铜片是固定在齿杆末端上，并滑套在 E 形铁心上随齿杆移动。当检测线圈中流通电流时，如图 7-58 所示在 E 形铁心上产生磁场。若在磁场中放置一个铜片时，铜片上将产生电涡流，由此将铜片之前的磁场抵消。随着铜片位置的变化，被抵消的磁场强度变化，所以在检测线圈中所产生的反电动势也发生变化。通过这种原理测出检测线圈的反电动势，就可以测出齿杆的位置。当温度变化时，铜片产生膨胀变形，使可动铜片相

对检测线圈的位置发生变化，因此直接影响齿杆位置的测量精度。

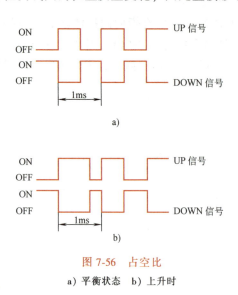

图 7-56 占空比
a）平衡状态 b）上升时

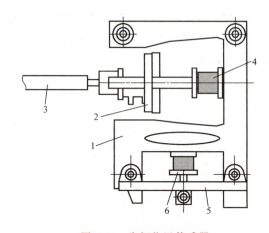

图 7-57 齿杆位置传感器
1—E形铁心 2—可动铜片 3—齿杆 4—检测线圈 5—固定铜片 6—温度修正线圈

为了避免这种温度的变化对齿杆测量精度的影响，专门设置了由固定铜片和固定线圈构成的温度修正装置。当固定铜片随温度变化而膨胀变形时，由于与对应的线圈距离发生变化，所以在温度修正线圈中的电感相应地发生变化。这样，通过两个线圈的电感之比（反电动势之比），可精确地测量齿杆的位置。

三、滑套式可变预行程控制机构

滑套式可变预行程控制机构是在柱塞偶件上增加了一个控制滑套，通过控制滑套相对柱塞上的上下位移来改变预行程或供油时刻。滑套式可变预行程控制系统主要由滑套控制机构（图 7-59）、驱动部及滑套位置传感器等组成。其中，滑套控制机构包括套在柱塞上的可动

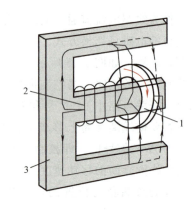

图 7-58 铜片位置与磁场变化
1—可动铜片 2—检测线圈 3—E形铁心

滑套、控制滑套上下移动的调节臂和控制杆，在控制杆身上，相对各缸的位置设置调节臂，并使之插入滑套的对应槽中，控制杆一端为U形连接器与驱动器相连接。驱动器转轴前端偏心设置球形销，安装时嵌入控制杆的U形槽中。因此，当驱动器转轴转动时，通过U形连接器带动控制杆绕其中心转动，此时通过调节臂控制滑套相对柱塞上下滑动，可改变滑套相对柱塞的位置，以达到控制喷油时刻的目的。当滑套上移时，喷油泵在大预行程（供油速率高）范围工作，但是整个供油有效行程不改变，即供油量保持不变。对于柱塞式直列泵，喷油泵的喷射压力随转速的增加而增加，在高速时喷油速率高，喷射压力也高，而低速时往往造成喷油速率降低，喷射压力随之也降低，从而使低速工况下的喷雾质量变差，导致燃烧过程恶化，使得柴油机低速性能不好，排放超标。采用TICS泵以后，低速时可以把供

油范围调整到高预行程区域，使得低速时的供油速率和供油压力不至于过低；而当高速时，把供油范围调到低预行程区域，使高速时的喷油速率和喷射压力都不至于过大，以保证高、低速时的发动机性能。当然，TICS 泵在改变供油预行程的同时也改变喷油正时。一般柴油机要求高速时喷射时刻提前，低速时喷射时刻滞后。TICS 泵在低速时将供油范围往高预行程方向移动，此时喷射时刻也滞后，正好与柴油机对喷油正时的要求相吻合。因此，采用 TICS 泵后不需要另外再设置喷油正时机构。图 7-60 所示为滑套驱动机构。它采用旋转式步进电动机，主要由固定线圈、U 形铁心、转子和驱动轴组成。当线圈中通过电流时，在 U 形铁心上产生磁场，带动设在铁心内侧的转子转动。转子上设有回位弹簧，驱动轴的旋转角位移，主要靠磁场力的大小和回位弹簧的相互作用来控制。转子与驱动轴刚性连接，驱动轴前端为偏心设置的球形销。在实际工作时，ECU 经判定由脉谱演算出事先设定的对应于发动机实际工况的目标滑套位置，并输出控制指令，使线圈通电，在铁心上产生相应的磁场，由此使转子在 60°范围内旋转。

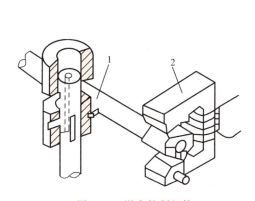

图 7-59 滑套控制机构
1—控制杆 2—驱动器

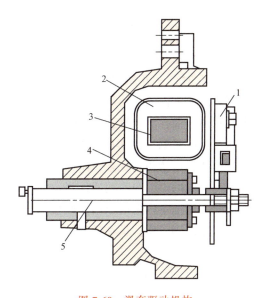

图 7-60 滑套驱动机构
1—角位移传感器 2—线圈 3—铁心
4—转子 5—驱动轴

为了精确控制滑套的位置（喷射时刻），在驱动轴另一端安装滑套位置传感器，对滑套位置进行反馈控制。滑套位置传感器的结构如图 7-61 所示，主要由 U 形铁心、可动短路铜环片、检测线圈、固定短路铜环片和温度修正线圈组成。可动短路铜环片直接安装在驱动轴上，随驱动轴同步转动。当检测线圈导通时，U 形铁心上产生磁场。此时在该磁场中设置的可动短路铜环片中产生电涡流，由此产生的电磁感应现象，将铜环片之前的磁场抵消，在线圈中产生相应的反电动势。可动短路铜环片随驱动轴转动，对不同环片的位置，被抵消的磁场强度不同，所以在线圈中所产生的反电动势也不同。因此，通过检测线圈中所产生的反电动势的大小，就可以检测滑套的位置。在实际工作中，由于工作温度不同，所以可动短路铜环片受热变形，直接影响测量精度。为了消除温度变化对滑套位置测量精度的影响，在滑套位置传感器上专门设置了由固定铜环片和温度修正线圈构成的温度修正装置。当温度升高时，固定铜环片受热膨胀而改变了相对温度修正线圈的距离。因此，当该线圈中流通电流时，产生与固定铜环片膨胀量相对应的反电动势。通过检测线圈和温度修正线圈的反电动势之比，可以精确地测量滑套的位置，并以此信号作为滑套的位置信息，通过 ECU 进行滑套位置的反馈控制。

四、可变预行程喷油泵的工作原理

1. 泵油原理

图 7-62 所示为可变预行程 TICS 喷油泵的供油原理。当柱塞下行使进油孔露出滑套下端时（图 7-62a），由于压油室内的体积增加而产生真空，所以存油室的燃油经进油孔及柱塞内部油道进入到压油室。当柱塞上行时，一开始由于进油孔未关

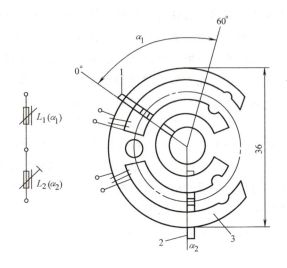

图 7-61　滑套位置传感器
1—可动短路铜环片　2—固定短路铜环片　3—铁心

闭，所以压油室内的燃油从进油孔回流，因此压油室内的压力不会升高；当柱塞继续上移，使进油孔和回油孔均被滑套关闭时，压油室内的压力才开始上升。进油孔和回油孔关闭的时刻为压油开始时刻（图 7-62b）。随着柱塞继续上移，滑套和柱塞的相对位置改变，但进油孔和回油孔仍保持关闭状态，而柱塞的有效压油行程即柱塞上斜槽离回油孔的距离缩短，由此将压油室内的燃油向喷油器压送（图 7-62c）。当柱塞继续上移使柱塞上的斜槽与回油孔相对应时，压油室内的高压燃油经柱塞内部油道及斜槽回流到存油室，使压油室内的压力迅速下降，出油阀落座，供油过程结束（图 7-62d）。

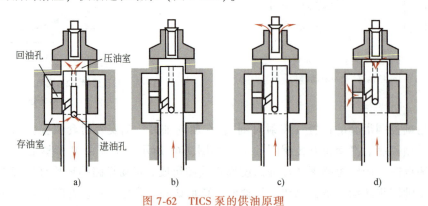

图 7-62　TICS 泵的供油原理
a）进油过程　b）压油开始时刻　c）供油过程　d）供油终了时刻

2. 喷射时刻的控制

可变预行程喷油泵通过控制滑套相对柱塞的位置来实现喷射时刻的控制。当控制滑套的驱动轴旋转角度减小时，滑套相对柱塞位置下移，使柱塞的压油开始时刻提前，即供油时刻提前；当驱动轴旋转角度增大时，滑套相对柱塞位置上移，则压油开始时刻滞后，供油时刻延迟。

由于这种方法是通过改变滑套相对柱塞的位置来实现喷射时刻的控制的，因此在改变供油时刻的同时也改变了喷油泵凸轮的工作段，所以如图 7-63 所示的供油速率也发生变化。当滑套位置控制在相对柱塞的下方位置而提前供油时刻时，供油过程所对应的凸轮工作段在凸轮型线的前半部，此时供油期间所占的凸轮转角为 A；当滑套位置控制在相对柱塞的上方位置而延迟供油时刻时，供油过程所对应的凸轮工作段在凸轮型线的后半部，此时供油过程所占的凸轮转角为 B。喷油泵的供油量与凸轮有效行程 L 成正比，所以对一定的供油量（L 一定），由于供油期间凸轮型线工作段的不同，相对一定凸轮升程 L 的凸轮转角不同，即 $A>B$。供油速率被定义为单位凸轮转角所供给的燃料量。所以，通过滑套的位置控制供油时刻时，供油速率同时发生变化，即 $q_m/A<q_m/B$。表 7-2 所示为滑套行程与供油时刻、供油速率和车速之间的关系。

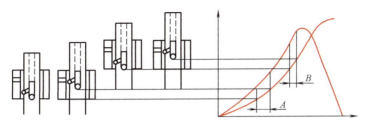

图 7-63　供油速率控制

表 7-2　滑套行程与供油时刻、供油速率及对应车速之间的关系

滑套行程	供油时刻	供油速率	车　速
小	早	低	高
↕	↕	↕	中
大	晚	高	低

五、TICS 泵的控制内容

随着排放法规的日趋严格，电控柴油机的控制内容不断增多。为了适应排放法规的要求，改善柴油机动力性和经济性，柴油机上采用了一系列的可变机构，如可变增压系统、可变进气涡流系统等。因此，TICS 泵的控制内容，除了电控调速器及滑套位置控制以外，还包括喷射定时器的控制、可变增压控制、可变进气涡流控制以及急速控制等。

1. 电控调速器的控制

一般调速器的控制有三种模式，即通常控制模式、解除（Pull down）调速器控制模式、带故障行驶控制模式。解除调速器控制模式是当处于发动机停止状态，既不是预热状态，也不是起动状态时，或者当发动机转速传感器出现故障或发动机超速等出现不正常现象时，为了安全而解除调速器的工作状态，强制供油量为零。当发动机出现故障后，通过带故障行驶控制模式，将有故障的车安全行驶到就近服务站为止。

通常控制模式主要包括全负荷喷油量控制、喷射量修正控制、燃油温度修正控制、起动喷射量控制、极限速度控制、快急速或急速转速控制等。

（1）全负荷喷射量 q_{Vf} 设定　全负荷速度特性的基本喷射量 q_{V0} 是在标准试验条件下，

即进气压力、温度、空气的湿度等一定的条件下,根据发动机的设计目标特性曲线来设定的全负荷喷射量。全负荷工况是根据加速踏板开度大于设定开度 A_2（即 $A_{cc} > A_2$）来判断。图7-64所示为全负荷速度特性的基本喷射量 q_{V0} 的调整过程。在 q_{V0}-n 的脉谱上,通过 q_{V0} 值的调整,使全负荷速度特性上的转矩特性曲线调整到与目标转矩特性曲线相一致。在发动机实际运行过程中,进气状态并不是恒定不变的,即使是转速和加速踏板开度一定,进气压力、进气温度等也是随机变化的。所以在设定实际全负荷速度特性的喷射量 q_{Vf} 时,在基本喷射量 q_{V0} 的基础上,根据进气压力、进气温度等的变化进行一系列的修正。

图7-65所示为不同转速下根据进气压力进行修正的方法。即当发动机转速一定的条件下,由于某种原因使进气压力发生变化时,直接根据二维脉谱的形式,通过二次插值法对基本喷射量进行修正。

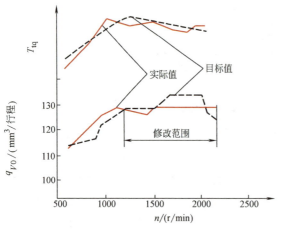

图7-64 全负荷速度特性喷射量标定

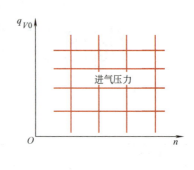

图7-65 根据进气压力修正喷射量的脉谱

当大气温度变化时,进入气缸的空气密度发生变化,所以对一定的工况下,为了保证空燃比,以适应发动机的动力性、经济性和排放特性,需要根据大气温度的变化对基本喷射量进行修正。修正时,在基本喷射量 q_{V0} 的基础上,加减对应于温度变化的修正量 Δq_{VT}。

燃油温度的变化也影响混合气的质量。因此也需要进行修正。燃油温度的修正是根据大气温度（或冷却液温度）和燃料温度的关系求出其修正系数 K_{f0},对目标喷射量进行修正。

所以,全负荷速度特性的实际目标喷射量为

$$q_{Vf} = K_{f0}(q_{V0} + \Delta q_{Vp} + \Delta q_{VT} + \Delta q_{Vr}) \tag{7-10}$$

式中, q_{Vf} 为实际目标喷射量（mm^3/行程）; q_{V0} 为基本喷射量（mm^3/行程）; Δq_{Vp} 为进气压力修正量; Δq_{VT} 为进气温度修正量; Δq_{Vr} 为燃油温度修正量; K_{f0} 为由燃油温度和大气温度确定的修正系数。

在实际应用时,全负荷喷射量除了以上的修正内容外,根据车速以及喷油器、喷油泵等的差异也需要进行修正。

部分负荷时,驾驶人对加速踏板的操作,只是给ECU提供加速踏板开度的信息,ECU根据发动机转速和加速踏板开度信息,由 A_{cc}-n-q_V 三维脉谱直接控制电控调速器,以实现对喷油量的控制。

(2) 起动喷射量控制 起动喷射量控制是指在冷起动时供给起动所必要的喷射量。由于冷起动时环境温度或冷却液温度不同,所喷射的燃料蒸发量不一样,所以直接影响气缸内的混合气浓度。如果供给过浓混合气,则起动过程中 HC 和 CO 排放量增加;如果燃料供给不充分,就不能正常起动,或出现某些循环熄火现象,不仅 HC 排放量增加,而且造成发动机振动。因此,根据不同的起动条件,需要精确控制所需喷射量。一般起动过程分为两部分,即发动机转速 $n<200\mathrm{r/min}$ 左右的起动机拖动过程和发动机转速 $n>200\mathrm{r/min}$ 的起动完爆过程。当 $n<200\mathrm{r/min}$ 时的起动机拖动工况是通过加速踏板开度 $>A_1$(如 $A_1=50\%$)、$n<200\mathrm{r/min}$、起动开关为 ON 状态、发动机冷却液温 $t_\mathrm{w}<t_\mathrm{w1}$(如 $t_\mathrm{w1}=-10℃$),且转速传感器正常等几个条件是否同时满足来判断。低温起动机拖动过程的喷射量主要是根据发动机冷却液温度来确定,对具体的发动机,则要通过冷起动试验,同时考虑冷起动排放特性和冷起动性能进行精确标定。一般冷却液温度越低,蒸发条件越差,所需喷油量越多。当起动转速超过 $200\mathrm{r/min}$,即发动机起动完爆以后,起动喷射量是根据如

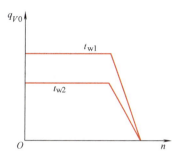

图 7-66 起动喷射量控制脉谱

图 7-66 所示的冷却液温度和起动转速确定的脉谱来控制。起动完爆后,喷油量随发动机转速的增加而减小,并逐渐过渡到设定的怠速转速工况。

2. 滑套位置的控制

滑套位置的控制有三种模式,即正常工况及冷态等工况下实施的一般控制模式、滑套位置的学习控制模式以及停止控制模式。在滑套位置传感器学习前或学习中,以及滑套位置控制软件开关为 OFF 状态,或有错误信息,以及发动机转速为零时,停止滑套的控制。图 7-67 所示为滑套位置的控制逻辑框图。

(1) 滑套位置的一般控制 在正常工况下,滑套的位置(PS)一般由转速和喷油量确定,即基于 n-q_Vf-PS 脉谱,通过 4 点二次插值法确定整个使用工况点的基本滑套位置。在此基础上根据大气温度、进气压力以及加速状态等进行修正,由此确定最终目标值,即

$$PS_\mathrm{sol}=3\mathrm{DM}(n\text{-}q_\mathrm{Vf}\text{-}PS)_\mathrm{map}+PS_\mathrm{ta}+PS_\mathrm{pb}+PS_\mathrm{cac} \qquad (7\text{-}11)$$

式中,PS_ta 为进气温度修正量(°);PS_pb 为进气压力修正量(°);PS_cac 为加速修正量(°);PS_sol 为目标滑套位置(°)。

这里,进气温度修正量 PS_ta 一般取

$$PS_\mathrm{ta}=-K\left|\frac{(A-A_0)(t_\mathrm{r}-t_\mathrm{atm})}{100-L_0}\right| \qquad (7\text{-}12)$$

式中,A 为实际加速踏板开度(%);A_0 为设定加速踏板开度值(70%);t_r 为参考温度,取 10℃;t_atm 为大气温度(℃);K 为由发动机转速确定的修正系数,一般由 2DM(n-K)的二维脉谱形式给出(°/℃)。

滑套位置的进气温度修正,是在实际加速踏板开度 $A_\mathrm{cc}>70\%$,且大气温度 $t_\mathrm{atm}<10℃$ 的条件下进行的。

进气压力修正 PS_pb 是当实际加速踏板开度 A 大于设定值 A_1(一般设定为 80%),且进气压力偏低,小于设定值 p_b1(如对大型柴油机取为 20kPa)时进行的进气压力修正量。其

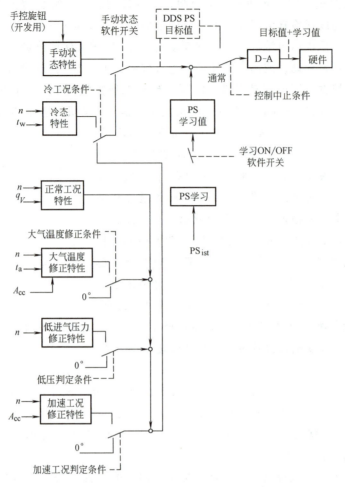

图 7-67 滑套位置的控制逻辑框图

修正量随转速不同而变化,所以一般由二维脉谱(n-PS_{pb})给出其修正量。

加速修正量 PS_{cac} 一般用下式进行计算,即

$$PS_{cac} = PS_{n1}XY \tag{7-13}$$

式中,PS_{n1} 为针对转速 n_1 给定的初值,对排量为 14L 的大型发动机,当 $n_1 = 689 \text{r/min}$ 时,$PS_{n1} = 10.59°$;X 为与发动机转速变化率相关的修正系数,由二维脉谱(Δn_t-X)确定,其取值范围为 $0 \leq X \leq 1$,其中 Δn_t 指发动机转速的变化率;Y 为与实际加速踏板开度、转速相关的修正系数,由三维脉谱(实 A_{cc}-n-Y)确定,其取值范围为 $0 \leq Y \leq 1$。

当发动机转速范围在 $n_1 < n < n_2$,且加速踏板开度变化率超过设定值 ΔA_1(如 2%/s),转速变化率 Δn_t 大于设定值 Δn_1(如 11r·min^{-1}/s)时,对滑套位置进行加速修正。

当发动机冷却液温度和进气压力分别低于某一设定值 t_{w1}($=50$℃)和 p_{b1}(对增压发动机 $p_{b1} = 72.9 \text{kPa}$),即当 $t_w < t_{w1}$ 和 $p_b < p_{b1}$ 时,认为发动机处于冷态工况。此时,直接用发动机转速 n 和冷却液温度 t_w 确定的三维冷态滑套位置脉谱进行控制,即 $PS_{sol} = 3DM(n\text{-}t_w\text{-}PS)$。

(2)滑套位置的学习控制 为了通过滑套位置精确控制喷射时刻,实施滑套位置的学习控制。滑套位置学习控制是在实际滑套位置的控制电压在正常范围(0.7~3.3V)之内,

第七章 柴油机的电控技术

并且学习软件开关处于 ON 状态、学习状态没结束以及学习无错误时才实施。

作为学习处理方法，在 A-D 转换周期（如 20ms）内，将滑套位置传感器输出的电压 U_{ps} 进行 N_1（一般取 10 次）次平均后，如果该平均值 U_{psm} 在 U_{ps2}（=0.94V）< U_{psm} < U_{ps1}（=1.51V）范围内时，计算学习值后结束学习过程。否则从平均电压值 U_{psm} 的求解开始重新学习，若进行 N_2 次（如 6 次）平均处理后仍不能结束学习过程时，认为是学习错误。

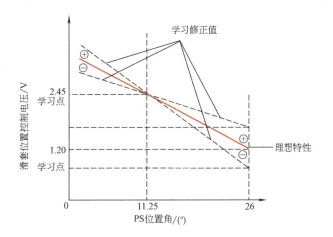

图 7-68 学习修正范围

在实际学习控制过程中，将 N_1 次平均后的滑套位置电压值变换成与目标滑套位置成比例的值，然后取出两者的差值作为学习值，并记忆进行学习修正。学习修正范围如图 7-68 所示。通过 ECU 演算处理后经 D-A 转换器输出的滑套位置控制电压值，应等于目标滑套位置电压值和学习修正值之和。

3. 喷射定时器的控制

上述滑套位置的控制，在控制喷射时刻的同时改变喷射规律，而且用这种方式所能控制的喷射时刻范围有限。对柴油机的 NO_x 排放特性，喷射时刻的影响很大。所以通过燃烧系统的改进，延迟喷射时刻，是控制柴油机 NO_x 排放的一种很有效的手段。为了在更宽广的范围内改变喷射时刻，往往采用专用定时器，通过控制供油时刻来间接控制喷射时刻。图 7-69 所示为定时器的结构原理，主要由供油电磁阀、回油电磁阀、液压柱塞、大小偏心轮、

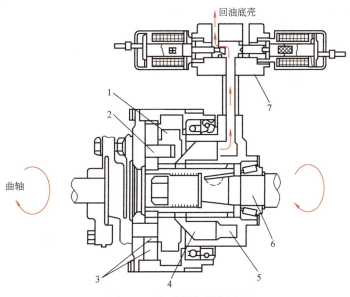

图 7-69 定时器的结构原理

1—位移变换器 2—滑块销 3—偏心凸轮 4—液压柱塞 5—液压室 6—凸轮轴 7—电磁阀

滑块（位移变换器）、滑动销以及喷油泵驱动轴、喷油泵凸轮轴等组成。滑动销套装在两个半圆形滑块上，两个滑块用弹簧连接，弹簧的作用是使滑块始终向轴心靠拢。当回油电磁阀关闭，而供油电磁阀开启时，供油系统向柱塞背面的液压腔供油，柱塞在油压作用下向左移动的同时，推动滑块克服弹簧力向外运动，此时滑块通过滑块销使双偏心轮转动，双偏心轮的转动使驱动轴与凸轮轴之间的相位发生变化，由此改变供油时刻。由于柱塞仅是通过斜面来推动滑块，并不是通过铰链，所以即使是液压系统失灵，滑块靠离心力仍可向外运动，因此这种定时器具有机械式供油提前作用，以此避免发动机排温过高或严重冒烟。

一般地，定时器的控制模式有正常控制模式、急速控制模式和起动控制模式。采用正常控制模式时，将目标供油提前角 θ_{sol} 和实际提前角 θ_{ist} 之差作为控制量，并进行 PI 演算，由此控制驱动定时器电磁阀（TVC）的占空比，控制供油时刻。目标供油提前角由下式在基本供油提前角 θ_r 的基础上，进行大气温度修正 θ_{cat} 和加速工况修正 θ_{cac} 来确定，即

$$\theta_{sol} = \theta_r + \theta_{cat} + \theta_{cac} \tag{7-14}$$

式中，θ_{sol} 为目标供油提前角（°CA）；θ_r 为基本供油提前角；θ_{cat} 为大气温度修正值；θ_{cac} 为加速工况修正值。

其中，基本供油提前角 θ_r 是在标准台架试验条件下，通过发动机转速 n 和喷射量 q_{Vf} 标定的 3DM（n-q_{Vf}-θ_r）三维脉谱，结合二次插值法来确定；而大气温度修正的是在实际加速踏板开度（或不同负荷）下大气温度与标准台架试验环境温度不同而造成目标供油时刻变化的部分。其修正值 θ_{cat} 根据下式确定，即

$$\theta_{cat} = K \frac{(A - A_0)(t_A - t_{atm})}{100 - A_0} \tag{7-15}$$

式中，A 为实际加速踏板开度（%）；A_0 为加速踏板开度设定值，取 $A_0 = 70\%$；t_A 为设定温度，取 $t_A = 20$℃；t_{atm} 为大气温度（℃）；K 为由发动机转速确定的修正系数，通过台架试验标定，由二维脉谱（n-K）给定。实际控制时，当 $A - A_0 < 0$ 时，令 $A - A_0 = 0$；当 $t_A - t_{atm} < 0$ 时，令 $t_A - t_{atm} = 0$；若 $t_{atm} < t_B(= -20$℃$)$ 时，令 $t_{atm} = t_B$。t_B 为预先设定的温度。

加速工况修正值 θ_{cac} 是根据加速踏板开度位置、发动机转速及发动机转速变化率来修正目标供油时刻。加速工况修正的实施条件是在发动机使用转速范围内，当加速踏板开度变化率和发动机转速变化率分别超过设定值 ΔA_1 和 Δn_1 时，认为是加速工况。一般大型柴油机的加速踏板开度变化率设定值取为 $\Delta A_1 = 2\%/s$，转速变化率取为 $\Delta n_1 = 11(r/min)/s$。加速工况修正值 θ_{cac} 由下式确定，即

$$\theta_{cac} = \theta_{n1} X Z \tag{7-16}$$

式中，θ_{n1} 为预先设定的初值（°CA）；X 为根据转速变化率进行修正的修正系数，由不同转速变化率 Δn_t 的二维脉谱（Δn_t-X）形式设定，修正系数 X 的取值范围为 $0 \le X \le 1$；Z 为由实际加速踏板开度和发动机转速确定的修正系数，由三维脉谱（实 A_{cc}-n-Z）形式设定，其取值范围为 $0 \le Z \le 1$。

当发动机转速、冷却液温度及实际加速踏板开度同时满足 $n < n_1$（$= 1500$r/min）、$t_w < t_{w1}$（$= 50$℃）和实际 $A_{cc} < A_1$（$= 50\%$）时，按急速控制模式进行控制。此时，直接通过目标提前角和实际提前角之差为控制量，进行 PI 演算，由此控制驱动定时器电磁阀的占空比，实现供油时刻的控制。

当调速器为起动状态时，就按起动控制模式进行控制，此时定时器的供油提前角的控制方式与怠速控制模式基本相同。

当 20r/min<n<n_1（设定的最高转速），且起动开关为 ON 状态时，进行极限位置回位控制，即回位电磁阀以 80% 的占空比开启。图 7-70 所示为定时器的控制逻辑原理框图。

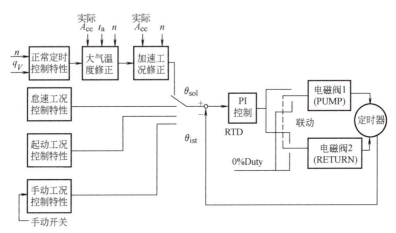

图 7-70　定时器的控制逻辑框图

第五节　高压共轨电控喷射系统

一、概述

尽管在机械式柴油机的基础上，通过开发应用电控技术，如上述电控分配泵、TICS 泵，有效地改善了动力性、经济性和排放特性，适应了不同时期的排放法规要求。但是这些电控技术在结构上仍受原机械式喷射系统的限制，而不能自由、灵活地控制喷射规律，直接限制了柴油机燃烧过程的优化控制，使柴油机性能难以进一步提升。为了适应日趋严格的排放法规和节能要求，开发研究了一系列新型喷射系统和技术措施。表 7-3 所示为各种技术措施对柴油机排放及其他性能的影响。

表 7-3　各种技术措施对柴油机排放及其他性能的影响

性能指标	喷射系统				后处理			
	喷射压力最高化	喷射压力控制	预喷射	喷射时刻 $\theta\downarrow$ 控制	EGR	还原催化剂（NO_x）	氧化催化剂（HC）	静电除尘
PM,SM,HC 排放	明显改善	明显改善	无效果	恶化	恶化	无效果	明显改善	明显改善
NO_x 排放	恶化	改善	明显改善	明显改善	明显改善	明显改善	无效果	无效果
油耗	改善	改善	改善	恶化	改善	无效果	无效果	无效果
噪声	恶化	改善	明显改善	改善	无效果	无效果	无效果	无效果
起动机	无效果	改善	改善	恶化	无效果	无效果	无效果	无效果
行驶性	改善	明显改善	无效果	恶化	无效果	无效果	无效果	无效果

但是如前所述，对柴油机一般降低 NO_x 排放量的控制技术与烟度和微粒的控制技术互相矛盾。如虽然 EGR 是降低 NO_x 排放量的很有效的技术措施，但反而使微粒和烟度增加。

从降低微粒和烟度角度，高压喷射是最有效的措施。但高压喷射虽能改善喷雾质量，降低喷雾粒子的平均直径，提高有效蒸发面积，促进混合气的形成和燃烧，从而降低烟度和微粒，但增加 NO_x 排放量。因此从控制排放角度，对柴油机的喷射系统要求能实现高压喷射，而且还可以控制喷射压力和喷射率，以及提高喷射时刻的控制自由度。图 7-71 所示为喷射压力对喷雾平均索特直径和烟度的影响。一般当喷射压力超过 100MPa 时，烟度可控制在很低的水平。

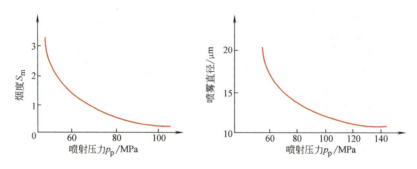

图 7-71　喷射压力对喷雾平均索特直径和烟度的影响

高压喷射虽然能有效地控制微粒和烟度，但由于在着火延迟期内所形成的混合气量增多，促进了预混合燃烧，所以放热率的峰值增加，使 NO_x 排放量和噪声增大。因此，为了同时控制 NO_x 排放量和噪声，对高压喷射系统，采用预喷射方式，以控制喷射规律。图 7-72 所示为高压喷射和预喷射方式对 NO_x 排放影响的示意图。通过预喷射方式控制着火之前的喷射量，因此可抑制预混合燃烧，这样有效地控制放热率的峰值，使 NO_x 的排放量和噪声都得到改善。

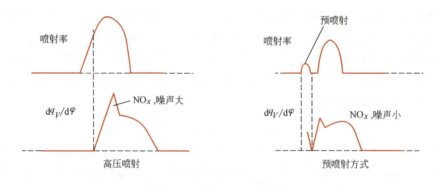

图 7-72　高压喷射和预喷射方式

另一方面，喷射时刻对柴油机的性能和排放特性影响很大。因此，有效地控制喷射时刻，使之达到最佳化，对控制柴油机排放是一个很重要的环节。对于普通的喷射系统，其喷射时刻的控制自由度受结构的限制，因此不可能做到对任何工况下喷射时刻的最佳控制。在应用柴油机电控技术后，实现了随发动机工况任意控制喷射时刻，所以提高了控制自由度。

为了适应日趋严格的排放法规，以便更有效地控制 NO_x 和微粒（烟度）排放，对柴油机喷射系统提出了以下的基本要求：

第七章 柴油机的电控技术

1) 喷雾在时间空间上的最佳化。
2) 产生足够的喷射压力。
3) 实现喷射量及喷射时刻的最佳控制。

能满足上述基本要求的典型的新型喷射系统,有高压共轨电控喷射系统和电控泵喷嘴系统等。高压共轨电控喷射系统是在20世纪80年代末到90年代初,针对越来越严格的汽车排放法规要求而研究开发的一项高压喷射技术。所谓高压共轨电控喷射系统,是指在该系统中有一根各缸共用的高压油管(共轨),用高压输油泵向共轨(蓄压室)泵油,并在共轨中设置压力传感器,监测共轨中的燃油压力,通过ECU控制设置在高压输油泵上的电磁阀(溢流阀)对共轨压力进行反馈控制,保证共轨压力保持恒定值。由此,经共轨将一定高压的柴油分别送往各缸喷油器,使各缸喷射压力一致,保证各缸的均匀性。而且,通过该系统中喷油器上的三向电磁阀(TWV),可控制喷油正时和喷射量。现阶段高压共轨电控喷射系统可实现300MPa的高压喷射,且喷射压力可控制,又可实现喷油速率的柔性控制,可适应新的排放法规的要求,因此是很适合于现代车用柴油机的喷射系统。

二、高压共轨电控喷射系统特点及类型

综上所述,高压共轨喷射系统主要有以下几方面的优点:

1) 共轨系统中的喷油压力可柔性调节,根据柴油机不同工况确定对应的最佳喷射压力,从而优化柴油机综合性能。
2) 可独立控制喷油正时,控制范围宽,配合喷射压力(60~300MPa)柔性控制喷射时刻,有利于降低NO_x和微粒(PM)排放,以满足排放法规的要求。
3) 喷油速率的柔性控制,可实现理想喷油规律,容易实现预喷射和多次喷射,保证优良的动力性和经济性的前提下,有效控制排放。
4) 由电磁阀控制喷油,其控制精度较高,高压油路中不会出现气泡和残压为零的现象,因此在柴油机运转范围内,循环喷油量变动小,各缸供油不均匀性可得到改善,从而减轻柴油机的振动,降低排放。

所以,随着排放法规的不断严格,在国内外车用柴油机上高压共轨喷射系统逐渐得到广泛应用。在车用柴油机的高压共轨喷射系统方面具有代表性的产品有日本电装公司开发的ECD-U2系统、德国博世公司开发的CR系统、美国Caterpillar公司开发的HEUI系统和意大利Fiat集团开发的Unijet系统。可以说,这些产品代表了当今高压共轨电控喷射系统的技术水平和发展趋势。

三、ECD-U2型高压共轨喷射系统

1. 系统组成

ECD-U2型高压共轨喷射系统常用于中重型车用柴油机上。ECD-U2系统主要由直列式多山凸轮高压输油泵、共轨、二位三通电磁阀一体的喷油器、控制单元(ECU)以及传感器等组成。如图7-73所示,高压输油泵的凸轮一般采用按圆周方向均匀分布的多山(3山)凸轮结构形式,当高压输油泵旋转一周时每缸供油三次,以提高供油速率和供油能力,保证共轨能迅速建立高压。高压输油泵上设置一个压力控制阀(PCV),用来控制高压输油泵的

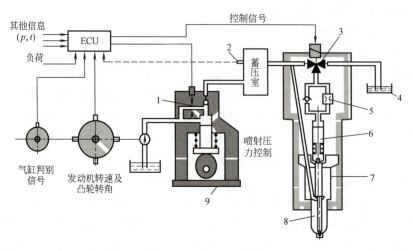

图 7-73 ECD-U2 系统

1—压力控制阀（PCV） 2—压力传感器 3—三向电磁阀 4—燃油箱
5—小孔节流阀 6—液压活塞 7—针阀体 8—喷油器 9—高压泵

供油量。高压输油泵把燃油输送到共轨中，共轨上安装压力传感器，以检测共轨中的燃油压力。压力传感器的压力信号输送到ECU中，由ECU通过高压输油泵的PCV对共轨压力进行反馈控制，保证共轨中的压力稳定。共轨压力可根据柴油机各工况的要求确定其所需要的目标值。

喷油器由针阀偶件、液压活塞、节流阀以及二位三通的三向电磁阀（TWV）等组成。喷油器的喷射量和喷射时刻，是通过ECU根据发动机的不同工况控制三向电磁阀从而调节液压活塞顶部控制室内的油压来控制的。三向电磁阀的通电时刻决定喷射时刻，而通电持续时间决定喷油量的大小。由于高压输油泵的供油过程和喷油器的喷射过程是分别进行的，而喷射压力主要取决于共轨压力，可以任意控制喷射压力，不受二次喷射等限制，所以很容易实现高压喷射。共轨（蓄压室）的主要作用就是储存高压燃油，同时衰减高压输油泵供油时的压力脉动，使之稳压，并向各缸喷油器分配高压燃油。

这种高压共轨电控喷射系统，由于通过液压活塞直接控制针阀升程，所以便于控制喷射率，实现预喷射。同时，通过三向电磁阀的通电时刻及通电持续时间的控制，可任意控制喷射量和喷射时刻，而且喷射压力、喷射量以及喷射时刻等各参数均可独立控制，所以可以实现喷射系统参数的最佳匹配，保证柴油机的性能和排放特性。

2. 电控喷油器及高压共轨喷射系统工作原理

发动机工作时，高压输油泵输送的高压燃料，不断地储存在共轨（蓄压室）中。然后通过喷油器上的三向电磁阀（TWV）控制喷油器针阀的开或关，以控制喷射量和喷射时刻。共轨压力是根据设置在共轨上的压力传感器，并通过高压输油泵上的压力控制阀（PCV）控制其泵油量，使共轨压力反馈控制在发动机所需要的最佳值上。共轨中的高压燃油施加在喷油器的针阀以及其液压活塞顶上。ECU根据发动机工况，通过事先由试验确定的目标控制量脉谱图，控制喷油器上三向电磁阀的开关时刻，由此控制液压活塞顶上的油压，以控制喷射量和喷射时刻。三向电磁阀喷油器的结构如图7-74所示，主要由与传统喷油器相似的

第七章 柴油机的电控技术

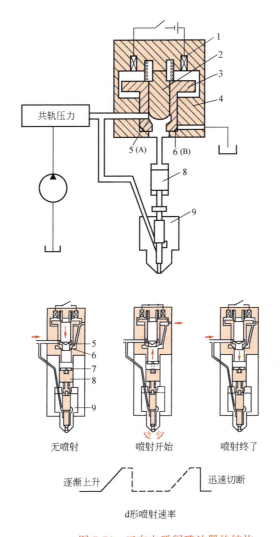

图 7-74 三向电磁阀喷油器的结构

1—线圈 2—内阀 3—外阀 4—阀体 5—A密封面 6—B密封面 7—小孔节流阀 8—液压活塞 9—喷油器

喷油器针阀偶件、液压活塞、控制量孔、三向电磁阀（TWV）等组成。其中三向电磁阀主要包括内阀、外阀和阀体。内阀是一个自由活塞。外阀与电磁线圈的衔铁做成一体，由线圈通电方式控制其上下运动。阀体是用来支承外阀的。这三个部件相互配合精度很高，分别形成 A、B 两个密封面。A 密封面控制液压活塞顶部的控制室与高压共轨的连通，B 密封面则控制液压活塞顶部的控制室与泄油孔连通。在 ECU 的控制下，随着外阀的运动，A、B 两个密封面交替关闭或开启，使液压活塞顶部的控制室或者与高压共轨入口接通，或者与泄油孔接通，在结构上使得两者（控制室的入口和泄油孔）不能同时接通。当三向电磁阀（TWV）接通时，在线圈中所产生的磁场力的作用下外阀上移，密封面 A 被关闭，阻止共轨中的高压燃油进入液压活塞顶部的控制室，而密封面 B 打开，使液压活塞顶部控制室内的高压油，经密封面 B（泄油孔）向燃油箱泄油，造成液压活塞顶上的油压降低，喷油器针阀在其承压锥面上的高压燃油的作用下，克服液压活塞顶部压力及其弹簧力而升起，喷油开始。当三向电磁阀断电时，磁场消失，外阀在弹簧力的作用下下移，此时密封面 B 关闭，而密封面 A 打开。这样，来自共轨的高压燃油进入喷油器针阀的承压锥面室和液压活塞顶部的控制室。液压活塞在共轨高压燃油和弹簧力的作用下，推动针阀落座，使针阀关闭，喷油停止。由此完成高压喷油过程。

这里液压活塞顶部的控制室容积的大小决定喷油器针阀开启的灵敏度。控制室容积太大，针阀开启时间滞后，初期喷射速率降低，而且在喷油结束时不能实现快速断油，使后期喷射的燃油雾化不良；控制容积太小，则不能给针阀提供足够的有效行程，使喷射过程的流动阻力加大。因此，对控制室容积也应根据不同发动机的最大喷油量合理选择。

为了控制初期的喷油速率，以适应降低柴油机排放的要求，在液压活塞上方专门设置一个单向阀和一个小孔节流阀。单向阀的作用是阻止液压活塞上方的燃油通过，只允许高压共轨燃油流入控制室，控制室内的燃油只通过小孔节流阀逐渐泄油，以控制液压活塞上方控制室内的压力下降速度，由此控制喷油器针阀的升起速度，实现初期喷射规律控制。单向阀的孔径（进油量孔）和节流阀的最小直径（泄油量孔）以及液压活塞上部的控制室容积对喷油器的喷油性能影响很大。泄油量孔和控制室容积决定喷油器针阀的开启速度，而喷油器针阀的关闭速度由单向阀（进油量孔）的流量特性和控制室的容积决定。所以单向阀的设计应使喷油器针阀有足够快的关闭速度，以避免喷油器喷射后期雾化不良现象。若适当减小控制室容积，就可以使针阀的响应速度更快，使燃油温度对喷油器喷油量的影响更小。但控制室容积过小，直接影响喷油器针阀的最大升程，而且单向阀和节流阀的流量特性直接影响控制室内油压的动态特性，从而影响针阀的运动规律。

当喷油结束时，三向电磁阀断电，外阀向下移动，密封面 B 关闭，停止泄油，而密封面 A 打开，共轨的高压燃油通过单向阀迅速进入液压活塞顶部的控制室，和弹簧力一起推动液压活塞下行。由于液压活塞直径比针阀直径大，使针阀迅速关闭，故断油迅速。三向电磁阀的通电时刻决定喷射时刻，通电持续时间决定喷射量。一般三向电磁阀的开启响应时间为 0.35ms，关闭响应时间为 0.4ms，在全负荷状态下能量消耗约为 50W。

由于高压共轨喷射系统的喷射压力非常高，因此其喷油器喷孔截面积很小，如博世公司开发的 7 孔喷油器喷孔直径为 0.126mm，如此小的喷孔直径在如此高的喷射压力下，喷孔喷射时的燃油流动处于极端不稳定状态，油束喷雾锥角变大，燃油雾化更好，但贯穿距离变小，因此可适当改变柴油机的进气涡流强度以及燃烧室结构形状，以确保最佳的燃烧过程。

3. 高压输油泵的供油原理

高压输油泵的作用是，为了产生和控制一定的共轨压力，控制高压输油泵的供油量。ECD-U2 系统采用的直列式高压输油泵，主要由凸轮、挺柱、柱塞，以及用来控制供油量的外开式压力控制电磁阀（PCV）等组成。其结构特点主要体现在高压输油泵每缸都设置一个 PCV，而且凸轮采用多山凸轮。即在一个凸轮平面上设有三个凸起，这样凸轮轴每转一圈，凸轮工作三次，由此提高每缸高压输油泵的供油频率，对一定的泵油量可以减少高压输油泵的工作缸数，有利于结构紧凑。为了获得平缓而稳定的共轨压力，需要高压输油泵的供油频率与发动机喷射频率相同。图 7-75 所示为高压输油泵的控制原理。当喷油泵柱塞下行时，PCV 打开，燃油经 PCV 进入泵室，完成吸油过程。当柱塞上行时，如果此时 PCV 尚未通电，则 PCV 始终处在开启状态。因此，被吸入的燃油在柱塞的压缩作用下，经 PCV 回

第七章 柴油机的电控技术

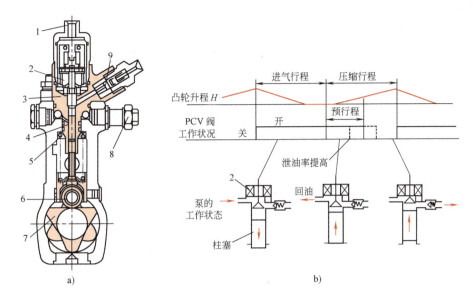

图 7-75 ECD-U2 型高压输油泵及其工作原理
a) 高压输油泵结构　b) 高压输油泵的控制
1—接头　2—电磁阀　3—柱塞套　4—柱塞　5—柱塞弹簧
6—挺柱　7—三山凸轮　8—溢出阀　9—出油阀

流，而没有升压。如果在需要供油的时刻，接通 PCV 使之关闭时，回油通路被关闭，泵室内的燃油受压而压力升高，推开出油阀将燃油压送到共轨中。高压输油泵的供油量主要取决于 PCV 关闭以后的柱塞升程，此行程称为供油有效行程。因此，可以通过改变 PCV 的关闭时刻，即通过改变高压输油泵柱塞的有效行程来改变高压输油泵的供油量，由此控制共轨压力。

这种泵油原理可以减小高压输油泵的额外功率消耗，但需要确定控制脉冲宽度和控制脉冲与高压输油泵凸轮的相位关系，所以控制系统比较复杂。

4. 共轨（蓄压室）的作用

共轨的作用是将高压输油泵提供的高压燃油进行蓄压后分配到各缸喷油器中。图 7-76 所示为 ECD-U2 系统的共轨。它的容积应削减高压输油泵的供油压力波动和每个喷油器由喷

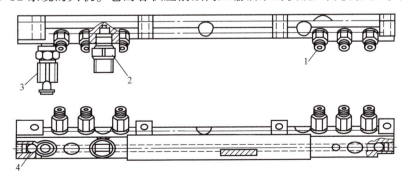

图 7-76 ECD-U2 系统的共轨
1—液流缓冲器　2—压力传感器　3—压力限制器　4—衬套

油过程引起的压力振荡，使高压共轨中的压力波动控制在 5MPa 之下。但是，为了保证共轨有足够的压力响应速度，以便快速响应柴油机工况的变化，其容积又不能太大。ECD-U2 高压共轨系统的高压输油泵的最大循环供油量为 600mm³ 时，共轨容积约为 94000mm³。

一般在高压共轨上安装压力传感器、液流缓冲器（限流器）和压力限制器。压力传感器是向 ECU 提供高压共轨中的油压信号；液流缓冲器用来保证在喷油器出现燃油泄漏故障时切断向喷油器的供油，同时减小共轨和高压油管中的压力波动；压力限制器用来保证高压共轨在出现压力异常时，迅速将高压共轨中的压力泄掉。对一台柴油机，精确设计合适的高压共轨容积和形状并非是件容易的事。

5. ECD-U2 的特点

ECD-U2 型高压共轨电控喷射系统是一种精确的压力—时间—油量控制系统，其共轨压力波动很小，没有常规电控喷射系统中存在的由压力波而产生的难控区、失控区以及调速器能力不足等问题，喷射压力完全独立于转速和负荷，可根据柴油机的工况要求任意调节，所以可以实现柴油机所需要的理想喷油量的控制特性。

ECD-U2 系统除了通过三向电磁阀、单向阀和节流阀控制液压活塞顶部的油压来实现初期喷射速率低、快速停止喷射的 d 形（三角形）喷射速率之外，也可以很容易实现预喷射过程。只要在主喷射之前给三向电磁阀一个小宽度的脉冲信号，即可实现。其最小预喷射量为每循环 1mm³ 左右，预喷射和主喷射之间的最小间隔时间为 0.1ms 左右。

由于 ECD-U2 系统是一种压力—时间—油量控制系统，所以喷射量仅取决于共轨压力和喷油器上方的三向电磁阀的通电脉宽。图 7-77 所示为不同共轨压力下随通电脉宽喷射量的变化特性。对一定的喷射量，共轨压力越高，喷射时间（通电脉宽）越短，而且在整个喷射过程中始终保持一定的喷射压力。

图 7-78 所示为 ECD-U2 系统喷射压力的变化规律。由于 ECD-U2 系统的启动速度很快，所以发动机起动后共轨压力可直接上升到 80MPa 左右。当发动机转速超过 1000r/min 时，可产生 120MPa 以上的共轨压力，而其他喷油泵的喷射压力随发动机转速的变化规律相对缓慢。由于 ECD-U2 系统在喷射时刻、喷射量、喷射压力以及喷射速率等方面都具有柔性控制机能，而且喷射时刻的控制范围宽达 30°曲轴转角，所以整个系统的响应特性和适应性很好。但是，这种系统由于长时间维持系统内的高压，所以高压输油泵的驱动损失增加，而且存在需要耐高压和高压密封等问题。

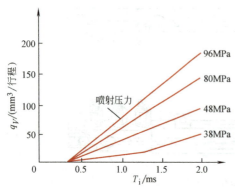

图 7-77 喷射量特性

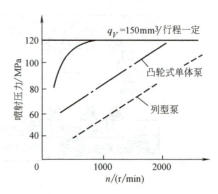

图 7-78 喷射压力的变化规律

四、德国博世公司的 CR 型高压共轨喷射系统

1. 系统组成

德国博世公司是柴油机喷油泵和喷油器制造业的先驱,为了提高轿车柴油机的性能,满足欧洲越来越严格的排放法规,研制出了一种叫作 Common Rail(简称 CR 型)的高压共轨系统。博世公司已向市场推出三代高压共轨系统。第一代于 1997 年 7 月批量投放市场,主要应用于轿车,最高喷射压力达 135MPa。第二代于 2000 年开始批量生产,使用具有油量调节功能的高压输油泵和经改进的电磁阀喷油器,喷射过程由预喷射、主喷射和多次喷射等组成,最高喷射压力提高到 145MPa,主要适用于升功率在 55kW/L 以下的轻型车用柴油机上。

图 7-79 所示为博世第二代 CR 型高压共轨系统,主要由电子控制单元(ECU)、高压输油泵、共轨、电控喷油器以及各种传感器等组成。与 ECD-U2 系统的不同点主要在于该系统的高压输油泵采用带有电控压力调节器的径向柱塞泵,可实现部分停缸控制,由此降低低压时的功率损耗,共轨压力在 15~145MPa 范围内可自由调节,喷油器针阀连续两次升起的最短时间间隔(预喷射与主喷射时间间隔)为 900μs。在 ECD-U2 系统中采用三向电磁阀可以保证喷油器的开启响应特性和停油速度,但结构复杂,成本高。博世公司的 CR 系统中,喷油器采用结构相对简单的二位二通电磁阀,其他方面与 ECD-U2 系统基本相同。

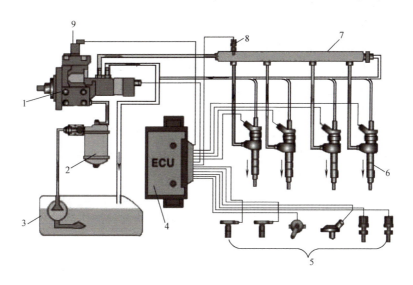

图 7-79 博世公司的高压共轨(CR)系统
1—高压输油泵 2—滤清器 3—油箱 4—ECU 5—传感器 6—喷油器
7—共轨 8—压力传感器 9—溢出阀

2. 工作原理

当发动机工作时,燃油箱的燃油在低压输油泵的作用下,经过滤清器进行过滤后,进入高压输油泵的柱塞腔。此时,如果由控制单元(ECU)控制的高压输油泵输出端的电磁阀(溢出阀)通电时,关闭柱塞腔的回油孔,柱塞腔便成为一个封闭的空间。已进入柱塞腔的燃油随高压输油泵凸轮轴的旋转被柱塞压缩而压力升高,并通过出油阀和高压油管送入共轨

（蓄压室）。

在共轨中，在ECU的控制下，经压力传感器和调压器限压并稳压后，将一定压力的相对稳定的高压燃油输送到各缸喷油器中。如图7-80所示，在喷油器内，高压燃油分两路分别进入喷油器针阀上部液压活塞的控制室和针阀底部的承压锥面环形腔中。由于液压活塞的横截面积大于针阀底部环形承压截面的投影面积，再加上液压活塞的回位弹簧力的作用，使作用在喷油器针阀顶部的压力大于作用在其承压锥面上的升力，使针阀落座。此时由ECU控制接通喷油器的二位二通电磁阀时，设在液压活塞顶部控制室上的回油孔被打开而泄油，针阀顶部压力迅速降低，针阀在其底部承压锥面上的高压油的作用下抬起而进行喷射。当喷油器的二位二通电磁阀断电时，关闭液压活塞顶部控制室上部的回油孔，高压燃油经进油孔迅速流进控制室建立油压，使针阀落座，关闭喷油孔而停止喷射。

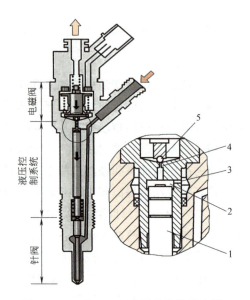

图7-80 二位二通电磁阀式电控喷油器
1—液压活塞 2—控制室（压力室）
3—进油孔 4—回油孔 5—球阀

高压输油泵电磁阀和喷油器电磁阀的通电时刻和通电持续时间，均由ECU根据传感器的信号，判断柴油机的工作状态后，对应该工况确定最佳共轨压力、高压输油泵的供油量和喷油器的喷油量、喷油定时，以及预喷时刻和预喷量等，然后向各电磁阀（执行器）发送控制指令，完成对喷油过程的精确灵活控制。

博世公司生产的第三代高压共轨喷射系统的特点主要体现在其技术的复杂度和精密度上，取消了原高压输油泵输出端设置的溢出阀，改为在高压输油泵入口处增设了电控节流阀，如图7-81所示，由此根据不同工况调节泵油量，有效地降低了高压输油泵的功率损耗。在实际工作过程中，齿轮泵输出燃油分为两路，一路通过电控节流阀进行油量调节后输送到高压输油泵进行升压，另一路则通过调压器控制高压输油泵润滑用燃油压力同时用以冷却。高压输油泵将燃油压缩至目标压力后将其输入共轨中。共轨上安装的压力传感器、节流器和ECU形成共轨压力闭环控制。高压燃油经共轨传送到喷油器。第三代高压共轨喷射系统的另一特点是采用了一个快速开关的压电式喷油器，即将压电执行器内置于喷油器轴体上。通过这种方式相对传统喷油器减少了约75%的运动件及75%的重量，开关速度也得到很大的提高，可实现多段多次喷射。第三代高压共轨燃油喷射系统可满足欧洲Ⅳ号排放法规标准。第四代高压共轨燃油喷射系统最高喷射压力已达到200MPa以上，以满足日益严格的排放法规的要求。

3. 压电式喷油器

根据柴油机混合气形成和燃烧过程的特点，在保证发动机动力性的前提下进一步改善经济性和排放特性，其关键技术就是放热规律的精确控制。高压共轨及泵喷嘴等柴油机电控喷射技术已极大地改善了柴油机喷射规律的控制自由度，大幅度地降低了有害气体的排放量，

第七章 柴油机的电控技术

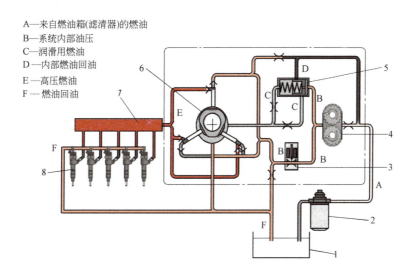

图 7-81 第三代 CR 型高压共轨喷射系统的工作原理
1—燃油箱 2—燃油滤清器 3—节流阀 4—低压输油（齿轮）泵
5—调压器 6—高压输油泵 7—共轨 8—喷油器

为柴油机的节能和环保以及开发柴油机的控制技术打下了良好的基础。但是，随着排放法规及节能要求的日趋严格，针对高速柴油机混合气形成时间极短的固有特点，有效控制放热规律，不断提高燃油喷射压力，实现多次喷射已成为对柴油机燃油喷射系统的基本要求。虽然高压共轨以及泵喷嘴等燃料喷射压力已达到 200MPa 以上，可实现灵活多段的预喷射过程，但是通过高频电磁阀控制的喷油器针阀的运动速率受电磁阀响应特性及其惯性的影响，限制了其喷油规律及放热规律控制精度的进一步提高。另一方面，苛刻的排放法规对喷射系统的燃油分配和喷射精度提出了更高的要求。针对欧 V 以上排放法规要求的有关研究结果表明，对燃油喷射量的控制精度及其一致性，有助于降低 NO_x 的排放。为此，为进一步提高喷油器控制喷射速率的能力，在上述电磁式高压共轨喷射系统的基础上，国外已开发研究出如同 7-82 所示的压电式高压共轨喷射系统。它与原电磁式高压共轨系统的区别仅在于将喷油器由电磁式改为压电式，其他部分相同。

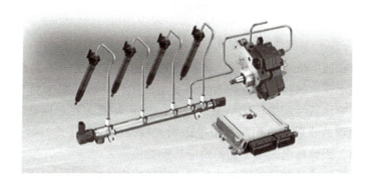

图 7-82 压电式高压共轨喷射系统

这种压电式高压共轨喷射系统的主要特点是，将原用高频电磁阀来驱动针阀的机电一体化喷油器，改为压电式喷油器，即喷油器针阀的位移直接用压电晶体的变形来控制。由于压电石英晶体的变形速度在0.1ms以内，所以压电式喷油器的开关响应速度比电磁阀更快，对于同样的燃油喷射量，只需要更短的喷油持续时间。同时采用压电晶体块取代了电磁线圈，因此可以进一步减小喷油器内整个喷射控制链上的累积误差，从而提高了喷射精度，更精确地控制燃油喷射量。而且通过压电晶体的变形替代了电磁阀式喷油器液压活塞的机械运动，减小了液压活塞偶件的摩擦损失。其运动部件数和质量也比电磁阀式高压共轨喷射系统少，所以喷油器每次开启和关闭时的噪声水平也比较低。

因此，压电式喷油器的这些特点可以提高发动机功率约5%，减少氮氧化合物（NO_x）和微粒（PM）等有害排放物可达20%左右，而且可以通过对压电石英晶体变形速度的控制，降低喷油器每次开启和关闭时的噪声水平，同时有利于改善燃油经济性。

图7-83所示为压电式喷油器的结构，主要由压电执行器、液压放大器以及针阀等组成。压电执行器由压电晶体单元构成，每层压电晶体单元产生的变形量非常小，所以常通过压电晶体的薄层技术，将多层压电晶体烧结成一定长度的立方体，然后通过液压放大器将其变形量进行放大后再传递给喷油器的针阀，以保证针阀的最大升程。这种在厚度方向上伸缩变形的积层型压电晶体，在力学上串联、电学上并联，其输出的位移为各压电片位移之和。但是，压电晶体片在电学上是纯电容负载，级联后电容将成倍增加，故级联过多，势必充放电时间增加而产生较大迟滞现象。因此，在实际应用时压电晶体片的积层量要适当。

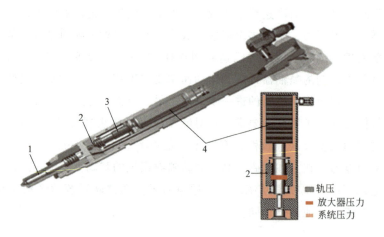

图7-83　压电式喷油器的结构
1—针阀　2—控制阀　3—液压放大器　4—压电执行器

压电式喷油器在压电模块和液压放大器里，充满压力（系统压力）约为1MPa的柴油，以此保证不同环境下压电执行器和液压放大器稳定的工作环境。图7-84所示为压电式喷油器性能和电磁阀式喷油器性能的对比结果，图中st表示冲程。在相同轨压下对一定的喷射脉宽，压电式喷油器的喷射能力明显高于电磁阀式喷油器，而且其喷射速率更快，峰值更高，持续时间更短，因此压电式喷油器的响应特性更快。

到目前为止，压电式喷油器对喷油器针阀的控制响应特性最快，而这种功能是实现燃油喷射规律精确控制所必不可少的。所以，不管是对电控汽油喷射还是柴油机的电控技术，压

第七章 柴油机的电控技术

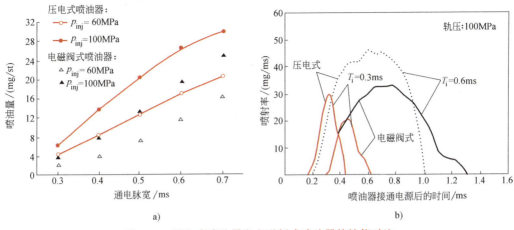

图 7-84 压电式喷油器和电磁阀式喷油器的性能对比
a）喷射能力对比 b）响应特性对比

电式电子控制喷油器具有更大的发展潜力，是一种发展趋势。

4. 三缸径向高压输油泵

博世公司在 CR 型高压共轨喷射系统中采用了由发动机曲轴驱动的三缸径向柱塞式高压输油泵，如图 7-85 所示，主要由泵体、泵盖、气门组件、柱塞挺柱、柱塞弹簧、凸轮轴等组成。其主要作用是将低压燃油加压成高压燃油，并输送到共轨中保证其设定的高压共轨压力。其第二代产品产生高达 145MPa 的共轨压力，而第三代产品可产生高达 160MPa 的轨压。该高压输油泵三缸径向柱塞泵相隔 120° 均匀分布，当发动机曲轴带动高压输油泵驱动轴旋转时，与驱动轴同步旋转的偏心轮带动三角平面凸轮做平面运动，当偏心轮旋转一圈时，三

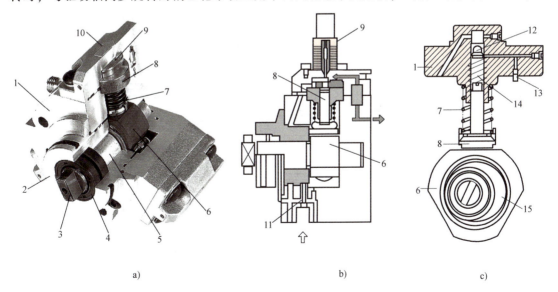

图 7-85 高压输油泵的组成
a）结构组成 b）结构示意图 c）泵油原理
1—泵体 2—外壳 3—凸轮轴 4—油封 5—滑动轴承 6—平面凸轮 7—柱塞弹簧 8—柱塞泵组件
9—电磁阀 10—泵盖 11—进油口柱塞阀 12—进油阀 13—出油阀 14—进油阀弹簧 15—偏心轮

缸柱塞泵按顺序各完成一次泵油过程，即高压输油泵驱动轴旋转一圈时高压输油泵完成三次泵油（图7-85c）。泵体和泵盖采用铝合金，以减轻整体重量。凸轮轴承采用滑动轴承，以减少凸轮轴承和凸轮轴之间的摩擦。凸轮轴前后端采用油封以防漏油。同时为了减小功率损耗，在喷油量较小的情况下，将关闭三缸径向柱塞泵中的任一个压油单元使供油量减少。柱塞弹簧的作用是保证柱塞底部挺柱始终与三角平面凸轮表面接触，并在凸轮（偏心轮）的顶力和弹簧力的作用下使柱塞在缸内往复运动，完成泵油任务。高压输油泵的供油量必须保证在任何工况下柴油机工作所需喷油量以及起动和加速时的油量变化的需求。由于共轨系统中喷油压力的产生与燃油喷射过程无关，且喷油时刻也与高压油泵的供油时刻无关，因此高压输油泵的压油凸轮（偏心轮）可以按照接触应力最小和耐磨性原则来设计。

带有断油装置的博世高压输油泵结构示意图如图7-85b所示。在泵的进油口有一个受弹簧作用的柱塞，在没有压力作用时，柱塞关闭通往柱塞偶件的进油口。当进油压力达到一定值时，进油口被打开。因此它可与电源紧急切断阀一起执行紧急断油功能。带弹簧的柱塞有一个旁通孔，燃油通过这个孔冲洗三角平面凸轮壳体。每副柱塞挺柱偶件有一个进油阀和一个出油阀，可以通过持续关闭进油阀来切断某个柱塞挺柱偶件的进油，以降低部分负荷的功耗。

五、美国卡特彼勒公司的HEUI型中压共轨系统

1. 系统概述

由美国卡特彼勒（Caterpillar）公司开发的HEUI型共轨系统是一种中压共轨电控液压式喷射系统，其特点是采用了电控液压式喷油器，即喷油器的开启和关闭是用一定压力的润滑油驱动的。所以在共轨中不用燃油而直接用柴油机的润滑油（机油），因此如图7-86所示，在该系统中专门设有润滑油和燃油两套油路。其中润滑油的驱动系统主要由机油箱、低

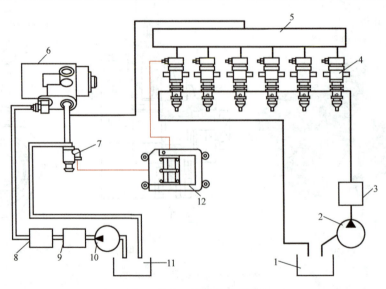

图7-86　HEUI型共轨系统

1—燃油箱　2—燃油泵　3—燃油滤清器　4—喷射装置　5—高压机油共轨　6—高压机油泵
7—压力控制阀　8—机油滤清器　9—机油冷却器　10—低压机油泵　11—机油箱　12—控制模块

第七章 柴油机的电控技术

压机油泵、机油冷却器、机油滤清器、高压机油泵、高压机油共轨、压力传感器以及压力控制阀等组成。

机油箱内的机油在低压机油泵的作用下,经机油冷却器、机油滤清器送到柴油机润滑系统和高压机油泵。低压油管中的机油压力为300kPa左右,以保证柴油机润滑系统所需要的正常机油压力。送往高压机油泵的另一部分低压润滑油(机油)经高压机油泵再次进行升压以后,送到共轨中用于控制喷油器的开和闭。高压机油泵是由柴油机驱动齿轮传动的斜盘式轴向柱塞泵。共轨中的油压是根据设置在共轨中的压力传感器和共轨压力控制阀,控制高压机油泵的供油量来调节的。即共轨中的机油压力传感器将压力信号反馈给ECU,当共轨油压超过所设定的压力值时,由ECU控制共轨压力控制阀,使其打开而泄油,降低共轨压力;当共轨压力低于设定压力时,关闭共轨压力控制阀,由高压机油泵向共轨供油,以提高共轨油压。一般共轨中的油压是根据柴油机最佳性能来设定其目标值的。共轨中的润滑油(机油)驱动液压式喷油器以后,从液压式喷油器直接回到柴油机气门罩框下边,由此回流到机油箱。

在润滑油(机油)驱动喷油器的同时,燃料供给系统通过燃油输油泵将燃料经滤清器滤清之后输送到液压式喷油器,配合喷油器的工作状态进行喷射。燃油系统的输油压力一般控制在200kPa左右,由普通的调压阀进行调节。

2. 液压式电控喷油器

图7-87所示为液压式电控喷油器的结构,主要由控制阀、增压柱塞和柱塞套以及针阀偶件组成。控制阀是一个由提升阀、电枢和电磁线圈构成的电磁阀,主要控制喷油开始时刻和喷油结束时刻。共轨中的润滑油通过柴油机气缸盖上设置的专用润滑油道进入提升阀下方。当接通控制阀(电磁阀)线圈时,在其周围产生磁场,在该磁场的作用下,电枢带动提升阀上移,使下座打开,关闭上座,切断润滑油的回油孔,使共轨中的中压润滑油进入增压柱塞上方,推动增压柱塞下移,以压缩增压柱塞下方的燃油。在液压电控式喷油器的燃油进油道处设有单向阀,其作用主要是控制进入喷油器的燃油只能由喷油器喷射出去,而不能回流。由于增压柱塞的结构特点,即与来自共轨的润滑油相接触的柱塞顶面积相对与燃油相接触的柱塞底部面积大几倍,在一定的共轨润滑油压力作用下,当增压柱塞下移时,增压柱塞下方的燃油被增压,从而实现高压喷射。当电磁阀线圈断电时,磁场消失,提升阀在其弹簧力的作用下落座,关闭下座阻止共轨中的润滑油进入,同时打开上座,开启润滑油的回油孔,使作用在增压柱塞上方的高压润滑油泄油到气门罩框区,使其压力迅速下降,增压柱塞在其弹簧力的作用下迅速上移,此时喷油器针阀在其弹簧力的作用下迅速落座,停止喷油。同时随着增压柱塞的上移,燃油在输油泵的供油压力作用下经球形单向

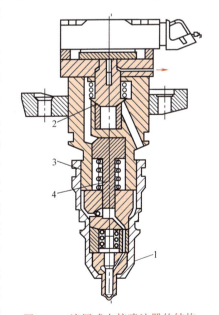

图7-87 液压式电控喷油器的结构
1—喷油器 2—控制阀(提升阀) 3—增压柱塞套 4—增压柱塞

阀进入喷油器内部,为下一次喷射做准备。电磁阀的通电时刻决定喷射时刻,通电持续时间决定喷油量。其喷射压力与增压柱塞上下端面面积比有关,可达到150MPa。图7-88所示为HEUI液压共轨喷射系统的响应特性。驱动电流的峰值越大,提升阀上升的响应速度就越快。该系统的电磁阀驱动电压为110V,功率消耗为45W。为了减小系统的功率消耗量,当驱动电流达到峰值以后使之降低到维持电流。

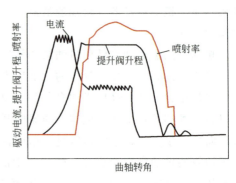

图7-88 HEUI液压共轨喷射系统的响应特性

HEUI液压共轨喷射系统通过在增压柱塞和柱塞套上设置精密的回油孔,可实现预喷射,由此控制喷射规律,以适应日益严格的排放法规要求。图7-89所示为具有预喷射功能的液压电控式喷油器结构。增压柱塞上的回油孔与柱塞套上的回油孔尚未打开之前,有一段预喷射行程。此时随增压柱塞的下移,喷油器进行预喷射。当柱塞上的回油孔与柱塞套上的回油孔连通时,增压柱塞下段的高压燃油经回油孔回油,停止预喷射。增压柱塞继续下移,使增压柱塞上的回油孔越过柱塞套上的回油孔之后,才开始主喷射。

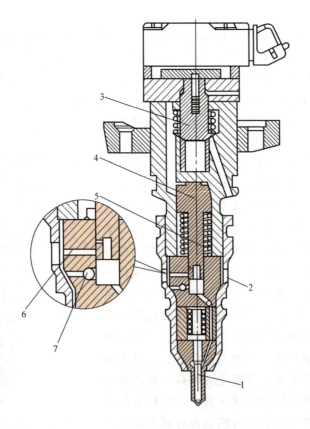

图7-89 具有预喷射功能的液压电控式喷射器结构
1—喷油嘴 2—柱塞套 3—控制阀 4—增压活塞 5—柱塞 6—回油孔 7—进油孔

第六节　高压共轨喷射系统喷油量的控制策略

柴油机负荷调节方式为"质"调节，即根据车辆行驶过程中对牵引力的要求，通过加速踏板直接控制向气缸内喷入的燃料量。前述电控直列泵（TICS 泵）等位置式电控燃料喷射系统是由驾驶人通过加速踏板控制喷油泵的齿条（或拉杆）位置来调节供油量的。所以，像电控分配泵、TICS 直列泵等位置式电控系统，虽然在一定程度上促进了柴油机电控技术的发展，但整个燃料喷射系统在结构上仍然保留着机械式的特点，没有得到彻底改善，其电子控制范围只限于喷油泵的控制，因而喷油器的喷射特性仍然受限于喷油泵的供油特性，使得喷射过程及放热规律的控制自由度受到限制，满足不了日趋严格的节能和排放法规的要求。高压共轨等新型喷射系统，采用压力—时间控制方式，直接控制喷油器的喷射过程，在结构上喷油泵和喷油器各自功能相互独立，最大限度地提高了燃油喷射过程的控制自由度，从而有效地控制喷油规律。采用高压共轨喷射系统等压力—时间控制方式，驾驶人操纵的加速踏板开度只表示驾驶人驾驶汽车时，根据不同行驶条件对牵引力需求的信息，而不像位置式控制系统那样直接通过齿条（或拉杆）位置控制喷油量。因此，这种压力—时间控制方式，就采用基于对发动机运行工况所需求的输出转矩来确定喷油量的控制方法。

一、控制软件的拓扑结构

如果某种物理量放置不管，则可随机变化，将这种物理量用某种意志加以限制或调节，使其达到某一要求的状态的过程称为控制。所以要实现控制过程就必须要确定控制量、控制目标和控制方法。控制量是在控制过程中需要调节或限制的物理量，控制目标是需要达到的理想状态，而控制方法是为了达到目标状态（实现控制目标）对控制量所实施的控制手段。对同一个控制对象，因采用的控制方法不同其控制效果不同，所以对复杂的控制系统采用什么样的控制策略至关重要。控制方法是指对某项具体控制内容实施的具体控制手段，而控制策略是指整个控制系统达到或实现控制目的的最佳技术路线。

对由多项控制内容组成的复杂控制系统，各项控制内容独立控制的最佳控制方案的组合并非就是该系统的最佳控制策略。最佳控制策略是在不同工况下协调控制各种控制参数，优化控制方法，使整机性能达到最佳的控制方案。一般控制内容与系统的控制目的密切相关，如车用发动机其控制目的就是节能、环保、并改善响应特性以及舒适性等，而这些性能与发动机燃烧过程的控制直接相关。

所以，车用发动机的控制内容取决于影响其燃烧过程的诸多因素，而这些诸多因素大体上分为结构因素、使用条件因素、可控制或可调节参数。结构因素包括压缩比、燃烧室结构以及进排气系统等；使用条件因素主要包括发动机转速和负荷以及环境条件，由此确定发动机运行的工况。对量调节式发动机，负荷又可用节气门开度来表示，而质调节式发动机的负荷可用实际喷油量来表示；可控制或可调节参数包括喷油正时、喷射压力、多次喷射方式、配气正时、进气管长度、EGR 以及可变增压等。发动机燃烧过程的优化，就是针对发动机的适用条件优化匹配燃烧系统的结构参数和控制参数。这就需要适应各种工况及其变化的控制策略，因此制定怎样的发动机控制策略对优化发动机性能至关重要。

要实现控制策略，需要具备硬件条件和软件条件。硬件条件是指以 ECU 为核心的控制系统，包括传感器、ECU 和执行器。传感器是用来检测发动机的运行状态，并把感知的信息实时地传送给 ECU；ECU 根据来自传感器的信息，通过演算处理判断发动机的工况和实际运行条件，确定控制方法及具体的控制参数，并向执行器发出控制指令；执行器根据 ECU 的控制指令完成各种不同的控制任务。软件条件是指储存在 ECU 内存里的所有控制软件，包括 ECU 自身监控调试软件。合理的控制程序和软件的拓扑结构是保证控制系统优良性能的重要前提。再好的控制方法都包括对输入信号的处理演算、逻辑算法以及脉谱标定等，不同的控制内容和方法均通过编写相应的控制软件程序来实现。现代车用发动机控制单元控制软件的架构常采用如图 7-90 所示的底层、通信层、应用层三层软件拓扑结构。底层软件系统包括对所有传感器信息的采集、处理、演算和判定软件，以及驱动执行器的信号处理软件等，直接与应用层控制软件对接；通信层软件主要包括 ECU 的 CAN 总线及通信模块，使 ECU 直接与上位机通信，以监控控制变量以及各种脉谱的台架标定；应用层软件是根据所确定的控制策略由用户开发的控制软件。应用层的控制软件根据底层软件对输入信号的处理演算结果，按不同工况设计的控制方法以及通过通信层软件标定的控制脉谱，确定相应的控制指令，并通过底层软件发送到各执行器完成控制任务。

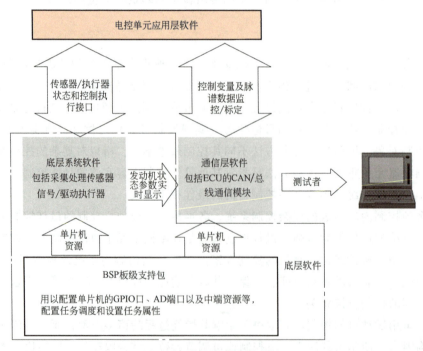

图 7-90　控制软件拓扑结构

控制软件应具备以下功能：

1）确定合理的逻辑控制算法，并正确采样输入信号，快速准确地演算处理，以判定具体工况和运行条件。

2）确定发动机当前运行模式，并执行对应该运行模式的控制软件。此时调用或转向相应的控制脉谱，查出如喷射脉宽、喷射（点火）时刻等基本控制量，在此基础上根据其他输入信号给出各种修正量,确定最终控制量,输出相应的控制指令,同时对应该工况的 EGR 阀开度、进气谐振等进行同步控制。

3) 执行 ECU 自检程序。根据需要转向失效策略,执行各种中断、执行故障诊断等其他策略。

控制软件一般在每次接通起动开关后,首先自动选择起动控制部分,然后进入暖机过程控制。这两个阶段只执行一次,不参加循环。之后 ECU 将根据输入信号转入各种运行模式的控制,并随时准备应付突来的变化,进行中断而转入另一种运行模式。

二、基于牵引力的喷油量控制方法

机械式燃油喷射系统的柴油车的加速踏板直接控制喷油泵齿条(或拉杆)位置,由此确定喷油量,所以很难实现对牵引力的控制。所谓牵引力控制是根据汽车行驶条件,确定该行驶状态所必要的牵引力,即动力传动系统对驱动轮在路面上无打滑滚动所需的驱动力,并将使之换算成发动机的输出转矩,然后将该转矩为目标换算成喷油量的控制方法。柴油机实现电控化以后,驾驶人操纵的加速踏板开度只表示驾驶人驾驶汽车时根据不同行驶条件对牵引力需求的信息,同时采用压力—时间控制方式的高压共轨喷射系统,直接控制喷油器的喷射过程,在结构上,燃油泵和喷油器各自功能相互独立,最大限度地提高了燃油喷射过程的控制自由度,从而提高了喷射量及喷射规律的控制精确,为实现牵引力的控制提供了方便条件。

高压共轨喷射系统就是采用基于对发动机所需求的输出转矩来确定喷油量的控制方法。在控制策略上,不是局限在发动机的工况,而是从发动机使用角度,即整车行驶过程中对牵引力控制的角度去标定喷油量。图 7-91 所示为这种压力—时间控制方式基于目标转矩的发动机喷油量的控制逻辑框图,主要由发动机需输出转矩的确定、加速踏板开度和指示转矩的标定以及喷油量标定三大部分组成。其中,发动机所需的输出转矩是根据汽车行驶过程中所必需的牵引力来确定的,在此基础上根据发动机内部摩擦损失来确定指示转矩。然后根据发动机的台架试验,制取转速-指示转矩-燃油喷射量的控制脉谱,并由此控制喷油器的喷射过程和增压及 EGR 等发动机的进气过程。

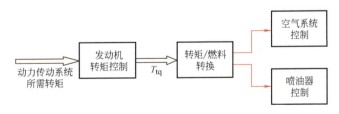

图 7-91 高压共轨喷油量的控制逻辑框图

1. 发动机所需输出转矩的确定

根据汽车理论,一辆汽车的传动系统确定后,车辆行驶过程中所需的牵引力与发动机的输出转矩成正比,即

$$T_{tq} = \frac{Fr}{i_T i_0 \eta}$$

(7-17)

式中，T_{tq} 为发动机输出转矩（N·m）；F 为牵引力（N）；r 为轮胎半径（m）；i_T、i_0 分别为变速器的传动比（变速比）和主减速比；η 为传动系的传动效率。

对确定的车辆，轮胎半径 r 和主减速比 i_0 以及传动效率 η 为常数，而牵引力 F 和变速比 i_T 则是驾驶人操纵汽车的主要参数，随汽车行驶条件而变化。其中，牵引力的大小是根据驾驶人的意志由路面状况和车速要求决定的。在实际驾驶汽车的过程中，驾驶人通过操纵变速器的档位和加速踏板来控制汽车的行驶条件。所以，即使是对相同的牵引力，由于变速器档位（变速比）不同，对发动机输出转矩的要求也不一样。

因此，在确定发动机输出转矩时，首先要确定不同档位下车辆行驶条件（车速）所需要的牵引力的大小，由此决定加速踏板开度的操作量。如上所述，对压力—时间控制方式电控系统，加速踏板开度仅仅代表对负荷需求的信息，发动机控制单元根据该信息和转速信息等计算出燃料喷射量，以控制发动机气缸内的指示功，并在动力传递过程中克服内部机械损失后对外输出的转矩恰好等于所需求的转矩。因此，为了准确标定喷射量，根据汽车运行的不同工况所需求的转矩和动力传递过程中的机械损失，需要准确确定发动机的指示转矩。

2. 加速踏板开度与指示转矩的标定

根据发动机原理，机械效率的定义为

$$\eta_m = \frac{P_e}{P_i} = \frac{p_{me}}{p_{mi}} = 1 - \frac{p_{mm}}{p_{mi}} \tag{7-18}$$

式中，P_i 为指示功率，有 $P_i = P_e + P_m$，P_e 为发动机输出的有效功率，P_m 为机械损失功率；p_{mi} 为平均指示压力，$p_{mi} = p_{me} + p_{mm}$；p_{me} 为平均有效压力；p_{mm} 为平均机械损失压力。

发动机输出转矩 $T_{tq} \propto p_{me}$。同理，假设气缸内工质对活塞做功时也存在相应的指示转矩 $T_i \propto p_{mi}$，则式（7-18）可改写为

$$T_i = \frac{T_{tq}}{\eta_m} \tag{7-19}$$

或

$$T_i = T_{tq} + T_m \tag{7-20}$$

式中，T_m 为机械损失转矩。

式（7-20）说明，由于发动机实际运转时不可避免地存在机械损失转矩 T_m，所以为了获得汽车行驶牵引力所必要的有效转矩 T_{tq}，必须向缸内喷入足够的燃料以获得如式（7-20）所示的指示转矩。

如前所述，压力—时间控制式发动机加速踏板开度只是代表驾驶人驾驶汽车的控制指令，而发动机控制单元接收到该控制指令后结合发动机实际运行状况，向喷油器发出喷射相应燃料量的指令，使发动机输出必要的转矩。从发动机角度，其输出转矩取决于指示转矩和机械损失转矩。所以，根据车辆运行条件，精确确定指示转矩和机械损失转矩是控制不同工况下燃料喷射量的重要前提。为此，针对发动机不同转速精确确定实际加速踏板开度所对应的指示转矩大小是标定喷油量的重要环节之一。图 7-92 所示为压力—时间控制式发动机不同转速下所设定的加速踏板开度和指示转矩的脉谱。

对实际控制系统，该转速-加速踏板开度-指示转矩脉谱图表达了不同转速下不同加速踏板操作量时发动机的做功能力，是根据车辆行驶条件控制发动机输出转矩的主要依据。一旦不同工况下的指示转矩确定了，对应的燃料喷射量也就随之而确定。

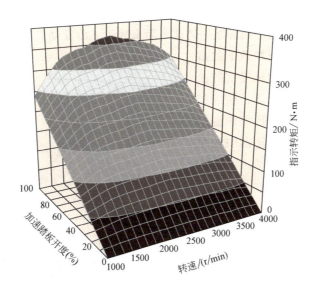

图 7-92 转速-加速踏板开度-指示转矩脉谱

但是,由式(7-19)可知,指示转矩 T_i 的大小由两部分决定,即汽车牵引力决定的有效转矩 T_{tq} 和动力传递过程中发动机内部的机械损失转矩 T_m。其中机械损失转矩 T_m 包括发动机内部相对运动件的摩擦损失、驱动发动机附件所消耗的功率损失以及泵气损失等,而且随冷却液温度、负荷、转速等发动机运行条件的变化而发生变化。因此,即使是相同的指示转矩 T_i(喷油量),当机械损失转矩 T_m 发生变化时,发动机实际输出转矩 T_{tq} 也变化,所以直接影响汽车的行驶特性。为了在不同工况下通过加速踏板-转速-指示转矩脉谱精确控制发动机的输出转矩,需要事先制取如图 7-93 所示的不同工作条件下的机械损失转矩脉谱。

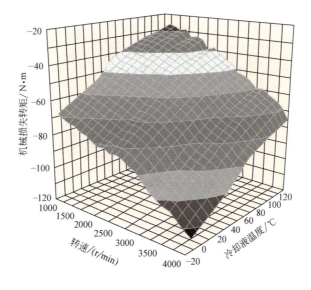

图 7-93 机械损失转矩脉谱

3. 喷油量控制脉谱的标定

发动机的整个运行工况可用转矩—转速平面来表示。由发动机转速-加速踏板开度-指示转矩脉谱,一旦确定了不同转速下的指示转矩的大小,则根据发动机热功转换的原理相应的喷油量也确定了,构成如图7-94所示的转速-指示转矩-喷油量的三维脉谱。由此完成指示转矩向喷油量的转换,并对喷油器进行控制。

这种喷油量的控制脉谱,从结构上表达了不同转速下喷油量与发动机指示转矩的对应关系。但是对车用发动机而言,在不同转速下所输出的最大转矩(全负荷速度特性)是不同的,对应的指示转矩也不同。所以在转速-指示转矩-喷油量的脉谱图上需标定全负荷速度特性所需指示转矩对应的全负荷喷油量的大小,即发动机最大转矩限定脉谱图,如图7-95所示。

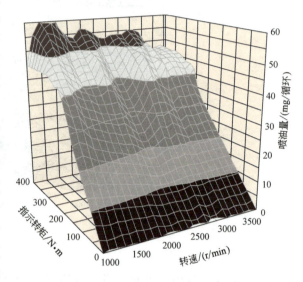

图 7-94 转速-指示转矩-喷油量的三维脉谱

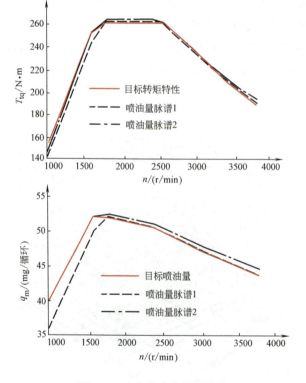

图 7-95 全负荷速度特性脉谱

发动机实际工作时喷油量的调整范围是在图 7-94 上各转速下的小于或等于最大限定转矩对应的喷油量的区域。发动机在大负荷工作时，其机械负荷、热负荷最大，而且随着喷油量的增加冒烟严重，所以在确定发动机全负荷速度特性时，对柴油机已考虑碳烟排放特性，以及机械负荷、热负荷等问题。但是，在大负荷工作时，由于冷却液温度、油温、机械损失、外界负载等实际工作条件变化的随机性，存在冒烟、过热、超速等危险，所以在实际控制时，除由指示转矩转换的喷油量控制脉谱、全负荷速度特性上最大转矩限制脉谱以外，从安全起见，需要设定冒烟限定控制脉谱、发动机过热保护限定脉谱图以及防止超速限定脉谱等。根据喷油量和指示转矩的转换关系，将这些限定脉谱都用相应的限定指示转矩来表示。因此，在发动机大负荷运行时，根据喷油量控制脉谱上的最大转矩限定值，以及这些其他限定脉谱中规定的指示转矩相比较后取最小值，由此控制对外输出的有效转矩。图 7-96 所示为最终确定喷油量的流程图。

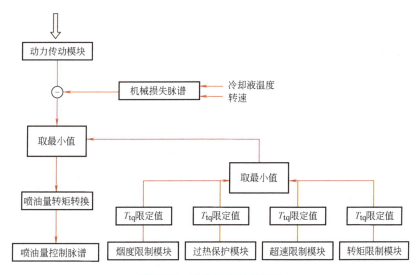

图 7-96 喷油量控制流程图

三、喷射时刻和共轨压力标定

喷油器的喷油量控制脉谱图是确定其他控制参数如喷射时刻、共轨压力等的基础。图 7-97 所示为根据转速和喷油量设定的喷射时刻的三维脉谱。喷射时刻对柴油机的动力性、经济性以及排放性影响很大。从控制 NO_x 排放角度希望推迟喷射时刻，但影响动力性和经济性，在大负荷时推迟喷射时刻则排气温度明显升高，这对增压发动机不利。因此，在全负荷速度特性上标定喷射时刻时，在中高速区主要考虑发动机的经济性、最高爆发压力和排气温度，并与燃料喷射量和共轨压力配合达到发动机综合性能最佳状态，而在低速区还要考虑微粒和烟度。在其他中小负荷区，特别是常用工况，配合喷射量和共轨压力的调整，选择使发动机经济性和排放特性最佳的喷射时刻。在起动和怠速等过渡工况，设定最佳喷射时刻可在保证正常起动或怠速的前提下尽可能降低 HC 排放。

喷射压力或共轨压力脉谱的标定，一般在高转速、大负荷时取高的喷射压力。但是在全负荷时，喷射压力的提高往往使缸内的最高爆发压力升高。当限制最高爆发压力时，结合燃

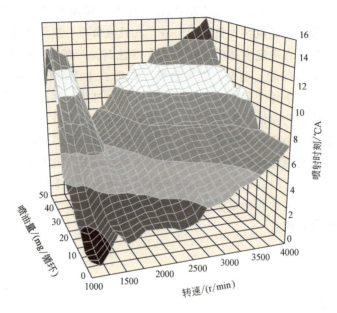

图 7-97 喷射时刻的三维脉谱

料喷油量和喷射时刻,适当减小喷射压力,这在动力性和经济性影响不大的前提下对控制最高爆发压力很有效。在低速大负荷区,为了提高低速转矩,一般喷油量设定得较多,相应地共轨压力也设定得较高。图 7-98 所示为根据喷油量和转速设定的共轨压力三维脉谱。在中小负荷区域,配合喷射时刻,调整共轨压力使发动机经济性和排放特性达到最佳。在起动和怠速工况,不要求很高的喷射压力。由于此时发动机的转速、温度较低,雾化条件较差,所以过高的喷射压力将造成怠速粗暴、起动性及其排放特性恶化的现象。在起动过程中,在主喷射之前适当进行预喷射量的控制,则有助于改善起动性。在中小负荷等常用工况下,通过

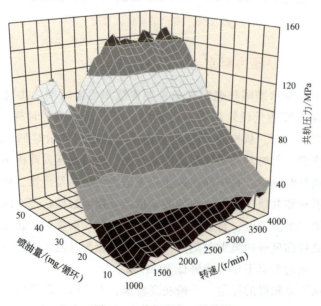

图 7-98 共轨压力三维脉谱

预喷射控制来改善排放特性。但其效果与相对主喷射时刻的预喷射时刻很有关系，有必要精确调整。

四、起动和怠速喷油量的控制

1. 起动过程喷油量的控制

车用发动机的起动性不仅表示起动过程是否迅速，而且还表示起动过程中 HC 等有害物的排放量的多少。因此，根据不同起动条件，随起动过程精确控制起动喷射量是改善起动性能的重要手段。由于起动时发动机转速和温度最低，混合气形成条件最差，所以主要有害排放物是 HC 和 CO，而 NO_x 排放量较少。所以，控制起动喷射量的原则是在尽可能降低 HC 和 CO 等有害排放物的前提下，保证发动机起动迅速。为此，根据发动机起动过程需要精确控制喷油量、喷油时刻和喷射压力。

作为起动喷油量的控制方法，主要考虑首次喷射时刻、共轨压力和喷射量的控制以及起动完爆后过渡到怠速过程中的喷油量以及共轨压力等喷射系统参数的控制问题。当起动发动机时，如图 7-99 所示，首先由起动机驱动发动机旋转，进入拖转期。此时，发动机的冷却液温度和转速都很低，不利于混合气形成和着火，因而如果起动一开始就喷油不但不改善起动性，反而造成 HC、CO 排放增加。所以需要由起动机拖动发动机旋转一段时间，使得驱动转速达到某一设定转速时开始喷射，这一设定转速称之为启喷转速。

对车用柴油机来说，正确确定启喷转速对起动性能至关重要。在确定启喷转速时，不仅要考虑起动机拖动时间，还要考虑达到启喷转速时共轨压力是否已达到目标值。对通过高压输油泵入口端设置电控节流阀的博世高压共轨喷射系统，在确定启喷转速时根据实际轨压的建立过程，对应不同的启喷转速需控制节流阀开度，以保证发动机转速达到启喷转速时，共轨压力也已达到目标值。图 7-100 所示为轻型柴油机在不同启喷转速下轨压的变化特性。当启喷转速设

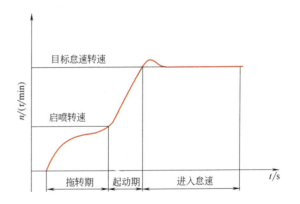

图 7-99 柴油机起动过程转速的变化特性

定为 250r/min 时，为了保证起动机拖动发动机转速达到该启喷转速时共轨压力也能达到 40MPa 的目标值，需要将节流阀开度控制在 23% 左右，由此保证在该启喷转速下，共轨压力稳定控制在目标轨压上；但当启喷转速设定得偏低（如 200r/min）时，为保证此时共轨压力也能达到目标值，需要将节流阀开度控制在 25%，这样虽然起动机的拖动时间缩短，但节流阀开度增大，流通节流阀的燃油流量增多，共轨压力随发动机转速变化波动增大，超调量高，直接影响喷油量的精确控制；如果将启喷转速设定得偏高（如 300r/min），仅需要 22% 的节流阀开度就可满足目标启喷压力，共轨压力随转速变化稳定，超调量也小，但起动机的拖转时间延长，不仅使起动机发热，而且也造成起动时间延长。

首喷起动成功后，基于指示转矩来转换喷油量的高压共轨喷射系统，需要根据起动过渡

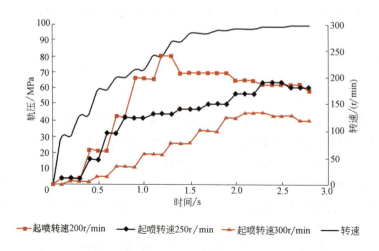

图 7-100 不同启喷转速下的轨压变化特性

过程中随转速的变化确定相应的喷射量,此时需要确定驱动发动机所需要的转矩大小。这种驱动转矩随起动过程中发动机转速和冷却液温度而变化。起动过渡过程中,转速不同时发动机运动件的惯性质量和摩擦阻力也不相同,冷却液温度又直接影响润滑油的温度,因此也影响发动机的摩擦阻力。因此,将起动过渡过程中所需求的转矩分为两大部分,即起动拖动转矩和起动过渡过程中加速阻力矩。起动拖动转矩定义为起动过程中发动机内部摩擦转矩和驱动附件所需转矩之和,主要影响因素是发动机转速和冷却水温度。拖动转矩脉谱的制取可参考图 7-93 所示的机械损失转矩脉谱。起动加速阻力矩是指发动机在起动过程中由起喷转速 n_1 开始加速到目标转速(如怠速转速 n_1)的过程中所产生的惯性阻力矩。在实际控制时,根据发动机从起动过渡到怠速过程中,通过设计目标过渡转速的变化特性并使之离散化后,求得加速度的变化特性。一旦确定起动过渡过程中所需求的拖动转矩和起动加速阻力矩,就可以求得平稳过渡到目标怠速转速所需求的转矩。

起动完爆后,发动机转速迅速增加,当转速上升到怠速转速时需要转入到怠速控制模式,此时根据怠速转速的控制目标需要喷射量减量控制。

2. 怠速喷油量的控制

怠速时虽然发动机对外不输出转矩,但对车用发动机而言是常用工况。由于怠速时发动机冷却液温度和转速都较低,气缸漏气量大,压缩温度和压力较低,因此燃油雾化不好,混合气形成不均匀,燃烧不充分,结果 CO 和 HC 排放量增加。怠速喷油量控制的目的就是在保证怠速稳定的前提下,尽可能降低燃油消耗量和有害排放物的排放。为此,需要根据实际怠速工况精确控制怠速喷油量、喷油时刻以及共轨压力等。

在确定怠速喷射量时,首先需要演算怠速所必要的指示转矩。该怠速转矩主要由怠速转速、润滑油温度以及怠速状态下的空调等外界负载情况来确定,并通过转矩油量转化模块转化为对应的怠速喷油量。

此外,怠速转速的稳定和均匀性直接影响发动机乃至整车怠速振动特性,为此需要怠速不均匀性控制。怠速不均匀性是由于各缸工作不均匀造成的,当各缸工作不均匀时,虽然怠速每工作循环的平均转速相对稳定,但瞬态转速波动较大,即各缸燃烧时的发动机瞬态转速与平均转速之差不一致。因此可根据各缸燃烧时瞬态转速与平均怠速转速之差分别修正各缸喷油量，以改善怠速不均匀性。

第七节 电控泵喷嘴和单体泵

一、电控泵喷嘴

电控泵喷嘴系统是直接将柱塞偶件和喷油器偶件组合安装在一个壳体内的柴油机燃料喷射系统，相当于在机械式喷油泵—喷油器系统中取消了高压油管，直接用凸轮轴通过挺柱驱动喷油泵的柱塞。由于无高压油管，所以柱塞泵油时所产生的高压燃油直接进入喷油器的承压环槽内。图7-101所示为美国底特律（Detroit）公司于1985年投入生产的DDEC型电控泵喷嘴的结构，主要由泵喷嘴体、控制阀以及电磁阀等组成。泵喷嘴体实际上就是将喷油泵和喷油器做成一体，取消了喷油泵和喷油器之间的高压油管。而且在喷油泵柱塞上取消了在普通机械式喷油泵柱塞上用于控制供油量的螺旋槽。喷油正时和喷油量是通过高频电磁阀控制泵喷嘴进油阀（控制阀）的开启时刻和开启持续时间来控制的。由于这种电控泵喷嘴系统将喷油泵柱塞和喷油器以及电磁阀等都安装在一个壳体里，又没有高压油管，所以高压系统容积很小，允许产生更高的喷射压力（DDEC当时的喷射压力就达到100MPa），同时减小了密封表面和密封接头，所以具有良好的可靠性。

当发动机工作时，泵喷嘴柱塞在驱动凸轮和其弹簧力的作用下进行泵油。此时，当接通安装在泵喷嘴旁边的电磁阀时，控制阀开启，此时虽柱塞压油，但高压油腔内的燃油经已开启的控制阀回油，所以不能建立高压。当电磁阀断电时，控制阀在其弹簧力的作用下被关闭，此时柱塞仍在压油，所以立即建立高压，喷油器即可开始喷射。再次接通电磁阀，高压油立即泄压，柱塞停止供油，喷油器随即迅速停止喷射。电磁阀的接通和关闭时刻是根据发动机的工况由ECU直接控制的。图7-102所示为ECU的控制指令、流经电磁阀线圈的电流和电压的变化规律、控制阀的运动规律，以及喷射压力和喷油器针阀升程之间的相互关系。

为了提高电磁阀的响应特性，采用短行程、小质量、压力平衡式阀和平面盘形电磁铁。在整个系统中，把检测电磁阀的关闭时刻作为反馈信号，实现喷射过程的闭环控制。

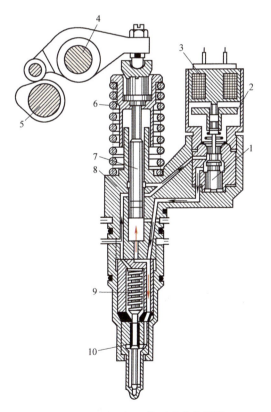

图7-101 DDEC型电控泵喷嘴的结构

1—控制阀 2—挡板 3—电磁阀 4—摇臂轴 5—凸轮轴 6—柱塞弹簧 7—柱塞 8—泵喷嘴体 9—喷油器弹簧 10—喷油器针阀

电磁阀的关闭时刻可以通过检测电磁阀线圈的电压或电流波形来确定，这样不再需要另设传感器。DDEC 型电控泵喷嘴采用电压波形作为检测信号，所以对流通电磁阀线圈的电流用调节器予以调节，以便当电磁阀线圈中的电流达到某一定值后维持不变。这样，当接通电磁阀电源时，电磁铁开始移动，随之电磁阀线圈的两端电压也升高；当电磁铁移动到极限位置而停止运动时，线圈电压突然降低到仅需维持电流保持不变的水平。此电压降可以很方便地检测得到。为了提高响应速度，需要降低线圈的电感，以保证在很低的电源电压下电流能以足够快的速度达到维持不变的水平。用这种方法能使检测电磁阀关闭时刻的精度达到±0.25°曲轴转角。同时，这种检测方法可以排除当电源电压变化时所造成的供油量和喷油正时的波动。

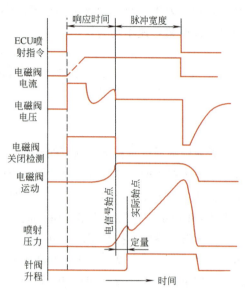

图 7-102 电脉冲信号和喷射之间的关系

泵喷嘴的特点是相对高压共轨系统取消了高压油管，而将柱塞泵和喷油器合为一体，所以避免了高压密封问题，同时系统也大为简化。但是由于通过凸轮轴来驱动柱塞泵，所以专门设置摇臂凸轮轴，使得驱动系统结构复杂。喷油规律是通过喷油泵的供油规律来间接控制的，由于喷油泵和喷嘴之间燃油流通距离非常短，所以供油规律和喷油规律非常接近。泵喷嘴的供油（喷油）规律主要取决于凸轮型线及其工作段，在实际控制时通过 ECU 控制电磁阀的接通时间和断开时间来选择凸轮型线的工作段。

二、电控单体泵

电控单体泵是一种模块式结构的高压喷射系统，各缸柱塞泵泵体相互独立，其工作方式与泵喷嘴类似，但在结构上与泵喷嘴系统不同，单体泵的喷油器和喷油泵之间用一根很短的高压油管连接，而每缸设置的柱塞泵的泵油过程是由 ECU 通过电磁阀控制设置在泵输出端的溢流阀的开关来实现的。当发动机工作时，通过凸轮轴驱动设置在发动机内部的柱塞泵，并通过短的高压油管，在 ECU 的控制指令下，通过电磁阀控制的溢流阀可精确地控制喷油器的喷射时刻和喷射持续时间。为了适应不断强化的排放法规要求，单体泵也不断进行高压喷射化，其喷射压力已达到 130~160MPa，而德尔福（Delphi）公司 2001 年推出的 EUP200 型单体泵的最高喷射压力已达到 200MPa。

现代车用柴油机电控技术的共同特点就是利用机电一体化的技术，如泵喷嘴、高压共轨系统等，用各种高频电磁阀来控制喷油器的喷射过程。电控单体泵也不例外，但其不同点是并不直接控制喷油器，而是通过用电磁阀控制的溢流阀控制喷油泵的供油过程和供油规律，由此间接地控制喷射规律，而且各缸单体泵相互独立，所以控制比较灵活。图 7-103 所示为博世公司比较典型的 EUP 型电控单体泵的结构，主要由承担泵油和供油压力的机械系统，如滚轮式挺柱、柱塞及其回位弹簧、泵体，以及由 ECU 通过电磁阀控制的溢流阀等组成。当发动机运转时，在发动机机体内设置的凸轮轴直接驱动单体泵的滚轮式挺柱，推动柱塞完成泵油过程。ECU 根据发动机工况控制设置在单体泵柱塞出口端的溢流阀的开启时刻和开启持续时间，由此精确控制泵油时刻和泵油持续时间。即单体泵是通过供油时刻间接地控制喷油时刻，通过供油持续时间控制喷油器的喷射过程及喷射量。当 ECU 关闭电磁阀的电源时，如图 7-103b 所示溢流阀在其弹簧力的作用下回位，回油孔开启，柱塞腔的燃油随柱塞的上移经回油孔回流，单体泵不供油，喷油器内的油压迅速降低，喷油器停止喷油。当 ECU 接通电磁阀的电源时，溢流阀在电磁阀线圈磁场力的作用下关闭回油孔，此时随柱塞的上移，高压腔内迅速建立油压。当泵油压力大于出油阀弹簧力和高压油管内的残压之合力时，出油阀打开，泵油开始，并向高压油管泵油（图 7-103c），高压燃油经过很短的高压油管直接输送到喷油器，使喷油器立即建立高压而进行喷射。喷射持续期间取决于溢流阀控制用电磁阀的通电持续时间（控制脉宽）。经过该控制脉宽之后溢流阀控制用电磁阀断电，回油孔打开，柱塞腔内的燃油经回油孔回油。当柱塞腔内的油压低于出油阀弹簧力和高压油管内的残压之合力时，出油阀落座，停止泵油，同时高压油管内的燃油迅速膨胀，使喷油器端的油压迅速降低，针阀落座而停止喷油。博世公司推出的 EUP 型电控单体泵已系列化，其结构参数如表 7-4 所示。

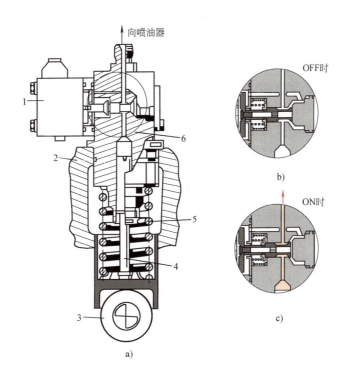

图 7-103　单体泵结构原理示意图
a）结构　b）不供油　c）供油
1—电磁阀　2—发动机机体　3—滚轮式挺住　4—柱塞　5—柱塞弹簧　6—泵体

表 7-4　EUP 型电控单体泵的结构参数

单体泵	应用柴油机	工作能力/(kW/缸)	柱塞行程/mm	柱塞直径/mm	最大喷射压力/MPa
博世 EUP 系列电控单体泵	轻型	20	9	7~8	150
	轻型	25	12	7~10	160
	中型	35	14	8~11	160
	重型	65	16	9~12	160
	大型	120	18	11~13	150
	重型	—	17、18	10、11	200

在喷油器弹簧等其他参数一定的条件下，影响喷油器喷射特性的单体泵的主要结构参数有柱塞横截面积和喷油器喷孔的面积比（称之为面积比）、高压油管的直径和长度。柱塞横截面积和喷油器喷孔面积之比直接影响喷射压力。面积比越大，供油速率与喷油速率之比越大，喷射压力越高；而且对一定的喷射面积，喷射压力升高，喷射速率也相应地提高。而高压系统的容积（包括柱塞的压油容积、高压油管容积和喷油器内部容积）直接影响喷射系统的响应特性，该容积越大，喷油泵到喷油器之间的响应特性越差。在喷油泵和喷油器一定的条件下，高压系统容积主要取决于高压油管的直径和长度。但高压油管直径过小，直接影响单位时间的供油能力；过大则影响响应特性。所以，根据不同排量，发动机应优化选择，而高压油管长度在系统布置允许的前提下越短越好。

三、三种高压喷射系统（CR、UIS 及 UP）的比较

如前所述，高压共轨系统（CR）在结构上仍然采用了泵—管—喷油器型。但是从控制角度，高压输油泵和喷油器相互独立。在喷射方式上采用直接控制喷油器的方法，因此便于控制喷射规律。高压输油泵的控制是通过 ECU 根据轨压传感器反馈控制其节流阀或 PCV 来调节泵油量，使共轨的轨压达到设定值，只为喷油器的喷射过程创造定压条件。所以，喷射压力不受发动机转速、负荷的影响而任意控制。这种方式在放热规律控制精度和响应特性方面具有优越的特性。但需要高压系统的高压密封及可靠性方面采取相应的措施。

泵喷嘴系统（UIS）是在结构上取消了泵与喷油器之间的高压油管，把泵与喷油器安装在一个泵体内，弥补了高压共轨系统的不足，便于高压化。但是由于每个缸泵喷嘴相互独立，因此需要专门的驱动机构，所以驱动机构复杂。而且在控制方法上，虽然通过高频电磁阀控制喷油时刻和喷油量，但是喷油规律直接取决于柱塞泵的供油规律。也就是说，泵喷嘴系统实际上就是从结构上解决了传统的泵—管—喷油器系统的供油规律和喷油规律不一致性的问题。从喷油器的控制角度来说，其喷射压力受供油速率的影响，而供油速率取决于其驱动凸轮的型线及其工作段和发动机转速，所以喷射压力的控制自由度受到限制。

单体泵（UP）是在结构上弥补了高压共轨喷射系统的高压油管长而带来的高压密封以及可靠性等问题，同时避免了安装在气缸盖上的泵喷嘴及其驱动系统体积大、结构复杂的缺点。但是在控制方法上，采用了控制单体泵的供油特性来间接控制喷油规律的方式。由于高压化且高压油管很短，所以供油规律和喷油规律的不一致性得到了很大的改善，但是喷油规律的控制精度以及高速响应特性方面，单体泵不及高压共轨和泵喷嘴系统。单体泵的喷油规

第七章 柴油机的电控技术

律控制精度及其响应特性，主要取决于高压系统容积的大小和其内部的压力波动状态。所以，在安装条件允许的情况下尽可能缩短高压油管长度，而且必须保证具有一定的承压能力和承受高频压力波动的能力。

从使用角度而言，随着发动机强化程度的不断提高，对高速轻型车用柴油机，多采用响应特性优越的高压共轨系统或泵喷嘴系统。而对使用转速范围较低的中型和重型车用柴油机采用单体泵的较多，而且单体泵对燃料的适应性比较好。

从放热规律的精确控制方面考虑，直接控制喷油器的高压共轨系统，特别是压电式高压共轨喷射系统，其发展潜力更大。

第八章 电动汽车技术

电动汽车由盛衰到复苏的过程，可以说是人类社会对机动车辆发展史的回顾和总结。在19世纪末到20世纪初的新能源开发应用过程中，电动汽车作为利用新的动力源——电动机的新生事物，备受关注而曾发展到一定规模。但由于电动汽车存在的致命缺陷，在内燃机汽车这种采用新燃料——汽油的新型汽车技术的不断完善过程中体现出来的强大魅力下，电动汽车于1936年不得不退出其历史舞台，使得内燃机汽车占主导地位。但是，电动汽车在沉寂80多年后的今天重新复苏，是因为在能源问题和环境污染问题已严重危害人类和地球环境，人们在新的具备现代技术水平的基础上重新认识到了电动汽车所具备的优越条件。电动汽车之所以从盛行到衰落，是因为作为机动车辆一次充电行驶里程短的致命缺点；而电动汽车从沉睡到复苏是因为一个多世纪以来在机动车辆领域占统治地位的以汽油和柴油为主的内燃机汽车的快速发展，一方面使得全球石油能源告急而寻求另外新的可用能源，另一方面内燃机汽车尾气排放对环境造成的污染已严重威胁人类生存的环境，不得不强制治理。正是这种石油能源危机和地球环境污染以及城市污染严重的社会背景，给予电动汽车一次能否重新盛行的历史性契机。

第一节 电动汽车发展史

电动汽车是在电学基础上发展的，如果没有19世纪电动机的发明，或许世界上就不可能产生电动汽车的概念。当时开发电动汽车的基本条件是具备合适的电动机驱动系统，同时作为开发汽车的基本条件需要经久耐用的轮胎。

一、电动汽车的发明

19世纪直流电动机和交流电动机的问世，使得汽车由从蒸汽汽车过渡到电动汽车，而且19世纪后期两轮车和三轮车的技术已经很成熟，为电动汽车的开发奠定了基础。

电动汽车最早是由法国和英国开发的。虽然19世纪中后期电动汽车的原理早已得到认可，但企业界都没有积极探索这种革命性的交通工具。在1895年以前，社会及人们对电动汽车以及交通工具机械化方面认识不足，仍依赖于马这种短途交通工具。由于得不到公众及社会的支持，交通工具机械化的电动汽车的开发受到阻碍。但是汽车拉力赛在宣传汽车以及汽车发展方面起到了很重要的作用。1894年的第一次汽车拉力赛，激发了许多发明家研究

第八章 电动汽车技术

发明汽车的欲望。1895 年 6 月举行的从巴黎—伯尔多—巴黎的第二次汽车拉力赛，使得人们对汽车的态度在极短的时间内，从漠不关心转变到满腔热情。比赛的结果迅速从城市传播到农村，乃至世界各国。几个月之间，社会上出现了许多机动车辆制造厂家。科学发明家们的聪明才智和社会的关注，使得机动车辆得以发展，电动汽车也成为社会关注的机动车辆的一个组成部分。

第一次把直流电动机和多次性铅酸充电电池用于私人车辆的是法国人古斯塔夫·特鲁夫（Gustave Trouve）。1881 年 8 月在巴黎举行的国际电器展览会上，特鲁夫展出了能够实际操作的一条电动船和一辆电动三轮车，同时也展出一个电动飞艇模型。其中，电动三轮车是由一台 11lb（约 5kg）的电动机驱动，采用六节二次电池，车速达到 7mile/h（约 11.3km/h），车辆总质量为 350lb（约 160kg）。特鲁夫在船上也安装了电动机，由此电动机作为动力源在船上也得到广泛应用，电池与电动机的结合应用最终带来潜水艇的成功。特鲁夫不仅是舷外发动机的发明者，也是电动汽车之父，因此法国也成为电动汽车的先驱。英国的两位教授威廉·爱德华·阿顿（William Edward Ayrton）和约翰·培里（John Perry）从 1881 年巴黎的国际电器展览会上受到启发，并于 1882 年采用能提供 20V 电压的 10 块电池，驱动 0.5hp（约 373W）的直流电动机，合作研制出一辆电动三轮车。该车电动机质量为 20kg，电池质量为 68kg，车速可达 15km/h。这样的车速违反了当时英国的所谓"红旗法"的交通法。即当时规定：机动车辆在公路上行驶时，必须三人开车，其中一人在车前 1m 左右处步行，并不断摇动红旗提醒路上行人；机动车在公路上的行驶速度限制在 4mile/h（约 6.4km/h）内，经过城镇、村庄时限制在 2mile/h（约 3.2km/h）内。所以，事隔五年后英国公路上才出现第二辆电动汽车。

美国自 1881 年巴黎国际电器展览会（有三名美国官员参加）之后整整过了 9 年才出现第一辆电动汽车。1890 年，美国人安德鲁·里克在从英国进口的三轮车上安装了自制的电动机，组装了美国第一台电动汽车。该车用四个蓄电池组成能提供 8V 电压的电池组，车速可达 13.7km/h。1894 年，机械工程师亨利·莫里斯（Henry G. Morris）和电学家皮德罗·萨罗姆（Pedro G. Salom）合作组装成功第一辆电动运输车。同时他们分析使用电动出租车比当时在欧美盛行的使用出租马车的经济价值后，合作成立了电动客车与货车公司。

根据当时情况，出租马车的平均时速为 5mile/h（约 8km/h），一匹马每天至多只能跑 20mile（约 32.2km），所以只能工作 4h。按当时出租马车的计价，一天的总收入为 6 美元左右，其中雇用马和马夫的费用为 1.8 美元。相比之下，如果电动汽车的平均时速为 9mile/h（14.5km/h 左右）的话，4h 能行驶 36mile（约 58km）。按同样的出租计价，4h 总收入为 10 美元。其中电费、雇用出租车司机费用为 1.72 美元。因此，同样的时间内，电动汽车出租收入比马车高达 66.66%。另一方面，当时一辆电动汽车的成本费为 3000 美元，而一辆好一些的马车加上马和马具总成本费为 1200 美元。马车一天只能工作 4h，如果还想接着工作，必须换马。但电动出租车一天从早晨 7 点到晚 11 点之间，扣除充电时间，可以工作 12h，这样所获得的收入远远超过马车。

另一方面，19 世纪后期到 20 世纪初期，蒸汽汽车、内燃机汽车和电动汽车三种动力汽车的竞争非常激烈。当时内燃机驱动的汽车也是新鲜事物，但其初期在热效率、起动性及车速等方面，与蒸汽车相比并不占优势，而且无排气消声器，所以噪声之大已成为当时的社会问题。

相比之下，电动汽车已有很大的发展。1900 年，英国人 E. W. 哈特用在各车轮上都安装电动机的方式制造出车速达 80km/h 的世界上首辆 4 轮驱动的电动汽车。此时社会上已公认电动汽车具有结构紧凑而简单，并且车速高、噪声低、舒适性好等方面的独有的优越性，所以虽然一次充电续驶里程短是其致命的缺点，但当时美国城市都比较小，任何一种私人车只要其续驶距离能达到 15mile（约 24km）以上就可以接受，因而电动出租车成为发展趋势。在蒸汽汽车衰落时期的 1910 年左右，伦敦、巴黎等大城市的出租车，多半都采用了电动汽车。美国于 1920 年迎来了电动汽车的鼎盛时期，直到 1939 年还在生产。但之后随着旅游业的盛行和汽油车的发展，以及各地纷纷建立了汽油加油站，电动汽车因其自身的致命弱点而逐渐被内燃机汽车所替代。

二、电动汽车的衰落

1895 年 6 月，巴黎—波尔多—巴黎的第二次汽车拉力赛，不仅使世人或社会认识了机动车的重要意义，同时通过参赛的各种车型如蒸汽汽车、汽油车、电动汽车及马车的比较，认识了车身重量越轻优势越大的问题；而且充气式橡胶轮胎也得到充分肯定，同时也发现了各种车型所存在的问题。当时，对汽车所关注的问题并不是节能和排放，而是燃料的能源密度和一定量燃料所能达到的续驶里程。比较结果为，蒸汽汽车每行驶 10mile（约 16km）需加一次水，电动汽车每行驶 30mile（约 32km）充一次电，马车既无车速也无续驶里程的概念，而汽油车每行驶 150mile（约 241km）加一次油。19 世纪末在欧美旅游开始盛行，内燃机驱动的车辆尽管在热效率、起动性、排放噪声以及车速等方面与蒸汽汽车相比并不占优势，但在续驶里程方面具有其他车种无与伦比的绝对优势。可以说旅游业、交通业以及城市规模的发展给电动汽车带来了厄运，而给汽油车带来了生机。此时，社会发展到一定程度，汽车的续驶里程已成为一个非常重要的因素。当时充足电的电池只能使电动汽车行驶 25mile（约 40km），而一箱汽油能使汽油车行驶 200mile（约 322km）；加一箱汽油只需 5min，而给电池充电一次却需要 5h。后来马克西姆发明了消声器解决了汽油车噪声大的问题，同时 1899 年克莱德·科尔曼（Clyde J. Coleman）设计出电动起动装置，后由查尔斯·富兰克林·凯特林在改进其研制现金出纳机时开发过的小电动机后，成功地制造出起动装置，并于 1912 年首次成功使用于凯迪拉克汽车上。这些设备的发明与改善，使得汽油车的技术不断完善。到 20 世纪，石油被世界公认为机动车辆的主要燃料。这种条件和背景确立了竞争时代内燃机汽车牢固的市场主导地位。随着城市规模的扩大和交通的发展，电动汽车的缺点逐渐突出，最终电动汽车因其续驶里程短的致命缺陷而逐渐被内燃机汽车所替代。

1895~1905 年是早期电动汽车的黄金时代，这个时代电动汽车代表了车辆制造技术的精华。那时蒸汽汽车很容易受寒冷天气的影响，即产生蒸汽的过程非常缓慢，同时一次加水续驶里程短；汽油车技术尚未完善仍然存在许多弱点，即工作性能不稳定，特别是寒冷气候，水箱的水必须放掉，其次当时又无消声器，噪声大。1890~1915 年电动汽车腹背受敌，主要竞争对手是内燃机汽车和蒸汽汽车。

1900~1935 年是电动汽车的成熟期。1901 年里克驾驶他的电动汽车，车速达到 57.1mile/h（约 92km/h），创下美国车速新纪录，震惊整个交通运输业。20 世纪前 10 年，在电动汽车上现代汽车的雏形已基本形成，马车的特征已不复存在，取而代之的是真正的电动汽车设计、电动机前置、电池后置，使质量分配合理；最重的部件后置改善了汽车的牵引特性，而较轻的部件前置使转向更加容易。20 世纪前 30 年，电动汽车的机械特性，如车轮、齿轮、轮胎、车身以及紧固特性等不断改善，电动机效率提高到 80%~90%，电压调节技术也达到很高的水平。1912 年电动汽车的生产达到顶峰，以后每况愈下。

虽然当时内燃机效率只有 15%，电动汽车的效率达到 90%，但电动汽车衰落而内燃机汽车发展的主要原因，首先是内燃机汽车使用了燃料——汽油，而燃料的成本低。储存相同能量时汽油与一组电池的质量比约为 1∶358。其次是能量的价格。汽油的能量密度高，比较汽油和电池的能量密度，每磅汽油储存约 6kW·h 的能量，这相对 1888 年生产的铅酸电池储存能量的 500~600 倍，即使当时电动驱动系统效率高出汽油机 6 倍，这一倍数因子仍高出 83~100 倍，而且汽油车的造型比电动汽车纯朴而更具诱惑力，同时更好地满足旅游的愿望。正是由于内燃机汽车具有这样的优势，才逐渐占据机动车辆的主导地位，电动汽车只好销声匿迹。

三、电动汽车的复苏

在以汽油机和柴油机为主的内燃机汽车技术高度发展的时代，电动汽车能否重新复苏的条件，只能是电能储存密度即比能量的大幅度提高、政府的强力支持、汽油价格相对电能价格的提高、现代集成电路的应用、汽油汽车维修费用增加、电动汽车维修费用的低廉、汽车制造公司的努力以及世界对清洁空气的日益重视等。同时电动汽车具有其独特的优点，主要体现在比质量（单位输出功率的整车质量）小，耐久可靠，能源利用效率高、起动快，运行安静平稳，噪声小，行驶时无排放，而且操作简单、可靠性强，不怕冻。正是因为有了这样的因素和条件，电动汽车才在沉寂 40 多年以后获得新生，受到各界关注。

但是，电动汽车真正得到普及，还需要一段艰难的历程，有待于通过热心于汽车事业的研究人员利用现代的先进科学技术去尽快突破电动汽车所固有的致命缺陷，同时还要慎重考虑电池的二次污染问题。

第二节　电动汽车的基本结构

一、电动汽车的组成及发展现状

电动汽车行驶的驱动力（牵引力）主要靠电动机，而电动机本身不是能源，它只是一种将电能转换为机械能的动力设备，其输出转矩根据汽车行驶条件的需要来控制。这就要求为电动机专门提供电能的能源系统和专门控制电动机输出特性的电力控制系统。所以，电动汽车主要由电力驱动系统、主能源系统和辅助控制系三大部分组成（图 8-1）。

电力驱动系统的主要功能就是把电能转换为机械能，并按汽车行驶条件和要求提供必要的牵引力。为此，电力驱动系统又由电控单元、功率转换器、电动机、机械传动装置和驱动轮等组成。其中，电控单元主要根据制动踏板和加速踏板的输入信号控制功率转换器的通断。功率转换器的功能就是调节电动机和电源之间的功率流，以控制电动机的输出转矩。在汽车行驶过程中，电控单元根据汽车实际行驶工况的要求，通过功率转换器控制电源向电动机供给的电能。电动机输出的转矩被调节后，经机械传动装置传递给车轮，以驱动汽车按驾

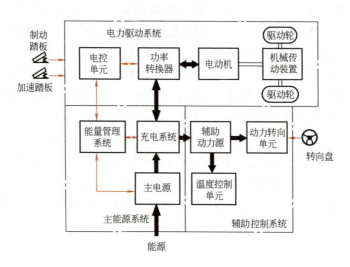

图 8-1 电动汽车的组成

驶人的操作要求行驶。所以，对电动汽车的电力驱动系统，要求具有恒功率输出和高功率密度，而且较宽的转速范围覆盖恒转矩区和恒功率区，同时保证低速高转矩特性和高速低转矩特性，并具有快速转矩响应特性。

主能源系统主要由主电源、能量管理系统和充电系统构成，其主要作用除了向电动机提供电能以外，通过能源管理系统和充电器一起控制电源充电并监视电源的使用情况，同时与电控单元一起控制汽车制动时再生制动及其能量的回收。对电动汽车的能源系统，一般要求具有高的比能量和能量密度、比功率和功率密度，同时要求充放电能力强、寿命长，而且成本还要低。但是到目前为止，作为电动汽车的电源（蓄电池）的主要问题，就是不可能同时满足比能量、比功率和价格的要求。如铅酸电池成本较低，比功率高，但寿命短且比能量低；镍氢电池虽然比能量高，但价格高；锂电池能改善比能量和比功率问题，但价格高。目前世界上公认的电动汽车最重要的能源之一——燃料电池，虽然能从根本上解决电动汽车行驶里程短的问题，但是初始成本太高。为解决一种能源不能同时提供足够的比能量和比功率的问题，而采用多能源系统，即混合动力系统。另一方面，能源管理系统的主要作用就是最大限度地利用有限的车载能量，延长行驶里程。为此，通过能源管理系统预测电源剩余的能量和还能继续行驶的里程数、合理地调整再生制动时的制动能量、优化各系统的能量分配、并提供最佳驾驶模式。对于电动汽车来说，使其能与燃油汽车媲美的关键技术就是电源和能量管理系统。

电动汽车还需要辅助控制系统，它是由辅助动力源、动力转向单元和温度控制单元等构成，主要向动力转向、空调设备、制动及其他辅助装置提供动力，是驾驶汽车行驶的不可缺少的部分。

电动汽车与燃油汽车相比具有以下特点：①在行驶过程中无尾气排放。从早期的电动汽车盛衰到目前电动汽车的重新复苏，以及推动电动汽车发展的主要原因，是越来越严重的交通环境污染问题，而不是能源问题。电动汽车在行驶过程中实现零排放，所以也是汽车实现零排放目标的重要举措。但是，随着电动汽车的普及和推广，将能源消耗和排放问题转移到

第八章　电动汽车技术

发电厂，成为发电厂的地球环境污染控制和节能问题。②在结构上电动汽车的能量传递是通过柔性电线来完成的，因此电动汽车各部件的布置具有很大的灵活性。③电动汽车是汽车工程和电气工程相结合的产物，其关键技术体现在汽车技术、电气技术、电子技术、信息技术和化学技术等诸多方面，所以系统复杂，而这些领域上的技术整合才是电动汽车技术成功的关键。另外，电力驱动系统的布置形式、不同类型的电动机和蓄能器对电动汽车的结构形状、尺寸和质量影响很大。

电池是电动汽车的动力源，也是制约电动汽车发展的关键因素。电动汽车用电池的主要性能指标是比能量（E）、能量密度（Ed）、比功率（P）、循环寿命（L）和成本（C）等。到目前为止，电动汽车用电池的发展已经历了三代：第一代是铅酸电池，其比能量较高、价格低和能高倍率放电；第二代是碱性电池，主要有镍镉、镍氢、钠硫、锂离子和锂聚合物等多种电池，其比能量和比功率都比铅酸电池高，因此大大提高了电动汽车的动力性和续驶里程，但其价格比铅酸电池高；第三代是燃料电池，它是直接将燃料的化学能转变为电能，能量转变效率高，比能量和比功率也高，并且可以控制反应过程，能量转化过程可以连续进行，因此是理想的汽车用电池，但还处于研制阶段，一些关键技术还未能突破。

电动汽车驱动电动机是所有电动汽车必不可少的关键部件。使用较多的有直流有刷、永磁无刷、交流异步和开关磁阻这四种电动机。直流有刷电动机的结构简单，技术成熟，具有交流电动机所不可比拟的优良电磁转矩控制特性，所以直到20世纪80年代中期，是电动汽车用电动机的主要研发对象。但是由于直流电动机价格高，体积和质量大，因此在电动汽车上的应用受到了限制。永磁无刷电动机可分为由方波驱动的无刷直流电动机系统（BLDCM）和由正弦波驱动的无刷直流电动机系统（PMSM）。它们都具有较高的功率密度，其控制方式与异步电动机基本相同，主要优点是效率比交流异步电动机高，因此在电动汽车上得到广泛应用。永磁无刷电动机具有较高的能量密度和效率，其体积小、惯性低、响应快，非常适用于电动汽车的驱动系统，有极好的应用前景，但其价格较贵。交流异步电动机也是较早用于电动汽车，它的调速控制技术比较成熟，具有结构简单紧凑、质量小、成本低、运行可靠、转矩脉动小、噪声低等优点，但因转速控制范围小、转矩特性不理想，因此不适合用于频繁起动、加减速的电动汽车。开关磁阻电动机（SRM）具有简单、可靠、可在较宽转速和转矩范围内高效运行、控制灵活、响应速度快和成本较低的优点，但存在转矩波动大、噪声大、需要位置检测器等缺点，所以其应用受到限制。

电动汽车的变速和方向变换是靠电动机调速控制装置来完成的，即通过控制电动机的电压和电流来实现对电动机驱动转矩和旋转方向的控制。目前电动汽车上应用较广泛的是晶闸管斩波调速方式，通过均匀地改变电动机的端电压，控制电动机的电流来实现电动机的无级调速。随着电子技术的不断发展，这种晶闸管方式也逐渐被其他晶体管（如GTO、MOSFET、BTR及IGBT等）斩波调速装置取代。在驱动电动机的旋向变换控制方面，直流电动机依靠接触器改变电枢或磁场的电流方向，实现电动机的旋向变换，这使得控制电路复杂、可靠性降低。当采用交流异步电动机驱动时，电动机转向的改变只需变换磁场三相电流的相序即可，可使控制电路简化。此外，采用交流电动机及其变频调速控制技术，使电动汽车的制动能量回收控制更加方便，控制电路更加简单。

近年来，国内外已有越来越多的电动汽车采用性能先进的轮毂电动机，这种轮毂电动机多采用永磁无刷式电动机,由此直接驱动车轮,因此无传统汽车的变速器、传动轴、驱动桥等复杂的机械传动部件,使汽车结构大大简化,但是要求电动机在低转速下有很大的转矩。

21世纪以来,由异步电动机驱动的电动汽车几乎都采用矢量控制和直接转矩控制。矢量控制又有最大效率控制和无速度传感器矢量控制两种,前者是使励磁电流随着电动机参数和负载条件而变化,从而使电动机的损耗最小、效率最大;后者是利用电动机电压、电流和电动机参数来估算出速度,不用速度传感器,从而达到简化系统、降低成本、提高可靠性的目的。直接转矩控制方式克服了矢量控制中解耦的问题,把转子磁通定向变换为定子磁通定向,通过控制定子磁链的幅值以及该矢量相对于转子磁链的夹角,从而达到控制转矩的目的。由于直接转矩的控制手段直接、结构简单、控制性能优良和动态响应迅速,因此非常适合电动汽车的控制。

伴随电动汽车的普及,废电池的回收及处理将成为隐患。电动汽车虽然实现了汽车行驶过程中零排放,解决了汽车尾气排放对大气环境的污染问题,但回收的废电池对地质环境的污染,将成为新的地球环境污染源。所以,能否发明对地球环境无污染的绿色电池,或许成为电动汽车能否普及的关键问题。

二、电动汽车的分类及特点

电动汽车根据驱动电动机的类型不同,分为直流电动机驱动和交流电动机驱动两种。直流电动机的主要特点是,在低速时转矩很容易控制,所以早期电动汽车均采用直流电动机。但缺点是流经电刷和换向器的电流较大,需要定期保护换向器和电刷。为了改善直流电动机的缺点,开发出永磁无刷电动机、永磁混合式无刷电动机、开关磁阻电动机等。永磁无刷电动机的效率和功率密度比其他电动机都高,但在高速恒功率工作区很难进行弱磁控制。为了解决此问题,在永磁无刷电动机的基础上加入了励磁绕组,改进为永磁混合式无刷电动机,其特点是通过励磁电流来控制永磁体转子磁分路在气隙中叠加而形成的气隙磁通,因而在宽转速范围内具有最佳效率。交流电动机主要有感应电动机(又称异步电动机)和同步电动机两大类,其最大的特点是效率高、重量轻、便于控制、起动转矩小。但需要一个转换器将蓄电池的直流电转换为交流电。现代电动汽车中,由于异步电动机具有结构简单、坚固耐用、工作可靠、价格便宜、维护方便而且便于控制而得到广泛应用。开关磁阻电动机结构简单、可靠、成本较低、起动性能好、没有大的冲击电流,兼有交流异步电动机变频调速和直流电动机调速的优点,但噪声较大。

电动汽车根据车轮驱动方式的不同分为单电动机驱动和多电动机驱动。单电动机驱动就是参考内燃机汽车的驱动方案,将内燃机部分置换成电动机及其相关部件,如同传统的发动机前置后轮驱动(FR)系统和发动机横置前轮驱动(FF)系统一样,将电动机输出的转矩通过机械传动机构和差速器传送到车轮。多电动机驱动就是指在每个驱动轮上都安装驱动电动机。双轮驱动方式采用2个驱动电动机,四轮驱动方式就采用4个驱动电动机。这种多电动机驱动系统,由于每个电动机的转速可以独立调节控制,可实现电子差速,所以在结构上可取消机械式差速器。根据电动机的安装位置,多电动机驱动方式还包含了轮毂电动机驱动方式。这种电力驱动方式是将驱动电动机及其传动和制动装置都直接安装在车轮轮毂内,取消了电动机和车轮之间的机械传动装置,进一步简化了驱动系统,同时减轻整车质量。

第八章 电动汽车技术

由于轮毂电动机具备单个车轮独立驱动的特性，因此很容易实现前驱、后驱还是四驱等不同形式的驱动方式。同时轮毂电动机可以通过左右车轮的不同转速甚至反转实现车辆的差动转向，大大减小了车辆的转弯半径，而且制动能量回收（即再生制动）技术也在轮毂电动机驱动的车型上很容易实现。但是轮毂电动机驱动方式的主要缺点，就是增大了车辆悬架下质量和轮毂的转动惯量，这对车辆的操控性能不利；此外轮毂电动机系统的电制动容量较小，电制动性能有限，不能满足整车制动性能的要求，若要确保制动系统的效能，制动系统消耗电能多，直接影响电动汽车的续航里程；轮毂电动机工作环境恶劣，对水、灰尘等多方面的密封要求较高，同时在设计上需要为轮毂电动机单独考虑散热问题。

电动汽车根据动力驱动形式不同可分为纯电动汽车、混合动力汽车和燃料电池汽车三大类。纯电动汽车（Battery Electrical Vehicle，BEV）是指完全由电池提供电力驱动的电动汽车。其特点是汽车全工况行驶所需要的不同动力全靠电动机提供，而电动机只是将电池的电能转换为机械能的动力装置，因此纯电动汽车以蓄电池作为能源，所选用的蓄电池应具备足够高的比能量和比功率，且在车辆制动时能回收再生制动能量。

纯电动车电池包的储能一般在 20kW·h 以上，需要外部电源进行充电，也是一种插电式（Plug-in）的电动汽车，存在的主要问题是安全性差。不同种类的蓄电池普遍存在价格高、外形尺寸和质量大、充电时间长等缺点。如铅酸电池虽成本低，但笨重，充电时间长；镍氢电池单位质量储存能量比铅酸电池多一倍，相对寿命较长，但成本高，其价格为铅酸电池的 4~5 倍；锂离子电池单位质量储能为铅酸电池的 3 倍，比能量高达 180W·h/kg，比功率达 2000W/kg，循环寿命长（1000 次以上），而且锂资源较丰富，所以近年来发展很快，但存在价格高、安全性能较差的缺点。

由于一种蓄电池不能同时满足比能量和比功率的要求，为此在纯电动汽车上可同时采用两种不同的蓄电池，其中一种电池提供高比能量，而另外一种电池提供高比功率。这种混合电池的能源结构，不仅满足在汽车行驶过程中对比能量和比功率的要求，而且在汽车下坡或制动时可利用蓄电池回收能量。

纯电动汽车的核心部件是储能装置。目前常用的储能装置有蓄电池和超级电容两种，其中使用最广泛的是蓄电池。蓄电池种类较多，但主要存在以下问题：

1）电池的可靠性达不到车用的要求。
2）电池使用寿命短，深度放电时循环次数达不到车用要求。
3）充电时间长，却一次充电续驶里程短。
4）蓄电池尺寸大，质量大。
5）对环境适应性较差。
6）功率密度和能量密度低。
7）二次污染。

纯电动车的性价比远远低于传统的内燃机汽车，虽然纯电动汽车电池的性能已有很大的提高，但其研发的最大瓶颈仍然是电池，现阶段难于与传统汽车相竞争。

混合动力汽车（Hybrid Electrical Vehicle，HEV）是指动力系统包括内燃机、电动机和电池组的汽车。电池组负责在起动和加速时向电动机供电为汽车提供辅助动力，内燃机负责在高速行驶时驱动汽车并通过发电机向电池组充电。混合动力汽车根据电池组的储能状态不同又分为一般的混合动力汽车（HEV）和插电式混合动力汽车（Plug-in Hybrid Electrical Vehicle，PHEV）。HEV 电池组的储能量一般小于 5kW·h，无需外接电源进行充电，电池组不能单独驱动汽车行驶。插电式混合动力汽车（PHEV）的动力系统和 HEV 一样，也是由内燃机、电动机和电池组构成，所不同的是其电池组储能要大于 HEV 的电池组储能，一般在 10kW·h~30kW·h 之间，需要外接电源进行充电，电池组可单独驱动汽车行驶，增加了纯电动行驶工况，因此需要加大动力电池的容量。

插电式混合动力与传统内燃机汽车和一般 HEV 相比，在行驶过程中更多地依赖于动力电池组来驱动汽车，因此其燃油经济性进一步提高，CO_2 和 NO_x 排放更少，但因动力电池容量加大而成本提高，且存在安全性问题。

电动汽车和混合动力汽车是使用和损耗蓄电池为代价来换取节油和减排效果的，其核心技术在于电池。动力电池的性价比的大幅度提升以及废电池的回收处理将是电动汽车能否迅速推广使用的关键。特别是废电池对地质环境的污染问题，目前尚未引起足够的重视。电动汽车和混合动力汽车普及后，大量的废电池如何处理将是新的重要课题。

燃料电池汽车也是电动汽车的一种，其核心部件是燃料电池。燃料电池是通过某种燃料和氧气的化学反应，直接将燃料的化学能转换成电能，而不是经过燃烧，所以无燃烧所造成的污染物。与普通的蓄电池不同，燃料电池不能储存电能，用电时由燃料和氧化剂直接提供。

进入 21 世纪后，燃料电池技术得到了很大的发展，种类繁多。根据燃料电池电解质不同可分类为碱性型（Alkaline Fuel Cell，AFC）、磷酸型（Phosphoric Acid Fuel Cell，PAFC）、质子交换膜型（Proton Exchange Membrane Fuel Cell，PEMFC）、熔融碳酸盐型（Molten Carbonate Fuel Cell，MCFC）、固体氧化物型（Solid Oxide Fuel Cell，SOFC）等。

碱性型燃料电池以水溶液或稳定的氢氧化钾基质作为电解质，其工作温度较低，所以启动快，成本低，但电力密度较低，且电解质易与 CO_2 反应生成 K_2CO_3、Na_2CO_3 并沉淀直接影响电池的性能，所以碱性电池燃料系统需要复杂的 CO_2 脱除装置。

磷酸型燃料电池以浓磷酸作为电解质，并将燃料气体通过改质器转化为 H_2、CO 和水蒸气的混合物。CO 和水在位移反应器中经催化剂进一步转化成 H_2 和 CO_2，经过这种处理后的燃料气体进入燃料极（负极），同时将氧输送到空气极（正极）进行化学反应，对正负极借助催化剂（贵金属）的作用迅速产生电能和热能。磷酸型燃料电池的工作温度在 150~220℃ 范围内，具有电解质稳定、磷酸可浓缩、水蒸气压低、阳极催化剂不易被 CO 毒化等特点，同时发电效率高、清洁、对燃料适应性好、无噪声、安全、部分负荷特性好，且以热水形式可回收部分热量。

质子交换膜燃料电池的工作原理是水电解的逆过程，主要由氢燃料构成的负极（燃料极）、氧化剂构成的正极（空气极）和质子交换膜组成。在正、负极都含有加速电极电化学反应的催化剂，以质子交换膜作为电解质。由于质子交换膜只能传导质子，所以氢质子可直接穿过质子交换膜到达正极，而电子通过外电路到达正极，从而产生直流电。

熔融碳酸盐型燃料电池由电解质、燃料极、空气极等组成。常用电解质为溶化的锂钾碳酸盐或锂钠碳酸盐，两个电极板分别与电解质相接，两个电极板各自外侧分别流通燃料气体和氧化剂。电解质在 600~700℃ 的工作温度下熔化，产生碳酸根离子（CO_3^{2-}），电解质将碳酸根离子从空气极移到燃料极时，与作为燃料供给的氢气相结合生成水、CO_2 和电子（e）。电子通过外部电路返回到空气极的过程中发电。熔融碳酸盐型燃料电池的特点是其工作温度高，可在燃料电池内部将燃料重整生成氢，因此减轻 CO 的污染，效率可达 60%。但要达到工作温度需要较长的时间，且有腐蚀性，因此安全性交差。

固体氧化物型燃料电池，通常以氧化锆（ZrO_2）固态陶瓷作为电解质，其工作温度一般在 800~1000℃ 范围内，燃料极采用镍（Ni）与稳定化氧化锆（YSZ）复合多孔体构成的金属陶瓷，空气极采用氧化镧锰（$LaMnO_3$），连接板采用氧化镧铬（$LaCrO_3$）。由于固体氧化物型燃料电池的工作温度高，因此在无其他催化剂的作用下可直接在内部将燃料（天然气）改质成氢气（H_2）加以利用，并且煤气的主要成分 CO 可以直接作为燃料来用。在燃料极一侧持续通入燃料时，具有催化作用的燃料极表面吸附燃料气体，并通过燃料极的多孔结构扩散到燃料极和电解质界面；在空气极一侧则持续通入氧气或空气，具有多孔结构的空气极表面吸附氧。由于空气极本身的催化作用，使得氧得到电子变为 O^{2-}，在化学势能的作用下，O^{2-} 进入起电解质作用的固体氧离子体，根据浓度梯度使其扩散，最终到达固体电解质和燃料极的界面，与燃料气体发生反应，此时失去的电子通过外电路回到空气极而发电。固体氧化物型燃料电池具有以下特点：

1）较高电流密度和功率密度。
2）对燃料的适应性强。
3）能量利用效率高。
4）不需要贵金属作催化剂。
5）不存在泄露腐蚀等问题。

熔融碳酸盐型燃料电池和固体氧化物型燃料电池的工作温度高，启动时间长，因此不利于在汽车领域推广应用。

根据燃料的处理方式不同燃料电池分类为直接式、间接式和再生式。直接式燃料电池根据温度的不同又可分为低温、中温和高温三种类型。其中，把碱性燃料电池（工作温度<100℃）和质子交换膜燃料电池（工作温度<100℃）称为低温燃料电池；磷酸型燃料电池（工作温度为 200℃）称为中温燃料电池；把熔融碳酸盐型燃料电池（工作温度为 650℃）和固体氧化型燃料电池（工作温度为 1000℃）称为高温燃料电池。间接式燃料电池中包括重整式燃料电池和生物燃料电池。再生式燃料电池有光、电、热、放射化学燃料电池等。

根据燃料不同燃料电池可分类为氢燃料电池、甲烷燃料电池、甲醇燃料电池和乙醇燃料电池。特别是氢燃料电池的氢气来源极其广泛，又可再生，且直接将氢燃料的化学能转换为电能，其转化效率高达 50% 以上，可实现零排放，使用寿命长。所以氢燃料电池汽车或将成为汽车发展的目标。

三、直流电动汽车的驱动方式

直流电动汽车的驱动方式取决于直流电动机的控制方法。直流电动机的最大优点就是在很宽的转速范围内便于调节，即具有优良的调速性能和较大的起动转矩。直流电动机的主要特点是由其结构特点和工作原理决定的。如图 8-2 所示，直流电动机由静止的定子和转动的转子两个基本部分组成。定子由主磁极、换向磁极、机座和电刷装置等组成。主磁极由主磁极铁心和套在主磁极铁心上的励磁绕组构成,其作用是产生主磁场。

换向磁极由换向磁极铁心和套在换向磁极铁心上的换向绕组构成,安装在相邻的两主磁极之间,用来产生附加磁场,用以改变电动机的转向。机座除用来保护电动机和固定主磁极、换向磁极外,还是电动机磁路的一部分,故也称磁轭。电刷装置主要由电刷和刷架等零件构成,用弹簧把电刷压在转子的换向器上。其作用是通过固定的电刷和旋转的换向器之间的滑动接触,使转动的转子电路与静止的外电路相连接。电刷数一般等于主磁极数。直流电动机的转子是由电枢绕组、电枢铁心、换向器和转轴、风扇

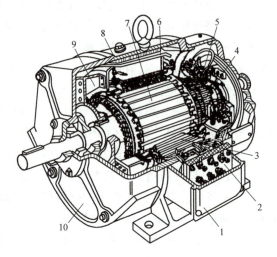

图 8-2 直流电动机的结构

1—出线盒 2—接线板 3—换向磁极 4—换向器 5—电刷装置 6—主磁极 7—电枢 8—机座 9—风扇 10—端盖

等组成。电枢铁心作为电动机磁路的一部分,用硅钢片冲制叠压而成,在外圆周上有均匀分布的槽,用来嵌放电枢绕组。电枢绕组是由许多绕组元件构成,它们按一定的规则嵌放在电枢铁心表面的槽里,并按一定的规则与换向器连接起来,使绕组本身连成一个回路。换向器是由许多换向片组成的一个圆柱体,装在转子的一端。换向片之间相互绝缘,而每一换向片又按一定规则与电枢绕组的绕组元件相连接。转动的换向器与固定的电刷滑动接触,使旋转的电枢绕组电路与静止的外电路相连接。

当直流电动机接通直流电源时,在主磁极铁心上的励磁绕组中就流通励磁电流 I_f,并在空间产生固定不动的磁场,同时在转子的电枢绕组中流通电枢电流 I_a。当电刷在某一位置时,相对于磁场 N 极和 S 极,各绕组元件导体中的电流方向就确定了,载流导体在磁场中受到电磁力对转轴产生方向一致的电磁转矩,可得直流电动机的总电磁转矩 M(N·m),即

$$M = C_M \Phi I_a \tag{8-1}$$

式中,C_M 为取决于电动机结构的常数;Φ 为每个磁极下的总磁通(Wb)。

直流电动机在电磁转矩作用下旋转,并对外输出机械能。当直流电动机的转子在磁场中旋转时,电枢绕组的每根导体又切割磁力线而产生感应电动势 e,称之为反电动势,其方向与电枢电流方向相反。两个电刷间的总电动势为任一磁极下各导体中的反电动势的总和,称为电枢电动势 E。该感应电动势的大小与切割磁力线的速度有关,即与电枢转速 n 有关,所以

$$E = C_E \Phi n \tag{8-2}$$

式中,C_E 为取决于电动机结构的常数。

所以,在直流电动机工作时,电枢电路的电压平衡式为

$$U = E + I_a R_a \tag{8-3}$$

第八章 电动汽车技术

式中，R_a 为电枢电路的电阻。

四、交流电驱动系统

由于交流电动机，特别是异步电动机成本低、可靠性高、免维修、便于控制、不需换向器等特点，在电动汽车领域广泛得到应用。但在实际车辆中的电源，只能提供恒定的电压，不能提供一个可控制大小和频率稳定的三相交流电。所以，交流电动机应用于汽车的前提条件是首先将电源的直流电转换为三相交流电，以带动交流电动机。为此，交流电驱动系统与直流电驱动系统不同，在直流电驱动系统中的功率转换器位置，专门设置逆变器，由此将来自电源的直流电转变成三相交流电，以控制异步电动机，并驱动车轮。所以，逆变器的主要作用是根据汽车实际运行工况对转矩的要求，根据汽车控制单元的指令，改变其输出的三相电压，以调节交流电动机的输出转矩。

为了减小功率损失，并尽可能简化电路，逆变器通常用一些开关元件构成。如图8-3所示，当开关1、2、6关闭，3、4、5断开时，输出端A和B与电源正极相连接，C端与电源负极相连接。所以由A到B的电压为 U，由B到C的电压为 $-U$，由C到A的电压为零。按一定的组合规则通过控制开关元件，使A和B、B和C、C和A之间电压依次改变，可以得到一个与可控三相电源相似的三相电压。通过调整开关模式，产生一系列的窄脉宽，由此可以控制逆变器输出电压的谐波分量的峰值。通过改变脉冲数量、脉宽和位置，可以得到理想的基波值和衰减的高次谐波值。在实际应用中，开关器件用晶闸管（SCR）来代替。

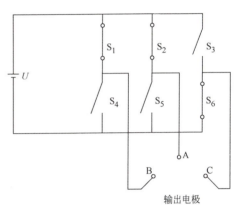

图8-3 逆变器的基本电路图

逆变器有两种操作方式，即脉宽调制（PWM）和六阶方波调制（SSSW）。在低速和低能源要求的情况下，逆变器采用脉宽调制方式；而在高速和高能源要求的情况下，逆变器则采用六阶方波调制方式。逆变器和异步电动机主要有三种控制模式，即恒转矩、恒功率和转差率限制。其中，恒转矩控制方式主要应用于从零速到基准速度的运行过程，这种方式是通过脉宽调制方式控制逆变器，目的是在基频和电压随速度线性增加时，磁通密度变化量可以保持稳定。这时转差率和交流电流为常数。低于最大值的恒转矩工作是通过减少磁通、转差频率和交流电流来控制的。

在交流电驱动系统中作为动力源的交流电动机有异步电动机和同步电动机两种。异步电动机由静止部分（定子）和旋转部分（转子）组成，如图8-4所示。定子由绝缘硅钢片叠成圆筒形铁心构成，内圆周上均匀分布槽，槽内安置由绝缘导线制成的定子绕组，构成三组对称的定子绕组。每相绕组的首端与相邻绕组的末端依次上下对应。如果电网线电压等于电动机每相绕组的额定电压时，定子绕组接成三角形联结，否则，电网电压等于每相绕组额定电压的 $\sqrt{3}$ 倍时，则三相绕组接成星形联结。异步电动机的转子由硅钢片叠成的固定在转轴上的圆柱形铁心构成。其外周也均匀分布槽，槽内安置转子绕组。根据转子绕组的结构不同分为绕线式和笼型。绕线式转子绕组与定子绕组一样，由绝缘导线做成三相绕组，通常采用星形联结。三个引出线接到三个集电环上，三个集电环彼此绝缘固定在转轴上。集电环与安装在端盖上的电刷滑动接触。笼型转子绕组是由嵌放在转子铁心槽内的铜导电条组成。在转子铁心两端各有一个铜环，分别把所有铜导电条的两端都焊接起来，形成一个短接电路。

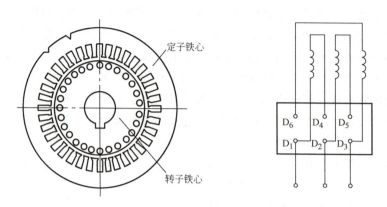

图 8-4　异步电动机的结构

异步电动机的工作原理是，当三相定子绕组接通三相电源时，三相绕组内通过如下式所示的三项电流，各相之间的电流相位差为 120°，即

$$\left.\begin{aligned} i_A &= I_m\sin(\omega t) \\ i_B &= I_m\sin(\omega t - 120°) \\ i_C &= I_m\sin(\omega t - 240°) \end{aligned}\right\} \tag{8-4}$$

根据此三相电流在定子和转子中，以及定子和转子的气隙中产生旋转的磁场，其旋转速度称之为同步转速 n_1。在旋转磁场的作用下，转子导体（绕组）切割磁通而产生感应电动势。在电动机正常运行时，在结构上不论是笼型还是绕线式，转子绕组都是短路的，因此在感应电动势的作用下转子绕组中产生感应电流或称转子电流（由此将异步电动机又称为感应电动机）。根据安培定律，在转子电流和旋转磁场的相互作用下产生的电磁力 F，符合左手定则。相对转子轴形成电磁转矩 M，其方向与旋转磁场转向一致。在该转矩的作用下转子旋转起来。异步电动机转子的转速 n 低于同步转速 n_1，否则如果转子转速达到同步转速，则转子与旋转磁场之间无相对运动，转子导体就不能切割磁通，转子内产生不了感应电动势，也就不能形成转子电流，从而电磁转矩为零。所以，转子转速异于旋转磁场的同步转速是保证这种异步电动机正常运行的必要条件，故称为异步电动机。

这里定义旋转磁场的同步转速 n_1 和电动机转子转速 n 之差，即 $\Delta n = n_1 - n$ 为转差或滑差，而把转差与同步转速之比称为转差率，即

$$s = \frac{\Delta n}{n_1} = 1 - \frac{n}{n_1} \tag{8-5}$$

当转子不动时，$n=0$，所以转差率 $s=1$。当理想空载状态下，即转子转速与同步转速相等 $n=n_1$ 时，$s=0$。所以，异步电动机正常运行时，s 在 0~1 的范围内变化。常用的异步电动机，在额定负载时转子的额定转速接近同步转速，所以额定转差率很小。因此，通过转差率的控制可调节电动机的转速。

第八章 电动汽车技术

作为异步电动机的主要性能指标，有同步转速、电磁转矩等。其中，同步转速 n_1（r/min）表示为

$$n_1 = \frac{60f}{p} \tag{8-6}$$

式中，f 为流经定子绕组的电流频率（Hz）；p 为磁极对数。

电磁转矩是指由转子中各个载流体在旋转磁场的作用下受到的电磁力对于转子转轴所形成的转矩之总和。

设载流体在磁场中所受到的电磁力 F，与磁通 $\varPhi$ 和电流 I 成正比，即

$$F = k_1 \varPhi I \tag{8-7}$$

因异步电动机的转子电路是一个交流电路，有电阻、电抗，所以在转子电流与转子感应电动势之间有相位差 φ_2。因此转子电流 I_2 可分解为有功分量 $I_2\cos\varphi_2$ 和无功分量 $I_2\sin\varphi_2$。只有转子电流的有功分量 $I_2\cos\varphi_2$ 才能与旋转磁场相互作用产生电磁转矩。所以，衡量异步电动机做功能力的电磁转矩为

$$M = C_M \varPhi I_2 \cos\varphi_2 \tag{8-8}$$

式中，C_M 为取决于电动机结构的常数；$\varPhi$ 为旋转磁场的每极磁通；I_2 为转子电流；$\cos\varphi_2$ 为转子电路的功率因数。

式（8-8）表明，异步电动机的输出转矩与转子的电流和转子电路的功率因数成正比。当转子不动（$n=0$）时，旋转磁场以同步转速 n_1 切割转子导体，在转子导体中产生感应电动势 E_{20}，其频率 f_{20} 与电源频率 f 相等，即 $f_{20}=f$，转子回路的电抗为 $X_{20}=2\pi f_{20}L=2\pi fL$。当电动机正常运行（$n\neq 0$）时，旋转磁场则以转差 $\Delta n = n_1 - n$ 切割转子导体。由转差率定义 $\Delta n = sn_1$，所以切割转速相当于在转子不动时的 s（$s \ll 1$）倍。此时转子电路中感应电动势的频率也相当于电源频率的 s 倍，即

$$f_2 = \frac{p(n_1-n)}{60} = \frac{n_1-n}{n_1} \cdot \frac{pn_1}{60} = sf \tag{8-9}$$

由电磁感应定律可知，转子感应电动势的有效值在其他条件不变的情况下，与切割磁力线的转速 Δn（频率 f_2）成正比，所以在转子导体中所产生的感应电动势为 $E_2 = sE_{20}$。根据电抗定义，$X_2 = 2\pi f_2 L = 2\pi sfL = sX_{20}$。因此，转子电路中每相绕组中的电流为

$$I_2 = \frac{E_2}{\sqrt{R_2^2+X_2^2}} = \frac{sE_{20}}{\sqrt{R_2^2+(sX_{20})^2}} \tag{8-10}$$

式中，R_2 为转子电路每相绕组的电阻；E_{20}、X_{20} 分别为转子静态时的感应电动势和电抗，均为常数。

另一方面，在式（8-8）中表示的转子电路功率因数可表示为

$$\cos\varphi_2 = \frac{R_2}{\sqrt{R_2^2+X_2^2}} = \frac{R_2}{\sqrt{R_2^2+(sX_{20})^2}} \tag{8-11}$$

由式（8-10）和式（8-11）可见，影响异步电动机输出转矩的转子电流和转子功率因素均受转差率 s 的控制，所以其输出转矩 M 也随转差率 s 变化，即 $M=f(s)$。图 8-5 所示为异步电动机的转矩特性曲线。当转差率等于零时，因转子导体无切割磁力线，所以电磁转矩等

于零。

在转差率 s 较小时，随着 s 的增大，电动机产生的电磁转矩随之增加，直到对应某一转差率达到最大电磁转矩 M_{max}。对应最大电磁转矩的转差率称为临界转差率 s_{cr}。当 $s>s_{cr}$ 时，电磁转矩 M 随转差率的增大反而减小，所以异步电动机实际工作区应设在转差率为 $0<s<s_{cr}$ 的范围内。额定负载时的额定转差率较小，$s_n \approx 0.01 \sim 0.06$。异步电动机额定运行时的电磁转矩称为额定电磁转矩 M_n。

异步电动机的短期过载能力常用转矩过载系数，即最大电磁转矩和额定电磁转矩之比表示

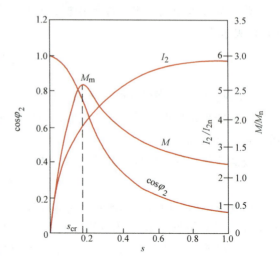

图 8-5 异步电动机的特性曲线

$$\lambda_M = \frac{M_m}{M_n} = 1.8 \sim 2.5 \tag{8-12}$$

电动机的转矩达到最大电磁转矩时，临界转差率与转子电路内的电阻成正比，即

$$s_{cr} = k_2 R_2 \tag{8-13}$$

当增加转子电路电阻时，电磁转矩曲线 $M=f(s)$ 向右（s 增大方向）移动，但其峰值保持不变。最大电磁转矩与定子外加电压的二次方成正比，即

$$M_m = k_3 U^2 \tag{8-14}$$

当外加电压降低时，$M=f(s)$ 曲线向下移动，但临界转差率保持不变。所以，异步电动机运行情况对电源电压波动的影响非常敏感，这是其缺点之一。

三相同步电动机的定子在结构上和异步电动机的定子完全相同。但其转子却不同，是由一组电磁铁构成的，其磁极对数必须和定子的磁极对数相同。在磁极绕组上安装直流励磁绕组。直流励磁绕组的两根线引出来接到固定在转轴上的相互绝缘的两个集电环上，通过集电环与电刷的滑动接触与外加直流电源接通，产生恒定的转子磁场。当同步电动机的定子三相绕组接通三相电源时，三相对称电流产生旋转磁场，其转速称为同步转速。转子励磁绕组中通过励磁电流 I_f，产生转子磁场。当转子磁场与定子磁场的极性异性相吸引时，定子旋转磁场便拖着转子磁场一起旋转。因转子磁场是由直流励磁电流所产生，所以与转子之间没有相对运动，故转子本身被拖着旋转。所以，转子的转速 n 必然等于旋转磁场的同步转速 n_1，这是同步电动机转子旋转的必要条件，即

$$n = n_1 = \frac{60f}{p} \tag{8-15}$$

由此可见，同步电动机转子的转速只取决于定子旋转磁场的同步转速，也就是只取决于电源的频率和电动机的磁极对数，而与负载无关。同步电动机的功率因数可以通过励磁电流的控制来调节，即当调节直流励磁电流时，定子电流的相位和大小相应地变化。同步电动机的最大缺点是起动性很差，即没有起动转矩，不能自行起动。

第八章　电动汽车技术

三相交流电动机驱动系统比直流系统有较多优点，如异步电动机的成本较低，笼型异步电动机无集电环和转向器，故维修保养方便。同步电动机无起动转矩，所以需要另外一个电路激励定子绕组来起动转子。交流电动机驱动系统对汽车的行驶方向，如倒车控制比较方便，只需要通过一个集成电路改变三相交流电动机的旋转方向，为此只需改变定子励磁的相位顺序即可；而对直流电动机驱动系统，则需要用笨重而昂贵的转换设备来改变定子磁场或转子电枢线圈中的电流方向。

在再生制动方面，直流电动机驱动系统必须通过电子接触器来执行开关转换；而在交流电动机驱动系统中，通过采用一个负转差率的方法来完成再生制动，不需要电子接触器，只通过控制交流电动机的励磁频率，从而使电动机的磁场旋转速度稍比转子的转速慢一点就可以。

交流电动机驱动系统的主要缺点是电子设备复杂；在一定的输出功率下，逆变器相对直流斩波器显得体积大而笨重，成本高；而且其逻辑控制也比直流电动机驱动系统复杂。

第三节　电动汽车输出转矩的控制

一、电动汽车的行驶性能

汽车行驶时，发动机在任何工况下，都要克服其行驶过程中的各种阻力。如在平坦路面上加速行驶时，由发动机输出的驱动力必须克服轮胎的滚动阻力、空气阻力和加速阻力，即

$$F_t = F_f + F_w + F_j \tag{8-16}$$

式中，F_t 为发动机对车轮的驱动力；F_f 为滚动阻力；F_w 为空气阻力；F_j 为加速阻力。

这里，滚动阻力 F_f（N）等于作用在轮胎上的垂直负载 W 和滚动阻力系数 f 的乘积，即 $F_f = Wf$。

空气阻力 F_w（N）是汽车直线行驶时受到的空气作用力在行驶方向上的分力，其计算式为

$$F_w = \frac{C_D A v_a^2}{21.15} \tag{8-17}$$

式中，C_D 为空气阻力系数；A 为汽车迎风面积（m²）；v_a 为汽车行驶速度（km/h）。

加速阻力 F_j（N）是指汽车加速行驶时，需要克服的自身质量和加速运动时的惯性力。汽车的质量分为平移质量和旋转质量两部分。为了便于计算，一般把旋转质量的惯性力矩转化为平移质量的惯性力，并以系数 δ 作为计入旋转质量惯性力矩后的汽车质量换算系数。δ 主要与飞轮的转动惯量、车轮的转动惯量以及传动系统的传动比有关。在初步估算时取 $\delta = 1 + \delta_1 + \delta_2 i_g^2$。其中，$\delta_1 \approx \delta_2 = 0.03 \sim 0.05$。这样，当汽车质量为 m 时，加速阻力的计算式为

$$F_j = \delta m \frac{dv_a}{dt} \tag{8-18}$$

当汽车在坡道上行驶时，一般按一定车速稳定行驶而不加速，即 $dv_a/dt = 0$。所以不考虑加速阻力。计入坡度阻力 F_i 时，驱动力可表示为

$$F_t = F_f + F_w + F_i \tag{8-19}$$

汽车在较陡的坡道上行驶时一般车速较低，所以可忽略空气阻力，则

$$F_t = F_f + F_i \tag{8-20}$$

坡度阻力可表示为当汽车上坡行驶时汽车重力沿坡道方向的分力。当整车重量为 W，坡度角为 α 时，坡度阻力为

$$F_i = W\sin\alpha \tag{8-21}$$

所以，汽车在不同道路条件下行驶时的总阻力为

$$\sum F = F_f + F_w + F_j + F_i \tag{8-22}$$

为保证汽车在各种条件下的行驶特性，其驱动力必须满足上述行驶阻力的要求，即汽车的行驶方程式为

$$F_t = \sum F = F_f + F_w + F_j + F_i \tag{8-23}$$

对电动汽车，电动机（或其他动力源）输出的转矩 T_{tq}，经变速器、传动轴、主减速器传递到车轮驱动轴上的转矩 T_t 为

$$T_t = T_{tq} i_g i_0 \eta \tag{8-24}$$

所以，当驱动轮半径为 r 时，驱动力为

$$F_t = \frac{T_t}{r} = \frac{T_{tq} i_g i_0 \eta}{r} \tag{8-25}$$

将式（8-25）代入式（8-23），得根据电动汽车行驶条件的要求，电动机所需输出的转矩为

$$T_{tq} = \frac{r}{i_g i_0 \eta}(F_f + F_w + F_j + F_i) \tag{8-26}$$

式中，i_g 为变速器传动比；i_0 为主减速器传动比；η 为传动效率。

对确定的电动机，其输出转矩随转速变化规律一定，则其输出功率 P_e（kW）为

$$P_e = \frac{T_{tq} n}{9550} \tag{8-27}$$

式中，T_{tq} 为电动机的输出转矩（N·m）；n 为电动机转速（r/min）。

可见，对传动系统一定的电动汽车，电动机的输出转矩特性直接影响整车性能，即电动汽车的最高车速、最大加速能力和最大爬坡度取决于电动机的转矩输出特性。一般汽车行驶过程中对原动机输出转矩的要求是，低速时输出大转矩，以便克服短期超载；高速时输出高功率，保证有足够的功率储备系数。因此，电动机的转矩—转速特性必须满足汽车行驶的要求。

二、直流电动机转矩的控制

直流电动机的调速系统最早采用恒定直流电压给直流电动机供电，通过改变电枢电路中的电阻来实现调速。这种方法简单易行、设备制造方便、价格低廉，但缺点是效率低、机械特性软，不能得到宽和平滑的调速性能。20 世纪 30 年代末期，出现发电机—电动机系统，开始采用改变电源电压调速方法，由此优化直流电动机的调速特性，使直流电动机得到广泛应用。虽然这种调速系统可获得较宽的调速范围、较小的转速变化率和平滑的调速特性，但其主要缺点是系统重量大、占地多、效率低、维修困难。近年来电子技术的迅速发展，由晶闸管变流器供电的调速系统迅速发展，其调速性能也得到很大的提高。特别是大规模集成电路技术及计算机技术的飞速发展，使直流电动机的调速精度、动态特性、可靠性等有了更大

第八章 电动汽车技术

的提高,直流电动机的调速系统也在不断完善。

为了了解和掌握直流电动机输出转矩的控制方法,这里以典型的并励式直流电动机为例,从电动机结构原理角度,介绍几种基本的直流电动机的调速方法。

并励电动机接入直流电源后,电流分别通过励磁绕组和电枢绕组。当电源电压 U 一定时,通过励磁绕组的电流 I_f 不变,所以由此产生的磁通量 Φ 也基本保持不变。此时,由式(8-1)可知,转子电枢电流的大小取决于需要产生的电磁转矩 M(即等于输出转矩 T_{tq}),即

$$I_a = \frac{M}{C_M \Phi} \tag{8-28}$$

并励电动机电源输入的总电流为 $I = I_a + I_f$,根据电枢电路的电压平衡式,可得直流电动机的电枢反电动势为

$$E = U - I_a R_a \tag{8-29}$$

由于电枢反电动势是导体切割磁力线而产生的,所以电动机的转速为

$$n = \frac{E}{C_E \Phi} \tag{8-30}$$

将式(8-29)和式(8-28)代入式(8-30),得

$$n = \frac{U}{C_E \Phi} - \frac{R_a}{C_E C_M \Phi^2} M = n_0 - bM \tag{8-31a}$$

或

$$M = \frac{n_0 - n}{b} \tag{8-31b}$$

式中,n_0 为当 $M=0$(即 $I_a=0$)时的电动机转速,称理想空载转速,即 $n_0 = U/(C_E \Phi)$;$b = R_a/(C_E C_M \Phi^2)$,当磁通和电枢电阻不变时为常数;C_E、C_M 为与电动机结构有关的常数。

电动机转速 n 与其电磁转矩 M 的变化关系 $n=f(M)$ 称为电动机的机械特性。

由式(8-31a)可见,电动机的最高转速为其理想的空载转速,随电磁转矩的增加转速降低。并励直流电动机的转速与电源电压、电枢电路电阻以及励磁电流(磁通)有关。当电源电压、磁通及电枢电阻一定时,其输出转矩随其转速呈线性变化。

所以,直流电动机输出转矩的控制,实际上成为直流电动机的调速问题。

但是,这种直流电动机输出特性的特点是转速变化范围小,不适合用作车用发动机。改善其输出特性的基本途径,有改变电枢电路电阻、改变励磁电流、改变电源电压等几种方法。

电枢电路电阻调速法是在电源电压和励磁电流为额定值的条件下,通过在电枢电路中串联可调节电阻 R_{ac},就可以进行调速。即在电枢电路中串联调节电阻 R_{ac} 后,电枢电路的总电阻增加到 $R = R_a + R_{ac}$,从而如图 8-6 所示,通过可调节电阻 R_{ac} 可达到同一负载转矩下调节转速的目的,或改善电动机输出转矩随转速的变化特性,使转速调节范围加宽。但其缺点是只能从转速降低的单方向调速,调速范围不大。

改变励磁电流调速法是保持电动机的电枢电压为额定值,电枢电路中调节电阻为 $R_{ac}=0$ 的情况下,通过调节接在励磁电路中的可调节电阻 R_{fc} 来进行调速。即当电源电压为 U,励磁电流与励磁电路中的调节电阻之间的关系为

$$I_f = \frac{U}{R_f + R_{fc}} \tag{8-32}$$

当可调节电阻 R_{fc} 增加时,励磁电流 I_f 减小,磁通 Φ 随之减小,所以由式(8-31)可知,电动机转速就会提高(图 8-7)。

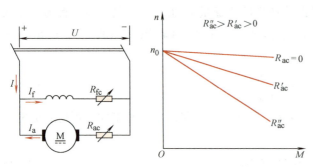

图 8-6　并励电动机的调速及机械特性　　　图 8-7　改变励磁电流时的调速特性

这种调速方法只能向升速方向调节。专门用来调速的直流电动机的调速范围可达 4∶1。由于励磁电流较小,在调节电阻上的功率损耗 $I_f^2 R_f$ 不大,所以比较经济,而且励磁电阻体积较小、轻便、控制方便,同时还具有调速平滑、可实现无级调速、运行稳定性好的优点,所以应用较广。

改变电源电压调速法是为了能实现变压调速,专门设有一套可调节输出电压的专用设备,如直流发电机或晶闸管整流电源等。这种改变电源电压调速,只是改变输入电动机电枢的端电压 $U_a = U$,而不改变电动机励磁绕组电路的电压 U_f,所以必须还有一套供励磁用的直流电源。这种电动机的励磁方式称为他励方式。因此把励磁电流 I_f 保持在额定值不变,且电枢电路中不串联调节电阻的情况下,只改变输入电枢的电源电压,使 $U = U_a$ 时,由式(8-31)得

$$n = n_0 - bM = \frac{U_a}{C_E \Phi} - \frac{R_a}{C_E C_M \Phi^2} M \tag{8-33}$$

这种调速法根据电枢端电压只改变电动机的理想转速 n_0。在同一负载转矩下,电枢端电压越低,电动机转速也越低,保证电动机输出特性曲线斜率不变,使电动机在较低的转速下仍稳定运转,所以调速范围广,而且容易做到无级调速,控制灵活方便,起动、反转和制动等操作也比较简单。

随着半导体技术及计算机控制技术的迅速发展,如今采用互补晶体管对控制电动机输入电压和转向进行控制的晶体管可逆变速控制;通过改变调制晶体管的导通时间(开与关),来调节加在直流电动机两端的平均电压,从而进行调速控制的脉冲调幅(PAM)变速控制以及脉宽调制(PWM)可逆调速控制等调速技术的应用,使得直流电动机调速性能不断得到完善。

三、交流电动机的调速方法

1. 异步电动机转矩控制

异步电动机的输出转矩 M 是转差率的函数 $M = f(s)$,同时根据定义,转差率直接与电动机的转速有关,即 $s = g(n)$,所以异步电动机输出的转矩是转速的函数,其机械特性如图 8-

8所示。根据异步电动机输出转矩随转速的变化特性，将其运行范围分为工作区和起动区两个部分。从对应于最大转矩的转速 n_M 到额定转速 n_n 为工作区，而从 0 转速到最大转矩对应的转速 n_M 为起动区。异步电动机正常工作时，在工作区范围内运行。所以，电动机输出转矩的控制，实际上就是在工作区内的异步电动机的调速问题。由式（8-5）和式（8-6）可得其转速为

$$n = (1-s)n_1 = (1-s)\frac{60f}{p} \tag{8-34}$$

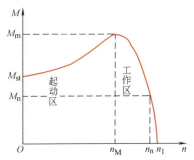

图 8-8 异步电动机的机械特性

由式（8-34）可知，异步电动机的调速可通过改变电源频率、定子绕组的磁极对数或转差率来实现。

如果用改变电源频率法调速，就必须自备频率可调电源。如晶闸管变频调速系统，先将电源 50Hz 的交流电由晶闸管整流器变换成电压可调的直流电，再由晶闸管组成的逆变器把直流电变换成频率可调的交流电，由此使异步电动机变频调速。

转差率调速法只用于绕线转子异步电动机，即通过改变转子电路内的串联电阻来改变电动机电磁转矩曲线。当同一负载转矩下，增加转子电路电阻时，则电动机的转速下降，此时旋转磁场的同步转速保持不变，所以实质上改变了转差率。这种调速法的主要缺点是在转子电路附加电阻上消耗较多电能，所以效率较低。

另一方面，在异步电动机的起动过程中，接通电源时，$n=0$，$s=1$，此时的电磁转矩为起动转矩 M_{st}，如图 8-8 所示。当 M_{st} 大于电动机轴上的阻力转矩时，电动机开始转动起来，并随电动机转速的增加，转差率减小，转速增加，电磁转矩沿 $M=f(n)$ 曲线逐渐增大，达到最大电磁转矩后进入工作区。异步电动机的起动性，常用起动转矩与额定转矩之比（$M_{st}/M_n = 1\sim 2$）或起动电流（异步电动机接通电源刚起动时的定子电流）与额定电流之比（$I_{st}/I_n = 4\sim 7$）表示。对异步电动机的起动性，要求应具有足够大的起动转矩和较小的起动电流，且操作方便、简单经济。

2. 同步电动机的转矩控制

由式（8-15）可知同步电动机的转速 $n \propto f_1$，所以只要控制供电电源频率（同步频率）f_1，就可以很方便地控制同步电动机的转速。同步电动机的转矩—转速特性，实际上就是转矩—频率特性。对于凸极同步电动机，其电磁转矩为

$$M = \frac{mp}{2\pi f_1}\frac{UE}{X_d}\sin\delta + \frac{mp}{2\pi f_1}U^2\left(\frac{X_d-X_q}{2X_dX_q}\right)\sin 2\delta \tag{8-35}$$

式中，U 为电枢端电压；E 为励磁电动势；m 为电动机的相数；f_1 为电源频率；p 为电动机的磁极对数；X_d 为电动机直轴（d 轴）同步电抗；X_q 为电动机交轴（q 轴）同步电抗；δ 为功率角（端电压 U 与 E 的夹角）。

对于隐极同步电动机，d、q 轴同步电抗相等，即 $X_d = X_q = X_s$，式（8-35）中等式右侧第二项反应转矩为零，故电磁转矩为

$$M = \frac{mp}{2\pi f_1}\frac{UE}{X_s}\sin\delta = M_m\sin\delta \tag{8-36}$$

$$M_m = \frac{mp}{2\pi f_1} \frac{UE}{X_s} = \frac{mp}{2\pi} \frac{U}{f_1} \frac{L_{af}}{L_s} I_f \tag{8-37}$$

$$E = 2\pi f_1' L_{af} I_f \tag{8-38}$$

$$X_s = 2\pi f_1' L_s \tag{8-39}$$

式中，M_m 为当 $\delta = 90°$ 时的最大电磁转矩；E 为励磁电动势；X_s 为同步电抗；L_{af} 为励磁绕组与电枢绕组间的互感；I_f 为励磁电流；f_1' 为电动机运行频率。

由此可见，同步电动机变频调速或转矩的控制系统比较复杂，它是多变量、多输入、多输出的控制系统。但是根据其工作原理，同步电动机的转速只通过同步频率严格控制，不随负载变化，体现了同步电动机的恒速性；而其电磁转矩可通过改变电枢端电压 U、同步频率 f_1 以及励磁电流 I_f 来控制。为了保证同步电动机的恒转矩特性，可在改变同步频率 f_1 的同时控制电枢端电压 U，使 U/f_1 保持常数。

第四节 混合动力汽车的控制策略

一、混合动力汽车的特点及种类

电动汽车虽然清洁，但其致命的缺点依然是其行驶里程短。这也是过去电动汽车一度盛行到衰弱的主要原因。人类社会发展到现在还没有发现一种能同时提供足够的比能量和比功率的能源。只有当电动汽车的能源技术有突破时，电动汽车才会普及，在此之前，采用混合动力是解决汽车节能和排放物污染问题的一种最好的替代方法。混合动力电动汽车是指由两种和两种以上的蓄能器、能源或转换器作为驱动能源，其中至少有一种能源提供电能的车辆。所以，车用混合动力系统组合内燃机和电动机两种动力源，并发挥各自的优点，互补各自缺点，由此提高整车效率。现代混合动力汽车共同的特点是都采用电动机，但不需要像电动汽车那样外部充电。混合动力传动系统有以下主要特点：

1）有效降低能源消耗。如停止内燃机的怠速或低速低负荷运行工况，以节省不必要的燃料消耗。

2）能量再生。在减速或制动时，作为热能而散发的能量，转换为电能形式而回收，并将该电能作为驱动电动机的电源来再利用。

3）电动机辅助。加速时通过电动机辅助发动机的驱动力，由此改善车辆加速性能。

4）高效率驾驶控制。在发动机效率低的车辆运行条件下，只用电动机驱动；在发动机效率高的工况下，则带动发电机发电等，使车辆运行时综合效率达到最佳。

到目前为止，汽车上所采用的混合动力系统主要分为串联式（series）混合动力、并联式（parallel）混合动力和串并联混合型混合动力三种类型。

串联式混合动力系统是通过发动机驱动发电机，再由发电机输出的电作为电动机的电源，最终由电动机来驱动车轮的驱动方式，如图8-9所示。这种驱动方式主要靠电动机驱动汽车行驶，而发动机的主要作用就是驱动发电机发电，所以发动机运行工况可以选择在最经济区。但发动机经常处于运行状态，所以整车综合效率不高。

并联式混合动力系统是发动机和电动机都可以驱动车轮的驱动方式，如图8-10所示，

第八章 电动汽车技术

可根据汽车的实际行驶条件分别选用两种动力源。相对于车轮，两个动力源的功率流为并联，所以称之为并联混合动力。并联式混合动力系统以发动机作为主动力源，而电动机只作为辅助动力源在加速时补充动力，所以电动机的使用效率较低。

图8-9 串联式混合动力系统
1—驱动轮 2—电动机 3—功率转换器
4—蓄电池 5—发动机 6—发电机 7—减速器

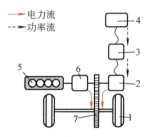

图8-10 并联式混合动力系统
1—驱动轮 2—电动机/发电机 3—功率转换器
4—蓄电池 5—发动机 6—变速器 7—减速器

混联式混合动力系统如图8-11所示，是串联和并联混合动力相结合的产物，通过动力源的串并联混合，最大限度地发挥串联混合动力和并联混合动力各自的优点。这种串并联混联式混合动力系统，通过功率分配机构将发动机的输出动力分为两部分，一部分用来直接驱动车轮，而另一部分则用于驱动发电机发电，可作为蓄电池充电或电动机的电源。发动机功率分配可自由控制，而且也用电动机来驱动车轮，所以电动机的使用效率比并联式高得多。

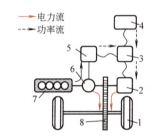

图8-11 混联式混合动力系统
1—驱动轮 2—电动机 3—功率转换器 4—蓄电池 5—发动机 6—动力分配器 7—发动机 8—减速器

为了实现串并联混合模式，发动机与发电机/电动机之间以及电动机与变速器之间必须进行机械连接。目前常用的机械连接方式是如图8-12所示的行星齿轮机构。其中太阳轮与发电机相连，齿圈与传动装置相连，行星架与发动机相连。发动机的动力一部分通过行星齿轮传递给齿圈，并通过传动轴驱动车轮，而另一部分动力传递给太阳轮以驱动发电机发电。

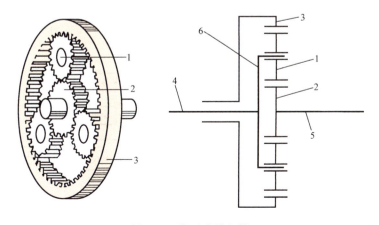

图8-12 行星齿轮机构
1—行星轮 2—太阳轮 3—齿圈 4—行星轮轴 5—太阳轮轴 6—行星架

二、串联式混合动力电动车的控制

串联式混合动力系统的基本特点是，发动机输出的机械能首先通过发电机转化为电能，其中一部分用来给蓄电池充电，另一部分经电动机和传动装置驱动车轮。所以，发动机作为辅助动力源，主要作用就是驱动发电机发电，以增加车辆的行驶里程，解决纯电动汽车一次充电行驶里程短的根本问题。由于发动机能以恒定的转速驱动发电机，所以发动机运行工况可以设定在高效率区，以改善发动机的燃油经济性。但缺点是由于能量转换反复，使其动力传输效率较低。

由于混合动力汽车是通过两种以上的动力源来驱动汽车的，所以其控制的主要内容就是根据汽车不同行驶工况的要求，确定发动机、发电机、电动机及蓄电池等各能源动力系统元件的工作状态，即进行功率流的控制。作为混合动力汽车的控制策略，其目的就是以什么样的控制方式使车辆以最佳的驱动性能和最低的成本达到最佳燃油经济性和最低排放的要求。为此，需要根据汽车使用条件，确定发动机的工作条件，优化其状态，同时有效管理多能源系统，把各种形式的能量浪费降低到最低限度。

根据汽车的使用条件，串联式混合动力汽车功率流的控制模式可用车辆起动、正常行驶或加速时的控制，车辆轻负荷时的控制，车辆制动或减速时的控制，以及车辆停车时的控制这四种工作模式表示。在起动、正常行驶或加速时的控制模式中，车辆需要足够大的驱动力，发动机通过发电机和蓄电池一起输出电能并经功率转换器传递给电动机，由电动机再通过传动装置驱动车轮，此时的功率流如图 8-13a 所示。当车辆轻载荷行驶时，发动机输出的功率大于车辆行驶阻力，所以如图 8-13b 所示通过功率流的控制，将多余的机械能通过发电机转换为电能向蓄电池充电到 SOC 达到预定的限制。当车辆处于制动或减速状态时，如图

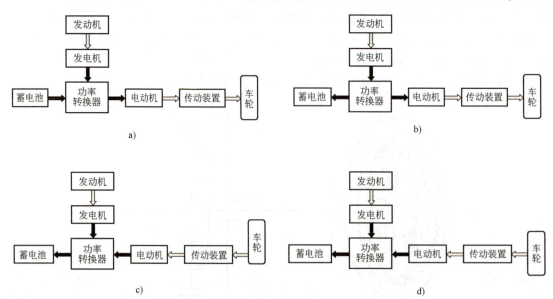

图 8-13 串联式混合动力功率流的控制模式

a) 起动—正常行驶—加速　b) 轻载　c) 减速—制动　d) 蓄电池充电

→ 电力连接　⇨ 机械连接

8-13c 所示，通过电动机将驱动轮的动能转化为电能，并通过功率转换器给蓄电池充电。当车辆处于短期停车状态时，通过图 8-13d 所示的工作模式，发动机也可以通过发电机和功率转换器给蓄电池充电。

三、并联式混合动力电动车的控制

并联式混合动力汽车动力传递的主要特点是，相对于车轮传动装置的动力输入端而言，来自发动机和电动机的动力传递（功率流）是并联的，所以根据汽车行驶过程中实际工况的要求可选择不同的动力源。但现阶段并联式混合动力汽车的基本模式是以发动机为主动力，而电动机为辅助动力，所以其工作模式分为车辆起动或节气门全开加速模式、车辆正常行驶模式、车辆制动或加速模式和车辆轻载运行模式四种。

在起动—加速模式中，汽车需要较大的驱动力，如图 8-14a 所示，发动机和电动机同时工作，在发动机输出功率的基础上，由电动机输出功率进行补充，因此发动机和电动机共同分担此时驱动车辆所需的动力。当车辆正常行驶时，车辆行驶所需驱动力只靠发动机工作来提供，此时关闭电动机，如图 8-14b 所示。因此，在整车动力系统选配过程中，发动机选型时可以侧重考虑经济性好的发动机，动力性不足的部分由电动机来补偿。当车辆制动或减速运行时，如图 8-14c 所示，电动机被车轮驱动以发电机模式工作，将动能转化为电能，并经过功率转换器向蓄电池充电。当车辆在轻载荷行驶时，由于发动机和电动机驱动同一传动轴，如图 8-14d 所示，发动机输出的多余功率可通过电动机转化为电能向蓄电池充电。

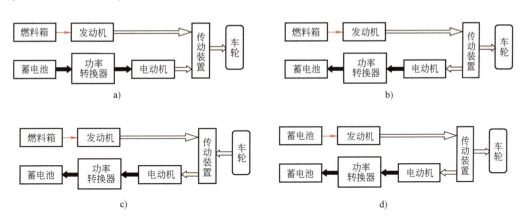

图 8-14 并联式混合动力系统的功率流控制模式
a) 起动—加速 b) 正常行驶 c) 减速—制动 d) 行驶中蓄电池充电
➡ 电力连接 ⇨ 机械连接 → 液力连接

四、混联式混合动力汽车的控制

混联式混合动力汽车兼有串联式和并联式混合动力汽车的特点，其控制方式有多种。这里，以日本丰田汽车公司推出的普锐斯（PRIUS）乘用车上应用的 THS Ⅱ 型混联式混合动力系统为例，介绍其功率流的控制策略和方法。图 8-15 所示为该混联式混合动力系统的基本组成，该系统采用了低速转矩大而且功率也大的电动机。

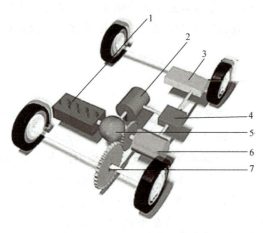

图 8-15 丰田 THSⅡ型混联式混合动力系统组成
1—发动机 2—发电机 3—蓄电池 4—功率控制单元（换向器）
5—动力分配装置 6—电动机 7—减速器

该系统采用车辆运行时以发动机输出动力为主的发动机主动性控制方式，主要有车辆起动—中低速运行、正常运行、急加速运行、制动或减速运行、蓄电池充电以及停车这六种工作模式。

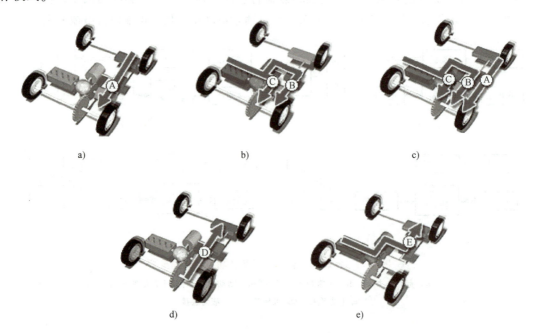

图 8-16 THSⅡ型混联式混合动力工作模式
a）起动-中低速运行 b）正常运行 c）急加速运行 d）制动或减速运行 e）蓄电池充电

在汽车起动及起步运行到中速为止的行驶条件下，关闭发动机，因在该汽车运行工况下发动机一般工作在低效率区，所以由蓄电池供电，按图 8-16a 中箭头 A 所示功率流方向，只靠高效率的电动机驱动车辆运行。当车辆进入正常运行模式时，如图 8-16b 箭头 B、C 所示，

第八章　电动汽车技术

发动机的动力经动力分配装置分为两路，一路沿箭头 B 方向驱动发电机发电，由此驱动电动机，而另一路沿箭头 C 方向直接驱动车轮。这种动力分配控制的目的，就是通过发动机动力和电动机动力的组合达到综合效率最大。当汽车进入急加速运行模式时，如图 8-16c 所示，在正常运行模式功率流控制的基础上，通过蓄电池也供电来进一步提高电动机的输出功率，配合发动机输出的驱动功率，实现快速过渡响应特性，改善汽车加速性能。当汽车进入制动或减速运行模式时，如图 8-16d 箭头 D 所示，利用车轮驱动电动机，使得电动机按发电机模式工作，由此尽可能回收制动能量，使之转化为电能，用以向蓄电池充电。在汽车行驶过程中，如果蓄电池的充电量降低到设定值以下时，系统进入行驶过程中的蓄电池充电模式。此时如图 8-16e 箭头 E 所示方向，发动机输出的一部分动力驱动汽车，另一部分动力用于驱动发电机给蓄电池充电，使蓄电池一直维持一定的充电状态。当汽车运行后需要停车时，系统可自动停止发动机工作，而且根据需要也可以通过发动机驱动发电机向蓄电池充电。

该混合动力系统的另一个特点是其变速机构没有采用专门的变速器，而是由动力分配装置、发电机、电动机以及减速器等来构成变速机构。发动机输出的动力通过动力分配装置分为两路，其中由输出轴传递的动力传递到电动机和车轮上，另一路驱动发电机。这样发动机的动力传递分为机械传递和电力传递两种途径。然后通过控制单元使发动机转速和发电机以及电动机转速（与车速成正比）各自进行连续变化，由此实现汽车增减速无级变速控制。

参 考 文 献

[1] 林学东. 现代汽车传动装置的控制技术 [M]. 北京：北京理工大学出版社，2003.
[2] 藤泽英也，等. 最新电控汽油喷射 [M]. 林学东，译. 北京：北京理工大学出版社，1998.
[3] 诺莱斯. 汽车计算机控制系统 [M]. 钱志鸿，等译. 北京：机械工业出版社，1998.
[4] 高义军. 现代汽车电子技术 [M]. 北京：人民交通出版社，2005.
[5] 陈杰，黄鸿. 传感器与检测技术 [M]. 北京：高等教育出版社，2002.
[6] カーエレクトロニクス研究会. 新カーエレクトロニクス [M]. 东京：山海堂，1992.
[7] 黄贤武，郑筱霞. 传感器原理与应用 [M]. 成都：电子科技大学出版社，2002.
[8] 张国雄. 测控电路 [M]. 北京：机械工业出版社，2006.
[9] 朱军. 电子控制发动机电路波形分析 [M]. 北京：机械工业出版社，2006.
[10] 玛瑞克 J，等. 汽车传感器 [M]. 左治江，等译. 北京：化学工业出版社，2004.
[11] 冯先振. 电子节气门汽油机过渡工况控制的仿真研究 [D]. 长春：吉林大学，2006.
[12] 于善颖，等. 车用汽油机分层稀燃及其排放控制技术的分析 [J]. 车用发动机，2003（4）.
[13] 蒋坚，高希彦. 汽油缸内直喷式技术的研究与应用 [J]. 内燃机工程，2003，24（5）.
[14] 罗玉涛. 现代汽车电子控制技术 [M]. 北京：国防工业出版社，2006.
[15] 谢希仁. 计算机网络 [M]. 2版. 北京：电子工业出版社，1999.
[16] LIU J W S. 实时系统 [M]. 姬孟洛，等译. 北京：高等教育出版社，2003.
[17] 刘军山，等. 电控汽油喷射发动机瞬态过程空燃比控制 [J]. 车用发动机，2002（3）.
[18] 王尚勇，杨青. 柴油机电子控制技术 [M]. 北京：机械工业出版社，2005.
[19] NQBLE A D. HEINTZ N，MEWS M，et al. An Approach to Torque-Based Engine Management Systems [EB/OL]. [2001-03-05]. https：//saemobilus. sae. org/contect/2001-01-0269.
[20] 李闯. 高压共轨柴油机起动怠速控制策略开发和试验研究 [D]. 长春：吉林大学，2014.
[21] 林学东，刘忠长，刘巽俊. 采用可变进气涡流机构改善柴油机的排放 [J]. 农业机械学报，1999，30（5）.
[22] 林学东，刘巽俊，季雨. 采用排气循环技术改善车用柴油机 NO_x 的排放特性 [J]. 汽车工程，1998，20（5）.
[23] 林学东，袁兆成. 电控可变增压技术改善柴油机性能的研究 [J]. 农业机械学报，2002，22（1）.
[24] 宋涛. 车用柴油机高压共轨喷射系统参数优化试验研究 [D]. 长春：吉林大学，2006.
[25] 张多军. GW2. 8TDI 型轻型车用柴油机电控 EGR 系统开发 [D]. 长春：吉林大学，2004.
[26] PAFFRATH H，ALEX M，HUMMEL K E. Technology for Future Air Intake Systems [C/OL]. [1999-03-01]. https：//saemobilus. sae. org/contect/1999-01-0266.
[27] FLAIG U，POLACH W，ZIEGLER G. Common Rail System for Passenger Car DI Diesel Engines；Experiences with Applications for Series Production Projects [C/OL]. [1999-03-01]. https：//saemobilus. sae. org/contect/1999-01-0191.
[28] MIYAKI M，FUJISAWAH，MASUDA A，et al. Development of New Electronically Controlled Fuel Injection System ECD-U_2 for Diesel Engine [C/OL]. [1991-02-01]. https：//saemobilus. sae. org/contect/910252.
[29] GUERRASSI N，DUPRAZ P. A Common Rail Injection System for High Speed Direct Injection Diesel Engine [C/OL]. [1998-02-23]. https：//saemobilus. sae. org/contect/980803.
[30] CARLUCCI P，FICARELLA A，LAFORGIA D. Effects of Pilot Injection Parameters on Combustion for

Common Rail Diesel Engines [C/OL]. [2003-03-03]. https：//saemobilus. sae. org/contect/2003-01-0700.

[31] 伊藤悟. 柴油机燃油喷射系统的新动向 [J]. 国外内燃机，2001 (6).

[32] 李子竞. 基于需求转矩的高压共轨柴油机喷油量的控制策略 [D]. 长春：吉林大学，2016, 258.

[33] GLASSEY S F, STOCKNER A R, FLINN M A. HEUI-A New Direction for Diesel Engine Fuel System [C/OL]. [1993-03-01]. https：//saemobilus. sae. org/contect/930270.

[34] GANSER M A. Common Rail Injectors for 2000 bar and Beyond [C/OL]. [2000-03-06]. https：//saemobilus. sae. org/contect/2000-01-0706.

[35] HUHTALA K, VILENIUS M. Study of a Common-rail Fuel Injection System [C/OL]. [2001-10-01]. http：//saemobilus. sae. org/contect/2001-01-3184.

[36] 韩晓梅. 重型柴油机起动及油门急加瞬态工况控制策略及性能优化研究 [D]. 长春：吉林大学，2017.

[37] SCHOMMERS J, DUVINAGE F, STOTZ M, et al Potential of Common-Rail Injection System for Passenger Car DI Diesel Engines [C/OL]. [2000-03-06]. https：//saemobilus. sae. org/contect/2000-01-0944.

[38] 钱大. 博世公司的泵喷嘴/泵管嘴燃油喷射系统 [J]. 汽车与配件，2004 (8).

[39] WAKEFIELD E H. 电动汽车发展史 [M]. 叶云屏，孙逢春，译. 北京：北京理工大学出版社，1998.

[40] 史乃晨. 车用柴油机增压器与EGR系统的协调控制策略 [D]. 长春：吉林大学，2016.

[41] 汤姆·德恩顿. 汽车电气与电子系统 [M]. 鲁植雄，等译. 南京：江苏科学技术出版社，2005.

[42] KOHKETSU S, TANABE K, MORI K. Flexibly Controlled Injection Rate Shape with Next Generation Common Rail System for Heavy Duty DI Diesel Engines [J]. Computers & Education, 2000, 53 (2): 445-453.

[43] 陈清泉，孙逢春，祝嘉光. 现代电动汽车技术 [M]. 北京：北京理工大学出版社，2004.

[44] 杜坤梅，李铁才. 电机控制技术 [M]. 哈尔滨：哈尔滨工业大学出版社，2002.

[45] AGARWAL A K, DHAR A, SRIVASTAVA D K, et al. Effect of fuel injection pressure on diesel particulate size and number distribution in a CRDI single cylinder research engine [J]. Fuel, 2013, 107 (9): 84-89.

[46] 张乐. 高压共轨柴油机轨压控制策略研究 [D]. 长春：吉林大学，2015.

[47] SZUMANOWSKI A. 混合电动车辆基础 [M]. 陈清泉，孙逢春，编译. 北京：北京理工大学出版社，2001.

[48] 许涛. 高压共轨柴油机高压油泵控制策略研究 [D]. 长春：吉林大学，2017.